国家自然科学基金青年项目（71703148）研究成果

政府监管研究系列文库

The Research Archive on Regulation

垄断行业普遍服务机制与管制政策研究

Longduan Hangye Pubian Fuwu Jizhi Yu
Guanzhi Zhengce Yanjiu

高伟娜 著

中国社会科学出版社

图书在版编目（CIP）数据

垄断行业普遍服务机制与管制政策研究/高伟娜著.—北京：
中国社会科学出版社，2018.12
ISBN 978 - 7 - 5203 - 3194 - 4

Ⅰ.①垄…　Ⅱ.①高…　Ⅲ.①垄断行业—政府管制—研究—
中国　Ⅳ.①F121.3

中国版本图书馆 CIP 数据核字（2018）第 214922 号

出 版 人	赵剑英
责任编辑	卢小生
责任校对	周晓东
责任印制	王　超

出　　版	中国社会科学出版社
社　　址	北京鼓楼西大街甲 158 号
邮　　编	100720
网　　址	http：//www.csspw.cn
发 行 部	010 - 84083685
门 市 部	010 - 84029450
经　　销	新华书店及其他书店

印刷装订	北京明恒达印务有限公司
版　　次	2018 年 12 月第 1 版
印　　次	2018 年 12 月第 1 次印刷

开　　本	710×1000　1/16
印　　张	23.25
插　　页	2
字　　数	346 千字
定　　价	120.00 元

总　序

　　管制是英文 Regulation 的翻译，通常被译为"管制""规制"或者"监管"。在学术界，国内学者翻译国外论著和自己撰写论著时，同时使用"管制"或"规制"，两者不存在实质性的区别；而实际部门广泛使用的"监管"则可分为狭义监管与广义监管，其中，狭义监管概念和范围基本等同于"管制"，而广义监管通常被理解和分拆为"监督与管理"，等同于一般的行政管理。因此，凡是政府机关的所有行政监督与管理行为都被泛称为监管。笔者认为，被泛化的广义监管是对管制的误解。这是因为，管制不同于一般的行政管理。首先，从对象来看，行政管理发生在政府部门内部，其管理对象主要是政府部门的下级（下属）单位；而管制的对象则不是政府的下级（下属）单位，而是独立的市场主体（企业和个人）。其次，从主体与客体的相互关系来看，行政管理是政府部门与政府部门的关系，主体和客体之间往往是上下级关系，并不是完全独立的；而管制实际上是政府与市场主体（企业和个人）的关系，其主体与客体之间是完全独立的。最后，从手段来看，行政管理可以依靠（主观的）行政命令来直接控制下级（下属）单位；而管制主要依靠（客观的）法律来规范和约束经济上、法律上独立的市场主体。

　　尽管不少国内外学者对管制有不同的定义，但不难发现，管制至少具有这样几个构成要素：（1）管制的主体（管制者）是政府行政机关（简称政府），通过立法或其他形式对管制者授予管制权。（2）管制的客体（被管制者）是各种经济主体（主要是企业）。（3）管制的主要依据和手段是各种法规（或制度），明确规定限制被管制者的什么决策、如何限制以及被管制者违反法规将受到的制裁。根据这三个基本要素，管制可定义为：具有法律地位的、相对独立的管制者（机构），依照一定的法规对被管制者（主要是企业）所采取的一系列行政管理与监督行为。由于管制的主体是政府，所以，管制也被称为政府管制。

管制经济学是一门新兴学科。虽然在 20 世纪 70 年代以前经济发达国家的许多学者就发表了不少有关价格管制、投资管制、进入管制、食品与药品管制、反托拉斯管制等方面的论著，但这些论著各自在较小的领域就特定的对象进行研究，缺乏相互联系；而且，运用经济学原理研究政府管制的论著更是少见。到了 20 世纪 70 年代，一些学者开始重视从经济学角度研究政府管制问题，并试图将已有的研究成果加以系统化，从而初步产生了管制经济学。其中，美国经济学家施蒂格勒发表的《经济管制论》等经典论文对管制经济学的形成产生了特别重要的影响。20 世纪 80 年代以来，美国、英国和日本等经济发达国家对一些垄断产业的政府管制体制进行了重大改革，并加强了对环境保护、产品质量与安全、卫生健康方面的管制。这些都为管制经济学的研究提供了丰富的实证资料，从而推动管制经济学的发展。

政府管制的研究内容比较广泛，但大致可以归纳为经济性管制、社会性管制和反垄断管制三大领域。其中，经济性管制领域主要包括那些存在自然垄断和信息严重不对称的产业，其典型产业包括有线通信、电力、铁路运输、城市自来水和污水处理、管道燃气、金融保险业等产业。社会性管制的内容非常丰富，通常可以把社会性管制分为卫生健康、安全和环境保护三个方面，因此又可以把社会性管制简称为 HSE 管制（Health，Safety and Environmental Regulation）。反垄断管制是一个具有相对独立的研究领域，其主要研究对象是竞争性领域中具有市场垄断势力企业的各种限制竞争行为，主要包括合谋、并购和滥用支配地位行为。

管制经济学是以经济学原理研究政府管制科学性的一门应用性、边缘性学科。从管制经济学产生和发展的过程看，它是因实践的需要而产生与发展的，其理论研究紧密结合现实经济实际，为政府制定与实施管制政策提供了理论依据和实证资料，其研究带有明显的政策导向性，显示出应用性学科的性质。同时，管制经济学涉及经济、政治、法律、行政管理等方面的内容，这又决定了管制经济学是一门边缘性学科。

经济学是管制经济学的基础性学科。这是因为，管制经济学不仅要研究政府管制本身的需求与供给，包括需求强度和供给能力，而且要分析政府管制的成本与收益，通过成本与收益的比较，以确定某一政府管制的必要性。同时，管制政策的制定与实施也要以经济学原理为依据，如经济性管制的核心内容是进入管制与价格管制，进入管制政策的制定与实施要以规模经济、范围经济、垄断与竞争等经济理论为重要依据，以在特定产业或领域形成规模经济与竞争活力相兼容的有效竞争格局；而价格管制政策的制定则以成本与收益、需求与供给等经济理论为主要依据。对每一项社会性管制活动都要运用经济学原理，进行成本与收益分析，论证管制活动的可行性和经济合理性。

行政管理学与管制经济学具有直接的联系。因为管制的基本手段是行政手段，管制者可以依法强制被管制者执行有关法规，对他们实行行政监督。但是，任何管制活动都必须按照法定的行政程序进行，以避免管制活动的随意性。这就决定了管制经济学需要运用行政管理学的基本理论与方法，以提高管制的科学性与管制效率。

政治学是与管制经济学密切相关的一门学科，从某种意义上讲，管制行为本身就是一种政治行为，任何一项管制政策的制定与实施都体现着各级政府的政治倾向，在相当程度上包含着政治因素。事实上，管制一直是发达国家政治学研究的一个重要内容，管制是与政治家寻求政治目的有关的政治过程。

法学与管制经济学也紧密相关。这是因为，管制者必须有一定的法律授权，取得法律地位，明确其权力和职责；同时，管制的基本依据是有关法律规定和行政程序，管制机构的行为应受到法律监督和司法控制。这就使管制经济学与法学存在必然联系。

管理学与管制经济学也有较大的联系。管制者与被管制者之间通常存在着较为严重的信息不对称性，管制者如何引导被管制者尽可能地采取有利于社会公众利益的行为，这是一个复杂的多重博弈过程，要求管制者必须掌握管理学知识，具有较强的管理能力。

管制经济学的这种边缘性学科性质，需要学者进行跨学科的协同研究。事实上，发达国家就是从多学科对政府管制进行多维度研究的，并强调跨学科研究。

中国对管制经济学的研究起步较晚，据笔者所掌握的资料，最早介绍到中国的管制经济著作是施蒂格勒著的《产业组织和政府管制》（潘振民译，上海三联书店 1989 年版），在这部文集中，其中有 4 篇是关于政府管制方面的论文。随后，出版了日本学者植草益著的《微观规制经济学》（朱绍文、胡欣欣等译，中国发展出版社 1992 年版），这是介绍到中国的第一本专门讨论管制经济的专著，在中国有很大的影响。从 20 世纪 90 年代以来，国内学者在借鉴国外管制经济学的基础上，结合中国实际，出版了许多论著，为管制经济学在中国的形成与发展奠定了基础。但从总体上说，中国对管制经济学的研究还处于起步阶段，在许多方面需要结合中国实际进行深入研究。

在计划经济体制下，中国不存在现代管制经济学所讲的管制问题，不能把计划理解为管制，不能把计划经济体制理解为传统管制体制。因为市场是对计划的替代，而管制是对市场失灵的校正和补充。管制是由法律授权的管制主体依据一定的法规对被管制对象所实施的特殊行政管理与监督行为。管制不同于一般的行政管理，更不同于计划。否则就没有必要讨论管制经济学在中国的发展，就没有必要讨论通过改革如何建立高效率的管制体制问题。从国际经验看，就垄断性产业而言，美国等少数发达国家主要以民营企业为经营主体，与此相适应，这些国家较早在垄断性产业建立现代管制体制。而英国、日本和多数欧洲国家则对垄断性产业曾长期实行国有企业垄断经营的体制，只是在 20 世纪 80 年代才开始对垄断性产业实行以促进竞争和民营化为主要内容的重大改革，并在改革过程中，逐步建立了现代管制体制。

中国作为一个从计划经济体制向市场经济体制过渡的转型国家，政府管制是在建立与完善社会主义市场经济体制过程中不断加强的一项政府职能。传统经济理论认为，自然垄断产业、公用事业等基础产业是市场失灵的领域，市场竞争机制不能发挥作用，主张直接由国有企业实行垄断经营，以解决市场失灵问题。在实践中，长期以来，中国对这些基础产业实行政府直接经营的管理体制。但是，新的经济理论与实践证明，国有企业垄断经营必然导致低效率，并强调在这些产业发挥竞争机制的积极作用。因此，从 20 世纪 90 年代以来，中国像世界上许多国家一样，对这些产业逐步实行两大改革，一是引进并强化竞争机制，实现有效竞争；二是积极推行民营化，一定数量的民营企业成为这些产业的经营主体，在这些产业形成混合所有制的经营主体，以适应市场经济体制的需要。这样，政府就不能用过去管理垄断性国有企业的方式去管理具有一定竞争性的混合所有制企业或民营企业，而必须实行政府职能转变，建立新的政府管制体制，以便对这些产业实行有效管制。同时，在经济发展的基础上，中国日益强调对环境保护、卫生健康和工作场所安全等方面的管制。这些都使政府管制职能表现出不断强化的趋势。为此，党的十三大明确提出，政府的四大基本职能是经济调节、市场监管、社会管理和公共服务，首次把市场监管（政府管制）作为一项重要的政府职能。

浙江财经大学是国内较早地系统研究政府管制经济学的高等学校，在政府管制领域承担了国家重大科技专项课题、国家社会科学基金和国家自然科学基金项目 20 多项、省部级研究项目 50 多项，在政府管制领域已出版了 30 多部学术著作，在《经济研究》等杂志上发表了一批高质量的学术论文，其中，一些成果获得了"孙冶方经济科学著作奖""薛暮桥价格研究奖""高等学校科学研究优秀成果奖（人文社会科学）"等。学校已形成了一个结构合理、综合素质较高、研究能力较强的研究团队。为适应政府管制经济学研究的需要，更好地为政府制定与实施管制政策服务，学校成立了跨学科的浙江财经学院政府管制研究院，其中包括政府管制与公共政策研究中心（浙江省社会科学重点研究基地）、管制理论与政策研究创新团队（浙江省重点创新团队）、公用事业管制政策研究所（学校与住房和城乡建设部合作研究机构）等研究平台。政府管制研究院的主要研究方向包括政府管制基础理论研究、垄断性行业管制理论与政策研究、城市公用事业政府管制理论与政策研究、社会性管制理论与政策研究、反垄断管制理论与政策研究、金融风险监管理论与政策研究、政府管制绩效评价理论与政策研究等。为系统出版学校教师在政府管制领域的学术著作，在中国社会科学出版社的大力支持下，我们将持续出版《政府管制研究系列文库》，这也是学校对外开展学术交流的窗口和平台。欢迎专家学者和广大读者对文库中的学术著作批评指正。

王俊豪

2012 年元月于杭州

前　言

　　普遍服务是指由政府制定政策，企业负责执行，确保所有用户都能以合理的价格获得可靠的、持续的、基本的产品或服务。20 世纪 90 年代以来，"打破垄断，促进竞争"成为中国垄断行业改革的主旋律。通过市场结构重组，分离垄断行业的自然垄断业务和竞争性业务；通过不对称管制，扶持新的市场竞争力量；通过民营化，激励民间资本进入垄断行业。垄断行业在引入竞争、提高效率的同时，也引发了一些新问题，其中最主要的问题是如何实现垄断行业的普遍服务。在原先一家国有企业垄断经营时期，主要通过国有企业内部业务间的交叉补贴实现普遍服务。垄断行业改革后，成为市场竞争主体的原企业没有能力继续承担普遍服务义务，而新进入企业又不会主动承担普遍服务义务。另外，政府将逐步退出产品和服务的直接供应，公共财政补贴和各种政策性补贴的取消，加剧了垄断行业普遍服务的难度。为了实现普遍服务，迫切需要建立与垄断行业改革进程相一致的普遍服务机制与制度。

　　普遍服务最早在美国电信行业出现。美国 1934 年第一部《电信法》提出了实现电信普遍服务的目标，1996 年新《电信法》对电信普遍服务内容、资助对象和方式、电信普遍服务基金的来源和管理等问题做了原则性规定。美国的电信普遍服务政策，对电力、供水、污水处理、铁路、邮政等垄断行业的普遍服务产生了重要影响，普遍服务成为国际公认的服务规则。在垄断行业改革进程中，我国需要借鉴经济发达国家的普遍服务研究和实践，以制定符合我国垄断行业的普遍服务机制与政策。本书以垄断行业的普遍服务机制与管制政策为研究对象，对垄断行业的改革进程和普遍服务机制进行系统研究，并提出垄断行业普遍服务管制的政策建议，为加强垄断行业普遍服务管制提供理论依据。同时，本书以政府管制经济学理论为主要研究框架，即使在经济发达国家，政府管制经济学也是一门新兴的边缘学科。20世纪90年代后，我国才开始政府管制经济学的研究，现在尚处于引进与探索阶段，存在不少理论上的"空白点"，本书的研究将丰富政府管制经济学的学科内容，推动管制经济学与相关学科的发展。本书对垄断行业的普遍服务机制与管制政策做了系统研究和积极探索，努力在以下五个方面有所创新。

第一，对普遍服务的相关理论进行系统梳理，为普遍服务研究提供基本的理论基础。普遍服务是20世纪80年代开始受到关注的一个领域，本书归纳提出公共产品理论、自然垄断理论、责任理论和外部性理论是普遍服务的理论基础。垄断行业提供的产品和服务具有准公共产品性，普遍服务是为了实现公共利益而实施的一项收入再分配政策；普遍服务是政府管制的一个重要内容，对垄断行业不同阶段，政府采用自然垄断管制、亲贫管制和统一定价管制等配合普遍服务政策；普遍服务的责任主体是政府，实施主体是企业，这种责任定位使普遍服务各利益主体都能够各司其职；普遍服务机制的选择是实现社会福利最大化的关键，在普遍服务实施过程中，机制设计理论、激励相容理论、和谐社会建设等都为普遍服务机制的选择提供了理论依据。这些为垄断行业的普遍服务机制与管制政策提供了基本的理论基础，对于推动我国垄断行业普遍服务发展，对于制定和实施有效的普遍服务政策具有理论和实践价值。

第二，从历史和发展角度，提出普遍服务的三种阶段性实现机制。垄断行业最适应的普遍服务机制与其管理体制改革的进程高度相关，那么在特定时期应采取与垄断行业改革进程相适应的普遍服务机制。垄断市场结构时期，普遍服务的最优实现机制是交叉补贴；政府财政支持时期，普遍服务的最优实现机制是财政补贴；竞争市场结构时期，普遍服务的最优实现机制是普遍服务基金，这是垄断行业发展演变过程中不同阶段的环境所决定的。本书构建了这三种普遍服务机制的模型，分析了三种普遍服务机制运行的基础，归纳了三种机制运行的本质特征，识别三种普遍服务机制面临的挑战。普遍服务政策制定者可以根据垄断行业的改革进程选择最优的普遍服务机制。

第三，对普遍服务基金在我国作为主导性机制的应用前景做了预测。中国垄断行业的传统体制是国有企业垄断经营，基于垄断和国有条件下的普遍服务机制主要是交叉补贴和财政补贴。垄断行业的市场结构重组和民营化改革打破了交叉补贴机制的实现基础，多种所有制企业并存的竞争格局使交叉补贴逐渐失效；财政补贴不符合引入竞争，提高效率，实现政企分开、公平竞争的改革目标，随着垄断行业改革的继续深化，政府退出市场竞争领域使财政补贴也逐渐失效。普遍服务基金是与市场经济相适应的一种普遍服务机制，中国经济体制40年的改革，市场经济体制基本形成，实现了以市场为主的资源配置机制，普遍服务基金发挥作用的基础条件逐渐成熟。本书认为，建立符合国际惯例的普遍服务基金机制，将是中国解决垄断行业普遍服务的主导机制。

第四，设计了符合我国特色的普遍服务基金管理制度和运行机制。我国垄断行业所处的外部环境与发达国家有很大不同，不能简单地照搬国外的普遍服务基金机制。我国垄断行业普遍服务的实施主体通常是国有企业，垄断行业有随价格征收政府性基金的先例。因此，本书提出应尽快设立垄断行业普遍服务基金，普遍服务基金的收缴和拨付纳入国家财政管理体制，建立普遍服务基金的国库集中收付制度，普遍服务基金直接上缴国库，基金由国库直接拨付给普遍服务实施主体或低收入用户。同时建立普遍服务基金的管理机构，配合财政部门做好普遍服务基金的申请、拨付等业务。这种运行机制保障了普遍服务基金的高效运作，提高了普遍服务基金使用绩效，为我国出台普遍服务基金提供了政策思路，有利于我国建立与市场经济体制和垄断行业改革进程相一致的普遍服务基金制度。

第五，研究了我国典型垄断行业的普遍服务与管制对策。垄断行业的普遍服务研究集中在电信、邮政、电力等行业，借鉴经济发达国家的普遍服务经验，积累了丰富的理论研究成果。水务行业的普遍服务研究还十分薄弱，鲜有以自来水普遍服务或污水处理普遍服务为研究对象的成果。本书对电信、电力、供水和污水处理四个垄断行业的普遍服务进行了系统深入的研究，根据各行业普遍服务的现状，发现各行业普遍服务存在的问题，并提出了相应的普遍服务管制政策。为特定行业的普遍服务发展提供理论基础和改革方向。供水和污水普遍服务的系统研究，填补了垄断行业普遍服务研究的薄弱领域。

本书是国家自然科学基金青年项目"农村水务行业的普遍服务与管制政策研究"（71703148）的阶段性成果。垄断行业是管制经济学的重点研究领域，垄断行业改革后弱势群体的利益保护是一个新问题。垄断行业普遍服务机制是笔者博士论文研究的内容，着重探讨垄断行业不同环境下实现普遍服务的最优机制。近两年来，研究重点转向农村水务行业，调研分析了农村水务行业普遍服务存在的问题，以及如何通过普遍服务管制实现农村水务普遍服务。本书是垄断行业普遍服务机制与垄断行业普遍服务管制政策研究的结晶。

特别感谢浙江财经大学王俊豪教授在本书和项目研究过程中给予的指导及支持。承蒙王老师厚爱，指引我走进管制经济学殿堂，我在学问上的点滴进步无不渗透着恩师的心血与汗水。王老师严谨的治学态度和渊博的学识使我在学业上受益匪浅，王老师在工作和生活上的倾心扶植与深切关怀使我终生难忘。任何感谢都难以表达我对恩师的敬意，唯有以后在治学方面更严格要求自己，才能不辜负恩师的教诲。

东北财经大学产业组织与企业组织研究中心于立教授、肖兴志教授、于左教授在博士学位论文写作过程中给予我鼓励、支持和鞭策；浙江财经大学中国政府管制研究院李云雁副院长、徐骏博士后、邵丹娜博士后为我的写作提供了重要的思想启发和评论；浙江省物价局成本价格监审分局周永泽局长、陈丽华副局长、强俊主任、朱荟珺为项目研究提供了大量基础性资料；浙江财经大学本科生胡伟健、汪鹰鸿、张伊、朱雨婷参与了本书部分章节的数据收集和整理工作，为本书的实证分析做了大量基础性工作。

本书的出版得到了浙江财经大学中国政府管制研究院和浙江省政府管制与公共政策研究中心的资助，中国政府管制研究院丰富的图书

与数据资料、良好的学术氛围以及各种学术活动为本书的写作提供了
重要支撑。

　　本书汲取和引用了国内外许多学者的研究成果，并尽可能在书中
做了说明和注释，在此对有关专家学者一并表示感谢。本书能在较短
时间内出版，还要感谢中国社会科学出版社卢小生先生的大力支持。

　　垄断行业普遍服务具有动态性，特别是近年来我国垄断行业改革
不断深化，普遍服务的理论和实践都有大量新问题需要认真研究和探
索，本书只是做了初步探索，许多问题还有待后续研究。尽管作者做
了最大努力，但难免存在许多缺陷，敬请各位专家学者批评指正。

高伟娜

2018 年 6 月于新北

目　录

第一章 导 论

20 世纪 90 年代，"打破垄断，促进竞争"成为中国垄断行业改革的主旋律，民营化、市场结构重组、引入民间资本等改革打破了原先一家企业垄断经营的市场结构，使企业通过内部交叉补贴实现普遍服务的机制失效，成为市场竞争主体的企业不愿意继续承担普遍服务义务。另外，国家退出垄断行业产品和服务的直接提供，公共财政补贴和各种变相补贴的取消，使普遍服务陷入困境。如何为企业提供合理的成本补偿，激励企业继续履行普遍服务义务，向弱势群体提供基本的产品和服务，成为垄断行业改革后不得不重视的问题。

在世界范围内，垄断行业的服务在机会获取、数量、质量上屡屡让穷人失望。许多国家与地区的穷人在医疗、教育、水、卫生、电力、电信、邮政等方面得不到相应的服务，许多国家的学校、卫生诊所、清洁水、排污设施、农村运输和其他公共服务的可获得性很差，穷人在这些公用事业方面得不到普遍服务。普遍服务的缺失，一种情况是由于消费者收入能力之间存在差异，低收入消费者支付不起产品和服务的价格而导致的普遍服务缺失；另一种情况是在高成本地区生产产品或提供服务的成本大于收益，企业不愿意投资而导致的普遍服务缺失。缺少获得服务的机会和支付能力仅仅是服务缺失的两个方面。在许多低收入国家和中等收入国家，穷人即使能够获得服务，这些服务的质量通常也很差（世界银行，2004）。因此，政府加强垄断行业的普遍服务管制，是保护弱势群体利益、满足弱势群体基本要求、实现社会和谐稳定发展的基本政策。

第一节 普遍服务管制政策需求

一 满足人民日益增长的美好生活需要加强普遍服务管制

党的十九大报告提出，我国社会的主要矛盾已经转化为人民日益增长的美好生活需要和不平衡不充分的发展之间的矛盾。我国社会生产力水平总体上显著提高，社会生产能力在很多方面进入世界前列，但突出的问题是发展不平衡不充分，这已经成为满足人民日益增长的美好生活需要的主要制约因素。垄断行业提供的产品或服务是公众生产生活的基本必需品，垄断行业产品的普遍服务程度反映了公众生活需求的满足情况。

公用设施的普及水平偏低，政府需要加强普遍服务管制，以满足全体人民的基本需求。表 1 – 1 是 2015 年城乡市政公用设施的普及水平，从统计数据看，公用设施的普及水平越到基层越低，普及水平最高的城市公用设施也没有达到全覆盖。以供水普及水平为例，城市到村庄的用水普及率越来越低，即使城市用水普及率最高，也没有达到让所有城市居民喝上自来水的目标，建制镇普及率降低到 83.79%，乡用水普及率继续下降到 70.37%，村庄的用水普及率只有 63.42%。乡一级的污水处理率为 11.46%，燃气普及率为 21.38%，生活垃圾无害化处理率为 15.82%，均处于非常低的水平。公用设施发展的不充分，无法满足人民日益增长的生活需要，特别是农村居民的生活需求。因此，政府需要加强垄断行业的普遍服务管制，出台垄断行业的普遍服务政策，促使企业向边远地区和农村地区提供产品和服务，以满足全国人民的基本生活需求和日益增长的美好生活需求。

表 1 – 1　　　　　2015 年城乡市政公用设施普及水平　　　单位:%

	用水普及率	燃气普及率	污水处理率	污水处理厂集中处理率	生活垃圾处理率	生活垃圾无害化处理率
城市	98.07	95.30	91.90	87.97	97.95	94.10

续表

	用水普及率	燃气普及率	污水处理率	污水处理厂集中处理率	生活垃圾处理率	生活垃圾无害化处理率
建制镇	83.79	48.71	50.95	41.57	83.85	44.99
乡	70.37	21.38	11.46	5.42	63.95	15.82
	行政村个数（个）	集中供水的行政村比例	村内自建集中供水设施的行政村比例	供水普及率	对生活污水进行处理的行政村比例	对生活垃圾进行处理的行政村比例
村庄	542080	65.6	13.5	63.42	11.4	62.2

资料来源：住房和城乡建设部：《中国城乡建设统计年鉴（2016）》，中国统计出版社2016年版。

公用设施发展区域间不平衡，政府需加强普遍服务管制，以满足落后地区的需求。表1-2是2015年全国城市市政公用设施东部、中部、西部地区普及水平的分组数据，统计数据显示，东部地区普及水平最高，为99.38%；中部地区次之，为96.79%；西部地区普及水平最低，为95.99%。

表1-2　　　　　　2015年全国城市市政公用设施东部、
中部、西部地区普及水平　　　　　　单位:%

地区名称	用水普及率	燃气普及率	污水处理率	污水处理厂集中处理率	生活垃圾处理率	生活垃圾无害化处理率
全国	98.07	95.30	91.90	87.97	97.95	94.10
东部地区	99.38	98.49	92.80	88.77	98.89	95.65
中部地区	96.79	92.18	91.85	87.73	97.07	93.22
西部地区	95.99	90.20	88.25	85.02	96.21	90.35

资料来源：住房和城乡建设部：《中国城乡建设统计年鉴（2016）》，中国统计出版社2016年版。

公用设施发展城乡间不平衡，政府应加强普遍服务管制，以满足农村居民的需求。表 1-3 至表 1-6 是 2015 年 31 个省份城市、建制镇、乡、村庄市政公用设施水平。市政公用设施普及率高低与地区经济发展水平有一定的关系，如经济发展水平高的北京、天津、上海、江苏、浙江、山东等省份、城市有些公用设施普及率几乎达到 100%，经济发展水平低的西藏、青海等城市有些公用设施普及率低于 60%。从全国 2015 年 31 个省份城市市政公用设施水平统计数据来看，城市用水普及率和城市燃气普及率达到 100% 的有北京、天津、上海 3 个省份，生活垃圾处理率和生活垃圾无害化处理率达到 100% 的有上海、江苏、山东 3 个省份。总体来看，只有少数几个省份的部分城市公用设施普及率达到 100%，大部分省份的城市市政公用设施水平处于 90% 以上，少数省份的城市市政公用设施水平处于 80%—90%，个别省份的城市市政公用设施水平较低，如青海的污水处理率为 60%，最低的是西藏，污水处理率 19.07%，生活垃圾处理率 12.66%。

表 1-3　　　　　　2015 年各省份城市市政公用设施水平　　　　单位:%

地区	用水普及率	燃气普及率	污水处理率	污水处理厂集中处理率	生活垃圾处理率	生活垃圾无害化处理率
北京	100.00	100.00	88.41	85.92	99.80	78.75
天津	100.00	100.00	91.54	90.70	92.74	92.74
河北	99.56	98.81	95.34	93.89	97.56	96.01
山西	98.85	97.31	89.20	88.34	97.17	97.17
内蒙古	98.47	94.09	93.14	93.14	97.95	97.72
辽宁	98.84	94.76	93.08	90.50	97.84	95.23
吉林	93.64	92.46	90.38	89.71	98.33	84.70
黑龙江	97.20	86.61	84.41	68.73	87.61	78.24
上海	100.00	100.00	92.85	92.21	100.00	100.00
江苏	99.83	99.56	93.92	80.37	100.00	100.00
浙江	99.95	99.91	91.95	88.60	100.00	99.22
安徽	98.79	97.55	96.68	91.80	99.55	99.55
福建	99.55	98.56	89.47	87.45	99.19	99.19
江西	97.55	94.83	87.74	86.63	99.94	94.46
山东	99.95	99.37	95.77	95.67	100.00	100.00

续表

地区	用水普及率	燃气普及率	污水处理率	污水处理厂集中处理率	生活垃圾处理率	生活垃圾无害化处理率
河南	93.10	86.02	93.57	93.11	95.99	95.99
湖北	98.83	94.49	93.41	90.12	98.33	91.51
湖南	97.30	92.28	92.74	86.22	99.80	99.80
广东	98.46	97.60	93.65	93.25	97.63	91.56
广西	97.50	94.46	90.02	67.75	98.65	98.65
海南	98.64	97.77	74.24	74.24	99.84	99.84
重庆	96.87	95.34	94.78	93.50	99.03	98.60
四川	93.05	92.46	88.52	82.46	97.28	96.79
贵州	95.43	84.06	95.17	95.17	93.81	93.81
云南	97.33	76.79	91.03	89.50	97.38	90.03
西藏	88.06	79.98	19.07	19.07	12.66	—
陕西	97.12	94.73	91.55	91.52	98.02	98.02
甘肃	97.28	85.77	89.62	80.04	99.36	64.24
青海	99.06	85.96	59.98	59.98	96.19	87.18
宁夏	96.40	87.26	93.05	80.85	89.92	89.92
新疆	98.81	97.63	83.39	82.05	95.92	80.88

资料来源：住房和城乡建设部：《中国城乡建设统计年鉴（2016）》，中国统计出版社2016年版。

建制镇的市政公用设施除供水普及率稍高以外，其他公用设施的普及率大部分处于50%左右的水平。供水普及率最高的是江苏，为96.90%，最低的是内蒙古，为65.51%；燃气普及率最高的是江苏，为88.53%，大部分建制镇的燃气普及率低于50%，最低的是甘肃，为5.36%；建制镇污水处理率最高的是上海，为89.78%，大部分建制镇的污水处理率低于50%，有8个省份建制镇污水处理率低于20%，最低的是青海为0.01%。

表1-4　　　2015年各省份建制镇市政公用设施普及水平　　　单位:%

地区	供水普及率	燃气普及率	污水处理率	污水处理厂集中处理率	生活垃圾处理率	生活垃圾无害化处理率
北京	81.93	51.42	58.00	47.00	96.74	83.09
天津	93.48	70.45	56.19	53.87	89.96	29.47
河北	81.28	38.39	28.14	21.56	31.94	6.93
山西	87.42	16.12	13.10	4.43	31.64	2.13
内蒙古	65.51	17.07	46.11	40.81	56.34	2.72
辽宁	74.17	32.32	40.71	32.08	56.84	8.68
吉林	73.72	21.15	24.54	23.18	54.54	9.53
黑龙江	83.90	18.59	14.87	14.87	2.42	—
上海	94.21	87.27	89.78	73.57	98.89	87.38
江苏	96.90	88.53	67.14	60.15	98.59	82.21
浙江	81.35	53.08	64.52	47.23	97.39	76.84
安徽	72.01	43.35	36.53	26.19	79.00	39.85
福建	89.85	68.77	42.37	30.12	94.94	51.55
江西	69.05	33.28	32.00	22.80	84.07	31.36
山东	93.28	67.65	64.90	51.14	97.96	91.35
河南	75.93	9.20	32.08	25.61	78.85	9.24
湖北	87.29	44.02	30.49	26.69	88.95	36.36
湖南	74.72	36.54	30.32	18.98	73.94	21.88
广东	88.10	66.15	73.47	66.44	95.50	51.61
广西	88.35	70.98	16.33	12.94	92.82	4.43
海南	81.37	72.11	11.71	5.24	83.97	21.84
重庆	90.41	62.52	51.82	39.91	85.93	41.13
四川	81.56	50.77	14.97	12.23	90.26	32.41
贵州	78.86	11.63	23.78	13.21	80.55	12.83
云南	88.58	12.42	9.69	7.32	63.24	13.21
陕西	75.22	16.62	9.96	5.15	46.83	3.33
甘肃	73.60	5.36	20.67	16.05	52.29	1.61
青海	73.74	20.08	0.01	—	57.11	6.73
宁夏	75.37	33.41	60.06	50.33	70.17	13.75
新疆	85.82	14.86	34.89	29.45	61.44	0.62

资料来源:住房和城乡建设部:《中国城乡建设统计年鉴（2016）》,中国统计出版社2016年版。

乡级供水普及率、燃气普及率、污水处理率、污水处理厂集中处理率、生活垃圾处理率和生活垃圾无害化处理率6个指标中，除污水处理厂集中处理率最大值是53.96%之外，其他指标的最大值均超过99%，以上海高度城市化的城市为代表，其他地区的指标均没有达到普及的水平。乡级供水普及率、燃气普及率、污水处理率、污水处理厂集中处理率、生活垃圾处理率和生活垃圾无害化处理率6个指标的平均值显著低于普及水平，分别为74%、33%、22%、12%、67%和26%，这是一个相对城市偏低的普及水平。乡级供水普及率、燃气普及率、污水处理率、污水处理厂集中处理率、生活垃圾处理率和生活垃圾无害化处理率6个指标中，最小值分别为42.02%、3.10%、1.45%、0.01%、0.80%和0.23%，3个指标的最小值小于1%，乡级的普及水平总体偏低。

表 1-5　　　　　　2015 年乡级市政公用设施普及水平　　　　单位:%

地区	供水普及率	燃气普及率	污水处理率	污水处理厂集中处理率	生活垃圾处理率	生活垃圾无害化处理率
北京	79.45	13.36	85.45	53.96	84.80	40.93
天津	95.13	36.68	—	—	92.92	—
河北	68.06	23.17	1.45	0.01	28.89	4.31
山西	81.92	10.26	—	—	31.23	0.23
内蒙古	55.06	11.32	—	—	50.92	3.30
辽宁	47.84	15.76	11.74	4.86	43.76	6.27
吉林	50.55	11.80	4.55	—	61.24	7.99
黑龙江	76.44	9.81	—	—	0.80	0.44
上海	99.96	99.96	56.92	53.85	100.00	100.00
江苏	96.09	83.85	27.26	22.46	95.94	77.66
浙江	78.82	45.48	44.05	12.13	89.20	48.75
安徽	63.43	37.97	21.25	12.18	75.77	35.92
福建	88.48	64.18	25.26	12.82	95.23	48.42
江西	64.91	30.91	12.75	6.06	79.97	23.37

续表

地区	供水普及率	燃气普及率	污水处理率	污水处理厂集中处理率	生活垃圾处理率	生活垃圾无害化处理率
山东	86.59	48.64	7.83	3.38	96.57	92.68
河南	68.52	5.11	13.09	3.52	74.15	7.68
湖北	82.76	29.65	8.78	4.49	87.50	32.10
湖南	57.12	26.75	17.30	10.76	65.80	14.31
广东	81.19	53.09	99.80	—	92.60	33.33
广西	84.58	58.16	3.71	3.51	86.17	4.47
海南	95.63	77.16	—	—	83.64	—
重庆	80.05	29.44	11.23	5.93	67.59	12.50
四川	64.18	22.54	10.53	7.02	77.69	14.84
贵州	79.45	6.19	5.98	0.66	75.99	10.65
云南	83.91	9.53	2.83	0.43	57.67	2.87
陕西	66.31	—	7.86	7.86	22.46	—
甘肃	52.07	3.10	3.99	1.05	42.29	3.24
青海	42.02	—	—	—	12.04	—
宁夏	76.84	20.49	38.48	26.38	64.80	15.98
新疆	79.71	5.37	5.32	4.48	46.99	0.36

资料来源：住房和城乡建设部：《中国城乡建设统计年鉴（2016）》，中国统计出版社 2016 年版。

村庄公用设施普及水平更低，村庄能够实现集中供水方式已经算是供水普及的较高程度了，但集中供水的行政村比例平均值为 69%，集中供水行政村比例最大值为 100%，以上海市为代表；集中供水行政村比例最小值为 32.8%，1/3 的村庄没有实现集中供水。村庄的公用设施普及水平最高的是供水，村庄供水普及率、村内自建集中供水设施的行政村比例、对生活污水进行处理的行政村比例、对生活垃圾进行处理的行政村比例平均值分别为 67.78%、13.24%、12.24% 和 58.58%。上述四个指标的最大值分别为 94.63%、27.1%、62.4%

和98.0%，最小值分别为37.97%、0.2%、0.4%和22.1%。由此可见，村庄的公用设施普及水平还相当低。有些村庄几乎没有公用设施提供清洁的用水，没有基础设施对生活产生的污水和垃圾进行处理。

表1-6　　　　　　　　2015年村庄公用设施普及水平　　　　　　单位:%

地区	行政村个数（个）	集中供水的行政村比例	村内自建集中供水设施的行政村比例	供水普及率	对生活污水进行处理的行政村比例	对生活垃圾进行处理的行政村比例
北京	3726	86.5	19.7	90.75	25.0	86.9
天津	2960	87.7	21.9	93.44	16.7	87.8
河北	42258	79.4	19.2	83.85	3.4	48.6
山西	27469	74.3	12.8	79.99	3.7	50.3
内蒙古	10904	62.8	15.9	56.96	3.6	23.6
辽宁	10500	61.7	18.1	54.68	5.7	56.1
吉林	9029	59.2	16.5	44.98	3.7	25.7
黑龙江	9113	73.3	21.9	59.89	0.4	22.1
上海	1568	100.0	0.2	94.63	53.0	98.0
江苏	14220	96.3	9.2	94.57	32.0	94.8
浙江	22565	79.9	18.1	80.46	62.4	91.3
安徽	14284	55.4	6.9	49.37	7.5	62.3
福建	12875	83.9	26.1	81.82	14.0	81.4
江西	16782	51.0	8.9	38.45	8.4	63.0
山东	64361	95.0	20.0	93.08	20.3	96.6
河南	45998	51.6	7.3	54.90	2.9	35.0
湖北	24635	56.7	8.2	52.08	9.6	64.5
湖南	38380	34.4	6.3	40.64	5.6	48.4
广东	18113	66.2	17.9	69.19	18.6	81.2
广西	14311	50.6	8.0	54.42	7.1	74.9
海南	3543	79.9	20.5	83.22	9.0	81.0
重庆	8550	62.7	10.7	48.64	13.5	36.9
四川	44988	32.8	6.9	37.97	10.6	90.0

续表

地区	行政村个数（个）	集中供水的行政村比例	村内自建集中供水设施的行政村比例	供水普及率	对生活污水进行处理的行政村比例	对生活垃圾进行处理的行政村比例
贵州	14724	61.8	15.9	59.97	5.9	28.8
云南	13407	72.6	18.7	68.55	6.3	34.9
陕西	19839	71.8	27.1	70.56	4.1	47.6
甘肃	16087	57.2	5.3	63.45	1.5	30.4
青海	4142	67.2	0.3	82.95	1.3	34.9
宁夏	2336	81.0	3.5	72.17	8.2	47.2
新疆	8680	80.0	5.2	77.69	3.1	33.3
新疆生产建设兵团	1733	93.9	17.9	78.76	11.8	57.8

资料来源：住房和城乡建设部：《中国城乡建设统计年鉴（2016）》，中国统计出版社2016 年版。

保障和改善民生要抓住人民最关心、最直接、最现实的利益问题，既尽力而为，又量力而行，坚持突出重点、完善公共服务体系，保障群众基本生活，不断满足人民日益增长的美好生活需要。普遍服务的本质是实现公众基本生活必需品的普遍供给，且价格和服务水平一视同仁。这与党的十九大报告要求一致，为了实现普遍服务的目标，需要加强普遍服务管制，出台普遍服务政策，促进边远地区、农村地区的公用设施的发展，实现地区间、城乡间的充分均衡发展，满足人民美好生活需要。

二 垄断行业竞争市场结构的形成需要加强普遍服务管制

（一）垄断行业垄断到竞争的改革

垄断行业通常是借助于有形的或无形的网络系统，将产品或服务从生产领域转移到消费领域，固定的网络是垄断行业提供产品或服务的基础。网络建设具有投资规模大、沉淀成本高、回收期限长、资产专用性等特点。全国范围的网络覆盖，需要巨额的投资，而且资本一旦投入，很难转作他用，企业通常需要很长时间才能收回投资成本。

垄断行业提供的产品或服务通常是生产或生活的基础和必需品，产品或服务具有不能大量储存、需求和供给须保持瞬间平衡、持续稳定供应等特征。例如，电力是一种很难储存的产品，为了保证峰期的需求，电力装机容量通常大于平均负荷，一旦停电，造成的损失将是不可估量的。垄断行业具有显著的自然垄断性、外部性和公共产品属性。因此，从垄断到竞争的过渡期，在设计垄断行业的管制制度时，必须考虑网络的自然垄断性、产品和服务的公共性。

综观世界各国垄断行业的演变过程，基本上都经历了从垄断到竞争的改革过程，早期的电信、电力、自来水、铁路、航空、邮政等行业都采用垄断经营管理体制。垄断经营有两种模式：一种是国有企业垄断经营，表现为政府委托国有企业垄断经营，投资、决策、定价等由国家统一制订计划，国有企业遵照执行，我国垄断行业长期实行国有企业垄断经营、政企高度合一的管理模式；另一种是由私有企业垄断经营，国家出台法律，对其进入或退出、价格、质量等进行严格的政府管制，以美国为代表的西方国家主要采用这种模式。随着市场需求的扩大和科学技术的发展，一家企业垄断经营的必要性逐渐减弱，自然垄断企业的低效率问题却日益突出。新的管制理论认为，应放松对垄断行业的严格管制，充分利用市场机制的作用，以实现规模经济和竞争活力相兼容的有效竞争格局。有效竞争是规模经济与竞争活力相互协调的市场结构，规模经济和竞争活力以不同的途径实现经济效率目标。

20世纪80年代以来，一些发达国家开始放松管制的实践，通过垂直分割的方式，将垄断行业的自然垄断性业务和竞争性业务分离；通过不对称管制扶持新的竞争力量；通过私有化方式，引入多个竞争主体，形成了垄断竞争的市场格局。20世纪90年代，"打破垄断，促进竞争"成为中国垄断行业改革的主旋律，通过市场结构重组，将电信、电力、航空运输等产业进行垂直分割；通过民营化，促使民间资本进入垄断行业。打破原先一家企业垄断经营的市场结构，垄断行业逐渐形成寡头垄断或者垄断竞争的市场结构。

（二）我国垄断行业的市场竞争结构演化

市场结构重组是指政府以法律和行政手段，在短期内对特定垄断行业的市场结构做出重大调整，把原有的垄断性市场结构改造成为竞争性市场结构，以形成有效竞争的格局（王俊豪，2004）。其主要表现形式是政府对垄断企业实行纵向、横向分割政策。政府将垄断企业分割为若干家企业，能为竞争创造空间，促进企业间的竞争，提高经营效率；达到缩小企业规模，增强企业运行能力的目的。最终目标是形成规模经济与竞争活力相兼容的有效竞争格局。电信、电力等全国性垄断行业的分拆最引人关注。1999 年，中国电信拆分成新中国电信、中国移动、中国卫通 3 个公司，两年后中国电信再次被拆分为南北两家公司。经过这两次分拆，打破了原中国电信"一家独大"的局面，电信领域实现了一定程度的有效竞争。2002 年，国家电力公司进行重组，将发电资产重组为华能集团公司、大唐集团公司、华电集团公司、国电集团公司和电力投资集团公司 5 家资产规模相当的发电企业，将电网资产重组为国家电网和南方电网，并规定两家电网公司不能经营发电业务。通过这次市场结构重组，基本上将电力行业从原来的垄断性市场结构改革成为竞争性市场结构。供水行业的拆分，以上海市自来水为例，1999 年，上海市自来水公司分拆为 4 家，闵行、浦东、市南、市北 4 个独立核算自主经营的有限公司相继成立。通过拆分为 4 家区域性、具有适度竞争关系的自来水公司，打破了原有的垄断局面，形成适度市场竞争格局。

（三）竞争市场结构需要加强普遍服务管制

在垄断行业引入竞争和民营化改革过程中，不能为了引入竞争，而完全不顾公用事业本身的特性。2002 年 12 月，建设部颁布的《关于加快市政公用行业市场化进程的意见》，鼓励社会资金、外国资本参与市政公用设施建设。一些地方政府就打着市场化的旗号，大肆变卖公用事业资产，把具有公共公益性质的项目也完全市场化，这不仅仅是政府的失职，而是市场化后对公众利益的损害。外资溢价收购公用事业意味着将来要成倍地赚回去，负担最终都会转嫁到公众身上。回报过高、价格上涨过快、合同失败、消费者利益受损等问题接踵而来。因此，垄断行业市场化改革后，必须建立普遍服务管制体系。

穷人能否分享经济增长的好处，要看经济增长的质量和模式，要保持经济的可持续发展，需要从增长优先的发展模式转向"亲贫式增长"的发展模式，让更多的底层群体分享到经济增长的成果。私人资本参与公用事业服务，会在普遍服务、质量、环境、公众安全等各个方面对弱势群体的福利形成挑战（World Bank，2001）。一个好的管制体系不仅能够给予企业适当的激励以提高公用事业的产品和服务的供给，而且还能直接针对穷人提供这些产品和服务。

亲贫的普遍服务管制就是采取有利于穷人的管制措施。首先，由于垄断行业提供的产品和服务具有普遍服务的公益性，并且大多是人民生活的必需品，因此，垄断行业必须坚持全面覆盖原则。其次，亲贫管制的出发点不仅是增进社会整体福利，而且主要是为了改善社会上最穷的那一部分人的福利，因此，尽快制定倾向于穷人的普遍服务管制政策。最后，亲贫管制更强调普遍服务义务，为了达到亲贫的目标，政府不仅要建立普遍服务基金，还应运用更具有针对性的、指向低收入者的、更有效率的补贴措施。

三 垄断行业需要新的普遍服务管制政策

普遍服务是指由政府制定政策，企业负责执行，确保所有用户都能以合理的价格获得可靠的、持续的、基本的产品或服务。普遍服务强调产品或服务的可获得性、可承受性和非歧视性。在原先一家企业垄断经营时期，普遍服务通常作为一种社会责任赋予企业，由企业承担起普遍服务的义务，实现的机制主要通过企业内部业务的交叉补贴来提供普遍服务资金。垄断行业的市场化改革使普遍服务处于困境，一方面，市场竞争主体必定要以一定的回报机制为前提；另一方面，涨价给贫困消费者带来沉重负担，这就形成了企业追求利润最大化与社会福利最大化的冲突。事实上，民营化后，国家退出了服务的直接供应，公共财政补贴和各种变相补贴取消了，穷人在公用事业服务的获得上的支出增加、接入机会的减少，以及遭遇的消费排斥，在发达国家和发展中国家，都已经成为影响改革的严峻事实。

在垄断行业从垄断向竞争过渡的过程中，提供普遍服务被视为各国面临的最重要的挑战。我国垄断行业的普遍服务一直作为一种社会责任赋予国有企业，没有从法律上规定垄断企业必须承担这些社会负担，也没有明确规定交叉补贴机制的法律地位。当企业进行市场化改革后，特别是政企分开和引入竞争以后，这种默许的普遍服务政策受到市场竞争的强烈冲击。随着垄断行业市场化改革的不断推进，我国垄断行业普遍服务的不足与缺失问题更加严重。构建与我国垄断行业改革进程相适应的普遍服务机制成为当前理论研究的热点，也是实践中迫切需要明确的新问题。

第二节　垄断行业的内涵与特征

一　垄断行业的内涵

垄断的词义是排他性控制和独占，在古典经济学研究中，垄断是一种极端的市场结构形式，是指市场上一家厂商提供的产品能够满足整个市场的需求。由规模经济、范围经济、网络经济等技术经济条件形成的垄断称为自然垄断；由政府及其所属部门凭借行政权力排斥竞争者干预市场形成的垄断称为行政垄断；由企业凭借资源的天赋特性、发明的专利权和版权、竞争策略而形成的垄断称为市场垄断。

本书所谓的垄断行业主要是指依靠固定物理网络提供产品和服务的行业，包括电信、电力、供水、污水处理、天然气、管道燃气、铁路、邮政等行业。关于这些行业归属的类别，常见的有公用事业、公共事业、公用设施、基础设施产业、网络型产业等。世界银行在《世界发展报告（1994）——为发展提供基础设施》中提出，基础设施可以划分为经济基础设施和社会基础设施两大类。经济基础设施是指长期使用的工程构筑、设备、设施及其为经济生产和家庭所提供的服务，具体包括公共设施（如电力、通信、管道煤气、自来水、排污、固体垃圾收集与处理）、公共工程（如大坝、水利工程、道路）以及其他交通部门（如铁路、城市交通、港口、河道和机场）三种类型；社会基础设施则主要包含教育和卫生保健（World Bank，1994）。公共事业是指面向全社会、以满足社会公告需要为基本目标、直接或间接地为国民经济和社会生活提供服务或创造条件，并且不以营利为目的的社会事业，包括教育、科技、文化、卫生、基础设施、公共住房、社会保障、环境保护等事业。① 公用事业是指通过基础设施向个人和组织提供普遍必需品和服务的产业，主要包括电力、电信、邮政、铁路、有线电视、燃气、供热、供水和污水处理、公共交通、垃圾回收及处理等。② 市政公用事业是为城镇居民生产生活提供必需的普遍服务的行业，主要包括城市供水排水和污水处理、供气、集中供热、城市道路和公共交通、环境卫生和垃圾处理以及园林绿化等。③ 综上所述，理论界和政府部门在对这些基本概念进行界定时，大部分采用了列举的方式限定范围，使其概念更清晰明确。本书也采用这一方式，明确垄断行业的范围。

垄断有其存在的合理性，特别是基于技术经济特征形成的自然垄断。传统经济理论认为，自然垄断行业是市场失灵的领域，中国长期实行政府直接经营的管理体制。新管制经济理论与实践证明，国有垄断经营必然低效率，应充分发挥市场竞争机制的积极作用。垄断行业通过民营化和市场结构重组等改革方式，引入市场竞争，放松垄断行业的进入管制；传统的垄断行业经过40年民营化和市场结构重组改革，严格意义上讲，没有一个行业是完全垄断的市场结构，如电力的发电、输电、配电、售电环节已经分开，发电环节已经形成了多家竞争的市场结构，但垄断行业的管网输送环节因具有较强的成本弱增性，仍然要维持其垄断地位，比较接近完全垄断的市场结构。因此，更准确地说，垄断行业是指电信、电力、水、燃气、交通运输等行业的通信网、电网、管网、燃气管网等自然垄断环节。

二 垄断行业的特征

(一) 资产专用性

垄断行业生产经营需要大量的投资，如果企业投产后想转产其他领域，则这些管网建设的投资和专用设备购置投资将很难收回，沉淀

---

① 朱仁显：《公共事业管理概论》，中国人民大学出版社2003年版，第7页。
② 刘戒骄：《公用事业：竞争、民营与监管》，经济管理出版社2007年版，第1页。
③ 建设部：《关于加强市政公用事业监管的意见》，2005年9月10日。

成本高。基于这一特性,威廉姆森得出一个命题:高的资产专用性将易于导致一体化。根据这一观点和早期的管制理论,垄断行业最有效率的形式是一体化经营。实践中,绝大部分的垄断行业采取了纵向一体化经营模式,如电力产业的发电、输电、配电、售电一体化,自来水产业的生产、输送、供应、污水回收处理一体化经营。资产专用性以及由此而形成的纵向一体化经营是垄断行业的一大特征。

(二) 成本弱增性

成本弱增性是 20 世纪 80 年代以来定义自然垄断的新观点,1982 年,鲍莫尔、潘泽和威利格利用成本弱增性,重新定义了自然垄断,他们证明了单产品生产中规模经济是自然垄断的充分条件而非必要条件,成本弱增性是自然垄断的充分必要条件。成本弱增性是指一家企业提供整个行业的产量成本低于由多家企业共同提供相同产量的成本。

(三) 自然垄断性

垄断行业的规模经济、范围经济显著,一方面,电力网、燃气管道、自来水管网等是垄断行业固定成本的主要部分,具有显著的规模经济性;另一方面,垄断行业生产的主要环节高度垂直相关(如自来水的制水、供水、排水、污水处理,电力的发电、输电、配电、售电),具有明显的范围经济性。也就是说,由一家企业提供整个产业的产量成本低于由多家企业共同提供相同产量的成本,垄断行业具有自然垄断性。

(四) 基础产品性

垄断行业提供的产品和服务,例如,通信、供水、供电、供气、供热等是一种准公共物品。作为最终消费品,它与居民的消费水平和生活质量直接相关;作为要素投入,决定着下游其他部门产品和服务的成本,而且关系到能否正常、稳定地组织生产活动。也就是说,垄断行业提供的产品和服务构成居民生活和企业生产不可或缺的部分,垄断行业必须提供稳定持续的产品和服务。

垄断行业具有资产专用性、成本弱增性、自然垄断性等技术经济特征,又是公众生产生活的基本必需品。为了保护公众利益,获取自然垄断的高效率，我国对这些行业实行了政府垄断经营的管理体制，维护企业的独家垄断地位。但在长期垄断经营环境下，企业缺乏外部竞争压力，普遍产生效率低下问题，并没有取得理论分析上企业以最低成本满足整个市场需求的结果，垄断行业的成本效率不高。

第三节　普遍服务的内涵与属性

一　普遍服务的内涵

（一）国外法律法规中的普遍服务

美国 1996 年《电信法》规定："尽可能以合理的资费、完备的设施向所有美国公民提供快速、高效、遍布全国乃至全世界的有线或无线通信服务，不论其种族、肤色、宗教、原籍或性别，均一视同仁。"加拿大 1993 年《电信法案》规定："所有加拿大地区，包括农村和城市的公民都能接入可靠的、用得起的、高质量的电信服务。"法国 1996 年《电信法》规定："在领土范围内，以用户用得起的价格提供高质量的电话服务。"澳大利亚 1997 年《电信法》规定："保证在公平的基础上，让澳大利亚全体国民都能合理地得到标准电信服务、付费公用电话服务，以及规定的传输服务。"

经合组织（OECD）在《普遍服务和电信资费的改革》报告中，将电信普遍服务定义为"任何人在任何地点都能以承担得起的价格享受电信业务，而且业务质量和资费标准一视同仁"。欧盟委员会 1997 年发布了关于电信互联互通的条例，其中，对普遍服务义务的定义是："普遍服务是一系列符合质量要求的电信业务，这些业务面向所有用户而无论其地理位置所在，同时，其价格在当地国家是可以承受的。"

1994 年，印度的第一个国家电信政策（NTP 1994）首次将普遍服务写入政策文件，并且电信普遍服务被定义为："以支付得起的、合理的价格向所有公民提供特定的基础电信业务。"国际电信联盟（ITU）在《世界电信发展报告（1998）》中提出了实施普遍服务的三条标准，即可接入性、非歧视性和可承受性。可接入性是指有覆盖全国的电信网络，用户不论在任何地方、任何时候需要电信服务，都可以接入电信网络；非歧视性是指各类用户应当受到相同的对待，就价格、服务内容和质量而言，不论地理位置或者种族、性别、宗教信仰如何，应当没有歧视；可承受性是指电信服务的价格应定位在大多数用户能够承受的水平上。

（二）国内普遍服务内涵研究

王俊豪（2003）认为，现代的普遍服务是指为维护全体公民的基本权利，缩小贫富差距，国家通过制定与实施相关法规，促使垄断行业的经营者向所有存在现实或潜在需要的消费者，以可承受的、无歧视的价格提供的基本服务。其基本含义是：①可获得性。只要消费者需要，垄断行业的经营者都应该高效率地向消费者提供有关服务。②非歧视性。对所有消费者一视同仁，在服务价格、质量等方面不因地理位置、种族、宗教信仰等方面的差别而存在歧视。③可承受性。服务价格应该合理，使大多数消费者都能承受。这是从消费者角度界定普遍服务的本质特征。肖兴志（2008）提出所谓普遍服务，一般是指公用事业部门被规制者要求对边远地区或农村等典型的高成本地区必须提供基本的服务，而且还不能收取与高成本相应的高价。此外，还要保证提供产品或服务的质量，其中，包含提供产品和服务、收取低价和保证质量三个要求。显然，这种要求等于在迫使公用事业部门对低收入或边远地区的用户进行补贴，因为在这些高成本地区的业务会造成在位垄断者难以回收成本。

王俊、昌忠泽（2007）创新性地提出了中国社会普遍服务体系的两个发展层次：人文普遍服务和产业普遍服务。最基础的层次是体现人文普遍关怀的"人文普遍服务"，当全体社会公民都能享受到政府提供的人文普遍服务，获得了基本的生存和发展权利，对物质生活和精神生活有更高的追求，就需要再构建一个以基础服务为主导的"产业普遍服务"体系，这是社会普遍服务的高级层次，让每一个公民能分享现代化的成果，缩小社会个体和区域差距，并以此为主要途径，完成由二元分割社会向城市文明、工业文明的转型。人文普遍服务就是要让每一个社会成员在社会上能够拥有平等的生存、发展权利，为每一位公民提供最低生活保障、基础教育、基本医疗、基本职业培训、自由迁徙的权利，让每一个社会成员在国土范围内任何地方，都能以可承受的代价享受到普遍提供的服务。产业普遍服务，所涉及的行业通常是关系国计民生的重要基础产业和公用事业，产业普遍服务的目标就是在重要的产业领域推行普遍服务，实现整个社会的工业化、信息化、城市化和知识化。①

　　这是国内对普遍服务分类的一种尝试，将普遍服务分为人文和产业两个层次，将当前政府改革过程中所涉及的重点产业或事业面临的问题融为一体，以普遍服务为主线进行区分。这一方面使普遍服务的原生地（产业）指代更精确，即"产业普遍服务"，另一方面使公共服务（教育、医疗、社会保障）的普遍服务更有文化内涵，即"人文普遍服务"，不像公共服务均等化那样存在太多争议。

二　普遍服务的三个目标

　　不管普遍服务的定义、内容、要求、实现途径有何不同，其目标——普遍服务的可获得性、可承受性和非歧视性得到学界和政界的共识。现代意义的普遍服务已不是一个单一的概念，而是一个复合概念，包括服务的普遍性、用户承受性和接入的平等性三方面内容。同时实现这三个目标必然导致政策选择时的矛盾：一方面建设全国性的网络耗资巨大，另一方面把价格规定在可承受的范围内又会使收入过低。协调普遍服务中的三个相互冲突的目标成为大多数政府所面临的一个难题。有专家提出，把这些目标看作网络发展不同阶段的表现对解决这个难题更有帮助。

　　将普遍服务的三个目标分为三个层次（见图 1-1），有助于更好地理解普遍服务的内涵。第一层次的目标是实现产品和服务的可获得性，即垄断行业要实现网络及其服务的全国范围覆盖；第二层次的目标是实现可承受性目标，即在制定产品和服务价格时要考虑用户的收入能力；第三层次的目标是实现接入的平等，即非歧视性，对所有的

---

　　①　王俊、昌忠泽：《社会普遍服务的建立》，《经济研究》2007 年第 12 期。

用户在产品的质量、价格、服务方面做到一视同仁。

图 1-1　普遍服务的三个层次

（一）可获得性

可获得性，即服务的普遍性，即不论何时何地，只要有需求就应该有覆盖全国范围的网络或服务。这里强调产品或服务的可获得，即能够通过网络或其他方式，享用到所需的产品或服务。建立互联互通且覆盖全国的网络是普遍服务的基础条件，没有这一基础网络，就奢谈可获得性了，因为垄断行业通常需要依靠固定的网络将其产品和服务输送到消费者。网络是传输产品和服务的基础，我国垄断行业的网络建设水平不高，无论是电信、电力还是自来水、铁路等都没有实现全国范围的网络覆盖。因此，提高网络覆盖率，就成为普遍服务的首要目标。

可获得性是垄断行业的第一层次目标，主要表现为扩大网络的覆盖率，使产品和服务能够顺畅地输送到公众，满足公众的需求。这个目标实现了，才能对产品和服务提出其他要求。美国等西方发达国家早期垄断行业的做法印证了这一论断，虽然没有明确提出普遍服务，但其做法却是想尽办法提高网络覆盖率，为公众提供更好的服务。普遍接入是另一个与普遍服务相近的名词，国际电信联盟认为，衡量获取信息通信技术标准的关键在于区别普遍服务和普遍接入。普遍接入可以通过家庭、工作地点、学校和公共接入点来实现，更适合中低或低收入的发展中国家；普遍服务是信息在家庭层面的高水平普及，更适合高收入和中上收入国家；因为发展中国家的网络覆盖率是发展中的第一要务，而发达国家则是在网络全面覆盖的基础上，逐步提高服务的质量。由此可见，提高网络的覆盖率，使公众能够获得其需要的产品和服务，既是普遍服务的第一层次目标，也是普遍服务得以开展的基础。

（二）可承受性

可承受性，即垄断行业提供的产品和服务的价格应当使大多数用户能够承受得起。完成这个目标同样存在很大的难度。普遍服务的对象是高成本地区和低收入用户。高成本地区意味着提供产品和服务的成本很高，常常大于企业能够获得的收益。而且高成本地区的用户往往收入能力更差，即生活在高成本地区的低收入用户更多，这加重了完成可承受性目标的难度。

普遍服务的第二层次目标集中在产品和服务的价格界定。可承受得起是一个吸引人的概念，但怎样衡量这一概念是比较难的工作，其影响因素众多，如服务区域大小、收入水平、生活成本、人口密度以及其他社会经济指标等。克莱尔·米尔恩（Claire Milne，1995）在英国探究普遍服务的可负担得起这一概念，得出这一概念确实很吸引人，但确实很难用某种方式去衡量。

实践中，有的国家采用边际成本定价，亏损由财政补贴的方式；有的国家采用统一定价或分类定价，通过业务间交叉补贴的方式。普遍服务的可承受性需要专门为满足低收入用户制定价格，为保证低收入或有特殊需要人群能够接入和使用基本的产品和服务，可以要求普遍服务提供商为普遍服务提供不同于一般商业情况下的多种资费或者资费套餐。政府也要为低收入和有特殊需要的消费者提供直接的援助。

（三）非歧视性

非歧视性是指所有用户都应当被同等对待，即垄断行业提供的产品和服务要对所有公众——无论所处地理位置、种族、性别、宗教信仰——在价格、服务和质量等各方面都应做到一视同仁。尽管在各国的普遍服务概念中都有非歧视性的意思，但事实上并没有形成非歧视性的统一标准，普遍服务的非歧视性通常以服务质量的相关指标来表示，通过服务内容和细则规范，做到非歧视性。

非歧视性是普遍服务的高层次目标，在价格、服务和质量上一视同仁，意味着以同样的价格提供同样质量的产品，但是，提供同样质量的产品其成本却可能存在天壤之别。比如，在人群密集的地区和人口稀少的地区提供同样质量的服务，其边际成本的差别可能是无穷大。要做到无歧视，完全地同等对待，只有当网络完全覆盖，所有的公众都能够接入网络获得服务之后，才能够逐渐把政策的中心放在非歧视性原则上。

因为有可承受得起的限制，垄断行业的产品和服务不可能对弱势群体定高价，甚至在很多时候低于平均价格。根据市场经济规律，价格反映成本，在成本与价格的巨大矛盾中，降低质量就成为一个可选之途。因此，非歧视性的重点在产品和服务的质量方面，强调对所有公众，无论其居住位置、收入多少，企业都不能有区别对待之念。

三 普遍服务的特性

产品或服务的性质决定其相应的生产或提供的制度安排，且不同的制度安排最终将影响乃至决定产品或服务供给效率和需求满足。私人产品具有排他性和消费的竞争性，成本和收益可以清楚界定，付费和受益主体清晰，因此，对纯私人产品和服务，市场竞争和个人自由选择机制的制度安排非常有效。公共产品具有非竞争性和非排他性，消费和付费单位难以分割，一般采取政治决策和集体选择来满足需求，政府依靠公共权力征税，以公共财政形式组织生产。由此看来，探讨垄断行业的普遍服务管制与政策，有必要先研究清楚普遍服务的属性，然后再探讨与之相适应的制度安排。

（一）普遍服务的公益性

公益是公共利益的简称，其含义是指全社会成员共同整体的利益，既不是成员的个人利益，也不是全部成员利益的简单加总，是与个人利益紧密相连的一个概念。"公共利益"是一个富含价值的概念，在大多数情况下，人们用这个词来指代政府可正当追求与实现的目标，具体地说，"公共利益"一般被用来泛指某些影响所有人并受到普遍承认的利益。

1. 普遍服务是公共服务体系的重要组成部分

进入 21 世纪，公共服务①和普遍服务成为国内政界和学术界关注与研究的热点问题。公共服务的研究视角是公共财政和公共管理，而普遍服务的研究视角是产业经济和管制经济。一般认为，公共服务是指直接与民生问题密切相关的服务，包括教育、卫生、文化、就业再就业服务、社会保障、生态环境、公共基础设施、社会治安等。在公共服务均等化的研究中，通常以义务教育、公共卫生、社会救济和公益事业为研究对象。普遍服务的研究主要集中在电信、电力、供水等公用事业领域。这些领域是公共基础设施的重要组成行业，也是具有中国特色的公用事业、公益事业的构成主体。因此，普遍服务是公共服务体系的重要组成部分。

公共服务强调的是服务本身的公共属性。学术研究集中在如何实现教育、医疗卫生、社会保障等公共服务的均等化。普遍服务强调的是让所有公众都能够获得基本的生活必需品，如电力普遍服务、电信普遍服务、供水普遍服务。本质上，公共服务均等化和普遍服务的目标是相同的，都是使所有公众获得基本的产品和服务。

公共服务的研究相对而言比较重视教育、医疗和社会保障等，呼吁政府财政应在这些领域投入更多的资金，而对基础设施的研究和关注往往不够。从公共资金有限性和政府退出经济性领域建设看，减少垄断行业的财政支持，符合公共财政建设的要求，但从产业发展和管制改革视角来看，垄断行业的发展进入攻坚阶段，没有开通服务的地区往往是高成本地区，企业在这些地区开展业务难度很大，政府退出直接提供后，要建立起合理的成本补偿机制。因此，提出并加强普遍服务研究，能够形成公共服务均等化研究的完整理论体系。普遍服务

---

① 公共服务可分为基本公共服务和一般公共服务，本书所说的公共服务特指基本公共服务，即公共服务均等化的研究范围。

是公共服务的有机组成部分，在公共服务均等化的理念下，加强普遍服务建设也是政府的义务。

2. 普遍服务提供的是准公共产品

一般认为，电信、电力、邮政、供水和管道燃气等垄断行业提供的产品和服务具有准公共产品性质。准公共产品是介于公共产品和私人产品之间的一类产品，不完全具备非竞争性和非排他性。电信、电力、邮政、自来水和管道燃气等垄断行业提供的产品具有正外部收益，供给上具有公共性质，消费上具有私人性质。垄断行业不能以营利为目标提供普遍服务业务，甚至不能基于成本向消费者收费，通常以消费者能够支付得起的价格提供普遍服务。垄断行业提供的产品和服务是社会全体成员所必需的生产生活资料，是社会经济发展的基础和前提，为了维护全体社会成员的公共利益，必须保证这些产品和服务的普遍供给。从对普遍服务内容的论述中，可以清楚地认识普遍服务提供的产品满足准公共产品的定位。

经济学研究中，学者对产品的分类也说明电信、电力、邮政、自来水、管道煤气等产品的准公共产品属性。表 1 - 7 是经济研究中部分经济学者对准公共产品的分类，电信、电力、供水等都位居其中。

表 1 - 7　　　　　　　　　　准公共产品的分类

经济学家	准公共产品分类	
［美］布朗和杰克逊（Brown and Jackson）	混合产品 1. 含外在性的私人产品 2. 私人企业生产 3. 通过销售收入筹资 4. 通过含补贴或矫正税收的市场分配 例如，学校、交通系统、保健服务、接种、有线电视、不拥挤的桥、私人游泳池、高尔夫球俱乐部	混合产品 1. 产品利益由集体消费但受拥挤约束 2. 由私人公司或直接由公共部门生产 3. 由市场分配或直接由公共预算分配 4. 通过销售收入融资，如对该服务使用权的收费或通过税收筹资 例如，公共公园、公有财产资源、公共游泳池

续表

经济学家	准公共产品分类	
［美］曼昆 （N. Gregory Mankiw）	自然垄断 例如，消防、有线电视、不拥挤的收费道路	共有资源 例如，海洋的鱼、环境
［日］植草益 （Uekusamasu）	准公共产品 I 例如，医疗、教育、保险、俱乐部产品以及水、电、气等自然垄断产品	准公共产品 II 例如，森林、草原、公海等公共资源以及孤儿院、养老院、扶贫、垃圾处理等社会福利服务
郑秉文	自然垄断型 这类产品多是社会基础设施 例如，供水系统、铁路运输系统	基本福利产品 即无论人们的收入如何、付费如何，都应当获得和消费的产品 例如，社会卫生保健、住房、义务教育
高鹤文	自然垄断型 自然垄断型准公共产品是指其生产或传输过程具有自然垄断性质的一类社会产品（或服务） 例如，自来水、电力、燃气（管道煤气和天然气）、电信产品、铁路和航空服务等	优效型 优效型准公共产品是指对个人和社会都有好处，没有政府干预又可能消费不足的产品。在消费这类准公共产品时，无论社会成员是否具有能力支付，人们都应当享受这些产品和服务 例如，义务教育、预防保健等

资料来源：笔者根据研究成果整理。

普遍服务不是公共产品，不符合非竞争性和非排他性特征。但其提供的产品和服务属于准公共产品，是社会生产和人们生活的必需品。正是由于普遍服务提供的产业和服务具有准公共产品性质，普遍服务的公共利益特征显著。

（二）普遍服务的动态性

普遍服务具有动态性，表现在不同的国家、不同的时期，普遍服务的内涵是不同的。实现普遍服务的过程中，其约束条件至少有经济、人口、地理等因素。国家之间经济发展水平的差异会导致在不同国家同一时期普遍服务内容的不同。普遍服务随着产业的出现而出现，在产业发展的不同阶段，普遍服务的目标也不相同。因此，实现普遍服务是一个长期的过程，政府在制定普遍服务政策时，要考虑产业发展的阶段、产业所处的外部环境、普遍服务对象的状况等因素，然后选择最优的普遍服务机制对企业进行成本补偿。

1. 普遍服务的五个阶段

克莱尔·米尔恩于 1998 年首先从经济发展水平和电信发展阶段角度研究了电信普遍服务发展问题。他认为，网络发展受一国经济发展、技术进步和自由化等的影响，每个阶段在每个国家出现、存续的时间也不同。米尔恩认为，网络发展水平是导致普遍服务差异的关键因素，并进一步分析了每个阶段特有的经济社会特征，以及应该采取的普遍服务政策手段和措施。表 1 – 8 展示了一个国家是如何实现电信普遍服务的，从最基本的电话服务到工业经济的全面现代电信服务，这一历程由几个相互衔接而又有区别的阶段构成，每个阶段也被视为拥有自己"天然的"普遍服务目标、普遍服务政策措施。

表 1 – 8 　　　　　　　　　普遍服务政策发展的五个阶段

	建网	网络大扩张	大规模抢占市场	网络完善	个性化服务
普遍率（%）	0—5	1—20	15—40	35—60	50 以上
人均 GDP	低收入	中低收入	中上收入	高收入	高收入
商业用户接入比例（%）	0—30	20—80	70—100	100	100
住宅用户接入比例（%）	0—10	5—30	20—85	75—100	100
普遍服务目标类型	技术型：获取新的技术	地域型：维持区域平等	经济型：刺激经济增长	社会型：形成政治凝聚力	自由型：实现个人通信权利
普遍服务的目标举例	提供连接各主要中心城市间的长途业务，所需之处设立公共电话	在各人口中心城市提供电话业务，商业上广泛使用电话	大量普及住宅电话，满足所有合理的电信需求	人人用得起电话，为有特殊需求的人群提供特定的电话服务	满足每个人的基本通信需求

续表

	建网	网络大扩张	大规模抢占市场	网络完善	个性化服务
市场调研重点	付费电话费率及位置	小型商业用户的需求	住宅用户的需求	农村、残疾人和低收入群体的需求	新业务创造的需求
公共政策措施（电信）	鼓励投资	实行政府控制，全国统一资费	以低收费刺激线路需求	网络竞争，成本导向的资费	自由、公平的竞争
公共政策措施（普遍服务）	指定发放网络许可证的条件	规定营利性运营商履行一些非营利性义务	控制资费再调整的速度	有针对性的补贴	识别并满足非市场性需求

诺姆·埃利姆（Noam Elim）将网络效用和费用曲线放在一起，将网络的发展分为五个阶段（见图 1-2）。他认为，在 N_0 之前，即建设初期，费用高于效用，除非有来自外部的国家补贴或交叉补贴，否则网络规模不会扩大；从 N_0 到 N_1，这是效应明显上升而成本费用严格下降的时期，网络会自身扩张；到平均费用最低点 N_1 后，效用仍高于费用，网络仍会增长；到 N_2 点时，边际费用和边际效用相等，利润最大；此后，随着网络的扩张，利润逐渐下降，过 N_3 点后，费用超过效用，这时，又需要来自外部的补贴，企业才能继续提供服务。

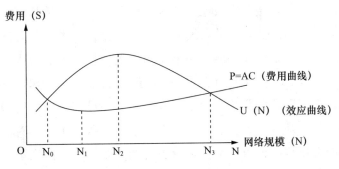

图 1-2 电信网络效应及费用

普遍服务的动态性特征向我们描述了垄断行业普遍服务的历程，需要指出的是，我国大部分的垄断行业进入了第五阶段，即提供普遍服务的成本大于收益阶段。因此，我国垄断行业的普遍服务具有外部性特征。

2. 普遍服务政策的动态性

随着社会经济的发展，科学技术日新月异的变化和人民生活水平的不断提高，普遍服务的内容不断丰富，与此相适应，政府需要以法律法规的形式对普遍服务政策作相应的动态调整，使普遍服务得到具体落实。这可从美国通信普遍服务政策实践得到反映：美国1934年《通信法》只对普遍服务做了原则性的规定，并未涉及具体内容，按照当时美国的社会经济和通信行业科学技术发展水平，通信普遍服务的主要内容实际上是语音电话普及率问题。但随着通信普遍服务内容的不断丰富，普遍服务层次的不断提升，美国1996年《通信法》对通信普遍服务做了较为具体的法律规定，例如，该法第254条（b）要求FCC根据以下原则制定与实施普遍服务政策：①质量和价格：以公正、合理和可承受的价格提供高质量的服务；②与先进业务的接入：在美国所有地区都应能够接入先进的电信和信息服务；③在农村和高成本地区的接入：美国所有电信用户，包括低收入用户和居住在农村、海岛和其他高成本地区的用户，都应以基本相同的价格和计费标准享受到城市用户所享受的长途电信服务、先进的电信和信息服务；④平等分摊和非歧视性：所有的电信公司都应该在平等、无歧视的基础上，分摊普遍服务成本；⑤专门的和超前的支持机制：联邦和州都应建立专门的、超前的普遍服务支持机制，以维护和促进普遍服务；⑥学校、卫生医疗部门和图书馆与先进电信服务的接入：初级和中级教育学校、卫生医疗部门和图书馆应能够接入先进的电信服务；⑦其他原则：FCC和联邦—州普遍服务联合委员会可以确定保护公众利益的其他原则。可见，该法不仅扩大了电信普遍服务的对象，而且将先进的电信和信息服务纳入普遍服务的内容范围，体现了普遍服务政策的动态性。

普遍服务具有动态性。普遍服务的水平反映了一个国家社会经济发展的水平，补贴对象和内容需要随着经济的发展变化而发生相应的调整，但在特定时期，普遍服务又具有相对稳定性，是一个国家一定时期内的战略目标。中国的普遍服务目标也具有明显的动态性。以中国电信行业为例，"十五"期间，电信普遍服务的目标是：2000—2005年，行政村"村村通电话"的比例由80%提高到95%；乡镇通电话的比例达到100%。而电信普遍服务的远景目标是：在2010年基本实现"村村通电话，乡镇能上网"，行政村通话率接近100%，同时保障乡镇接入互联网的能力；在2020年基本实现"家家通电话，村村能上网"，让城市低收入者家庭、落后地区和广大农民家庭以普遍能接受的价格享受到相同质量的最基本的电信服务。

普遍服务是一个长期的目标。普遍服务在不同的时期有不同的内容，如发达国家已经实现了全国范围的网络覆盖，而发展中国家则仍要为扩张网络进行筹资。一个国家内部各产业之间的进度也不同，如我国电信行业已经实现了有效竞争，而铁路产业的改革还处于试点当中。政府在出台普遍服务政策时，要考虑垄断行业的发展阶段，也要廓清垄断行业的外部环境情况，根据垄断行业的改革发展进程，采取适当的普遍服务管制政策。普遍服务随着产业的出现而出现，并一直持续到最后一个消费者的需求得到满足，这是需要上百年的时间才能够实现的目标。

（三）普遍服务的外部性

普遍服务的公益性是从普遍服务的对象——用户角度去讨论普遍服务性质，强调普遍服务的公共利益属性。从企业视角看，普遍服务的外部性特征显著。外部性是经济主体的经济活动对他人和社会造成的非市场化的影响，分为正外部性和负外部性。外部性的实质是社会成本（社会收益）与私人成本（收益）的偏离。正外部性是某个经济行为个体的经济活动使他人或社会受益，但其本身却不能由此而得到补偿，经济主体从其活动中得到的私人利益小于该活动所带来的社会利益。普遍服务的正外部性是指当某一运营商承担普遍服务义务，向高成本地区或低收入用户提供服务时，产生的正外部经济效果，即普遍服务对象获得了收益，但没有因此而付出相应的报酬。更直观地说，运营商的普遍服务对低收入用户产生好的效果，而这种效果并没有从货币或市场交易中完全反映出来。

私人成本是指厂商生产过程中投入的所有生产要素（如劳动、资本、土地）的货币价格，厂商的私人成本仅仅按照生产要素价格和正常利润来进行计算。社会成本考察的是当生产一种产品时的投入改为该产品之外的其他最优用途时的收益以及因此而给别人带来的损失。社会成本包含私人成本，而且还包含生产对外部影响而产生的外部成本。可以用下式表示：

外部成本 = 社会成本 − 私人成本 (1.1)

对提供普遍服务的企业来讲，式（1.1）的外部成本为负值，也就是企业的普遍服务给社会带来额外的收益，企业承担了本应该由社会承担的一部分成本。

普遍服务要求收取低价，这等于在迫使公用事业部门对低收入或边远地区的用户进行补贴，因此，在这些高成本地区的业务会造成在位者难以收回成本。① 从中国电信行业来看，在不同地区经营电信业务或在同一地区经营不同类型的电信业务，其利润水平存在很大的差别。如在经济较发达的东部地区经营电信业务，其利润水平较高，而中西部地区的利润水平较低，在一些山区、农村和边远地区经营电信业务还会造成较大的亏损。同样，在同一地区经营不同电信业务也存在类似情况，如经营长途电话，其利润率较高，而经营市内电话，其利润率就较低，提供公共电话亭服务、通信地址服务、紧急通信服务等则往往发生亏损。例如，装一部电话在边远地区的投入相当于城市的3—5倍。一般来说，企业电话交换机、线路投资综合造价不超过1300元/线才会考虑投资。以每个网点最小交换机容量128线、实装率80%计算，农村地区每个电话的综合造价为2500元。如果投资一个最小的交换网点，实装率为2%—3%，则有的农村每线造价高达10万元以上。这样的高成本投入打消了企业去农村提供服务的积极

---

① 肖兴志：《公用事业市场化与规制模式转型》，中国财政经济出版社2008年版，第98—99页。

性。再加上农村居民居住比较分散、消费能力很低，农村电话市场需求上的不确定性、分散性等特点，即使装了电话也很难收回成本，企业运营维护成本极高。①

从企业角度提出普遍服务的特征是成本大于收益，从企业收益与成本的比较来探究普遍服务的性质，增强了普遍服务政策制定的可操作性和实用性。需要提及的是，企业提供普遍服务业务会产生亏损，但企业的亏损还可能是其他原因，如经营不善、管理的低效率等，因此，在提供普遍服务补贴时，要区分企业普遍服务业务和其他业务。普遍服务对企业意味着成本大于收益，为了达到社会一般均衡结果，必须要将企业的外部收益内部化。

企业在提供普遍服务时，其成本与收益之间产生偏差，单纯依靠市场经济体制不能实现优化资源配置的基本功能。正外部性因为交易方的成本大于收益，有部分收益无法在交易中体现，导致市场供给的产品和服务数量少于社会最优的需求量。也就是说，因为正外部性存在，普遍服务供给的数量远远小于社会的需求。事实上，在高成本地区，消费者愿意将其收入用于电信、电力、自来水等产品和服务的消费，但是却没有企业愿意到这些地区提供服务，形成普遍服务的缺失。

我们用图 1-3 来分析在普遍服务正外部性存在的情况下供给小于需求的均衡。图中横轴表示普遍服务的供给数量，纵轴表示均衡时的价格水平，SC 表示社会成本，PC 表示私人成本。为了满足整个社会的需求，按照社会成本曲线 SC 与需求曲线 D 的交点 A，决定最佳的普遍服务数量 Q_1 和价格水平 P_1。由于正外部性的存在，私人成本曲线 PC 位于社会成本曲线 SC 之上，如果企业提供 Q_1 数量的产品，而价格水平 P_1 没有反映企业提供 Q_1 数量时的外部成本 AC，企业没有动力去提供社会合意产量水平。对企业来讲，按照私人成本曲线 PC 与需求曲线 D 的交点 B，提供数量 Q_2 和收费水平 P_2 能够维持其发

---

① 张英：《村通工程造福万千百姓》，http://www.cnii.com.cn/［OL］，2008 年 4 月 3 日。

展潜力。但企业提供的普遍服务数量 Q_2 少于社会的需求数量，而且收费水平也偏高。在可承担得起这个目标的约束下，企业可能的选择是按照企业成本和需求曲线的交点决定提供的数量，按照 P_1 的价格水平收费，这样，企业的损失少一些。因此，政府要提供补贴，以使承担普遍服务的企业自觉地把普遍服务的供给数量从 Q_2 提高到 Q_1。

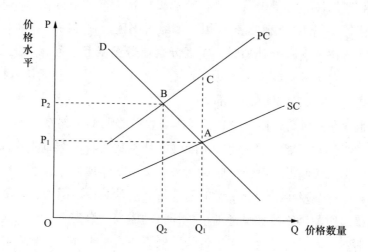

图 1-3　正外部性的资源配置

英国是不向普遍服务义务承担者提供补贴的一个特例，英国电信管理局始终坚持普遍服务并未构成运营商的额外负担。1997 年，英国对普遍服务是否构成运营商不公平负担的情况进行了衡量，英国电信管理局将运营商的净成本和利益进行对比。普遍服务运营商的利益主要表现在：提高公司声誉；市场和品牌效应；能够获得消费者电话使用和需求方面的信息；同消费者生命周期相关的利益；市场营销方面的利益；避免因电话业务中断或其他原因失去声誉而导致业务丧失等。净成本估算的依据是符合欧洲委员会指导原则的标准成本和收入计算方法。通过测算，普遍服务隐性利益总和（102 百万—151 百万英镑）超过了普遍服务净成本的总和（45 百万—65 百万英镑）。[1] 因此，英国电信管理局认定：普遍服务义务并没有为英国电信造成不合理负担，没有必要设立普遍服务基金让其他运营商分担普遍服务义务成本。1997 年，英国电信管理局公布了修正的普遍服务义务净成本和利益估算数据，重新估算过的数据显示，普遍服务的利益总和（61 百万英镑）小于普遍服务净成本的平均值（63 百万英镑）（见表 1–9），修正后的利益总和数据大幅下降，而普遍服务成本不降反升，两者之间的差额显著减少。然而，英国电信管理局仍维持其观点：坚称没有必要建立普遍服务基金让其他运营商分担普遍服务成本。

表 1–9　　　　　　　　普遍服务的年度净成本和利益　　　单位：百万英镑

	最初估算（1997 年 2 月）	修正后的估算（1999 年 7 月）
生命周期	1—10	0
服务普及效应	40—80	0
公司声誉	50	50
公用电话亭	11	11
利益总和	102—151	61
净成本之和	45—65	53—73

在英国的案例中，需要注意普遍服务净成本[2]的概念。另外，还要注意分析普遍服务收益衡量问题。下面我们来看普遍服务净成本的衡量。

$$普遍服务净成本 = 能够避免的成本 - 收入扣除额 \qquad (1.2)$$

其中，能够避免的成本，是指普遍服务运营商因为向高成本地区提供业务而产生的成本。收入扣除额，是指普遍服务运营商在高成本地区提供业务取得的收入。

---

[1]　Hank Intven、Jeremy Olive、Edgardo Sepulveda：《电信规制手册》，北京邮电大学出版社 2001 年版，第 299 页。

[2]　同上书，第 312 页。

英国两次测量的净成本 45 百万—65 百万英镑和 53 百万—73 百万英镑，是普遍服务运营商向高成本地区提供服务产生的成本和获取的收入差额，也就是式（1.1）中的社会成本，在普遍服务研究中通常称为普遍服务净成本。这些数据说明，如果运营商不去高成本地区提供服务，就不会有上千万英镑的损失。再来看英国电信收益的衡量问题，社会效益是决定企业提供普遍服务是否形成额外负担的因素之一，两次测量的结果存在显著差异，这意味着社会效益测度对普遍服务性质也有一定的影响。从表 1－9 两次测量的数据比较发现，生命周期、服务普及效应两个方面的收益从原先的上千万英镑到零，对于产生这种巨大差异的原因，我们不去探究，但带来的启示是社会效益衡量的指标不能随意选取。选取过多与企业直接利益相关度不大的指标，并不能改变企业成本大于收益的现状。

（四）普遍服务的强制性

垄断行业普遍服务的强制性特征是由垄断行业普遍服务的公益性所决定的，依靠市场机制不能解决垄断行业的普遍服务问题，就需要政府运用"看得见的手"，通过制定强制性的公共政策，促使垄断行业承担普遍服务义务。

美国 1934 年颁布的《通信法》明确了通信普遍服务的宗旨。1996 年修订的《通信法》强化了通信普遍服务，其中，该法第 254（C）条规定，管制机构在确定普遍服务时需要考虑以下业务：①教育、公众健康和公共安全所必需的；②已经通过市场选择被相当数量的居民消费者所使用的；③已被电信公司用于公众通信网络中的；④符合公众利益、便利和必要的。英国 1984 年颁布的《电信法》规定，电信管制机构的一个基本职责是：向全英国提供通信服务，满足所有的正当通信需求，特别是紧急通信服务、公共电话服务、提供通信地址服务、海上服务和农村地区服务等，并将提供通信普遍服务作为企业经营许可证的一个重要条款。政府通过制定与实施这些强制性法规，促使企业履行普遍服务义务。

中国垄断行业的法律法规，也有一些为实现普遍服务的强制性规定，例如，《中华人民共和国电力法》（1995）第八条规定，国家帮助和扶持少数民族地区、边远地区和贫困地区发展电力事业。针对农村电力建设和农业用电。第四十七条规定，国家对农村电气化实行优惠政策，对少数民族地区、边远地区和贫困地区的农村电力建设给予重点扶持。又如，《中华人民共和国邮政法》（1986）第六条规定，邮政企业应当为用户提供迅速、准确、安全、方便的邮政服务。为明确邮政企业的普遍服务义务。第十三条规定，邮政企业及其分支机构不得擅自停办国务院邮政主管部门和地区邮政管理机构规定的必须办理的邮政业务。因不可抗力或者特殊原因，邮政企业及其分支机构需要暂时停止或者限制办理部分邮政业务，必须经国务院邮政主管部门或者地区邮政管理机构批准。《中华人民共和国电信条例》（2000）第四十四条规定，电信业务经营者必须按照国家有关规定履行相应的电信普遍服务义务。

第四节　普遍服务的构成要素

一　普遍服务的主体

垄断行业的普遍服务不符合非竞争性的含义，每增加一个消费者，普遍服务的成本相应都要增加。网络的建设成本极高，虽然网络建设具有规模经济效应，但高成本地区的用户居住分散，为增加一个新用户，付出的成本是高昂的，边际成本不为零，甚至高于平均成本水平。另外，普遍服务也不符合非排他性特征，垄断行业提供的产品和服务具有消费上的排他性，某个消费者占用了一条电信通道，这时别的消费者就不能用这条通道通话，某个消费者消费了一千瓦时的电量，别的消费者就只能消费另外生产出来的电力。普遍服务不满足非竞争性和非排他性标准。对普遍服务的规范分析使我们认识到，普遍服务的供给并不需要政府的直接参与。垄断行业市场化改革后，政府退出垄断行业产品和服务的直接供给，政府是垄断行业普遍服务的责任主体，企业是垄断行业普遍服务的实施主体。

（一）普遍服务的责任主体

普遍服务的责任主体是政府，政府是一个广义的概念，垄断行业的普遍服务责任主体主要是政府的各级行政部门，垄断行业的产品和服务是公众生产生活的必需品，垄断行业又具有自然垄断性，因此，我国长期以来实行的是政企合一、政事合一的管理体制。

垄断行业政企（事）分开起始于 20 世纪 90 年代。1997 年年初，根据《国务院关于组建国家电力公司的通知》确定的原则，将电力工业部所属的企事业单位划归国家电力公司管理。1998 年 3 月，撤销电力工业部，电力工业的政府管理职能并入国家经济贸易委员会，国家电力公司作为国务院出资的企业单独运营，标志着我国电力工业管理体制实现了政企分开。1998 年，邮政和通信分开，邮电部正式撤销，其职能由信息产业部与国家邮政局接管。2000 年，中国电信和中国移动成立，标志着通信实现了政企分开。2013 年，铁路实现政企分开，撤销铁道部，将铁道部的行政职责划入交通运输部，组建中国铁路总公司，承担铁道部的企业职责，成为具有经营自主权的市场主体。中国水务体制改革可以追溯到 20 世纪 80 年代，中国政府向国外银行贷款进行管网和污水处理工程的建设，作为回报，政府部门向贷款银行指定的一些设备商进行采购。到了 90 年代，一些地方开始试点水务改革，吸引外资投资参股。2003 年，大规模的外资和民营资本开始进入水务市场，掀起了水务市场的改革高潮。中国的水务改革主要采取特许经营的方式。供热、供气等公用事业改革主要为引入民间资本、建立现代企业制度、推行特许经营制度等，同时，政府的管理职能从对公用事业的直接投资和经营管理逐步转变为对企事业和市场的管制。

垄断行业具有自然垄断特征和公益性特征，政府作为投资主体而具有的决策权，能够维护垄断行业生产的自然垄断特性，避免恶性竞争。政府在投资和决策中具有基础地位，能够保护公众利益，防止产品或服务中断给居民生产带来的巨大成本和生活上的不方便。为了维护公众利益，保护弱势群体，政府仍然是垄断行业的责任主体，不能因为市场化而甩包袱。

我国垄断行业的主管机构众多，如工业和信息化部、交通运输部、水利部、住房和城乡建设部、环保部、能源局等机构。经过数次政府机构改革，我国政府机构调整与职能划分取得了较大进展，但政府监管中"九龙治水"的现象还未得到彻底改观。垄断行业普遍服务是建设社会主义和谐社会、满足人民群众美好生活需求的重要事项，需要尽快明确普遍服务的责任主体，促进垄断行业普遍服务的目标尽快实现。

（二）普遍服务的实施主体

垄断行业的发展经历了自由发展模式—政府管制模式—国有垄断经营模式—PPP（Public - Private Partnership）模式，对应于自由资本主义体制—垄断资本主义体制—计划经济体制—混合经济体制。垄断行业发展的萌芽阶段，处于自由资本主义发展时期，基本不受政府的干预。进入快速发展阶段以后，美国等市场经济国家以政府管制模式为主，即垄断行业由私人企业垄断经营，政府出台法律，管制者对垄断行业的价格、进入或退出、质量进行严格管制，政府、管制者和企业之间相互独立，各司其职。以中国为代表的计划经济国家通常以政府垄断经营模式为主，即垄断行业由国有企事业垄断经营，政府集所有权力于一身，垄断行业的投资、价格、运营等由国家统一制订计划，国有企业遵照执行。20 世纪 80 年代以来，在"新公共管理运动"的影响下，无论是西方国家还是我国，公用事业都开始推广应用PPP（Private - Public - Project）模式，即政府和私人企业通过多种形式的合作，共同提供垄断行业的产品和服务。

1. 我国垄断企业的构成

20 世纪 90 年代以来，我国垄断行业在政企分开、市场结构重组、放开非自然垄断环节等方面取得了初步进展。垄断行业改革逐步实现投资主体多元化和投资方式多元化。投资主体多元化，即垄断行业投资主体应包括中央政府、地方政府、企业、个人及外国投资者等；投资方式多元化，即采用多种方式推动非国有资本进入垄断行业的建设，实现非国有资本在经营形式上的进入或经营形式和资本形式的同时进入。

表 1 - 10 是近十几年来电力、燃气及水的生产和供应业城镇固定

资产投资资金来源渠道及所占比例，从中可以看出，公用事业投资主体已不再局限于政府这一主体，国家预算内资金的投资比例逐年降低，占总投资的7%左右；国内贷款的比例也逐年降低，从2004年的40%以上下降到20%左右；企业自筹资金比例十几年来持续增长，从2004年的42.72%逐渐增加到2016年的67.86%，2015年该比例将近70%。自筹资金主要是指固定资产投资单位报告期收到的，由各地区、各部门及企事业单位筹集用于固定资产投资的资金。要特别提到的是其他资金，虽然占比不算高，但其他资金是企业通过发行各种债券筹集到的资金、群众集资、个人资金、无偿捐赠的资金及其他单位拨入的资金等。

表 1-10 电力、燃气及水的生产和供应业城镇固定资产投资资金　　　　　　　　　　　单位：亿元、%

年份	预算内资金		国内贷款		外资		自筹资金		其他资金	
	金额	比例	金额	比例	金额	比例	金额	比例	金额	比例
2004	253.15	4.49	2372.6	42.04	224.46	3.98	2411.11	42.72	382.3	6.77
2005	320.7	4.44	3130	43.32	172.3	2.38	3159.5	43.72	443.4	6.14
2006	381.3	4.61	3573.8	43.21	120.5	1.46	3655.2	44.19	540.8	6.54
2007	584.9	6.4	3670.9	40.14	128.3	1.4	4215.9	46.1	544.3	5.95
2008	679.8	6.28	4129.7	38.17	111.2	1.03	5302	49.01	595.4	5.5
2009	1060	7.75	4759.1	34.79	109.2	0.8	6778.8	49.56	971.9	7.11
2010	904	6.03	4889.1	32.61	156.3	1.04	7929	52.88	1115	7.44
2011	973.64	6.3	4840.9	31.32	151.15	0.98	8767.07	56.72	724.47	4.69
2012	1116.07	6.49	4695.52	27.3	99.82	0.58	10556.9	61.38	731.01	4.25
2013	1398.5	7.05	4773.2	24.07	68.7	0.35	12718.5	64.12	875.7	4.42
2014	1775.9	7.71	5257.8	22.84	82.6	0.36	14872.6	64.61	1030.7	4.48
2015	1931.2	7.31	5211.6	19.73	39.9	0.15	18266.9	69.14	970.5	3.67
2016	1968.9	7.28	5499	20.32	62.4	0.23	18362.8	67.86	1165.9	4.31

资料来源：中经网统计数据库。

在垄断行业改革过程中，民间资本进入的范围和领域逐步扩张。

垄断行业的市场化改革进程有快有慢，但总体来看，固定资产投资中私人控股所占比例在逐年增加。燃气、电力、邮政业、供水等垄断行业固定资产投资中私人控股所占比例增长趋势较快，邮政业 2016 年固定资产投资中私人控股占 68.76%，燃气行业固定资产投资中私人控股占 47.88%，电力行业固定资产投资中私人控股占 28.28%，供水行业固定资产投资中私人控股占 15.30%（见表 1 - 11）。铁路、航空、电信等行业的固定资产投资中私人控股所占比例变化不大，所占比例也不高。

表 1 - 11　　　　　垄断行业固定资产投资中私人控股所占比例　　　　　单位：%

行业	电力	燃气	供水	铁路	航空	邮政业	电信
2008 年	12.63	32.87	14.00	0.98	5.62	29.85	2.91
2009 年	12.82	29.75	12.41	0.83	1.92	22.65	3.53
2010 年	15.24	28.95	13.17	2.14	0.53	22.99	3.74
2011 年	17.24	40.44	15.81	1.87	2.48	43.24	4.49
2012 年	17.69	39.20	15.95	2.02	3.17	40.61	2.88
2013 年	19.85	37.73	16.55	2.06	6.14	49.87	2.88
2014 年	21.98	42.22	19.12	2.24	4.50	58.75	3.99
2015 年	27.07	48.90	17.58	2.24	8.38	66.57	5.61
2016 年	28.28	47.88	15.30	1.77	9.97	68.76	3.63

资料来源：根据《中国统计年鉴》（2009—2017）相关数据计算。

2. 国外垄断行业普遍服务实施主体的法律规定

美国 1996 年《电信法》规定，由国际电信业务和州际电信业务提供者承担普遍服务义务。长途电信业务提供者提供边远和高成本地区用户的电信业务，所收取的费用不得高于向城市用户所收取的费用；州际电信业务提供者提供州际的长途电信业务，向州外用户收取的费用不得高于向州内用户所收取的费用。各州可以在不与《电信法》规定相冲突的情况下，根据本州的实际情况，对本州的电信普遍服务进行管理。如果一个电信公司既提供州际、国际电话服务又提供州内电话服务，它不仅要按照联邦政府的规定履行普遍服务义务，还要履行本州政府规定的普遍服务义务。

澳大利亚《电信法》对普遍服务义务的规定是：除非得到法律豁免，所有通信公司都必须承担普遍服务义务。澳大利亚将普遍服务公司分为全国范围内提供服务的公司和在地区范围内提供服务的公司。部长以指定的方式规定承担普遍服务的两家或两家以上的普遍服务公司，普遍服务义务在这些公司之间分配。如果地区性普遍服务公司停止履行义务，且没有其他公司来替代，那么全国性普遍服务公司自动成为该地区的普遍服务实施者。

西班牙电信普遍服务被定义为以可以承受的价格向所有地区的用户提供符合质量要求的一系列电信服务，向公众提供电信业务的运营商和从事运营的电信网络运营商都应当承担普遍服务义务，普遍服务业务可以得到外部资金帮助。该法规定，在普遍服务地理范围内的任何主导运营商都可以被指定提供普遍服务业务。

就公平而言，垄断行业服务由私营经营者还是公共部门提供，其重要性低于服务提供者所面对的激励结构和对普通公众负责的意识，政策重点是以可以承受的价格向贫困人口和贫困地区提供服务以扩大垄断行业服务的覆盖面，建立对服务提供者的问责制，扩大接受服务者的发言权，加强行业治理。[①]

（三）普遍服务的受益主体

市场只青睐有支付能力的用户，贫困农村、边远山区和城市边缘地区人群具有较低的支付能力，以营利为目标的企业不愿为这部分人群提供服务。为了满足这些群体的需求，普遍服务必须考虑低收入群体，因此，低收入群体是普遍服务的对象，市场仅青睐有盈利可能的地区，贫困农村、边远山区和孤立海岛等地区提供基础设施的成本很高，而收益远远低于成本，以利润为目标的企业不愿意到这些地区提供服务。为了解决这些地区的需求，普遍服务必须考虑高成本地区，因此，高成本地区是普遍服务的对象。普遍服务的对象主要有两个：一是对高成本地区的援助，使高成本地区的需求得到满足，以协调地

---

① 程漱兰：《"亲民"政策呼唤"平权式"的治理结构——世界银行〈2006年世界发展报告〉的启迪》，《管理世界》2006年第9期。

区间平衡发展；二是对低收入群体的援助，满足其基本的生产和生活需求，以促使社会更加和谐。

普遍服务的对象——高成本地区和低收入群体——是按照不同的标准进行的分类。为了便于分析，我们用横轴表示普遍服务的成本，纵轴表示居民的收入，将普遍服务的对象划分为四类（见图1-4）。第Ⅰ类低收入—低成本用户表示生活在低成本地区的低收入用户，即提供普遍服务成本是低的，但是居民用户支付能力也低。第Ⅱ类高收入—低成本用户表示生活在低成本地区的高收入用户，即提供普遍服务的成本低，居民用户支付能力高，显然，这部分群体不是普遍服务的对象。第Ⅲ类低收入—高成本用户表示生活在高成本地区的低收入用户，即边远地区、农村地区和海岛等地区的低收入用户，这部分群体显然需要普遍服务。第Ⅳ类高收入—高成本地区用户意味着生活在高成本地区的高收入用户，即提供普遍服务成本很高，但居民用户的支付能力也很高。

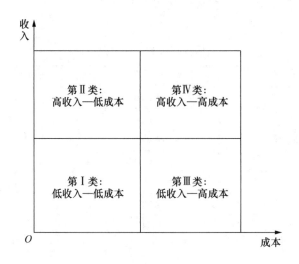

图1-4 普遍服务用户分类

按照普遍服务的困难程度进行分析，四类用户中，普遍服务难度最大的是生活在高成本地区的低收入用户，通常是农村居民的低收入者，不仅要将产品和服务提供到人，还要考虑其支付能力定低价。表 1-12 是农村贫困人口数和农村贫困率情况，到 2016 年农村的贫困人口数仍有 4335 万。其次是生活在高成本地区的高收入群体，关键是将产品和服务提供到人，但高成本地区提供服务的难度也不小。再次是生活在低成本地区的低收入者，产品和服务的提供难度不大，关键是采取合适的方法使其承担得起。最后是生活在低成本地区的高收入者，这一群体普遍服务的难度最低，事实上，也不应该是普遍服务的对象。不同的普遍服务机制影响的群体不同，如基于政府的财政补贴机制，财政资金来源于税收，税收具有普遍性，低收入群体也提供了财政资金，财政补贴的对象居民用户，其中包含高收入群体，产生了低收入用户对高收入用户进行补贴的现象。比如中国的"村村通工程"，按照行政区划进行分类，由各个省级政府和企业完成任务，这样就没有对高成本地区的高收入群体和低收入群体进行区分。而在美国的生命线救助计划中，对低收入的群体进行救济，也没有考虑被救助对象是生活在高成本地区或低成本地区。

表 1-12　　　　　　　农村贫困人口数和农村贫困率情况

指标	农村贫困人口（万）	农村贫困率（%）
1995 年	55463	60. 5
2000 年	46224	49. 8
2005 年	28662	30. 2
2010 年	16567	17. 2
2011 年	12238	12. 7
2012 年	9899	10. 2
2013 年	8249	8. 5
2014 年	7017	7. 2
2015 年	5575	5. 7
2016 年	4335	4. 5

资料来源：中经网统计数据库。

高成本地区的用户，基本上分布在农村等边远落后地区，2016 年年末，少数未通电、未通电话的只存在于中部、西部地区的村庄，互联网普及率西部也最低。由于提供服务的成本高，若没有激励机制，企业不愿意到这些地区提供服务。因此，政府提供补贴时，首先确定高成本地区的用户作为补贴对象，实现高成本地区用户的可接入，促进地区经济发展、满足群众基本生活。

低收入用户，大部分居住在农村和边远落后地区，小部分居住在城市。收入低使其支付能力低，难以支付基本生活必需品的价格，为了保障公众基本生活必需品的获得能力，政府也把低收入用户作为政府财政补贴的对象。低收入用户通常是享受最低生活保障的人口，我国电力、供水等垄断行业对低收入用户有基本用量的减免制度。

由上述分析可知，普遍服务基金的补贴对象主要是在高成本地区提供普遍服务的运营商和低收入用户两类。普遍服务基金的补贴工作可分两个阶段展开，首先对在高成本地区提供普遍服务的运营商的成本进行补偿，维护运营商的发展潜力，实现普遍服务的可接入性目标；等时机成熟时再考虑对低收入用户进行直接补助，实现普遍服务的可支付得起目标。

二 普遍服务的补偿机制

补偿机制是普遍服务的关键内容，无论哪一种普遍服务政策，实质上都是一些利益主体对另一些利益主体的补偿。根据普遍服务补偿资金的去向，可将普遍服务补偿机制分为成本补偿机制、收入补偿机制和价格补偿机制三种方式。

（一）成本补偿机制

成本补偿机制是通过核定企业提供普遍服务的成本，对企业成本收益之间的缺口进行补偿的一种方式。成本补偿机制是把普遍服务资金直接补贴给企业，维护企业的发展潜力。

普遍服务成本的确定方法各国的做法不同。美国使用混合成本代理模型进行成本预测，我国20世纪80年代中期以后曾广泛地讨论并实现经济核算制。2006年，国家发展和改革委员会发布《政府制定价格成本监审办法》，开始建立垄断行业定期成本监审制度，成本监审是指政府价格主管部门制定价格过程中调查、测算、审核经营者成本基础上核定定价成本的行为。虽然建立成本监审制度的初衷主要是为政府定价服务，但成本监审的结果也可以作为政府给企业补贴的依据。

（二）收入补偿机制

收入补偿机制强调的是对低收入群体的补助，生活在城市和农村地区的低收入群体数量还很多，为了保障其公平地获得生活的基本必需品，政府需要对其进行收入补偿，直接将普遍服务资金提供给低收入者，提高起支付和消费能力。

收入补偿的方式多种多样。如美国、欧盟等规定对残疾人、长期失业者、领取救济金的人按标准发放补贴，美国的生命线计划，是通过免收低收入家庭的用户线路费进行补偿的。我国是通过减免低收入者部分使用费的方式进行收入补偿的，如每个月减免低收入家庭3吨水的供水收入补偿政策，每月减免低收入家庭15千瓦时电的电力收入补偿政策。

（三）价格补偿机制

价格补偿机制是通过对低收入用户制定较低的价格，提高其支付能力，减少其支付费用，进而获得需求满足的一种方式。价格补偿机制下，普遍服务资金实质上流向了低收入者，达到了收入补偿机制同样的效果，支出少，增加了消费能力。

价格补偿机制在垄断行业应用非常普遍，无论是发达国家还是发展中国家，在对普通公众生活必需品的供给定价时，都采用了低定价的策略，甚至有时定价低于成本。这种价格补偿的方式对企业而言是不可维持的，因此，为了使企业取得财务平衡，政府要么允许企业进行交叉补贴，要么给企业提供财政补贴。

三　普遍服务的融资机制

垄断行业的普遍服务机制与其管理体制改革的进程高度相关，在垄断市场结构时期，实现普遍服务的基本机制是交叉补贴；在政府财政支持时期，实现普遍服务的主导机制是财政补贴；在竞争市场结构时期，实现普遍服务的最优机制是普遍服务基金，这是垄断行业发展演变过程中不同阶段的环境所决定的。

（一）基于垄断的普遍服务机制：交叉补贴

交叉补贴是政府允许垄断行业内部垄断性业务与竞争性业务、盈利业务与亏损业务相互弥补，实现盈亏平衡的机制。交叉补贴发挥作用的前提条件为：一是企业需要取得垄断地位，否则就会因其他企业的"撇脂"行为，导致原有企业交叉补贴的不可维持；二是这种交叉补贴需要合法，即政府法律法规制度允许企业进行交叉补贴。新中国成立后到改革开放前的相当长的时期内，中国在垄断行业都实行国有企业垄断经营体制，垄断行业内部业务间的交叉补贴是实现普遍服务的主要形式。

垄断行业的民营化改革，打破了一家企业垄断经营的市场结构。交叉补贴发挥作用的前提条件之一，企业的垄断地位受到挑战，由于新进企业的"撇脂"行为，导致在位企业交叉补贴的不可维持。新的经营企业进入市场后，按照利润最大化的市场原则，将首先选择业务量大、利润率高的业务和地区作为其经营领域，随着市场竞争的不断加剧，原来利润高的业务和地区被多家企业瓜分，竞争的结果是价格趋向于按平均成本定价。这使在位企业用盈利业务弥补普遍服务成本的做法受到冲击，在位企业没有能力在任何经营领域或业务制定高价，普遍服务难以维持。交叉补贴作为满足运营商预算平衡的一种机制为垄断时期的普遍服务做出了巨大的贡献，但是，随着打破垄断、引入竞争的进一步改革，交叉补贴机制逐步失效。

（二）基于政府的普遍服务机制：财政补贴

财政补贴是指国家财政为了实现特定的政治经济和社会目标，向企业或个人提供的一种补偿。即通过影响相对价格结构，改变资源配置结构、供给结构和需求结构的政府无偿支出。垄断行业的财政补贴种类繁多，如随产品征收的政府性基金、政府出台的各种税收优惠政策、政府提供的财政贴息、公用事业执行低价而获得的政策性补贴，以及垄断企业取得的亏损补贴等。

财政补贴促进垄断行业发展功不可没，然而，随着市场经济体制的逐步确立，财政补贴的负面效应越来越突出。财政补贴数额大、领域广，造成国家财政负担沉重。财政补贴显示出很强的计划经济特征,不符合公用事业引入竞争,提高效率,实现政企分开、公平竞争的改革目标。阿科森—斯蒂格利茨定理也证明,实现收入再分配的最佳途径是直接对收入征税,而间接操作产品和服务的相对价格以进行收入再分配是低效率的。因此,财政补贴只能是一种过渡方式。

(三) 基于竞争的普遍服务机制:普遍服务基金

普遍服务基金是发达国家实现普遍服务的主要形式,政府把来源于多方面的资金整合起来,通过市场招标的方式配置普遍服务基金,它是市场经济条件下政府实行的一项激励机制。由此可见,普遍服务基金是指为了实现普遍服务的目标而设立的专门用于补偿普遍服务义务的基金。基金的来源包括政府依据法律、法规和有关文件的规定,向运营商征收的资金、政府财政预算内拨款的资金,以及其他来源的资金。与其他普遍服务机制相比,普遍服务基金具有公开、公平、透明、高效等优点。

中国经济体制经历 40 年的改革,市场经济体制基本形成,基本实现了以市场为主的资源配置机制。垄断行业也进行了一系列改革,形成了多种所有制企业并存的竞争格局,普遍服务基金发挥作用的基础条件逐渐成熟。普遍服务基金是与市场经济相适应的一种普遍服务机制,设立符合国际惯例的普遍服务基金,是中国解决垄断行业普遍服务的主导机制。

第五节 普遍服务研究综述

一 普遍服务内涵的研究

"普遍服务"一词最早出现于 1907 年,美国电话电报公司总裁西奥多·韦尔在年度报告中提出了"一个网络,一个政策,普遍服务"的口号。1934 年,美国通过了第一部《通信法》,该法没有提到"普遍服务"一词,并确立了尽可能使全体美国人民获得迅速、高效、价格合理、设备完善的国内、国际有线与无线通信服务的宗旨。普遍服务在最初的半个多世纪并没有引起政策制定者和理论研究者的普遍重视,直到 20 世纪 80 年代，垄断行业改革后，普遍服务研究才开始成为一个热点。

美国 1996 年《电信法》规定："尽可能以合理的资费、完备的设施向所有美国公民提供快速、高效、遍布全国乃至全世界的有线或无线通信服务，不论其种族、肤色、宗教、原籍或性别，均一视同仁。"加拿大 1993 年《电信法案》规定："所有加拿大地区，包括农村和城市的公民都能接入可靠的、用得起的、高质量的电信服务。"法国 1996 年《电信法》规定："在领土范围内，以用户用得起的价格提供高质量的电话服务。"澳大利亚 1997 年《电信法》规定："在保证公平的基础上，让澳大利亚全体国民都能合理地得到标准电信服务、付费公用电话服务，以及规定的传输服务。"经合组织《普遍服务和电信资费的改革》报告，将电信普遍服务定义为"任何人在任何地点都能以承担得起的价格享受电信业务，而且业务质量和资费标准一视同仁"。欧盟委员会对普遍服务义务的定义是："普遍服务是一系列符合质量要求的电信业务，这些业务面向所有用户而无论其地理位置所在，同时，其价格在当地国家是可以承受的。"1994 年，印度的第一个国家电信政策（NTP1994）首次将普遍服务写入政策文件，"以支付得起的、合理的价格向所有公民提供特定的基础电信业务"。国际电信联盟（ITU，1998）提出了实施普遍服务的三条标准，即可接入性、非歧视性和可承受性。可接入性指的是有覆盖全国的电信网络，用户不论在任何地方、任何时候需要电信服务，都可以接入电信网络；非歧视性指的是各类用户应当受到相同的对待，就价格、服务内容和质量而言，不论地理位置或者种族、性别、宗教信仰如何，应当没有歧视；可承受性指的是电信服务的价格应定位在大多数用户能够承受的水平上。

王俊、昌忠泽（2007）创新性地提出了中国社会普遍服务体系的两个发展层次：人文普遍服务和产业普遍服务。以基础服务为主导的产业普遍服务体系，是社会普遍服务的高级层次。产业普遍服务所涉及的行业通常是关系国计民生的重要基础产业和公用事业，产业普遍服务的目标就是在重要的产业领域推行普遍服务。肖兴志（2008）认为，所谓普遍服务，一般是指公用事业部门被规制者要求对边远地区或农村等典型的高成本地区必须提供的基本服务，而且还不能收取与高成本相应的高价。此外，还要保证提供产品或服务的质量，其中包含三个要求：提供产品和服务；收取低价；保证质量。王俊豪（2009）认为，普遍服务是指为维护全体公民的基本权利，缩小贫富差距，国家通过制定与实施相关法规，促使垄断行业的经营者向所有存在现实或潜在需要的消费者，以可承受的、无歧视的价格提供的基本服务。其基本含义是：①可获得性。只要消费者需要，垄断行业的经营者都应该高效率地向消费者提供有关服务。②非歧视性。对所有消费者一视同仁，在服务价格、质量等方面不因地理位置、种族、宗教信仰等方面的差别而存在歧视。③可承受性。服务价格应该合理，使大多数消费者都能承受。

二 普遍服务功能的研究

自林达尔（Lindal，1919）以来的萨缪尔森（1954）、布坎南（1965）等许多经济学家对公共产品与私人产品的分类为普遍服务提供了理论基础。英国学者布朗和杰克逊（2000）及日本学者植草益（1992）将自然垄断产品归于准公共产品的范围。大部分学者赞同普遍服务是一种财富再分配的观点。此外，普遍服务也有实现政府政治意图或区域发展规划的作用（Cremer，1998；Mueller，1999；拉丰、蒂诺尔，2001）。在欠发达国家，普遍服务政策还可能是一个推动经济发展的重要工具（拉丰，2001）。

肖兴志（2008）提出，普遍服务出于公平分配、区域发展规划两大原因之外，还出于网络外部性。大多数公用事业部门是网络型产业，在这些产业中使用的用户越多，每个用户得到的效用越大，这可以解释邮政、电信部门为何要提供普遍服务。赵会茹、迟楠楠、崔博（2009）认为，电力普遍服务的效益评价不应该仅局限于经济效益评价，而应该站在全社会角度衡量电力普遍服务所产生的社会效益。李冬妍、沈雁寒、时雪燕（2011）认为，社会普遍服务政策的推进，不仅有助于解决长期以来区域间、城乡间、社会阶层间存在的国家公共福利分配不均衡、发展机会不平等之问题，而且有利于将国家经济增长政策与国家反贫困政策加以整合以便尽快提升全体国民的社会福利水平，是推进基本公共服务均等化的重要手段。

三 普遍服务机制的研究

普遍服务的关键是资金的来源与运行方式，垄断行业市场化改革后，农村等高成本地区的普遍服务问题凸显，在垄断市场结构时期，实现普遍服务的基本机制是交叉补贴；在政府财政支持时期，实现普遍服务的主导机制是财政补贴；在竞争市场结构时期，实现普遍服务的最优机制是普遍服务基金。

通过交叉补贴方式实现普遍服务的制度安排，拥有众多的支持者。格林沃尔德和斯蒂格利斯（Greenwald and Stiglitz，1996）证明，在市场不完备、信息不对称和非充分竞争普遍存在时，市场机制不能自动达到帕累托最优状态，通过交叉补贴扭曲价格提供普遍服务，实际上是进行市场抑制，它此时的作用类似隐性的税收方式，与直接的税收制度相比具有成本更低、为政府的公共预算提供较容易的"市场抑制收益"等优点。拉丰、加斯米和萨基（1977）认为，在发展中国家难以建立像普遍服务基金这样的竞争机制，交叉补贴机制可能优于竞争机制。普莱斯和汉考克（Hancock）认为，由于低收入者一般生活在那些和其他地区相比较而言有着很高边际成本的边远地区，如果他们能享用统一的资费标准，这可以提高他们的效用水平，因此，交叉补贴是能帮助穷人的。无论是作为普遍服务的一种实施机制，还是作为一种定价策略，交叉补贴机制自产生以来也受到经济学家的批评和质疑。绝大多数研究者通过实证研究的方式证明：交叉补贴是一种没有效率的和扭曲价格体系的机制。卡斯曼、曼约和弗莱明（1990）的实证研究结论是：传统规制政策认为，交叉补贴对电信普遍服务有很强的影响，而实际上交叉补贴与电信普遍服务政策目标并无多大因果联系，电信普遍服务的补贴水平和电话普及率是由交叉补贴以外的经济变量决定的。杰里·豪斯曼（Jerry Hausman，1996，1998）的结论是：在发达国家，采用交叉补贴带来的福利损失要比通过税收方式带来的损失大得多。安塔尼迪（1999）通过对电信需求影响的分析，发现交叉补贴对印度电话普及率的提高有害无益。梁剑

（2007）认为，交叉补贴最直接的结果，是扭曲了铁路提供的不同运输产品的相对价格，造成铁路运输网络中的任何一个运输企业都无法获得真实的收入和反映出真实的盈利水平。齐放、魏玢、张粒子等（2009）认为，交叉补贴不仅阻碍有效竞争的电力市场建设，更不利于经济整体协调发展和资源优化配置的实现。彭树宏（2011）构建一个简单模型，分析了普遍服务约束下的垄断行业在引入竞争后的市场竞争，发现竞争对消费者总体上是有利的，但竞争的好处更多地被低成本的城市消费者所获得，高成本的农村消费者则没有分享到改革的成果。若继续沿用传统交叉补贴方式为普遍服务融资，则高成本农村地区消费者的福利将因此而变坏。

财政补贴在垄断行业的应用具有非常久的历史，霍特林（Hotelling，1938）针对公用事业的定价问题，提出了按照边际成本定价的原则，这样，能降低收费率，增大服务量，提高全民福利，至于企业的固定成本，则由政府拨款予以补贴。庇古（Pigou，1952）认为，由于存在"外部不经济"，政府应当干预由市场决定的收入分配过程，即通过补贴鼓励那些边际私人纯产值大于边际社会纯产值的产业发展。拉丰、蒂诺尔（2001）认为，优化规制的最大障碍在于管制者和被管制企业之间的信息不对称，即使使用代理模型，在普遍服务成本评估中仍然有相当大的信息不对称存在，因此，采用拍卖这一以市场为基础的方法来确定普遍服务的补贴，是一种可行的方案。林伯强（2008）提出，能源消费补贴是合理的，有时候甚至是必需的。政府应该努力以可承受的价格为每一位公民提供能源普遍服务。但他认为，目前的油电价格管制和补贴有问题。生产侧补贴对于终端消费没有影响，且鼓励和放大石油电力消费，导致无效消费；富人消费更多的能源，这意味着大多数的能源补贴进入富人口袋。因此，财政补贴政策应当是对消费侧进行有针对性的补贴。廖进球、吴昌南（2009）认为，在零售竞争模式下的电力普遍服务，政府是委托人，电力零售商是代理人。电力零售商是以利润最大化为目标，如果要使电力零售商承担电力普遍服务的公共产品提供任务，那么政府必须提供足够的激励。对于零售商来说，其承担普遍服务的条件是承担普遍服务的单位补贴要不少于单位售电成本。李虹、董亮、谢明华（2011）认为，中国政府长期以来以低价形式对燃气和电力进行的消费侧补贴，是促进居民燃气、电力的消费量和普及率不断上升的重要原因之一。柳学信（2014）认为，财政补贴的目的主要有弥补企业的社会公益性成本，促进社会公平，纠正市场缺陷，深化公用事业市场化改革需要，促进公用事业发展，提高覆盖率。

普遍服务基金是发达国家实现普遍服务的主要形式。政府把来源于多方面的资金整合起来，通过市场手段——招标的方式配置普遍服务基金。克雷默（Cremer，2001）主张，市场开放后应根据各厂商利润抽成建立普遍服务基金（USF），再通过公开招标，指定专门厂商承担普遍服务义务（USO），并由 USF 向其提供补贴，使普遍服务计划由暗补变为明补，间接补贴变为直接补贴，这样，既利于厂商竞争，又能规避无效进入。拉丰（2000）认为，通过税收为普遍服务建立一个基金的做法遭遇了发展中国家公共资金高成本问题，因为发展中国家缺乏有效率和廉洁的税收体系。国外普遍服务基金制度的研究更多地开始趋向于拍卖机制的建立和完善，普遍服务的拍卖机制和普遍服务设施的拍卖、招标问题研究（Peha，1999；Weller，1999；Weisman，1994）。凯利和斯坦伯格（Kelly and Steinberg，2000）对普遍服务补贴项目组合拍卖问题进行了研究。近几年，建立普遍服务基金制度已经成了我国众多专家学者的共识。王俊、昌忠泽（2007）提出，产业普遍服务的成本补偿可以通过产业普遍服务基金的设立来解决，加快产业普遍服务的建设，应当以产业普遍服务基金作为完善成本补偿机制的最佳途径。柳强、唐守廉（2007）认为，基金来源一般包括财政资金、运营商交纳的份额、频率等电信资源收费、许可证拍卖所得等。陶长琪、常贵阳（2008）针对我国电信市场现状，建立一个 6 人联盟博弈，分析我国普遍服务的实现机制和普遍服务基金给付、分配机制，得出各运营商在政府强制管制下的基金缴纳额度。白彦锋、齐小影（2014）认为，对民营速递征收邮政普遍服务基金的时机还不成熟，弥补邮政普遍服务的高额成本应采用"造血"的方式，而不是"输血"的方式，应遵守世界贸易组织规则，逐步放开邮政普遍服务市场，通过竞争实现邮政普遍服务扭亏为盈。苑春荟、韩军涛（2014）通过对邮政和快递企业"非对称"竞争的理论分析，构建了基于邮政主导运营商和竞争型运营商的斯塔克尔伯格（Stackelberg）博弈模型，讨论了基金按快递业务量征收的合理性及标准等问题，利用逆向求解法得出均衡结果，表明该方案的实施有一定的可行性，但征收比例必须受到相关条件约束。

四 普遍服务管制政策的相关研究

普遍服务是管制经济学的重要内容之一。卡恩（Kahn，1970）对公用事业的管制定义是："政府对该种产业的结构及其经济绩效的主要方面的直接的政府规定……如进入控制、价格决定、服务条件及质量的规定以及在合理条件下服务所有客户时应尽义务的规定……"骆梅英（2010）提出，普遍服务作为公用事业监管的核心目标的确立，源于其产业特征所具备的服务覆盖的广泛性、功能的难以替代性以及管网设施的垄断性。一个社会中，水、电、气、暖等基本公用事业服务，无论收入高低，无论价格变化，都会存在一条核心的消费线，因此，普遍服务是公用事业规制的本质要求。

拉丰、蒂诺尔（2001）将普遍服务政策的制定过程划分为定义被支持的服务、选择质量层次、定价、选择为补贴提供资金的税源四个步骤。Hank Intven（2001）认为，普遍服务政策通常是指促进或维持每一个家庭都能与公共电信网络相连。普遍服务在许多工业化国家是一项现实政策目标，在发展中国家普遍接入是一项更加实际的政策目标。发展中国家和经济转型国家关于电信普及的规定通常是普遍接入政策。电话业务普及率水平低的原因，一是由于缺乏行业政策导致电信业务供应不足；二是低收入导致低需求。张昕竹（2001）论述了在一定条件下利用普遍服务政策实现收入再分配可能比直接方法更符合效率原则。他认为，在我国，普遍服务政策将主要发挥收入再分配的功能，也就是说，普遍服务政策可以在解决我国目前经济发展不平衡的过程中发挥重要作用。李以宁（2005）指出，电信普遍服务政策既是出于公平考虑，又在一定程度上有助于提高效率。由于对所有用户提供同样价格和质量的基本电信服务，电信普遍服务意味着高成本或低收入用户将得到某种形式的补贴，具有公平导向的再分配功能。

实践中，通过价格管制政策实现普遍服务目标具有不确定性。惠特利（Wheatley，1998）认为，当价格被规定为"可承受的"或者统一价格时，一些价格可能会低于为高成本或不经济的消费者服务的成本。在发达国家，价格对成本的偏离是社会或政治的目的，通常打着普遍服务的名义。因此，无论普遍服务的确切定义为何，普遍服务义务都可被认为是对经营者价格政策的一系列限制。拉丰（2001）用委托—代理模型分析了围绕普遍服务义务的最佳规制政策，发现无论是歧视性定价还是统一定价，在农村地区不对称信息都导致更高的价格和更小的网络规模。另外，尽管统一定价实现了对农村地区定价更低的再分配目标，但这是以更小的网络规模为代价的。通过这些发现得出的政策启示是：当统一定价被用于惠及农村地区的消费者时，那些没有入网的消费者可能受到负面影响，因为用于网络扩张的投资更少了。因此，统一定价可能无法实现政策制定者所宣称的扩大对基础设施网络接入的目标。马克·阿姆斯特龙（Mark Armstrong，2001）对统一定价的政策并不乐观，电信公司被要求以远远偏离其基本价格提供终端零售服务价格，导致盈利地区过多地进入，亏损地区的进入不足。张昕竹（2004）认为，定价和网络覆盖是普遍服务的两大问题，特别是在发展中国家，经济水平较低，网络建设还没有完全覆盖，在制定普遍服务政策时，应该综合考虑网络投资问题与定价政策，因为发展中国家尚未建立足够的基础网络设施为全社会提供服务，所以，网络扩张是这些国家重要的发展策略。

普遍服务的理论研究以电信行业为主，围绕普遍服务的目标、概念、内容、对象、融资方式、补偿机制、实现机制等，出现了大量的文献资料。普遍服务的目标是让公众享受到基本服务，扩张网络也好，统一定价也好，都是为了争取更多的客户。普遍服务的内涵在不同国家、不同的发展时期，都不一样。随各个国家产业发展的阶段不同，普遍服务的要求和内容也有很大的差别，从基本的语音通话到如今的互联网服务。从时间的纵切面来看，普遍服务也是一个动态变化的概念，随着经济环境的变化进行着调整。普遍服务的对象是高成本地区的用户和低收入用户，这意味着普遍服务是无利可图的，边远海岛、山区等需求小，供应成本高，成本与收益明显不平衡。普遍服务的融资逐渐从政府这一主要的融资主体过渡到企业，并将融资的范围扩展到更多的企业，而不仅仅局限于主导运营商。普遍服务的补偿机制，主要有成本补偿机制和收入补偿机制，这是针对企业或居民分别采取的方式。实现机制则有交叉补贴、政府强制命令、财政补贴、民营化、普遍服务基金等。电信行业的普遍服务为其他网络型产业的普遍服务提供了一些经验，随着网络型产业管制改革的推进，邮政、电力、航空等产业的普遍服务理论研究也开始涌现。

第二章　普遍服务的理论基础

普遍服务自 20 世纪初出现，经过一个世纪的发展演变，成为 21 世纪产业政策的核心问题，不同学科领域的学者从各种不同的角度研究普遍服务的相关问题，促使人们认识到普遍服务的合理性，以及如何更好地促进普遍服务义务的实施。

第一节　公共产品理论

公共产品理论是现代西方公共经济学的核心理论，它研究公共部门应提供什么服务，以及提供多少服务的问题。公共产品一般是和私人产品相对而言的，公共产品概念最早由林达尔（1919）提出，根据保罗·萨缪尔森（1954）的定义，纯公共产品是指任何人对某种产品的消费都不会导致其他人对该产品消费的减少。公共产品与私人产品的区分建立了公共产品理论研究的范式。乔治·恩德勒（George Enderle）从经济伦理角度指出两条原则定义公共物品。第一条原则是非排他性原则，即与私人物品相比较，公共产品的消费不排斥其他人的消费，无论出于技术的原因（因为物品的性质不允许排斥）或者效率的原因（因为这种通过价格负担的排斥将不恰当地变得昂贵），还是出于法律或伦理的原因（因为其他人不应当被排斥）。第二条原则是非竞争性原则，它假定与其他消费者的关系（不止一个消费者对这个物品感兴趣）缺乏敌对性或竞争性。恩德勒的贡献在于指出，非排他性的原因包含法律上和伦理上的因素，这样，就可以解释虽然从技术上可以实现竞争性与排他性、按照效率原则本应该由市场来提供的产品和服务，仍然被作为公共产品由政府来提供。蒂鲍特（Tiebout，1956）对地方公共产品的性质及其提供进行分析后提出，一些公共产品只有居住在特定地区的人才能享用，因此，个人可以通过迁居来选择他消费的公共产品。布坎南（Buchanan，1965）在《俱乐部的经济理论》中指出，萨缪尔森定义的公共产品是"纯公共产品"，而完全由市场决定的产品是"纯私人产品"。实际上，现实世界中，大量存在的是介于公共产品和私人产品之间的一种产品，即准公共产品。他认为，只要是集体或社会团体决定，为了某种原因通过集体组织提供物品或服务，便是公共产品。布坎南对准公共产品的讨论拓宽了公共产品的概念，公共产品理论成为更多产业和领域研究的基础理论。

瑞典经济学家林达尔（1919）对如何确定公共产品供应水平和如何运用价格系统为公共产品筹资问题进行了研究，他认为，每个人都面临着根据自己意愿确定的价格，并均可按照这种价格购买公共产品，这样，全部消费者有一个公共的数量。在林达尔的均衡中，不是总产量在全体消费者之间分配，而是总成本在消费者之间分摊。因此，要尽量使每个消费者面临的价格符合其对公共物品的真实评价（或偏好），这样就使消费者愿意支付的价格总和正好等于公共物品的总成本。处于均衡状态时，这些价格使每个人需要的公用产品量与应该提供的公用产品量保持一致。林达尔均衡是公共产品理论最早的成果之一。曼库尔·奥尔森（Mancur Olson，1965）以人性为基本出发点，得出自利的私人愿意联合提供私有物品而不是公共物品。约翰·穆勒（John Mill，1848）写道："为了确保航行的安全，建造和维修灯塔、设置浮标等属于政府适当的职责。由于不可能向受益于灯塔的海上船只收取使用费，没有人会出于个人利益的动机而建造灯塔，除非由国家的强制征税给予补偿。"他认为，对于收费困难、个人不会提供的公共产品，政府应通过收税的方法来提供。斯蒂格利茨认为，由于市场的常态表现为信息不对称和市场不完全，因此会出现大量的市场失灵，典型例证是公共产品、外部性、垄断等，政府的主要作用是弥补市场失灵，以提高社会的整体福利水平。[①] 鲍德威（Boadway）和威迪逊（Wildison）认为，完全自由的市场无法提供公路、国防、教育、电力供应及污染治理等产品，公共产品市场供给失灵，在此种情况下一种可行的办法是政府直接提供公共产品。

一　普遍服务提供的是公共产品

克雷默等（2001）认为，普遍服务是提供公共产品的一种形式，这是从垄断行业所提供的产品如电信、电力、自来水、煤气等具有公共产品性质而推论的观点。美国学者曼昆将准公共产品分为自然垄断和共有资源两大类。英国学者布朗和杰克逊（Brown and Jackson）认为，自然垄断行业，如天然气、电、水和排污系统等公用设施都由于不可分割性（特别是网络分配）而出现了递减成本，规模经济的产生是由于采用一种共享的中央设备（联合成本）而可以生产大范围的不同产品，属于公共产品的范畴。[②] 日本学者植草益（Uekusamasu）将水、电、气等自然垄断产品归于准公共产品的范围。中国学者郑秉文认为，自然垄断型产品多是社会基础设施，是准公共产品的一种类型。高鹤文提出，自然垄断型准公共产品是指其生产或传输过程具有自然垄断性质的一类社会产品（或服务），例如自来水、电力、燃气（管道煤气和天然气）、电信等。这些讨论从公共产品角度分析哪些产品或服务属于准公共产品的范围。也有更多的学者从垄断行业自身分析其公共产业特性，强调产业的公用性质。

美国经济学家罗森斯坦·罗丹（1943）强调："在一般的产业投资之前，一个社会应具备在基础设施方面的积累。"他（1966）认为："电力、运输和通信等在内的所有基础产业，它们构成国民经济基础结构。"美国经济学家艾伯特赫希曼（1958）指出，社会间接资本是第一、第二和第三产业活动所不可缺少的基本服务，包括从法律、秩序以及教育、公共卫生，到运输、通信、动力、供水等所有的

---

① ［美］斯蒂格利茨等：《政府为什么干预经济——政府在市场经济中的角色》，中国物资出版社1998年版，第198页。

② ［英］布朗、杰克逊：《公共部门经济学》，中国人民大学出版社2000年版，第35—36页。

公共服务。日本经济学家南亮进认为，基础设施是经济增长所不可缺少的初期条件，一般以运输和通信为代表。① 统一通用的通信或交通运输网（邮政、电信、铁路）拥有某些公共产品的性质，因为它将整个国家的公众联系在一起。因此，社会主流观点认为，有人被排除在外，无法与他人联通是令人无法接受的事情，民主或伦理国家尤其如此。持这一论点的依据是：不提其提供的具体服务，但就网络本身的存在所形成的互联互通，对社会也是非常有价值的。即使网络提供的是私人产品也不影响网络自身的公共产品属性。因此，普遍服务义务可以被看作提供这种"公共产品"的一种方式。普遍服务的公共属性表现在：提供有形的准公共产品。电信、电力、邮政、自来水和管道燃气等垄断行业提供的产品具有较大的正外部收益，供给上具有公共性质，消费上具有私人性质。这些产品和服务是社会全体成员所必需的生产生活资料，是社会经济发展的基础和前提。为了维护全体社会成员的公共利益，必须保证这些产品和服务的普遍供给。王俊豪（2008）认为，垄断行业提供的普遍服务在现代社会已是生活必需品，这决定了垄断行业不能以营利为目标提供普遍服务，恰恰相反，通常以消费者能够支付得起的价格提供普遍服务。因此，垄断行业的普遍服务不能基于成本向消费者收费，是一种准公共产品，具有明显的公益性质。因为普遍服务提供的通常是公共产品（准公共产品），所以，许多学者用公共产品理论来解释普遍服务。

二　普遍服务实现的是公共利益

"公共利益"是一个富含价值的概念，至今仍未有定论。一般用来泛指某些影响所有人并受到普遍承认的利益，强调全社会成员的整体利益。一种流行的观点认为，管制是为了保护全体公众或人数众多的社会集团，是为他们的利益制定的。按照植草益（1992）的论述，公用事业部门具有两重性特征，即公共性和企业性。公共性与普遍服务义务的特点相关，企业性则与企业提供这种产品和服务的可维持程度相关，企业要有一定的利润，否则就没有企业愿意进入。这两个目

① ［日］南亮进：《日本的经济发展》，经济管理出版社 1992 年版。

标之间存在一定的矛盾和冲突，主要体现为普遍服务意味着公用事业产品和服务必须是被普遍范围的公众所接受，无论是低收入还是高收入阶层、是亏损还是盈利产品，这是政府对公民的基本承诺和义务；企业性意味着企业提供产品需要利润。给定公共性，企业的盈利能力就受到了约束；给定企业的利润，公共性也就很难全面得到满足。秦颖（2006）从对公共产品本质的分析得出结论：是一个社会公众的共同需要，才决定了最初公共产品的出现，也就是说，从本质上说，公共产品是满足社会共同需要的产物。非竞争性和非排他性是市场经济条件下公共产品的技术性特征，社会共同需要是以社会伦理道德为基础的公共产品的本质；社会共同需要是公共产品的存在基础，是决定公共产品的永久条件。王俊豪（2008）认为，普遍服务是政府做的正当的事情，是为了维护公众的利益而出台的管制政策。这部分公众的数量很大，是需要政府帮助的群体，他们生活的地区地理环境恶劣、经济发展水平低、基础设施不完善，提供服务的成本非常高，依靠市场竞争，产品和服务提供的可能性几乎为零。因此，为维护全体公民的基本权利，缩小贫富差距，国家制定与实施普遍服务政策，最终实现公共利益。由此可见，普遍服务是为了实现公共利益而制定的公共政策。

三　普遍服务是一种再分配政策

美国著名学者克雷默（1998）认为，普遍服务义务可以看作一种再分配政策的特殊例子，它通过统一定价影响财富的再分配，在某种程度上代替了收入税和直接转移支付两种基本的收入或财富再分配政策。米尔顿（Milton，1999）提出，普遍服务政策是指政府承担的保证尽可能多的公众接入电信基础设施的管制措施和财政手段，他认为，提高电信普遍服务接入而设计的普遍服务政策仅仅是一种财富再分配，这种财富再分配最理想的情况是从那些能够较容易负担费用的人手中得到钱，然后再将钱补贴给那些不富裕、生活确实困难的人，这样做不会破坏基本的社会激励机制；糟糕的情况是钱向反方向流动，并产生反向作用或反向的激励。无论如何，旨在促进普遍接入的财富再分配无法替代那些能为普遍基础设施建设注入资金的经济发展。普遍服务政策，既不是一项经济发展计划，也不是一条改变基本的社会机遇机制的途径，它仅仅是一种使情况变得更均衡协调的方式。促进竞争和投资的经济改革比政府补贴更能促进普遍服务基础设施的发展，普遍服务政策至多起到补充的作用。他提醒说，普遍服务政策能够改善不平等，但不能消除产生这种不平等的根源；而且人们要注意到，财富再分配是一个政治过程，普遍服务的倡导者需要对政治授权制定的财富再分配政策所承受的约束和限制有更加缜密的认识。因此，个人、参与者、利益集团应减少对普遍服务政策的期望和热情。普遍服务政策的实质是财富再分配，会抑制企业的创新精神；财富再分配一般会与政治利益相关联，以普遍服务为借口而达到某种政治目的的做法也会掺杂其中。拉丰、蒂诺尔（2001）把提供普遍服务的理由归结为对确实需要的消费者的再分配和区域发展规划，但他们也认为，这些目标本身并不能支持普遍服务的合理性。人们并不能预先确认通过扭曲网络产业价格系统的方式是否真的能帮助贫困地区和高成本地区的消费者。普遍服务由政府主导，强制运营商承担普遍服务义务并不是实现再分配和区域发展规划的必然结果。[①] 而且，阿科森—斯蒂格利茨定理也证明，实现收入再分配的最佳途径是直接对收入征税，而间接操作产品和服务的相对价格以进行收入再分配是低效率的。拉丰（2001）提出，在欠发达国家，普遍服务义务被更广泛地看作一个发展问题，欠发达国家的政策制定者通常相信，普遍服务政策是一个推动经济发展的重要工具。穆勒（Mueller, 1999）认为，普遍服务起到的作用是财富的重新分配和规制者以普遍服务为借口实现其政治意图。

张昕竹（2001）论述了在一定条件下利用普遍服务政策实现收入再分配可能比直接方法更符合效率原则。他认为，在我国，普遍服务政策将主要发挥收入再分配的功能，也就是说，普遍服务政策可以在解决我国目前经济发展不平衡问题的过程中发挥重要作用。李以宁

---

① ［法］让·雅克·拉丰、让·蒂诺尔：《电信竞争》，人民邮电出版社 2001 年版，第 207—208 页。

（2005）指出，电信普遍服务既出于公平考虑，又在一定程度上有助于提高效率。由于对所有的用户提供同样价格和质量的基本电信服务，电信普遍服务意味着高成本或低收入用户将得到某种形式的补贴，具有公平导向的再分配功能。[①]

第二节　自然垄断理论

电信、电力、自来水、铁路、航空、邮政、煤气管道等产业具有自然垄断性质。从 19 世纪约翰·穆勒最早提出自然垄断概念开始，许多经济学家一直在致力于更好地解释自然垄断，从而使人们对自然垄断及其成因的认识越来越深入。自然垄断理论经历了自然条件决定论、规模经济和成本弱增性三个阶段。英国古典经济学家约翰·穆勒（1848）在《政治经济学原理》中阐述地租时提出了"自然垄断"的概念。穆勒认为："地租是自然垄断的结果。"穆勒看到了对自然要素的垄断所产生的结果——源于某种社会制度的垄断权力占有了最稀缺的自然要素——特别是土地，就会产生租金。[②] 穆勒把地租形成的原因归结为制度和自然要素的稀缺性。法罗（Farrer，1902）是最早从经济特征角度来理解自然垄断的学者之一。他认为，自然垄断行业是那些从来就没有发生过竞争以及即使发生过竞争但最终失败的产业，并具体描述了自然垄断行业的经济特征：①该产业能够提供某种必需的产品或服务。②该产业所处的生产环境和地理条件具有天然优势。③产品无法储存。④存在规模经济特征。⑤顾客所需要的那种可靠和稳定的供给安排，通常只能在垄断的条件下实现。应该说，法罗提出的自然垄断行业的上述五个特征是比较精确的，现实中的自然垄断行业大多数具有这些特征。克拉克森和米勒（Clarkson and Miller，1982）认为，自然垄断的基本特征是生产函数呈规模报酬递增状态，

[①]　李以宁：《浅析我国电信改革中的普遍服务》，《当代财经》2005 年第 11 期。
[②]　［英］约翰·穆勒：《政治经济学原理》，商务印书馆 1991 年版，第 472 页。

即平均成本随着产量的增加而递减，这样，由一家企业来提供产品就会比多家生产的效率更高，成本更低。假定一个产业只能容纳一家企业的生存，那么就会有一个幸存者为了降低成本而不断扩大产量，进行低价竞争，最终把对手挤出市场，形成垄断，这就是自然垄断。萨缪尔森和诺德豪斯（Samuelson and Nordhaus，1998）认为，自然垄断最明显的经济特征，是平均成本在其产出规模扩大到整个产业的产量时仍然下降。因此，由一个厂商垄断经营就会比多个厂商提供全部产品更有效率。詹姆斯·邦布赖特（J. Bonbright，1961）认为，某些公共设施的服务，即使在单位成本上升的情况下，由一家企业提供服务也是最经济的，这是范围经济在自然垄断形成中的作用。鲍莫尔（Baumol，1977）在《美国经济评论》杂志上发表了《论对多产品产业自然垄断的适当成本检验》一文，他在该文中首次以多产品企业生产的成本弱增性定义了自然垄断，这种对自然垄断的理解获得了经济学界的广泛认同。鲍莫尔、潘扎（Panzar）和威利格（Willig）三位经济学家对成本弱增理论的系统分析推动了自然垄断理论的进展，自然垄断的特征从规模经济过渡到成本弱增性。对自然垄断特征、规律的研究有利于更好地对自然垄断行业进行管制，发挥其资源配置效率。

自然垄断的形成是竞争的结果，理论上讲，企业必然是高效率，成本方面具备绝对优势。但垄断地位的形成，势必会给企业带来垄断势力，进而企业会有不正当的竞争行为，比如制定垄断高价、掠夺性定价，从而损害消费者或其他生产者的利益。因此，需要政府对自然垄断行业实行管制，合理利用其规模经济、范围经济、网络经济，并维护公共利益。亨利·卡特·亚当斯（Henry Carter Adams，1887）是最早主张对自然垄断行业实行政府管制，以实现福利最大化的学者。他依据规模效益不变、规模效益下降和规模效益上升三种情况把产业分为三类，认为应该对前两类产业实行市场机制，而对规模效益递增的产业实行政府规制。约翰·密尔（John Mill，1848）提出，英国伦敦的某些公共设施不应该竞争性经营。如果伦敦的煤气、自来水采用垄断经营模式，将会取得更大的劳动经济性，降低收费价格。马歇尔

（Marshall，1927）指出，在公用事业，垄断或许是一种理想的市场结构，它比竞争性市场结构能使价格更低、产量更大。朱尔斯·迪普特（Jules Dupuit，1969）在定量测算公共设施对社会带来的福利时得出的结论是：某些经济部门由一个追求利润最大化的企业垄断经营会比多个企业竞争性经营有效。美国学者科伊斯·侯威（1982）认为，公用事业经常为自然垄断行业，产业提供的产品或服务价格由政府规制机构控制。丹尼尔·F. 史普博（Daniel F. Spulber，1999）认为，在1970 年以前，管制的经济理论一般强调公共事业里的定价问题。经济学对管制的理论和经验的研究兴趣曾集中于考察某些特殊产业的价格和进入的控制上。这些产业包括公用事业（电力、管道运输）、通信、交通（公路货运、铁路、航空）与金融（银行、保险、证券）。为了体现产业研究的广泛重点，大部分注意力都投向规模技术递增收益情况下的定价问题，讨论也都集中在如何选择能保证公用事业的资本投资有一特殊回报率的价格，以及维持成本最低化的激励等相关问题之上。这些观点是从最大限度地发挥自然垄断优势的角度论述为什么需要政府管制。这些研究并非从普遍服务研究视角出发，但其研究内容或结论中都对普遍服务有所涉及，政府管制既维持了企业良好的发展趋势，也使社会公众以更优惠的价格享受到更多的产品和服务，可以说最初的普遍服务是自然垄断管制的一个隐含附属部分。

一　普遍服务管制

事实上，在管制经济学形成的早期，就有学者将普遍服务的内涵置于管制的范围。卡恩（Kahn，1970）对公用事业的管制做了如下定义："政府对该种产业的结构及其经济绩效的主要方面的直接的政府规定……如进入控制、价格决定、服务条件及质量的规定以及在合理条件下服务所有客户时应尽义务的规定……"其后，随着垄断行业管制改革的推进，普遍服务开始成为管制研究和争论的焦点问题之一，越来越多的文献开始集中于普遍服务的研究。Chone（2002）对普遍服务政策的普遍性要求和非歧视性要求做了区分，从公平和效率角度比较了限制性进入和支付或承担两种模式。结果表明，在仅有普遍性约束的情况下，支付或承担模式总是优于限制性进入模式，但施加了非歧视性约束后，这一结论将不再成立。Mirabel 和 Poudou（2004）以电力产业为例，采用一个在位垄断者和一个进入者的竞争网络模型，考虑普遍性和非歧视性两种约束，研究接入收费和税收两种普遍服务融资机制，得到这些机制的社会福利收益和损失。Gautier 和 Paolini（2010）针对普遍服务基金机制，考察了不同类型的税收效果。结论是：最优收税方式根据各国改革前对交叉补贴的依赖程度不同而不同。

让·雅克·拉丰和让·蒂诺尔认为，普遍服务这种新范式的必要性起源于交叉补贴的失效，背后是最高限价和自由化浪潮对交叉补贴形成的猛烈冲击。普遍服务的基础源于对确实需要的消费者的再分配和区域发展规划这两个最一般的理由。进而讨论了美国 1996 年的《电信法》及普遍服务义务，美国对低收入消费者的支持由"生命线"计划和生命线连接帮助计划构成；对农村、边远地区和高成本地区的支持通过三种机制提供。他们将普遍服务政策的制定过程划分为定义被支持的服务、选择质量层次、定价、选择为补贴提供资金的税源四个步骤。这种普遍服务范式引出了很多问题，有些是代理模型本身带来的特殊问题，有些则是任何普遍服务筹资所固有的问题。他们认为，优化规制的最大障碍在于管制者和被管制企业之间的信息不对称，即使使用代理模型，在普遍服务成本评估中仍有相当大的信息不对称存在。因此，采用拍卖这一以市场为基础的方法来确定普遍服务的补贴，是一种可行的方案。

《电信规制手册》第六章中专论普遍服务问题。与电信业务许可、网间互联、价格规制、竞争政策等并列，普遍服务成为 20 世纪 80 年代垄断性改革以来电信监管机构需要处理的主要问题之一。该书首先辨析了各个国家对普遍服务、普遍接入、普遍服务义务的定义，然后回顾了各国使用的普遍服务的方法、市场化改革、强制服务义务、交叉补贴、接入亏损补贴、电信业务普及基金。最后专门就电信业务普及基金方案，以多个国家为例进行了案例分析。这些内容为普遍服务研究提供了很多资料。该书认为，普遍服务政策通常是指促进或维持每一个家庭都能与公共电信网络相连。普遍服务是指将所有或者大部分家庭同公共电信网络相连。普遍服务在许多工业化国家是一项现实政策目标，在发展中国家普遍接入是一项更加实际的政策目标。普遍接入是指每个人都能通过合理的方法使用公用电话，比如付费公用电话、社区电话中心等方式。发达国家或工业化国家电信业务普及则更多地规定普遍服务要开展哪些业务。发展中国家和经济转型国家关于电信普及的规定通常是普遍接入政策，致力于集体或公共接入。电话业务普及率水平低的原因，一是由于缺乏行业政策导致电信业务供应不足；二是低收入导致低需求。如何为电信业务普及提供资金？途径之一是市场化改革，这种方式加快了电信业务普及率的水平。但这种方法不能将业务扩展到不具有经济可行性的地区。在经济效率方面，认为交叉补贴机制效率最低，特别是那些没有明确规定补贴项目的。最有效的普遍服务机制是那些向特定普遍服务计划提供小额专项补贴的机制。

二 亲贫管制

穷人能自动地分享经济增长的成果吗？钱纳里（Chenery，1974）断言，"发展中国家过去十多年的高速增长对其 1/3 的贫困人口很少有利，甚至完全没有好处"。根据 Deininger 和 Squire（1998）的研究，1985—1995 年，发展中国家的人均 GDP 增长了 26%，而在同一时期，世界各国的基尼系数每年只变化了 0.28 个百分点。Balisacan（2004）指出，大多数亚洲国家的案例表明，经济增长的质量应该更高，以使更多的人从经济增长中受惠。穷人如何成为经济增长的受益者？发展经济学家 Bourguignon（2004）提出，减贫战略主要由经济增长率和收入不平等状况共同决定。Ravallion（2004）在关于贫困的收入增长弹性和初始的不平等水平两者非线性关系的模型中得出如下结论：一个低水平的不平等国家，收入每增长 1%，贫困就减少 4.3%，而在一个高水平的不平等国家，收入每增长 1%，贫困只减少 0.6%。因此，如果不公平的程度伴随着经济增长而下降，那么经济增长将是减少贫困、实现亲贫式增长的决定性因素。发展中国家的实践证明，经济增长并不能自动地惠及穷人（World Bank，2006）。

综上所述，经济增长并不能自动地惠及穷人，穷人能否分享经济增长的好处要看经济增长的质量和模式，要保持经济的可持续发展，需要从增长优先的发展模式转向亲贫式增长的发展模式，让更多的底层群体分享到经济增长的成果。亲贫式增长，也就是如何让穷人从增长中获取利益成为经济学研究的一个新的领域。Datt 和 Ravallion（1992）认为，经济增长的性质（亲贫的或非亲贫的）对于贫困或低收入群体的福利影响巨大。Kraay（2006）认为，亲贫式增长有三种可能的来源：①较高的收入增长率；②减贫对收入增长具有较高的灵敏度；③贫困随收入增长而逐渐得到缓解。国际经验表明，私人资本参与基础设施服务，会在普遍服务、质量、环境、公众安全等各个方面对弱势群体的福利形成挑战（World Bank，2001）。吴绪亮、于左（2005）从宏观和微观两个层面分析了中国基础领域放松规制的趋势与弱势群体福利变迁之间的联系，基本观点是民营资本参与基础领域对弱势群体福利的总体效应不明确，但蕴含着侵害弱势群体福利的风险。他们认为，放松规制和民营资本参与中国基础设施服务是改革的方向！但这样的改革必须以政府完善的规制体系为前提，公共决策者要独立、公正地设计出精巧的机制！寻求放松规制与普遍服务之间的平衡。萨马拉吉瓦（Samarajiva）和兰卡（Lanka）的研究表明，一个好的规制体系不仅能够给予企业适当的激励，提高公用事业的产品和服务的供给，而且还能直接将这些产品和服务的提供针对穷人，完善的规制体系可以防止私人参与基础设施服务后对弱势群体的歧视。由此可见，亲贫规制成为垄断行业改革后可取的一种策略。

所谓的亲贫规制，简单地说，就是采取有利于穷人的规制措施，这包括对富人和穷人实行差异化的服务策略（包括质量差异和价格差异）、进行政府补贴等。吴绪亮（2004）认为，补贴是亲贫规制的孪生儿。公共机构提供基础服务时，提高服务覆盖范围只是一个松散的目标，依据资金状况和政治需要而定，当私人企业参与基础设施服务时，合同中往往都明确地把提高服务覆盖范围作为一项规定，然而，当履行这些义务所耗费的成本超过所得的收入时，就需要政府进行补贴，政府补贴的目的是给弱势群体提供最基本的基础设施服务，这是一个严肃的政治目标，传统补贴方式停止的同时，必须有更规范化、更关注弱势群体利益的新的补贴体系建立，将有限的资源投入最需要帮助的人群中去。许峰（2006）认为，亲贫规制的主要内容是强调通过价格、质量以及竞争等方面的规制，以实现低收入者也能享受产品和服务。亲贫规制的规制方法和传统的规制方式相比有很大的不同。首先，由于公用事业所提供的产品和服务具有普遍服务的公益性，并且大多是人民生活的必需品，因此，不能选择一部分顾客而放弃另一部分顾客，公用事业采用的是全面覆盖的原则。其次，亲贫规制的出发点不仅仅是增进社会整体福利，而主要是为了改善社会上最穷的那一部分人的福利，它是针对穷人的。如果穷人要从更多的公共服务中受益，前提是尽快执行趋向于穷人的亲贫政策。再次，亲贫规制更强调普遍服务义务。在不同产业内，普遍服务的具体内容是不同的，其共同之处都强调了对中低收入者的倾斜和援助。但这种普遍服务的义务却无法在市场价格机制下保证履行，需要政府对其进行微观干预。为了达到亲贫的目标，政府不仅应通过企业间建立普遍服务基金，还应运用更具有针对性的、指向目标群体（低收入者）的更有效率的补贴措施。最后，为了适应贫困消费者所处的不同的和经常变化的经济环境，亲贫规制的制定需要更灵活一些，主要是倚重于价格结构和收费体系，使贫困消费者能够以较低的资费和价格消费或部分地免费享受这些产品和服务。程漱兰（2006）认为，就公平而言，基础设施服务由私营经营者还是公共事业部门提供，其重要性低于服务提供者所面对的激励结构和对普通公众负责的意识；政策重点是：以可以承受的价格向贫困人口和贫困地区提供服务以扩大基础设施服务的覆盖面，建立对服务提供者的问责制，扩大接受服务者的发言权，加强行业治理。① 昌忠泽、王俊（2007）认为，普遍服务的核心要义是：向社会成员提供均等的机会和同质的服务，避免弱势群体边缘化、落后地区边缘化。

三　统一定价管制

在现实中，人们通常看到普遍服务是通过统一定价来实施的，如

---

① 程漱兰：《"亲民"政策呼唤"平权式"的治理结构——世界银行〈2006 年世界发展报告〉的启迪》，《管理世界》2006 年第 9 期。

邮政、电力业务，这种政策在实施上有一种政治优势。当价格被规定为"可承受得起"或者统一价格时，一些价格可能会低于为高成本或不经济的消费者服务的成本。惠特利（1998）认为，在发达国家，价格对成本的偏离很难用经济公平来解释，这种公平是社会或政治的目的，通常打着普遍服务的名义。因此，无论普遍服务的确切定义为何，普遍服务义务都被认为是对经营者价格政策的一系列限制。

拉丰（2001）用委托—代理模型分析了围绕普遍服务的最佳规制政策，特别考察了最佳普遍服务政策在歧视性定价和统一定价时如何受到不对称信息和合谋威胁的影响，发现无论是歧视性定价还是统一定价，在农村地区，不对称信息都导致更高的价格和更小的网络规模。另外，尽管统一定价实现了对农村地区定价更低的再分配目标，但这是以更小的网络规模为代价的。通过这些发现，得出的政策启示是：当统一定价被用于惠及农村地区的消费者时，那些没有入网的消费者可能受到负面影响，因为用于网络扩张的投资更少了。因此，统一定价可能无法实现政策制定者所宣称的扩大对基础设施网络接入的目标，拉丰认为，不能将网络投资问题和定价问题孤立起来考虑，在欠发达国家，网络扩张是一项更重要的发展战略。从这个意义上讲，欠发达国家的政府应该将更多的精力用于激励网络投资，而不是去扭曲价格。Hélène 和 Jorge（2007）假设能源市场上一个在位厂商在普遍供应和统一定价的要求下供给必需品，另外一个进入者以区别定价方式供给非必需替代品。结果发现，消费者对必需品的忠诚能够使在位厂商适应新进入厂商带来的竞争，而且令人惊奇的是，普遍服务义务能够给在位厂商带来更有竞争力的价格并减少进入，即使进入者的"撇脂"也不会对在位厂商构成负担，承担普遍服务义务使在位厂商拥有更多的战略优势。

统一定价对普遍服务的促进作用有限。吕志勇、陈宏民（2005）通过对电信行业的博弈分析，得出的结论是：统一定价约束在实行初期有福利增加效果，但随着区域扩张和条件恶化，该机制将导致全社会福利受损，并不能达到提高普及率的目标。

除定价方面的约束，普遍服务义务通常包括对所提供业务的最低质量提出要求。从最低质量标准到详尽明确的质量标准，管制者倾注了很多的心力，但质量通常也是与价格政策叠加在一起执行的。服务质量规制策略只能是在保障弱势群体最基本的健康和安全的前提下，尽可能地采取灵活多样化的质量标准，扩大基础设施服务的覆盖面。例如，1996 年的《电信法》对服务质量也有要求，FCC 认识到除原来采用或实施的州级质量标准外，还应该在技术方面制定特定的标准。因此，FCC 依据州级数据用来检验质量是否可接受。

第三节　责任理论

"责任"在现代社会中已成为人们非常关注、重视的一个概念，也是公共管理中所追求的一种理念。根据《布莱克维尔政治学百科全书》解释，责任在政治活动和公共管理中最一般的含义是指与某个特定的职位或机构相联系的职责。《现代汉语词典》对"责任"的解释：一是指分内应做的事；二是指没有做好分内应做的事，因而应当承担过失责任。根据唐渊在《责任决定一切》中的阐述，责任是一个完整的体系，包含五个方面的基本内涵：责任意识，是"想干事"；责任能力，是"能干事"；责任行为，是"真干事"；责任制度，是"可干事"；责任成果，是"干成事"。

一　普遍服务的责任主体是政府

从语义学角度分析，"政府责任"结构中的中心词是"责任"，政府是"责任"的限定词，限定中心词"责任"，明确责任的类型。"责任政府"，从词语构成角度分析，"责任政府"的中心词是政府，责任是"政府"的定语修饰词，是政府的一种行政理念与模式，强调该政府将责任放在首位，实现政府的权力与责任的统一。"政府责任"推崇"负责任的政府"，政府是责任主体，政府对自己的各种行为或制度设计承担相应的责任形式。"责任政府"是现代社会管理中的一种施政方式，着重强调责任，体现了现代"责任"的含义，责任是政府的义务或职责，对自身的行为负责，接受相应的追究和制裁。①
1829 年英国的政治辩论中首次出现"责任政府"这个概念，英国率
先形成了责任政府制度，英国的政治家和学者最先研究和概括本国的
责任政府制度，形成了责任政府理论。传统责任政府理论一直把责任
政府等同于议会制即熔权制，责任政府被视为在行政权与立法权近乎
彻底融合的政体下所形成的政府与议会之间的独特关系。研究也局限
在行政机关与立法机关的关系上。合议制、总统制、责任内阁制、独
裁制的分类就体现了传统责任政府理论。② 责任政府的研究通常从政
治或行政角度出发，以责任政府本身为研究对象，探讨一个责任政府
应该是什么样的。政府责任则是从另一个角度研究政府的责任，即从
社会或公共经济角度出发，以政府应该承担起怎样的责任为目的，探
讨政府应该对什么事项负责。

　　探讨政府的责任，首先要弄清楚政府的由来。最初哲学家论述政
府起源于人类的需要。亚里士多德认为，城邦起源于家庭，家庭是人
类满足日常生活需要而建立的社会基本形式，在建立家庭后，为了适
应范围更大的生活需要，若干家庭便联合组成村坊，再后来，若干村
坊又联合而组成城邦。13 世纪，哲学家托马斯·阿奎那指出："人天
然是个社会的和政治的动物，注定比其他一切动物要过更多的合群生
活。"既然人类必须合群共处，所以就需要建立国家。18 世纪，英国
哲学家大卫·休谟认为："社会秩序由于有政府维持而好多了。如果
没有这种执行机构，人类社会中不可能有和平，不可能有安全，也不
可能进行相互交流。"哲学家埃里希·弗洛姆认为，人由于害怕孤立
于社会和独立承担责任，因而组成大型团体（无论是国家的、宗教的
或是意识形态的）来逃避这种紧张并要求个人自由和自治。③ 随后，
托马斯·霍布斯、约翰·洛克、卢梭等启蒙思想学家从契约论角度论
证了国家的起源。托马斯·霍布斯的国家契约论是建立在他的人性观

---

① 陈建先、王春利：《"政府责任"的语义辨析》，《探索》2007 年第 4 期。
② 蒋劲松：《传统责任政府理论简析》，《政治学研究》2005 年第 3 期。
③ 李蔬君：《当代中国政府责任问题研究》，博士学位论文，中共中央党校，2006 年，
第 19—20 页。

和自然法基础上的。他认为，人性是恶的，人自私自利、恐惧贪婪、残暴无情，人与人彼此离异、敌对，又互相防范、争战不已。不过，由于人人都有保存自己、企求安全的欲望，在理性的驱使下，或者说，在自然法的支配下，人们为了摆脱悲惨可怕的自然状态，甘愿放弃了原来享有的自然权利，彼此订立了一种社会契约，于是建立了国家。洛克认为，政府的起源在于"人民为了克服自然状态的欠缺，更好地保护他们的人身和财产安全，便相互订立契约。自愿放弃自己惩罚他人的权利，把他们交给他们中间被指定的人，按照社会全体成员或他们授权的代表所一致同意的规定来行使"。现今，人们认为，政府是社会发展到一定历史阶段的产物。根据人民主权原则，国家权力的本源在于人民，但是，人民不可能直接管理国家和社会公共事务，必须通过一定的规则和程序，按照人民的意志，产生出能够代表人民利益的国家权力主体来管理国家和社会公共事务。政府就是这种权力主体的一个非常重要的部分。根据委托—代理理论，政府的权力来自人民，政府在获得权力的同时，也就承担了相应的责任，因而政府只有真正履行和承担选民直接或间接赋予的责任时才是合法的。

政府的合法性成立后，政府要负起什么责任或者义务，学者进行了相应的探讨。政府责任的词源可追本溯源到公共财政支出必须是可核实的与可控制的这一要求。[①] 从政治学角度谈政府责任，更多地集中在对政府自身运作所应该承担的法律责任、行政责任、道德责任等展开评述。美国行政学者库珀认为，政治责任要求政府及其行政人员必须代表人民利益，表达人民意愿，必须对人民负责。美国著名的公共管理学者珍妮特·V.登哈特、罗伯特·B.登哈特认为，政府应对现代民主治理的各种制度和价值规范负有责任，这些制度和标准包括公共利益、成文法律、宪法、公民等。政府责任还指政府能够积极地对社会民众的需求做出回应，并采取积极的措施，公正、有效率地实现公众的需求和效益。从经济学角度论述政府责任，则是从政府应该在市场失灵如公共产品、垄断、外部性和信息不对称等领域，进行干

---

① 李军鹏：《责任政府与政府问责制》，人民出版社 2009 年版，第 8 页。

预，对社会经济生活进行配置、分配、调节和稳定等，缓解市场失灵所造成的短缺、不公平等现象。亚当·斯密（1961）认为，君主只有三个应尽的义务：第一，保护社会，使其不受其他独立社会的侵犯；第二，保护社会上的个人，设立严正的司法机关；第三，建设并维持某些公共事业及某些公共设施。

在政府责任研究中，大部分文献都是从公共服务均等化或者基础设施产品的政府责任角度论述。张向前（2006）认为，当前我国政府要改变以往的管理型政府的形象，向公共服务型政府转变，提供私人和社会团体无力或不愿提供的，却又与其公共利益相关的非排他性服务。[①] 段刚（2005）认为，政府的责任是以弥补市场失灵而确定的配置、稳定和分配等责任，在以市场为主要配置的社会，更加强调政府对社会的公共服务即促进社会公平等方面的社会责任，即政府的服务责任和公平责任。20 世纪的最大成果是人的经济、社会和文化权利的确立与扩大，这为人人享有基本生存条件奠定了基础，其中，公共服务权利是人的重要经济、社会和文化权利，是人的基本权利，公民权利就构成政府的义务。[②] 在一个经济自由的环境下，一个后发国家的政府至少应该承担如下责任：政府应该在若干基础设施的建设上加大投入，包括硬件的，如道路建设，也包括软件的，如经济行业的许多法律法规建设等。[③] 现代政府是由公民选举组成的，因此，政府的所有履职行为都要以公民的公共利益为核心，恪尽职守，全心全意地为公民提供公共服务。这就是说，政府是公共管理机构，更是一个为公民提供公共服务的公共组织，它的根本责任就是为公民提供有效的公共服务。[④] 赵怡虹、李峰（2009）认为，政府作为制度供给者在其中起着主导作用，通过政策体系引导市场主体有序行为，形成以政府为主导、多元化的供给体系以实现公共服务均等化。张军等（2007）从政府管理角度解释了中国为什么拥有了良好的基础设施。他们认为，

---

① 张向前：《和谐社会的政府责任研究》，《经济体制改革》2006 年第 2 期。
② 李军鹏：《责任政府与政府问责制》，人民出版社 2009 年版，第 56—57 页。
③ 段钢：《经济自由与后发国家政府的责任》，《社会科学研究》2005 年第 4 期。
④ 吴业苗：《农村公共服务的角色界定》，《改革》2010 年第 6 期。

改革开放以来，尤其是20世纪90年代之后，中国的基础设施水平和对基础设施的投资模式发生了巨大的变化，地方政府在基础设施的投资上扮演着非常重要的角色。他们提出，中国在改进基础设施上的出色成就是中国式财政分权模式和政府治理转型的一个可以解释的结果，这个分权模式成功的地方在于一个"向上负责"的政治体制与财政分权的结合。在这个体制下，中央政府用"标尺竞争"取代了对地方政府的政治说教，地方经济发展的可度量的标尺（以下简称"政绩"）成为中央政治治理的重要信息。①

政府责任理论的发展为垄断行业的普遍服务提供了基础。在学术研究中，多数学者认为，政府在普遍服务义务方面负有不可推卸的责任。王俊豪（2009）认为，垄断行业普遍服务是现代社会人民群众应该享受的生活必需品。改革开放以来，随着中国社会经济与科学技术的快速发展，电信、电力、邮政、铁路运输、自来水等垄断行业提供的基本服务应属于人民群众享受的生活必需品。但由于在农村和山区边远地区的基础设施建设滞后，经济发展水平低，许多人无法消费垄断行业的这些基本服务。同时，在城镇也存在低收入群体、下岗失业人员、孤老伤残人士等弱势群体，他们也难以充分享受垄断行业的基本服务。在建设社会主义和谐社会过程中，对于这些落后地区和弱势群体，政府和有关垄断行业经营企业有责任通过提供有关普遍服务，落实普遍服务政策，逐步使全体人民有能力享受垄断行业的基本服务，从而促进社会主义物质文明建设。刘洁（2009）认为，市场机制无法保证公用事业的普遍服务性质，需要政府对其产业进行微观干预和规制，从这个意义上说，政府是普遍服务的最后责任人。政府需要通过企业来实现这种责任，在特许经营合同中，明确政府与企业的普遍服务权利和义务。对于保障公用事业普遍服务，主要方式有保留业务（部分垄断）、财政补贴、建立补偿基金、减免税收、以转移业务收入做补偿、赋予承担普遍服务的企业以营利性业务的经营权等。由

---

① 张军、高远、傅勇、张弘：《中国为什么拥有了良好的基础设施？》，《经济研究》2007年第3期。

于政府在普遍服务中的角色，财政补贴成为补偿机制必不可少的方式。世界银行在《1997 年世界发展报告——变革世界中的政府》认为，政府的第一项职责是做好基础性工作并保证全社会的公平。随着我国经济社会发展，包括基本公共教育、公共卫生、社会保障、基础设施、公共安全等在内的基本公共服务体系，作为社会公众的生存和发展的基本需求，已经成为政府所必须面对的责任。[①] 罗国亮、刘志亮（2007）认为，电力普遍服务是公共服务的重要组成部分，在电力普遍服务中，政府必然要发挥主导核心作用，确保电力普遍服务得到提供。电力普遍服务不管由谁来提供，不管用什么样的方式提供，最后，对电力普遍服务提供的结果负责的是政府。政府监管的目标就是使电力普遍服务的目标、标准和范围落到实处，政府必须对电力普遍服务的实施结果进行监督和评估。并认为，政府干预电力普遍服务的重要渠道和手段其实就是政府承担服务的成本，政府对普遍服务的成本付费，也就是政府"买单"。[②] 政府要切实担负起提供公共产品与服务的责任，创新公共服务体制，改进公共服务方式。建立公共财政体制，使公共资源向农村、基层、欠发达地区倾斜，支持弱势群体。杨万华、张明玉（2007）提出，电力社会普遍服务的责任主体应该是政府部门。一方面，作为政府有义务保障公民的基本权利，包括生存权。全面实施电力社会普遍服务，是满足人民生活需求和国民经济持续稳定健康发展的重要措施。另一方面，电力社会普遍服务应该是扶贫工程的一部分。政府须肩负起电力社会普遍服务的责任，对普遍服务进行立法、规划、监管，真正地让所有公民用得上、用得起电。

二 普遍服务的实施主体是企业

企业社会责任是社会经济发展到一定阶段的产物，这一概念的提出，颠覆了传统观念中"企业就是追求利润最大化"的观点。人们开始探讨企业除满足投资者的需求外，究竟还应该担负怎样的责任和

---

① 参见赵怡虹、李峰《基本公共服务地区间均等化：基于政府主导的多元政策协调》，《经济学家》2009 年第 5 期。

② 罗国亮、刘志亮：《中国农村电力普遍服务浅析》，《农电管理》2007 年第 12 期。

义务。

　　亚当·斯密（1776）论证了市场在"看不见的手"的指引下，能够达到最优的资源配置。如果企业尽可能高效率地使用资源以提供社会需要的产品和服务，并以消费者愿意支付的价格销售它们，企业就尽到了自己的社会责任。18 世纪末期，西方一些小企业的业主开始捐助学校、教堂和穷人。整个 19 世纪人们对企业社会责任是持宽容态度的，很少对企业的行为进行限制或者抱有期望；进入 20 世纪以后，工业的大力发展产生了许多负面的影响，批评家开始指责"社会达尔文主义"① 的残酷和冷漠，并意识到企业必须承担应有的社会责任。英国学者奥立弗·谢尔顿（Oliver Sheldo，1923）最早提出企业社会责任概念，他把企业社会责任与企业满足产业内外人们需要的责任联系起来，认为企业社会责任含有道德因素。霍华德·W. 鲍恩（1953）认为，企业社会责任是指商人按照社会的目标和价值，向有关政府靠拢、做出相应的决策、采取理想的具体行动的义务。美国佐治亚大学教授阿奇·卡罗尔（1979）提出企业社会责任金字塔模型，他认为，企业社会责任是指某一特定时期社会对企业所寄托的经济、法律、伦理和自由决定（慈善）的期望，包括经济责任、法律责任、伦理责任和慈善责任，即企业必须负有生产、盈利及满足消费者需求的经济责任；企业必须在法律范围内履行其经济责任的法律责任；企业必须符合社会准则、规范和价值观的伦理责任；企业必须具有坚定意志和慈爱心怀的自愿责任。韦翰尼（Werhane）认为："企业的社会责任是指企业具有的那种超出于对其业主或股东狭隘责任观念之外的替其整个社会所应承担的责任。"欧盟认为，企业社会责任是指企业在自愿的基础上，把生活和环境的影响整合到企业运营以及与利益相关方的互动过程中。20 世纪 70 年代中叶，美国经济发展委员会指出，

---

　　① 社会达尔文主义是将达尔文进化论中自然选择的思想应用于人类社会的一种社会理论。最早提出这一思想的是英国哲学家、作家赫伯特·斯宾塞，认为社会可以和生物有机体相比拟，社会与其成员的关系有如生物个体与其细胞的关系。影响人口变异的自然选择过程，将导致最强竞争者的生存和人口的不断改进，社会也像个体一样，应被看作以这样方式进化的有机体。这一理论被用于支持自由放任的资本主义和政治上的保守主义。

主动承担社会责任，可以使公司经营者更加灵活地、建设性地、高效率地开展经营活动，还可以避免在企业对社会责任麻木不仁而导致商业道德危机时，政府或社会对企业进行的不必要的制裁措施。

20 世纪 90 年代末，中国的理论界，主要是法学界，从法律角度对企业社会责任进行了比较系统的研究。政府提出全面落实科学发展观、构建社会主义和谐社会之后，企业社会责任的概念得到了很大的普及，引起了政府、企业与社会的极大关注。企业社会责任作为外来术语，目前我国对企业社会责任的定义主要停留在理念传播阶段，一般强调两个方面：一是既要对所有者负责，也要对其他利益相关方负责；二是追求可持续发展。企业遵循商业伦理标准的价值观追求是推动企业履行社会责任的内在动力；法律规章和社会道德约束及要求是企业履行社会责任的外部动力。履行社会责任是企业实现自身可持续发展的重要基础和条件。企业对利益相关方和自然环境负责，追求企业的社会价值和子孙后代的长远利益，是企业赢得社会存在的合法性与合理性的内在原因和根本依据；① 卢代富（2002）认为："企业社会责任就是指企业在谋求股东利润最大化之外所负有的维护和增进社会利益的义务。"企业与社会之间实际上存在的是一种共生关系，企业运行与发展受社会条件的制约，也会影响它所处的社会环境。对企业社会责任内涵的探讨，明确了企业在社会进步方面应尽的义务。大部分学者都肯定企业社会责任，认为企业承担社会责任有利于企业的发展。从企业承担社会责任所能获得的利益角度进行分析，促使企业主动自愿地承担相应的责任。田丰（2004）指出："企业通过承担社会责任，一方面可以通过自己的文化取向和价值观念，体现企业存在社会之中心价值；另一方面可以得到社会的认同和赢得声誉，为企业发展营造更佳的社会氛围，使企业得以保持旺盛的生命力，实现其可持续发展的战略目标。"刘藏岩（2005）认为："企业履行社会责任虽然是非功利性的，但能转化为企业的竞争力，有利于企业跨越国际

---

① 国资委研究室：《中央企业社会责任研究报告》，http：//www. sasac. gov. cn/n1180/n4175042/n4175059/n4175121/n4179367. files/n4179364. doc。

壁垒，提升企业社会形象，提升企业的长期盈利能力。"随着企业在社会生活的影响日益深入，对企业承担社会责任的期望也在增加。林毅夫（2006）认为："为了社会的繁荣和谐，要提倡企业加强社会责任感并使企业的外部影响内部化，企业作为社会公民的一种，和其他类型的公民一样都对社会负有伦理道德义务，一方面在为社会创造财富，另一方面社会财富也更多地集中在这些成功的企业当中，它应该有责任帮助社会上的弱势群体。"王茂林（2005）认为："应该树立正确的企业责任观，把企业社会责任的履行放在突出位置。企业要想获得大发展，必须把自己当作一个社会的'企业公民'，把履行社会责任作为重要任务，明确社会责任范围，规范自身行为，把履行社会责任作为提高企业核心竞争力的重要内容。"黎友焕（2006）认为："企业作为社会的重要组成部分，是社会发展的重要推动力，在享用社会资源获取利润的同时也肩负着社会责任，企业社会责任在构建和谐社会中发挥着重大的作用。"对于企业社会责任，虽然企业界、政府、国际组织的主流观点认为是企业自愿采取的措施，是建立在企业自愿基础上的一种自愿性的、非强制性行为，但是，在企业社会责任实践中，企业社会责任越来越带有"强制性"，企业社会责任在某种程度上从一种倡导变成了一种实质性的约束。大部分企业认为，社会责任的投入应量力而行，在社会责任自检报告中表明，企业承担责任的主要动力在于政府相关部门的号召或者要求，或者说，企业把很多社会责任内容作为政治任务来承担。[①] 廖进球、吴昌南（2009）提出，电力产业改革后，电力产业运营模式由原来的垂直一体化模式转为纵向分离模式。目前，我国电力产业正处于输配售一体的模式，随着电力产业运营模式的变化，电力普遍服务的主体也发生了变化。在垂直一体模式下，电力普遍服务的主体是政府；而在输配售一体模式下，电力普遍服务的主体是电网企业。

---

① 国资委研究室：《中央企业社会责任研究报告》，http：//www. sasac. gov. cn/n1180/ n4175042/n4175059/n4175121/n4179367. files/n4179364. doc。

第四节　外部性理论

外部性是市场失灵的主要表现形式之一。英国经济学家亨利·西奇威克在《政治经济学原理》一书中这样写道："在大量的各种各样的情况下，通过自由交换，个人总能够为他所提供的劳务获得适当的报酬这一论断明显是错误的，首先，某些公共设施，由于它们的性质，实际上不可能由建造者或愿意购买的人所有。"他已经认识到，在自由经济中，个人并不是总能够为他所提供的劳务获得适当的报酬。阿尔弗雷德·马歇尔首次提出了外部性的概念，他在 1890 年发表的《经济学原理》中区分了外部经济和内部经济。"对于经济中出现的生产规模扩大，我们是否可以把它区分为两种类型：第一类，即生产的扩大依赖于产业的普遍发展；第二类，即生产的扩大来源于单个企业自身资源组织和管理的效率。我们把前一类称作'外部经济'，将后一类称作'内部经济'。"马歇尔把企业内分工而带来的效率提高称作内部经济，而把企业间分工而导致的效率提高称作外部经济。

马歇尔之后，越来越多的经济学家对外部性进行了研究，萨缪尔森和诺德豪斯认为："外部性是指那些生产或消费对其他团体强征了不可补偿的成本或给予了无须补偿的收益的情形。"兰德尔认为，外部性是用来表示"当一个行动的某些效益或成本不在决策者的考虑范围内的时候所产生的一些低效率现象，也就是某些效益被给予，或某些成本被强加给没有参加这一决策的人"。詹姆斯·米德说："一种外部经济（或外部不经济）指的是这样一种事件，它使一个（或一些）在做出直接（或间接地）导致这一事件的决定时根本没有参与的人，得到可察觉的利益（或蒙受可察觉的损失）。"鲍默尔和奥茨对外部性进行了概括："如果某个经济主体的福利（效用或利润）中包含的某些真实变量的值是由他人选定的，而这些人不会特别注意到其行为对于其他主体的福利产生的影响，此时就出现了外部性；对于某种商品，如果没有足够的激励形成一个潜在的市场，而这种市场的不存在会导致非帕累托最优的均衡，此时就出现了外部性。"

如何将外部性内部化？庇古（Pigou）希望借助政府的力量将外部性内部化，而科斯希望通过市场机制来实现内部化过程。庇古认为，由于外部性的存在而引起的边际私人纯产值与边际社会纯产值的背离，不能靠在租约中或合同中约定补偿的办法予以解决，这时市场机制无法发挥作用，即产生市场失灵，必须借助外部力量加以解决，即政府干预。在政府干预方式上，庇古提出，由政府对造成外部不经济或外部损害的企业征税，限制其生产。他认为，税收的方式能有效地克服私人边际纯产值与社会边际纯产值的背离，政府干预可以有效地弥补市场机制的不足。此后，在解决外部性问题方式上，经济学家均主张以税收的形式或补贴的形式来解决外部性问题，强调政府管制和立法的重要性。1960 年，罗纳德·科斯（Ronald Coase）出版的《社会成本问题》主张在外部性问题上应当是使当事人所遭受的损失尽可能小，而不能局限于私人成本和社会成本的比较，因此他提出，解决外部性的方案是：交易成本为零或者很小，只要产权界定清楚，并允许当事人进行谈判交易，那么，无论初始产权赋予谁，市场均衡的最终结果都是有效率的。通过市场交易从而将外部性内在化，这样就可以导致资源的有效配置或社会产值最大化安排。在他的论文问世以前，很少有人注意到外部性通过私人协议加以解决的可能性。当然，在现实世界中，科斯定理所要求的前提往往不存在，因此，依靠市场机制矫正外部性是有一定困难的。但是，科斯定理提供了一种通过市场机制解决外部性问题的新思路和方法。

一 普遍服务的外部性

很多的学术研究是从垄断行业的网络性外部性来论述普遍服务的外部性的。如张昕竹（2001）认为，在经济学上，普遍服务政策属于一种财政职能。首先，普遍服务政策作为庇古税内部化网络外部性。网络外部性是指所有已经加入电信网络的用户将从新加入用户身上获益，因为他们可以与更多的人利用电信服务进行交流，但入网的成本却只能由新进入者承担。当存在网络外部性时，或者说当入网的私人收益小于社会收益时，电信网络的发展可能处于非常低的均衡水平，于是产生市场失灵问题，即只依靠市场会使很多人不能享受电信服务。因为网络外部性是一种正外部性，所以，庇古税实际上等价于某种形式的补贴。但同时他也指出，存在网络外部性并不一定意味着要政府干预或实施普遍服务政策：一方面，运营商本身可能出于利润极大化的动机将网络外部性内部化，从而达到高水平的均衡；另一方面，电信服务的接入弹性一般很小，因此，人们是否选择电信服务不会随着接入价格的变化而产生很大的变化，在这种情况下，就没有政府干预或者提供补贴的必要。肖兴志（2008）提出，普遍服务出于公平分配、区域发展规划两大原因之外，还出于网络外部性。大多数公用事业部门是网络型产业，在这些产业中，使用的用户越多，每个用户得到的效用越大，这个理由可以解释邮政、电信部门为何要提供普遍服务。①

还有一些学者从垄断行业的公共性论述普遍服务的外部性，如齐新宇（2004）论述说，由于公共事业通常提供一种公共利益所必需的产品或服务，消费具有较强的正外部性，因此，同其他普通物品相比，公共事业的普遍服务义务不以经营能否获得利润为基础，而是以社会效率为前提的。例如在电信行业，通过促进互联互通，普遍服务义务增强了网络系统对全体消费者的服务功能，增加了全体消费者的利益，这种需求方面的"规模经济"也被称作"网络外部性"。尽管电力产品的物理及经济特性决定了电力消费不具有明显的网络外部性，因为电力用户之间的互联互通对于整体福利没有显著改善，但电力消费具有其他形式的外部性。家庭用电的普及能够促进家电行业的发展，提高国家或地区的电气化水平，从而带动整个经济的发展；电力消费还可以保证使用场所的清洁，可以相对降低污染，具有明显的正外部性；在现代社会，电力不仅是重要的生产能源，还是一种很难替代的生活必需品；满足家庭用户的电力需求是维持正常生活的条件之一，对社会稳定等方面意义重大；保证居民能够在可支付价格水平

---

① 肖兴志：《公用事业市场化与规制模式转型》，中国财政经济出版社 2008 年版，第98—99 页。

上的生活用电是电力普遍服务的重要内容，对于从农业经济向工业化转型的国家而言，保证农村电力供应是实现经济发展战略不可或缺的基础条件。[①]

二　普遍服务与利益集团

经济学的一个基本假定是每个人在主观上都追求个人利益，按照主观私利行事。每个理性经济人都会有自利的一面，其个人行为会按自利的规则行为行动；如果能有一种制度安排，使行为人追求个人利益的行为，正好与企业实现集体价值最大化的目标相吻合，这一制度安排就是"激励相容"，从而达到和谐社会建设的目标。普遍服务是社会和谐的一个组成部分，让所有人都能享用到生存生活的必需品，无论从人的生存权利，还是社会发展来看，都是必需必要的。政府、企业和公众三大利益主体，在实现普遍服务这一和谐社会建设目标中的激励问题成为研究的热点。政府作为利益集团，有追求自身利益最大化的内在动机，政府机构是一个利益共同体，包括政府机构的整体利益和其行政人员的自身利益，存在利益最大化张力。又因为他们位置特殊，掌握着资源配置的控制权，更有条件谋取自身的利益。[②] 只有具有不同利益需求的各方均能有效地组织起来，形成各利益集团相互作用的政治合力，避免某些"特殊利益集团"的产生，社会才能沿着和谐与稳定的方向发展。

利益集团是舶来品，在国外政治研究领域中是一个重点问题，如今国内利益集团的研究也开始正统化和规范化。[③] 对利益的追求是人类社会行为的共同点，追求同一利益的人群形成了利益集团。阿尔蒙

---

① 齐新宇：《普遍服务与电力零售竞争》，《财经研究》2004 年第 1 期。

② 吴业苗：《农村公共服务的角色界定》，《改革》2010 年第 6 期。

③ 李东升、李若曦（2007）对于我国是否存在利益集团，更准确地说，是否承认利益群体和利益集团存在的现实性和合法性，这在理论界并没有得出一致结论。就多数人而言，这个问题之所以是一个不愿意过多涉及的话题，其原因大致有二：一方面，在我国政治学研究的传统上，人们习惯于把对利益集团问题的研究看作一个"舶来品"，利益集团被认为是欧美政治学中特有的概念，其理论与马克思主义的阶级分析理论和方法不一致；另一方面，人们长期以来习惯于在社会主义社会条件下的中国社会结构相对简单化的状态。大家普遍认为，在只有"两个阶级、一个阶层"这样一个社会里，其社会成员——"人民"只有利益的一致性，因而，就不应该出现具有独立利益期望和主张的社会利益集团。

德（1987）认为，利益集团仅仅是指因兴趣或利益而联系在一起，并意识到这些共同利益的人的组合。① 美国政治学者 B. D. 杜鲁门认为，利益集团"包括任何这样的集团，指在一种或几种共同的态度基础上，为了建立、维护或提升具有共同态度的行为方式的集团"。② 毛寿龙说："在政治生活中，利益集团是人们为了通过影响政府决策而维护共同的利益或实现其共同的主张而结成的集团。利益集团的存在表明，个人是软弱的，他无力以自己的力量支付保护自己的利益和实现自己的主张所需要的交易费用。"利益集团是社会中具有共同利益的社会成员的组织，它通过组织起来的形式放大个人的力量，因此，人们就会利用利益集团这种形式来表达和维护自身的主张和利益。他们彼此认同，有着共同或基本一致的社会、政治、经济利益的目的。因此，他们往往有共同的主张和愿望，使自己的利益得以维持或扩大。

传统观点认为，一个具有共同利益的群体，一定会为实现这个共同利益采取集体行动。奥尔森（1965）发现，这个貌似合理的假设并不能很好地解释和预测集体行动的结果，许多合乎集体利益的集体行动并没有发生。当集体人数较少时，集体行动比较容易产生，但随着集体人数增加，产生集体行动就越来越困难。在人数众多的大集体内，要通过协商解决如何分担集体行动的成本问题十分不易。人数越多，人均收益就相应减少，"搭便车"的动机便越强烈，"搭便车"行为也越难以发现。《集体行动的逻辑》告诉我们，在人数多的大集体中，实现集体行动非常困难。李东升、李若曦（2007）认为，在大多数情况下，社会个体往往以松散的、彼此毫无联系的"原子状态"存在，当他们还未意识到其具有某种共同利益，并组织成为利益集团时，他们的活动往往是个别的，其影响也是有限的。③ 这说明，当社

---

① ［美］阿尔蒙德等：《比较政治学：体系、过程和政策》，上海译文出版社 1987 年版，第 200 页。

② ［美］D. B. 杜鲁门：《政治过程—政治利益与公共舆论》，天津人民出版社 2005 年版，第 37 页。

③ 李东升、李若曦：《利益主体、利益集团与和谐社会建设》，《求索》2007 年第 1 期。

会成员处于分散和缺少联系的状态的时候，共同的利益需求并不能够将其自动地组织在一起，它们需要外在力量的推动和整合。利益集团的主要特征是成员间具有共同的利益，然而，这种利益并不能自动实现，它需要集团成员采取一定的行动才可能使其变为现实，而且，往往需要其成员集体采取行动才能奏效。

垄断行业放松规制改革不单单是一个经济与技术问题，而且是一个政治经济问题（OECD，2005）。事实上，任何一项改革都是对原有利益格局的调整，经济改革总是会受到种种政治因素的影响（Roland，2000）。垄断行业的改革本质上是一种利益调整和再均衡的过程，会导致各个利益主体之间的利益冲突。拉丰（2001）认为，普遍服务在垄断行业管制改革后成为一个棘手而又争议很大的问题，在消费这一方来看，获得补贴的小利益集团设法维持普遍服务，而大用户利益集团则积极推动取消普遍服务；对于生产这一方，在位企业使用普遍服务作为抵制民营化的理由，新进入者则试图通过强加于在位者的普遍服务义务实现更多的利润。施蒂格勒（Stigler，1971）的经典论文《经济规制论》认为，规制偏向于使组织良好的利益集团获益，生产者对立法过程的影响较消费者有明显优势，这是因为，企业数量更少，并且企业可能比它们的消费者有更多的同质性，花较少的成本即可组织起来，再加上企业数量少于消费者，企业的平均收入高于强加给消费者的人均损失，因而生产者比消费者具有更强的行动激励，所以，最后的规制结果必然有利于生产者。柳新元（2002）更加尖锐地指出，改革过程的实质是权力和利益的再调整和再分配的过程，必然产生利益冲突。改革的取向与结果取决于各利益集团的力量，改革过程就是利益集团相互博弈后形成的一种公共选择。由于强势利益集团在政治决策中处于有利地位，拥有较多发言权，因而改革以及制度变迁会朝着他们的意向和目标挺进，而弱势利益集团明显处于不利地位。张宇燕（1994）认为，任何结论的成立都是有条件的，利益集团的活动对社会产生的影响也不例外，他提出一个假说：如果说市场导向的经济中利益集团的活动对整个经济所起的是负面影响的话，那么在一个由计划经济向市场经济过渡的国家中，新兴利益集团带来的常常是正面效应。青木昌彦（Aoki，2001）通过公共资源如灌溉系统或公路修建博弈的分析得出，由于难以排除"搭便车"行为，合作行为不可能自我产生。无法运用排他性原则，就会给个人的不合作行为提供一种激励，产生机会主义行为倾向。经合组织（2005）在总结经合组织主要国家规制改革经验后，认为来自既得利益者的反对是规制改革失败的一个重要方面。迟福林（2008）提出，新时期、新阶段，垄断行业放松规制改革目标能否顺利实现取决于利益关系的改革和调整，需要把全面调整利益关系作为新阶段垄断行业改革攻坚的重大课题和重要任务，在我国全面调整利益关系已经成为新阶段全面改革的重大任务。

第三章　基于垄断的普遍服务机制

——交叉补贴

提到普遍服务，首先想到的就是交叉补贴。虽然追求经济效率的经济学家呼吁取消交叉补贴，但通过交叉补贴方式实现普遍服务的制度安排，却拥有众多的支持者。不可否认的是，随着社会、经济、技术等的发展变化，垄断行业的交叉补贴面临着逐渐失效的命运。

第一节　交叉补贴的应用与成效

一　交叉补贴在垄断行业的应用现状

交叉补贴作为一种定价战略，是通过有意识地以优惠甚至亏本的价格出售一种产品，从而达到销售更多盈利产品、提高总利润的目的。交叉补贴作为普遍服务的运行机制，是政府允许自然垄断行业内部垄断性业务与竞争性业务、盈利业务与亏损业务相互弥补，实现盈亏平衡的机制。克鲁和罗利认为："在一个寻租社会里，交叉补贴是强有力和不透明的财富再分配机制。"

法哈伯（Faulhaber, 1975）从独立成本角度对交叉补贴进行了界定，在自由补贴（企业对不受规制的多产品或服务的自由定价和内部补贴行为）价格结构下，对于任何一组服务的子集，提供服务的收入不超过其独立成本。厂商为了追求经济利润，当一部分业务的价格高于独立成本的时候，厂商的定价行为就表现为交叉补贴。交叉补贴在经济学研究中被称为价格歧视，英国经济学家庇古将价格歧视分为第一级价格歧视、第二级价格歧视和第三级价格歧视三种类型。其中，二级价格歧视是按销售量定价，垄断厂商按不同的价格出售不同单位的产量，即根据买方购买量的不同，收取不同的价格。如电信公司对使用量小的客户，收取较高的价格；对使用量大的客户，收取较低的价格。二级价格歧视既反映了企业家对经济效率的追求，也说明了困扰公用事业行业的固定成本回收问题可以通过这种灵巧的定价方式来得到一定程度的解决。因此，这一定价方式在西方工业化国家的公用事业定价中随处可见。汪祥春（2002）认为，在某些情况下，行业为生存而采取价格歧视有其必要性，价格歧视应被允许，因为从整体上人民的福利因为价格歧视得到了改善。

以垄断企业内部的交叉补贴来实现普遍服务是一种普遍的做法。内部业务间的交叉补贴，即政府允许企业在不同种类的业务之间、在不同地区的业务之间实行交叉补贴，以利润率高的业务补贴利润率低甚至亏损的业务，以盈利地区的业务补贴亏损地区的业务。我国垄断行业长期以来实行垂直一体化垄断经营方式，如原中国电信垄断经营长途业务、市话业务，因此，资费不是按各种业务的实际成本定价，而是按所有业务的平均成本，以整个产业总体核算为基础，采取"算总账"的形式制定价格。政府允许电信企业实行价格差别政策，即对长途电话、国际长途电话、办公电话等实行高价政策，而对广大居民经常使用的住宅电话、市内电话实行低价政策。这为我国电信行业长期以来存在东部地区补中西部地区、国际电话补国内电话、长途电话补市内电话、城市电话补农村电话提供了经济基础。

中国电力行业长期以来实行国有企业垄断经营体制，用户间的交叉补贴是实现电力普遍服务的主要形式，表现为政府对电力服务实行价格差别政策，即对商业用户、工业用户等实行高价政策，而对居民用户、农业用户实行低价政策。从电价成本构成的角度分析，用户的用电量越大，则选用的供电电压越高，如果用户以高压线路供电（大工业用户），则将不承担低压配电线路和变电所的费用。居民用户以低压供电，除承担低压线路和变电所费用外，还要承担部分高压输电线路和变电所的费用。显然，高压供电的成本要低于低压供电的成本。另外，居民用电属高峰用电，不仅不能提高电力负荷率，还增加了拥挤成本。因此，从理论分析，居民用户所承担的购电成本高于工业和商业用电。而现实情况是，居民电价不仅没有高于工业和大工业电价，反而低很多。《销售电价管理暂行办法》（发改价格〔2005〕514 号）第二十条规定：居民生活和农业生产电价，以各电压等级平均电价为基础，考虑用户承受能力确定，并保持相对稳定。如居民生活和农业生产电价低于平均电价，其价差由工商业及其他用户分摊。

二 交叉补贴的成效：一个综述

（一）交叉补贴推进了普遍服务的进展

对交叉补贴持拥护态度的人们普遍认为，交叉补贴能够弥补市场不足和政府不足，在优化资源配置和实现社会公平方面效果显著。格林沃尔德和斯蒂格利茨（1996）证明，在市场不完备、信息不对称和非充分竞争普遍存在时，市场机制不能自动达到帕累托最优状态，通过交叉补贴扭曲价格提供普遍服务，实际上是进行市场抑制，它此时的作用类似隐性的税收方式，与直接的税收制度相比，具有成本更低、为政府的公共预算提供较容易的"市场抑制收益"等优点。

拉丰、加斯米和萨基（1977）认为，在发展中国家难以建立像普遍服务基金这样的竞争中性机制，交叉补贴机制可能优于竞争机制，拉丰强调，尽管竞争一般有利于经济，但是，在当局管理薄弱的地方推行竞争机制要谨慎，竞争是与强有力的国家相并行的，在发展中国家推行竞争的社会成本很高，可能达补贴额 3 倍，并缺乏评价普遍服务成本的专家。而低效益的税收、弱监管技术、低水平的教育和知识、不稳定或者争权夺利的政府，很难推进真正的竞争。发展中国家的弱税收系统导致公共基金的高成本和弱审计，显然不利于产业的运行。

普莱斯和汉考克认为，由于低收入者一般生活在那些和其他地区相比较而言有很高边际成本的边远地区，如果他们能享用统一的资费标准，这可以提高他们的效用水平，因此交叉补贴是能帮助穷人的。

（二）交叉补贴扭曲了价格体系并带来低效率

对交叉补贴的批评也不绝于耳，经济学家从实证研究角度，证明了交叉补贴是一种没有效率的和扭曲价格体系的机制。美国学者杰里·豪斯曼（1996，1998）计算出美国长途电话补贴本地电话引起的资金影子价格为 0.86 美元，发达国家的公共资金影子价格（每 1 元一般的税收收入所带来的社会成本）为 0.25—0.40 美元，要远小于前者的补贴资金影子价格，故在发达国家采用交叉补贴带来的福利损失要比通过税收方式带来的损失大得多。克瑞德和维尔曼测算结果为：如果电信服务的资费按照实际成本重新进行平衡调整，即排除交叉补贴对电信资费的影响，低收入群体在电信服务支出上平均福利损失只有 6 美元，但是，如果把交叉补贴的因素考虑进去，低收入群体每年福利损失达到 490 美元，是前者的 50 倍。

加巴克兹（Garbacz）等对美国连接计划和生命线计划产生的交叉补贴和电信普及率改变进行了实证分析，结果证明，交叉补贴导致了市场扭曲。扎杰克（Zajac）从效率角度说明了经营者利用其独占业务所拥有的超额盈余，补贴高度竞争市场的业务项目，这其实是一种不公平的竞争。但若单纯从公共服务利用机会平等角度来探讨交叉补助的话，其正当性或许少有人质疑。阿立德的研究发现，在发达国家，通过价格扭曲而转移给居民用户的补贴远远大于直接给予低收入人群的补贴；而在发展中国家，由于高初装费和月租费，一部分低收入人群根本没有入网，他们在公用电话亭打电话，因此，对本地电话的交叉补贴实际上把补贴从低收入群体转移到了中产阶层。如果给低收入人群选择，他们可能更愿意选择现金补贴而不是特定电话业务的补贴。

阿特金森—斯蒂格利茨（Atkinson – Stiglitz）定理证明，实现收入再分配的最佳途径是直接对收入征税，而间接操纵产品和服务的相对价格以进行收入再分配是对经济效率的一种更大扭曲。这一结果的意义是对普遍服务政策的一种批判。尽管政府可能想进行从富人到穷人的收入再分配，但是，政府不应该取代消费者为之决定他们要消费的产品和服务。当自然垄断厂商用产品 X 的收入弥补产品 Y 的部分成本时，交叉补贴的行为产生了经济低效，抵消了从联合生产产品的经济中获得的利润。在大多数情况下，如果产品 X 是独立生产和独自定价的话，那么这些产品的消费者会得到更多的消费者剩余，而产品 Y 的消费者却对产品 X 的增支成本收到了错误的价格信号。因为有报酬的税收而造成的交叉补贴损失已显示出了严重的分配低效。①

叶泽（2006）认为，交叉补贴的危害，首先是不公平，工业和商业用户支付的电费中，有一部分是替居民用户交的，这对工业和商业用户不公平。其次是交叉补贴会引导出错误的电力消费结果，降低资源配置效率。居民用户用电成本相对较高，因为电价相对便宜而多使用了电能；而工业和商业用户用电成本较低，但因为电价相对较高而少使用了电能。电力使用的边际成本不等于边际收益，电能资源的配置不是最优的。交叉补贴通常被用来维持一个全国性的标准资费，当低收入和高支出（如农村）的用户从共同资费中获得好处时，那些高收入用户也获益，其支出却远低于他们的承受能力。在电信设施有限的国家里，这将导致无法产生足够的收入，阻碍了网络的建设。

（三）交叉补贴无益于实现普遍服务

交叉补贴对电信业务普及的影响程度到底有多大？对不同国家实证研究的结果表明，交叉补贴对电话普及率提高的影响程度很低，不如人们预期中的那样高。卡斯曼、曼约和弗莱明（1990）的实证研究结论是：传统规制政策认为，交叉补贴对电信普遍服务有很强的影响，而实际上交叉补贴与电信普遍服务政策目标并无多大因果联系，电信普遍服务的补贴水平和电话普及率是由交叉补贴以外的经济变量决定的。

安塔尼迪（1999）通过对电信需求影响的分析，发现交叉补贴对印度电话普及率的提高有害无益。安塔尼迪建立一个两部分的电信需求模型：第一部分用截面数据确定印度城市地区和农村地区电信业务价格的需求弹性；第二部分建立交叉补贴对电话普及率影响的模型。然后，用计算机模拟计算出印度由于交叉补贴政策带来的福利净损失和由此对电话普及率提升的影响。安塔尼迪发现，印度每年特定电信服务价格增加15%，导致全社会的福利净损失为264美元，而印度农村每年平均电信基础设施的资本性投资为250美元，也就是说，农村

———————
① Brennan, "Cross - Subsidization and Cost Misal location by Regulated Monopolists", *Journal of Regulatory Economics*, 1990, pp. 37 - 52.

地区在电信业务资本性上的投资全部被交叉补贴导致的福利净损失消耗掉。交叉补贴抵消了印度电话网络的拓展带来的作用。一些对国际、商业和长途电信业务收取高资费的国家往往具有最低的电话普及率，在那些国内生产总值水平类似甚至更低的国家，因为采用了其他方法来促进电信业务普及，从而大大提高了电信普及率。①

潘雪涛（2009）提出，根据不同用户的供电成本分别制定两部制销售电价，使每类用户按基本电价支付其固定费用，对千瓦时用电按电量电价支付使用费，采用这种定价方案可使平均居民电价与平均工业电价的比价提高到 1∶1.57。尽管这样可提高定价效率，但是，不能解决某些居民用户面临收入约束时无力支付电费的问题，或者说通过制定合理的电价并不能有效地解决用户之间的收入分配差异。要实现电力普遍服务，除合理的电价之外，还要有其他的福利制度。张昕竹（2001）认为，实际上，现有的交叉补贴机制并不是实施普遍服务政策最有效率的方法，特别是交叉补贴与引入电信竞争之间存在一定的矛盾，这是因为，引入竞争会产生"撇脂"现象，新进入者出于利润动机只进入盈利较高的业务，从而破坏现有普遍服务机制赖以维持的基础。但存在这样的矛盾并非排斥竞争，而是需要尽快发展实现普遍服务的竞争中性机制。北欧国家（瑞典、芬兰、丹麦等）虽然经济实力不如美国，但是，它们没有接受美国的垄断经营模式和"普遍服务"概念，而是以用户合作制的方式比美国更早地普及了电话。

美国电信交叉补贴政策最大的受益者实际上是美国电话电报公司，使它成为美国独一无二的私营垄断公司。当时的美国电话电报公司在世界经济中具有最为显赫的地位，是比美国的钢铁、石油、汽车等工业巨头的总和还大的世界最大的公司，即使在 1984 年解体以后的美国电话电报公司和七个"小贝尔"也都名列美国最大的 20 家公司之内。②

---

① ［加拿大］Hank Intven：《电信规制手册》，北京邮电大学出版社 2001 年版，第251—252 页。

② 阚凯力：《对于美国电信普遍服务政策的回顾与反思》，《邮电企业管理》1999 年第7 期。

三　本节小结

交叉补贴的实证研究得出了不同的结论，学者对交叉补贴也存在截然不同的态度，有些经济学家认为，交叉补贴在某种情况下是产业生存必需的，也是企业盈利的手段。另一些经济学家则认为，交叉补贴是一个非常不好的机制，因为它会扭曲相对价格，带来社会福利损失。在垄断行业改革过程中，对交叉补贴的质疑，集中在它与竞争的不相容上，因为交叉补贴扭曲了产品的实际成本，这对完全竞争环境的假设造成冲击，不利于竞争，也不能实现资源的帕累托最优配置。

公平与效率是一对永恒的矛盾，从效率视角对交叉补贴的抨击，并不适用普遍服务领域的交叉补贴，垄断企业承担普遍服务义务，采用交叉补贴定价策略，其最终目标是追求公平，即通过交叉补贴，实现弱势群体都能以可承受得起的价格，获取所需要的基本服务。不能因为交叉补贴可能会带来的低效率，就否决交叉补贴对于普遍服务的意义和作用。在市场竞争机制尚未形成时，必须肯定交叉补贴存在的必要性和合理性。

第二节　交叉补贴运行机制

一　交叉补贴机制的构成

交叉补贴机制从表面上看是企业的一种定价策略，实质上是以交叉补贴的方式获得普遍服务资金，政府、企业、公众在交叉补贴机制中的关系和构成如图 3－1 所示。图中，实线箭头表示普遍服务性质的资金来源及去向，正方形边框表示普遍服务各主体的边界，企业内部不同性质的业务边界用椭圆形表示。政府主要通过价格、进入管制等手段实现普遍服务目标。企业作为垄断经营的主体，将其业务分为盈利业务和亏损业务，以盈利业务补贴亏损业务，企业通过这种业务间的交叉补贴实现财务平衡，能够长期稳定地向公众提供产品和服务；公众作为第三方主体，接受由政府定价、企业提供的产品和服务。

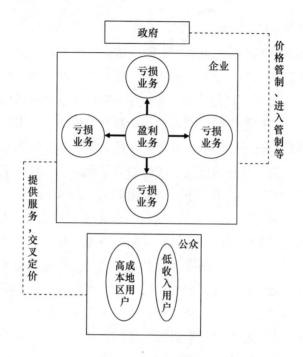

图 3-1   交叉补贴结构

在交叉补贴机制中，政府、企业、公众这三大主体的边界清楚。三者之间存在两重委托—代理关系，首先公众委托政府提供垄断行业的产品和服务，同时向政府缴纳税金；政府作为公众的代表，又委托企业承担普遍服务责任和义务，同时允许企业利用其垄断地位进行交叉补贴。垄断行业的产品或服务通过市场交易的方式提供给公众。

二   垄断企业在普遍服务中居于主体地位

在交叉补贴机制中，垄断企业居于主体地位。首先，垄断企业是普遍服务的实施主体，垄断企业以公众支付得起的价格向所有用户提供无质量歧视的产品或服务，即垄断企业承担普遍服务义务。其次，垄断企业负责筹集普遍服务所需资金，通过垄断业务高定价来获得超额利润，这些超额利润为普遍服务提供资金支持。最后，垄断企业支配普遍服务资金，垄断行业产品或服务收费主体是企业，企业决定着普遍服务基金的使用计划和资金规模。

（一）垄断企业承担普遍服务义务

交叉补贴是垄断时期最优普遍服务机制。网络扩张时期，企业的目标是扩大网络，占据更大的市场，提供更多的产品和服务，形成规模经济并获得更多利润。此时，企业有承担普遍服务义务的积极性，不仅是普遍服务的目标与企业追求的目标相同，更主要的是承担普遍服务义务能够获得政府的配套政策支持。如美国电信企业美国电话电报公司以普遍服务为名，取得了电信市场的垄断地位。1907 年，美国电话电报公司总裁西奥多·韦尔在争取电话互联互通时提出了"普遍服务"概念，提倡美国所有电话网络应该在政府管制下实行联网，使所有电话消费者之间能相互通话。1913 年，美国司法部对美国电话电报公司提出了第一次反垄断起诉，诉讼的结果以双方院外调停方式达成妥协，美国电话电报公司接受了政府的条件，其中之一是美国电话电报公司在美国承担电话普遍服务的责任。1921 年，美国通过了《威利斯—格雷厄姆法》（Willis – Graham Act），从法律上允许美国电话电报公司兼并独立的电话公司，为美国电话电报公司在美国电信市场确立垄断地位铺平了道路。随后美国电话电报公司承担了向高成本地区、低收入用户、学校和图书馆、农村医疗卫生机构进行普遍服务的义务，并采用交叉补贴定价的方式弥补其成本。

新中国成立后，我国垄断行业采用国有企业垄断经营的管理体制，政府和企业的关系具有政企不分、政事不分、政资不分等特点，政府的普遍服务义务就是企业的普遍服务义务。政府通过进入政府管制，保障国有企业的垄断地位，政府通过价格管制，保障国有企业的持续运营。即政府对居民用户制定低价，对非居民用户制定高价，帮助企业实现普遍服务目标。此外，我国政府对国有企业提供财政补贴，因为国有企业承担了普遍服务义务，对居民用户收取了低于成本的价格，属于政策性亏损。由于政企不分，垄断企业承担普遍服务义务顺理成章，但政府和企业之间的资金关系相比，美国政府和美国电话电报公司之间的关系显得复杂且效率不高。

（二）垄断企业筹集普遍服务资金

企业获得垄断地位后，就成为市场价格的决定者，垄断企业可以采取对不同的用户制定不同的价格获取超额利润。如美国电话电报公司总裁曾被戏称为仅次于美国总统的第二号人物，其支配的财务经费和职工队伍仅次于联邦政府，正是由于美国电话电报公司承担普遍服务义务，垄断美国电信市场，才能迅速积聚资本和财富。我国国有企业垄断经营时期，却出现了亏损严重的后果。

企业筹集普遍服务资金的方式是：通过内部垄断性业务与竞争性业务的不同定价，即对垄断性业务收取高于成本的价格，对竞争性业务收取低于成本的价格。如20世纪90年代，中国电信对长途电话用户收取1.4元/分钟的通话费，市内电话用户收取0.7元/分钟的通话费。或者通过不同用户的分类价格获得超额利润，如电力、供水、污水处理行业的居民用户价格最低，工商业用户价格升高，特种用户价格更高。通过不同用户间的交叉补贴筹集普遍服务资金，企业承担普遍服务义务，通过交叉补贴定价获取普遍服务资金非常方便简单。但企业通过交叉补贴定价获得的普遍服务资金数量却很隐蔽，垄断时期，企业没有区分垄断性业务和竞争性业务，不同业务的成本没有单独核算，财务上统一做账。这样，普遍服务资金从盈利业务流向亏损业务，无论是垄断企业还是政府，都说不清楚企业履行普遍服务义务到底筹集了多少资金。

（三）垄断企业支配普遍服务资金

交叉补贴机制中，无论是美国政府管制模式下的企业自主定价，还是我国政企不分模式下的政府定价，收费都是在企业内部完成的，即垄断企业向用户提供产品和服务，并按照规定的价格收取费用，获得足够的资金。垄断企业将收取的资金用于投资建设新管网、拓展新业务、开发新客户等，这些资金部分实现的是普遍服务的目标，将其看作普遍服务资金。由此可见，垄断企业对普遍服务资金的使用具有支配权，决定着普遍服务资金的使用计划和资金规模。

交叉补贴机制中，普遍服务资金的筹集、分配、使用均集中在垄断企业，具有简便易行的优势，但是，垄断企业对普遍服务的影响太大，当垄断企业的目标与普遍服务目标一致时，企业承担普遍服务义务，会较好地实现普遍服务。当垄断行业网络发展进入"瓶颈"期，即网络扩张到高成本地区时，垄断企业网络扩展的意愿不强，也没有积极性发展高成本地区的客户，此时采用交叉补贴机制，将难以推动普遍服务的进展。

三 政府的进入管制和价格管制

交叉补贴机制中，政府的主要职责是加强管制，一方面通过进入管制，维持企业的垄断地位；另一方面通过价格管制，保护公众的利益。

（一）政府通过进入管制，维持企业的垄断地位

垄断是交叉补贴定价的基础，为了使企业能够通过内部交叉补贴定价，实现普遍服务，需要政府通过进入管制，维持企业独家垄断的地位。

1. 政府进入管制的理论依据

成本弱增理论为政府进入管制提供了理论依据。成本弱增理论使人们认识到自然垄断本身的不可维持性，在平均成本上升的弱自然垄断区间，需要政府的进入管制，以保护企业的垄断地位。成本弱增性是 20 世纪 80 年代以来定义自然垄断的新观点。1982 年，鲍莫尔、潘泽和威利格用成本弱增性重新定义了自然垄断，他们证明了单产品生产中规模经济是自然垄断的充分条件而非必要条件，成本弱增性是自然垄断的充分必要条件。成本弱增性是指一家企业提供整个行业的产量成本低于由多家企业共同提供相同产量的成本。

用图示来表述成本弱增性更加直观易理解，图 3 - 2 中，AC_1 是单个垄断企业（在位企业）的平均成本曲线，在产量到达 Q' 之前，平均成本是不断下降的，存在规模经济；产量大于 Q' 之后，企业平均成本开始上升，存在规模不经济。引入一家与在位企业具有完全相同生产效率的新企业，AC_2 是在位企业和新企业共同生产的平均成本曲线。AC_1 和 AC_2 的交点，即产量 Q^* 决定了成本弱增性的范围。在产量 $O—Q^*$ 之间，一家企业生产的效率成本最低，因为一家企业能比两家或两家以上的企业更有效率地向市场提供同样数量的产品。

需求曲线会与成本曲线相交于不同的区间，如果需求曲线相交于

成本曲线最低点 Q' 及其左边时，只要垄断企业不高于平均成本定价，潜在进入者就不可能以更低的价格与其竞争，这种情况称为强自然垄断；当需求曲线与平均成本上升区间 Q'—Q^* 相交，但仍属成本弱增性的范围时，潜在的进入者就可能进入，并以低于在位垄断企业的价格抢走一部分市场，这种情况称为弱自然垄断。

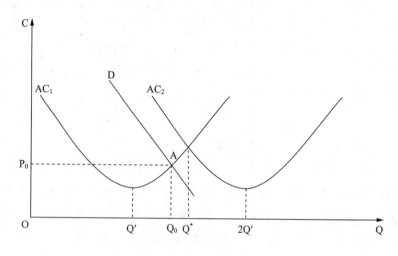

图 3-2 自然垄断的进入管制

弱自然垄断引出了企业的可维持性问题。在弱自然垄断情况下，如果没有进入障碍，潜在的竞争者很容易通过"撇脂"策略，撇走大部分的市场利润。当需求曲线 D 交于成本曲线 A 点时，在位企业以价格 P_0 向市场供应数量 Q_0 的产品或服务，企业的成本低于两家以上企业提供同样数量的产品，但并未在成本最低点处生产，竞争者会发现，从高于最低平均成本点但略低于当前垄断企业的定价的某个价格出售产品将可获利润。新企业进入市场后，选择供应 Q' 数量的产品，完全可以做到以低于 P_0 的价格供应产品和服务，这样，不仅会增加整个行业产品的生产成本，而且导致在位企业的不可维持。因此，在平均成本上升，但属于成本弱增性范围时，企业属于弱自然垄断，需要政府进入管制（见表 3-1）。

表 3 – 1　　　　　　　自然垄断的规模经济和成本弱增性区间

区间	O—Q′	Q′—Q*	Q*—Q
规模经济	是	否	否
成本弱增性	是	是	否
自然垄断	是	是	否
垄断强度	强自然垄断	弱自然垄断	—
进入管制	不需要	需要	—

2. 政府进入管制的需求

自然垄断是市场竞争而不是政府干预的结果，自然垄断与由政府授权取得的垄断的根本区别在于"自然"二字。自然的含义，是说明这种垄断不是通过政府管制，人为地阻止其他厂商进入市场形成的，而是通过厂商间的价格和非价格竞争而使处于劣势的厂商被击败并退出市场，潜在竞争者又因达不到市场现有的成本价格水平而无法进入所形成的。

芝加哥学派认为，自然垄断是通过竞争形成的，是自然而然的结果，政府无须干预。奥地利学派更是认为，如果不是通过竞争，就不是真正的自然垄断。然而，企业取得垄断地位，不是能够迅速做到的，往往需要很长的时间，甚至长达几十年。但在资源有限、高投资、高沉淀成本、资本市场逐利天性等条件的约束下，学者和政界担心在垄断行业规模效益递增阶段，会吸引过多资本冒险介入，从而形成恶性竞争，这在奥地利学派看来是竞争必须付出的代价，却不是政府愿意看到的结果，也不是企业能够承受的代价。

事实上，无论是发达国家的垄断行业还是发展中国家的垄断行业，都需要借助政府的进入管制，设置一些进入障碍，从而保证其垄断地位。例如，19 世纪后期，美国铁路运输业发展很快。1880 年，在圣路易和亚特兰大之间有 20 条铁路在营运，恶性竞争使票价猛跌，企业亏损。企业企图通过组织卡特尔来提高票价，但卡特尔很不稳定，短期内就纷纷垮台。百般无奈的铁路公司只好求助于政府，要求政府对铁路产业实施管制，以免企业之间的恶性竞争而使公司亏损。[①]

我国垄断行业的垄断地位基本上是在政府的行政干预下形成的，垄断企业从开始设立就处于独家垄断地位，早期政府禁止外资和民间资本进入垄断行业，政企合一形式下的国有企业，在政府的各种优惠政策和财政支持下迅速成长为大型企业。

在位企业可能竭力维护通过进入管制形成的垄断地位，而且，在位企业可能以普遍服务和交叉补贴为由来维持自己的垄断地位。早期美国的电信发展史表明，美国电话电报公司正是以普遍服务和交叉补贴为由游说管制机构，成功地将微波通信公司（MCI）进入电信市场的时间推后多年。

（二）政府通过价格管制，保护公众的利益

企业形成垄断之后，是市场价格制定者，因此，政府需要通过价格管制，维护公众的利益。

1. 政府价格管制的理论依据

图 3 - 3 是一个典型的垄断企业的成本需求曲线。企业平均成本曲线 AC 与需求曲线 DD 相交，因此，企业的平均成本价格为 P_c，产量为 Q_c，这是企业可持续发展的价格。但是，企业为了获得最大的利润，会倾向于按照边际收益等于边际成本这一定价原则，价格定为 P_0，产量为 Q_0；消费者为了自己的利益最大化，希望价格定在 P_m 这一水平上，那么相应的数量为 Q_m。如果政府对价格放手不管，垄断企业必然会把价格定在边际成本与边际收入交点上，获得垄断利润。

根据福利经济学的基本理论，当价格等于边际成本时，社会总福利最大。但按边际成本定价，企业会产生亏损。因为平均成本的不断下降，边际成本小于平均成本，边际成本定价必然使总成本大于总收入，这一矛盾使政府陷入在社会福利与企业利益之间进行取舍的两难境地。作为公众的代表，政府要维护公共利益，又要考虑到企业本身的可持续发展，因此，早期政府选择以边际成本定价，企业的亏损则由政府财政补贴的方式予以弥补，使垄断企业取得盈亏平衡。

---

① 张帆：《规制理论与实践：对我们的启示》，《经济学消息报》1995 年 4 月 22 日。

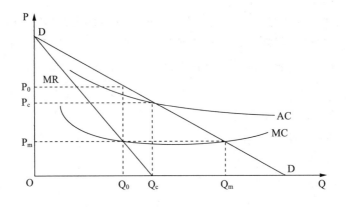

图 3 - 3　垄断企业的成本需求曲线

2. 政府价格管制的目标

价格管制存在多重目标，政府在实施价格管制时，需要考虑多种因素。首先，要提高社会分配效率。由于企业拥有垄断地位，它们成为市场价格的制定者，就有可能通过制定垄断价格，把一部分消费者剩余转化为生产者剩余。这就要求政府对自然垄断行业的价格实行管制，将价格定在较低的水平上，使公众能够负担得起，并用得上。其次，要刺激企业提高生产效率。因为企业优化生产要素组合，充分利用规模经济，不断进行技术革新和管理创新，努力实现最大生产效率，公众才能以更低的价格购买产品和服务。当然，价格管制也要维护企业发展潜力，使企业具有一定的自我积累、不断进行大规模投资的能力，公众才能够获得相应的服务。

在交叉补贴机制中，企业具有垄断地位和势力，如果没有政府价格管制，那么垄断企业制定高价，消费者没有选择的权力，只能购买垄断企业提供的产品或服务。相比较边际成本定价，垄断定价导致消费者剩余一部分变成了生产者剩余，另一部分变成了社会无谓损失。不利于整个社会的和谐稳定发展，由于垄断企业限制产量和抬高价格所造成的消费者剩余减少和社会无谓损失，是政府和社会福利经济学家都不愿看到的结果，政府需要对垄断企业实施价格管制，保护社会分配效率。为了维护企业的发展潜力，政府将企业的部分产品定价高，部分产品定价低，以定价高产品的收益弥补定价低产品的亏损，使企业实现财务平衡，并具有发展壮大的潜力。交叉补贴定价同时也兼顾了社会分配效率目标，限制了垄断企业的自主定价行为，由政府根据企业成本、社会经济发展水平、公众承受能力等综合定价。

3. 交叉补贴定价的方式

在发展中国家，贫困人口占总人口的很大比例，是基础设施服务庞大的潜在消费群，如何培养他们消费的愿望和能力，是发展中国家自然垄断行业改革后，实现长期稳定发展的决定因素。所以，价格管制的关键是如何激励企业为成本高昂、基础设施匮乏的地区提供服务。根据公众居住地区和收入水平标准，可分为低成本地区用户、高成本地区用户、高收入用户和低收入用户四种类型。交叉补贴机制中，受益主体是高成本地区的用户和低收入用户两类。

垄断行业交叉补贴定价策略，是政府价格管制的结果，事实上，我国垄断行业长期采用政府定价或政府指导价的方式。城市的供水、供电、供热、供气等垄断行业，政府按照用户分类制定不同的价格，其中居民用户的价格最低。农村供水、供电、供气等行业，政府通过城乡一体化战略，实现城乡居民"同网、同价、同服务"，统一定价策略最大限度地保护了农村居民的利益。

第三节　交叉补贴机制有效运行的前提条件

在市场营销领域，交叉补贴是一种定价战略，通过有意识地以优惠甚至亏本的价格出售一种产品（称为"优惠产品"），而达到销售盈利更多的产品（称为"盈利产品"）的目的。竞争市场结构交叉补贴定价有效的前提条件是：优惠产品的销售对价格足够敏感；盈利产品的销售对价格极不敏感；两种产品互补性强，同时购买的概率高；盈利产品的进入障碍足够大，等等。

垄断行业的市场环境、价格机制、产品性质等与市场营销领域有非常大的不同。电信、电力、自来水、邮政、管道煤气等垄断行业提供的产品具有同质性，工业用户用掉的一度电与居民用户用掉的一度电并不存在本质区别，垄断行业提供的产品没有优惠产品和盈利产品的分类基础，也难以根据其对价格的敏感性区别定价。但无论是发达国家还是发展中国家，在企业垄断经营时期，交叉补贴都是实现普遍服务的主要机制。

垄断条件下，企业实施交叉补贴定价更容易，企业取得垄断地位后，垄断了产品供给，具有分类定价的权力和动机，可以根据利润最大化的定价原则制定不同的价格，消费者在没有选择的情况下，只能接受企业的定价。也就是说，垄断行业交叉补贴机制运作的前提条件：首先，企业需取得垄断地位，确保交叉补贴的可维持性；其次，垄断企业能够实现差别定价，通过交叉补贴取得财务平衡；最后，政府允许企业实施交叉补贴定价策略，通过进入管制保障企业的垄断地位，通过价格管制保护公众利益。

一 企业需取得垄断地位

琼·罗宾逊（1933）、张伯伦（1933）认为，由于存在产品差异，即使产业是高度竞争的，个别厂商面对的需求曲线也可能是向下倾斜的，不再是市场价格的接受者。垄断行业通常是寡头垄断或垄断竞争的市场结构，因此，在定价方面具有垄断势力，成为市场价格的制定者。企业需取得垄断地位，否则就会因其他企业的"撇脂"战略而导致原有企业交叉补贴的不可维持。

假设杭州的一个用户想与千里之外的北京的朋友通电话，他和他的朋友都有手机，但这还不能实现他们之间的通话，他们需要电信网络将这两个终端设备——手机连接起来；假设住在某幢居民楼里的用户想在漆黑的夜晚有灯光照明，他购买了电灯，可是他的灯只有与电网相连，才能发出亮光；假设他还想喝上安全稳定供应的自来水，有了水龙头远远不够，他必须设法将自来水管网接入自己家中；假设他要去北京看望亲人，他要坐上火车，火车沿着铺成的轨道线网驶往目的地，他还可以选择坐飞机，那么飞机也会沿着预先设置的空中线路飞往北京。这些假设是生活中普通公众每天都要面对的事情。如果没有了电信网、电力网、自来水管网、铁路网、航空网、邮政网、煤气管道网，我们的生活将没有沟通，没有照明，没有便利的供水、交通，这是无法想象的。这样描述，只是想说明网络的重要性，特别是有形的物理网络是传输产品或服务的基础。正是因为这些网络的特殊性，以此为载体的产业具备明显的自然垄断性。网络对公众的生活如此重要，对企业来讲网络更是战略性资源。

网络建设具有投资大、建设周期长、规模经济显著等特点，而且网络一旦建成，多增加一个顾客并不增加成本，如电信网，多增加一个顾客，并不会增加相应的网络费用；再如电力网，多增加一个顾客，也不会多增加电网成本。因此，网络具备非竞争性特征。但是，网络可以做到排他，即可以将不缴费的顾客排除在外。这样，只要企业能够获得网络的产权，或者建设了覆盖全国的网络，就可以获得规模经济、范围经济和网络经济，占据市场优势地位。电信网、电力网、自来水管网、铁路网、航空网、邮政网、煤气管道网等形成的垄断，其规模经济、范围经济和成本弱增性特征更显著。

以萨缪尔森等为代表的现代经济学家，从经济特性的角度，将自然垄断的本质原因归结为规模经济的技术特征，认为在技术和市场需求不变的条件下，产品的长期平均成本在其产出规模扩大到整个产业的产量时仍然处于递减状态中，那么由一个厂商垄断经营就会比多个厂商提供相同的产量更有效率（成本更节约）。规模经济产生的根本原因，首先在于固定资本要素的不可分性。企业要从事生产经营，要有网络、厂房、机器、设备、照明、通信、通风等设施。这些固定成本的投入与销量无关，而每单位产品分摊的平均固定成本却随产销量的增加而递减。在这种情况下，包括固定成本和可变成本在内的产品平均成本自然也会随着产销量的增加而递减，一个产业中固定资产占总资产的比例越大，规模经济效应就越显著。

范围经济是指同时生产两种产品的费用低于分别生产每种产品时，所存在的状况就称为范围经济。只要把两种或更多的产品合并在一起生产比分开来生产的成本要低，就会存在范围经济。许多自然垄断企业不只提供一种产品或服务，如铁路公司提供的客货运输甚至不同次别的客运列车，供水公司提供的不同质量、不同用途的水，电信公司提供的不同时段、不同距离的电话服务等。范围经济存在的根本原因在于：①企业投入的生产要素具有多重经济价值，同时这类生产要素又具有不完全可分性。②资本设备和生产线的多功能性。一些固定性质的资本设备，在一定的经济时空范围内，具有多种生产功能。③一种生产要素投入的可重复使用性。④零部件和中间产品的多种组装性能。⑤厂商的无形资产，可以在扩大品种范围上的重复使用性。对于企业来讲，利用范围经济最主要的形式就是多元化经营。实践证明，多元化经营所产生的外在经济的内部化，形成了源于多种业务活动之间的一系列的外在规模经济效益，实行多元化经营的企业，把大量的外部交易内部化、组织化、协调化，大大节约了市场交易费用，这一过程本身就意味着资源配置效率的提高。

二　企业能够实现差别定价

垄断行业的显著特点是存在大量的固定成本，特别是有数额很大的不能归属到个别服务的公共成本，这给交叉补贴提供了基础。确保企业财务稳定化是普遍服务的基础，如果企业亏损，也就不能确保有效供给。政府允许垄断行业在不同种类的业务之间、不同地区的业务之间实行交叉补贴，以取得企业的盈亏平衡。

政府有关法规制度允许企业进行交叉补贴。在垄断行业实行传统的垄断经营体制时期，以垄断企业的交叉补贴来实现普遍服务是一种普遍的做法。例如，美国于20世纪20年代在通信行业建立了垄断管制体制后，允许美国电话电报公司这家垄断企业在内部业务间采取交叉补贴行为，以实现其普遍服务义务。1934年的美国《电信法》承认了美国电话电报公司对电信业的垄断，虽然提出了"普遍服务"的概念，但没有对它确切地定义。在美国电话电报公司垄断时期，为了提供普遍服务，美国电话电报公司采用了大规模的交叉补贴来提供资金，包括长话补贴市话，国际电话补贴国内电话，低成本地区补贴高成本地区，办公用户补贴居民用户。

中国的电价体系，按照电压等级和用户类别实行了区别定价。从成本与效率的角度考虑，工业电价应该低于商业电价，商业电价低于居民电价。因为工业用户、商业用户到居民用户的高峰负荷系数依次下降，因此承担的调峰成本依次增加；三类用户的用电电压等级依次下降，因此承担的配电成本也应依次上升；三类用户的电力需求弹性依次下降，而电价应与其需求弹性成反比。事实上却是反向的价格关系，居民电价最低。这种理论分析与销售价格的矛盾就是因为电力行业实施了交叉补贴定价。

2003 年《电价改革方案》规定："政府制定销售电价的原则是坚持公平负担，有效调节电力需求，兼顾公共政策目标，并建立与上网电价联动机制。"2005 年，国家发改委印发的《销售电价管理暂行办法》第二十条规定："居民生活和农业生产电价，以各电压等级平均为基础，考虑用户承受能力确定，并保持相对稳定。如居民生活和农业生产电价低于平均电价，其价差有工商业及其他用户分摊。"意思是居民生活和农业生产电价可低于平均电价，并明确规定由工商业及其他用户给予交叉补贴。交叉补贴定价机制是政府价格管制下形成的，是政府允许的交叉补贴行为。

第四节　交叉补贴机制面临的挑战

一　多元竞争主体的形成，交叉补贴机制逐渐失效

斯密认为，竞争的结果总是使价格与成本一致。马歇尔指出，"可以通过竞争使市场价格与单位生产成本相等"，这是市场竞争环境下企业的行为及结果。交叉补贴显著的特征是价格与成本的背离，交叉补贴与市场竞争是不相容的。

（一）在位企业难以承担普遍服务义务

在位企业的网络扩张进入"瓶颈期"。垄断行业必须依靠网络完成服务和产品的传输，因此，网络的建设必须覆盖到整个国家。网络扩张的基本历程可以分三个阶段，最初网络建设在人口密集、地理条件优越之地；然后向人口密度低一些、地理条件稍差之地扩张；最后向人群密度小、地理位置复杂的地区，即高成本地区扩张。经过近百年的网络建设，垄断行业的网络扩张进入第三阶段，网络建设进入

"瓶颈期"，表现为网络建设成本畸高，同时网络覆盖范围的需求数量严重偏低，需求和供给的双重约束，使企业在高成本地区开展服务，成本与收益严重倒挂。

在位企业的平均成本进入上升阶段。根据企业成本理论，企业生产的长期平均成本函数①的形状是一个 U 形曲线，即随着产量的增加，长期平均成本下降，到达最低点，但随着产量的进一步增加，长期平均成本又开始上升，长期平均成本函数形状的决定因素是规模经济和规模不经济。② 根据成本理论，规模经济有一个限度，超过一定的期限后，规模不经济就出现了，这时，企业的生产成本随着规模的扩大而上升。随着垄断行业市场需求的扩大，市场需求曲线和企业供给曲线的交点超过规模经济点后，企业开始进入生产的非经济区间，企业的盈利空间随之变小。网络建设的规模经济和外部性非常显著，但是，超过一定的界限后，继续扩大网络覆盖对在位企业来讲变成了规模不经济，在位企业面临这一成本约束问题时，无力继续承担普遍服务义务。

电信、电力、自来水、邮政、航空等产业的重组和民营化改革打破了交叉补贴机制的实现基础。交叉补贴发挥作用的重要条件——企业的垄断地位——受到挑战。我国垄断行业经过 30 多年的市场化改革，基本上形成了市场竞争的格局。电信行业从 1994 年引入中国联通的竞争开始，经过 15 年的分分合合，当前在网络运营环节有中国电信、中国移动和中国联通三家全业务竞争的公司。电力产业经过2002 年的纵向和横向分拆，在网络运营环节，组建国家电网和南方电网，华北、东北、西北、华东、华中五家区域性电网公司，以及各省级电网公司的独立运营，在电网竞争方面，形成 38 家经营电力输送业务的公司。自来水行业民营化改革最显著的成就是自来水经营企业主体的多元化。通过引进外资和民营资本，实现了自来水生产阶段的

---

① 长期平均成本函数表明：在企业达到任何想要的规模时，在每一产量水平上的最低单位产品成本。

② 汪祥春：《微观经济学》第 1 版，东北财经大学出版社 2002 年版，第 130 页。

市场竞争；通过自来水产业的特许经营，实现了国有资产的市场化运作，通过资产转让和股权出让，实现了国有资产的退出和自来水输送环节的竞争。改革开放后，国有企业、私营企业和"三资"企业等都成为自来水产业的经营主体。如今的自来水市场是多元化投资、多元化主体经营的竞争市场。

竞争加剧了普遍服务的难度。市场竞争机制下多元竞争主体的出现，使没有任何一个企业依靠自身的平衡机制，能够实现预算平衡，作为市场竞争的主体，在位企业不再具有垄断地位，不能依靠高收费获取超额利润，企业内部的财务平衡不能与外部新进入者的"撇脂"策略相抗衡，继续经营亏损的普遍服务业务，将彻底扼杀企业的竞争力，在位企业拒绝继续履行普遍服务义务。

（二）新进入企业的"撇脂"战略对交叉补贴的威胁

新进入企业的"撇脂"行为，导致在位企业交叉补贴的不可维持。新的经营企业进入市场后，按照利润最大化原则，将首先选择业务量大、利润率高的业务和地区作为其经营领域，这是市场上有利可图的、容易开展业务的范围，是市场的精华部分，或者形象地说是牛奶中的奶油，新进入企业撇去了这最好的一部分，剩下的留给在位企业。由于市场竞争的不断加剧，原来利润水平较高的业务和地区被多家企业瓜分，竞争的结果导致价格最终将趋向于按照包括正常利润在内的平均成本定价。这使在位企业用盈利业务高价弥补普遍服务成本的做法受到冲击，在位企业没有能力在任何经营领域或业务制定高价，普遍服务出现难以为继的现象。

垄断行业需要借助网络传输产品和服务，网络建设初期，规模经济显著。新进入企业为了追求规模经济，会想办法筹资并扩大网络覆盖范围，通过网络扩张占领更多市场份额，获得市场势力，获取有利地位。新进入企业的网络建设往往是在城市、集镇等人口密集的地方，或者是连接城市之间的主干网，对新进入企业而言，初期的网络建设都是有利可图的，企业会积极进行网络扩张和网络间的互联互通。新进入企业的成本优势和经营范围优势对在位企业形成极大的威胁。

竞争是垄断行业改革的主旋律，在放松管制和民营化改革的浪潮下，电信、电力、供水、燃气等行业都不同程度地实现了竞争。竞争和交叉补贴之间存在矛盾，从企业内部来看，在位企业必须在提供补贴资金的领域取得足够的利润，以便资助受补贴的部分；而新进入者的竞争使在位企业很难取得太多的超额收入，不可能有足够的资金用于弥补普遍服务业务，竞争使企业内部交叉补贴失灵。从企业外部来看，在位企业的垄断地位和交叉补贴阻碍新的进入者，使新进入者不能快速成长，交叉补贴行为会妨碍竞争的发展。竞争与交叉补贴，如果非要两者择一，交叉补贴退出历史舞台将是未来之趋势。

从历史发展的角度来看，交叉补贴作为满足运营商预算平衡的一种机制，为垄断时期普遍服务做出了巨大的贡献，但是，交叉补贴使不同服务的价格偏离成本，扭曲了垄断企业提供不同服务的相对价格。随着打破垄断，引入竞争的改革，在发达国家，交叉补贴机制已经走到了尽头；在发展中国家，交叉补贴机制在市场竞争的冲击下逐步失效。

二　交叉补贴的非目标性

垄断行业交叉补贴的目标用户，有时并不是最需要补贴的群体。如在电信行业，电信经营者采用长途话费补贴市话的方式，这使打长途电话的低收入用户补贴了打市话的高收入用户，低收入用户有打长途电话的需求，因此给普遍服务提供了资金来源，而城市高收入用户经常使用市内电话，也就接受了来自长途电话的补贴，这形成了低收入用户补贴高收入用户的结果，这显然是不公平的。电力、供水等行业采用商业用户补贴居民用户的方式，使惨淡经营的商业用户补贴富裕的居民用户，在全民创业的时代，商业用户的高电价、高水价提高了创业成本，而受到补贴的居民用户中有相当比例是收入高的群体。表3-2是城镇居民、农村居民家庭人均可支配收入分类情况，2016年，城镇居民家庭人均可支配收入高收入户达到7万多元，是城镇低收入户约1.3万元的5倍多，是农村低收入户约0.3万元的20多倍。居民户收入水平相差巨大，垄断行业的交叉补贴没有区分农村和城市用户，特别是没有区分收入高低。形成了不应受到补贴的用户接受了补贴的现象，这是一种不公平的补贴机制。因此，对交叉补贴机制批评越来越多，交叉补贴的合法性受到挑战。

表 3 - 2　　　　城镇居民、农村居民家庭人均可支配收入分类　　　单位：元

指标	2013 年	2014 年	2015 年	2016 年
城镇低收入户	9895.93	11219.28	12230.85	13004.13
城镇中等偏下户	17628.14	19650.51	21446.16	23054.87
城镇中等收入户	24172.89	26650.59	29105.18	31521.77
城镇中等偏上户	32613.81	35631.24	38572.43	41805.58
城镇高收入户	57762.11	61615.03	65082.2	70347.78
农村低收入户	2877.94	2768.14	3085.55	3006.45
农村中等偏下户	5965.56	6604.42	7220.92	7827.74
农村中等收入户	8438.26	9503.94	10310.57	11159.05
农村中等偏上户	11815.96	13449.17	14537.29	15727.38
农村高收入户	21323.71	23947.36	26013.9	28447.95

资料来源：中经网统计数据库。

垄断行业补贴居民用户，也招致另外一个批评，即消费量多的高收入用户拿到了大部分补贴，造成了另一种形式的不公平。由于对居民用户采用低定价策略，每单位产品定价中附加了同等的补贴，居民消费数量越多，得到的总补贴量越大。实践中，城市居民用户消费量高于农村居民用户消费量，高收入用户消费量高于低收入用户消费量。这形成了城市的高收入群体拿到了最多的补贴，这种结果并非交叉补贴的初衷，但却是交叉补贴的结果，因此，也对交叉补贴的合法性形成挑战。

第四章　基于政府的普遍服务机制

——财政补贴

　　财政补贴作为政府向企业和个人无偿转移收入的经济范畴，是商品经济发展后出现的。资本主义初期，在亚当·斯密倡导的政府"守夜人"角色定位下，政府一般不会主动干预企业和个人的经济活动以及市场机制的运行，财政补贴手段只被偶然且小规模地使用。随着垄断资本主义的发展，经济危机爆发，凯恩斯主义的盛行，政府开始逐渐参与并加强对宏观经济的调控。第二次世界大战之后，包括财政补贴在内的各种宏观调控手段开始被经常使用，随着政府干预经济运行的程度加深，财政补贴的规模逐渐增大，涉及的领域也逐渐扩展。

　　政府与微观经济主体在财产权限上彼此独立是产生财政补贴的必要条件，如果政府如亚当·斯密倡导的"守夜人"角色，也不会出现财政补贴。正是由于政府对经济运行活动的干预，政府的责任意识强化才出现了财政补贴。

第一节　财政补贴的界定

一　财政补贴内涵的讨论与界定

　　给财政补贴下定义不是一件容易的事情。财政补贴的种类非常多，财政补贴的对象涉及各行各业、各类群体，财政补贴的效果也多样化。

　　财政补贴的实质是将一部分纳税人的钱无偿转移给另一部分人使用，国家为了实现特定的政治经济和社会目标，向企业或个人提供的一种补偿。从财政支出的性质看，这是一种转移性支出，政府的这部分支付是无偿的，被补贴者的实际收入增加，经济状况较之前有所改善，其实质是一种财富的再分配。财政补贴在扩大内需、调整结构、促进国际贸易、维护社会公平等方面有积极作用，各国政府都使用补贴手段，达到促进经济发展、维护社会稳定、弥补市场机制缺陷的目的。[①]

西方国家的财政补贴，主要由以下六个部分构成：①无偿支付给企业和个人的资金；②实物补贴（政府以低价出售商品）；③购买补贴（政府以高于市场价格的价格从私人企业购买商品）；④税收支出；⑤财政贴息；⑥规章制度补贴（政府规定某些产品的价格或进入某些市场的条件，使特定的利益集团获利）。[②]

中国现行的财政补贴种类非常多，补贴的对象是企业和居民，补贴的范围涉及工业、农业、商业、交通运输业、建筑业、外贸等国民经济各部门和生产、流通、消费各环节及居民生活各方面。中国加入世界贸易组织后，就必须履行《补贴与反补贴措施协议》，协议从补贴主体、补贴形式和补贴效果三个方面对补贴进行了界定：一是政府或政府机构提供了财政资助；二是任何形式的收入支持或价格支持；三是补贴使行业或企业得到了利益。

本书所谓的财政补贴是政府为促进垄断行业普遍服务的进程而给予的各种政策和资金支持。这个财政补贴概念超出了我国政府财政支出分类中的财政补贴概念，接近西方国家财政补贴的概念，也与世界贸易组织的补贴概念趋同。既包括政府预算拨款给企业的各类资金（包含补贴），也包括政府专门成立的政府性基金，以及政府让利留存国有企业的利润。

我国财政收支现已全部纳入预算管理，包括公共财政预算、政府性基金预算、国有资本经营预算、社会保险基金预算。其中，公共财政预算支出、政府性基金预算支出、国有资本经营预算支出中均含有

---

① 刘邦驰：《中国当代财政经济学》，经济科学出版社 2010 年版，第 156 页。
② 参见李扬《财政补贴经济分析》，上海三联书店 1990 年版，第 43 页。

对企业的无偿补贴。如公共预算中的各级政府财政拨款（预算）用于垄断行业的支出。政府性基金很大一部分是为了促进垄断行业的发展而专门设置的，专款专用。垄断行业大部分是国有企业占据主导地位，政府的利润留存和政策性补贴等为垄断行业发展提供了资金支持。

二　中国财政补贴的历史沿革

（一）计划经济时期垄断行业的政府投资

中国在计划经济体制下，对垄断行业实行高度集中的计划生产和分配，形成中央政府独家投资、国家垄断经营的集中统一管理模式。管理上政企不分，政府既是投资者，又是管理者和经营者。1952 年成立的国家计委，负责编制中长期和年度计划，并负责投资立项和生产任务下达，财政部负责拨款，主管部门负责生产经营管理。传统经济体制以指令性计划指挥经济运行，经济活动决策权高度集中于中央政府，对经济的调节基本是自上而下指令性安排。政企关系是层级制式的上下级隶属关系，国有制和集体所有制成为整个国民经济的唯一基础，公有制经济占 97% 以上。传统体制下国有企业是执行国家计划的生产单位，是兼有生产、社会保障和社会福利等多种功能的社区组织，而不以追求利润为目标的经济组织。企业分别隶属于不同的上级政府机关，政府对企业承担无限责任。政府向企业供给资金，并收取几乎全部利润。企业用于维持再生产的资金由政府分配，企业不能独立地支配和处理企业资产，不能享有使用资产获得的收益，企业既不负盈，也不负亏。[①]

改革开放后，国家对投资体制进行了一系列改革，打破了传统计划经济体制下高度集中的投资管理模式，初步形成了投资主体多元化、资金来源多渠道、投资方式多样化、项目建设市场化的新格局。1979 年，财政部开始在纺织、旅游、电力等行业和全国 28 个省份进行试点，将一部分中央预算内基本建设投资由财政拨款改为银行贷款。1984 年 12 月，国家计委、财政部、中国人民建设银行在前述试

---

① 参见杨帆、崔雷《我国垄断行业总体及主要部门演变》，北京大军经济观察研究中心，2008 年 9 月 24 日。

点基础上发布了《关于国家预算内基本建设投资全部由拨款改为贷款的暂行规定》，决定从 1985 年起，凡是由国家预算安排的基本建设资金全部由财政拨款改为银行贷款，根据这一规定，国有企业的固定资产投资也由财政拨款改为银行贷款，但是，国有银行对国有企业的贷款利率要优惠于正常贷款。"拨改贷"之后，国家给予国有企业大量留存利润，支持垄断行业扩大经营范围。

中国国有企业改革循着"放权让利"的思路进行，通过"利润留成""利改税""税利分流"等改革，规范了国家和企业的分配关系。20 世纪 90 年代，国有企业改革进入以"产权制度"为核心的新阶段，中心任务是把企业塑造成真正独立的市场主体。财政补贴作为政府向微观经济主体无偿转移收入的经济范畴，只能在政府与微观经济主体之间有明确的财产界限时才能产生。我国经济体制改革以后，国有企业的经济利益得到承认之后，财政补贴大规模发生。

（二）市场经济环境下垄断行业的政府补贴

垄断行业国有或国有控股企业仍占较大比例，政企分开后成为市场竞争主体的国有企业仍背负着较多的社会责任。因此，政府对垄断行业的建设、投资、运营等各环节，根据需要设置了各种各样的财政资金支持。目前，我国垄断行业收到的具有财政补贴性质的资金主要有四类。

1. 公共财政预算中的财政补助

政府预算资金包括上级政府财政拨款、地方政府财政拨款。政策性资金包括作为财政性手段的国债、作为主权外债来自国际金融机构的政策性贷款，以及作为国内政策性金融的国家开发银行贷款。政策性贷款的特征是期限较长、贷款利率较低，有些优惠贷款的性质。

投资补助是指国家发改委对符合条件的企业投资项目和地方政府投资项目给予的投资资金补助。重点用于市场不能有效配置资源、需要政府支持的经济和社会领域。主要有公益性和公共基础设施投资项目、促进欠发达地区的经济和社会发展的投资项目等。财政贴息是指国家发改委对符合条件、使用了中长期银行贷款的投资项目给予的贷款利息补贴。财政贴息反映国家财政对国家重点支持的企业和项目给予的贷款利息补助。

1978 年，国务院指出："一切国营企业，除政策性亏损以外，都必须有盈利，不能赔钱。政策性亏损，主要是指购销价格倒挂、购销同价，以及由于国家调整价格而发生的亏损，不得任意扩大范围。"根据这一规定，政府将主要针对国有企业的政策性亏损提供补贴。并在预算中设置国有企业计划亏损补贴科目，反映按规定由预算收入退库安排的国有企业计划亏损补贴。企业政策性亏损补贴资金的来源主要是财政预算安排的亏损补贴，以及其他按国家规定应用于弥补企业亏损的资金。

税收支出是以特殊的法律条款规定的、给予特定类型的活动或纳税人以各种税收优惠待遇而形成的收入损失或放弃的收入。税收支出是政府的一种间接性支出，属于财政补贴性支出。税收支出的主要形式有税收豁免、纳税扣除、税收抵免、投资抵免、优惠税率、延期纳税、盈亏相抵、加速折旧、退税等。税收支出具有财政补贴等性质已经得到绝大多数政府和理论研究者的肯定，并且在政府的补贴计划中扮演了重要的角色。[1]

以奖代补政策。《财政部关于实施政府和社会资本合作项目以奖代补政策的通知》（财金〔2015〕158 号），通过以奖代补方式支持政府和社会资本合作（PPP）项目规范运作，PPP 项目以奖代补政策旨在支持和推动中央财政 PPP 示范项目加快实施进度，对中央财政 PPP 示范项目中的新建项目，财政部将在项目完成采购确定社会资本合作方后，按照项目投资规模给予一定奖励。其中，投资规模 3 亿元以下的项目奖励 300 万元，3 亿—10 亿元的项目奖励 500 万元，10 亿元以上的项目奖励 800 万元。奖励资金由财政部门统筹用于项目全生命周期过程中的各项财政支出，主要包括项目前期费用补助、运营补贴等。

公共预算内的财政补助形式多样。垄断行业改革前基本上是国有企业经营，国家除给予国有企业大量留存利润，支持垄断行业扩大经营范围外，预算时也把垄断行业的建设作为重点工作，财政支出向这些行业倾斜。政府的财政补助是早期实现普遍服务的最为重要的资金

---

[1]　李扬：《财政补贴经济分析》，上海三联书店 1990 年版，第 36 页。

来源。垄断行业的网络建设阶段，特别是向中西部地区扩展网络时，政府几乎是垄断行业的唯一投资者。即使在垄断行业改革后，政府每年仍通过公共预算安排资金，以带动其他投资。

2. 积极财政政策

国家实施的两次积极财政政策，也为垄断性行业注入了大量的资金。1998年，为应对亚洲金融危机，中国政府开始实施积极的财政政策。1998—2004年，中国累计发行长期建设国债9100亿元，共带动配套资金3.28万亿元。项目安排的重点，一是增加农田水利和生态环境建设投资；二是加强铁路、公路、电信和一些重点机场建设；三是扩大城市环保和城市基础设施建设规模；四是建设250亿公斤仓容的国家储备粮库；五是实施农村电网改造和建设工程，同时抓紧进行城市电网改造；六是扩大经济适用住宅建设规模。六项措施中四项涉及垄断行业的建设，特别是国家对农村电网改造和建设工程的投入，使电力行业的普遍服务得以更好地推进。

2008年11月，中国政府决定再次实施积极的财政政策。到2010年年底前投资4万亿元，完成扩大内需，促进经济增长的十项措施。其中，第二项是加快农村基础设施建设，加大农村沼气、饮水安全工程和农村公路建设力度，完善农村电网，加快南水北调等重大水利工程建设和病险水库除险加固，加强大型灌区节水改造；第三项是加快铁路、公路和机场等重大基础设施建设；第五项是加强生态环境建设，加快城镇污水、垃圾处理设施建设和重点流域水污染防治，加强重点防护林和天然林资源保护工程建设，支持重点节能减排工程建设。十项措施中有多项与垄断性行业的建设有关，如加快农村基础设施建设；加大扶贫开发力度；加强生态环境建设；加快城镇污水、垃圾处理设施建设等。4万亿元政府投资为垄断性行业的进一步建设提供了良好的机遇，为农村高成本地区的普遍服务开展提供了稳定可靠的资金。

3. 政府性基金

政府性基金是指各级人民政府及其所属部门根据法律、国家行政法规和中共中央、国务院有关文件的规定，为支持某项事业发展，按照国家规定程序批准，向公民、法人和其他组织征收的具有专项用途的资金，包括各种基金、资金、附加和专项收费。基金的支出本着"先收后支"的原则办理，财政部门办理各项基金支出的拨付，应根据核定的支出预算及基金收入入库的进度办理，并应保证用款单位的用款需要。

政府性基金早期作为预算外资金管理。2001年，《财政部关于深化"收支两条线"改革，进一步加强财政管理意见的通知》，要求从2002年开始"收支两条线"改革试点，将属于一般预算收入性质的行政事业性收费、罚没收入等纳入公共财政预算管理，与税收收入一起统筹安排使用；将具有以收定支、专款专用性质的政府性基金、土地出让收入等纳入政府性基金预算管理，专项用于支持特定基础设施建设，控制预算外资金规模。2010年，《财政部关于将按预算外资金管理的收入纳入预算管理的通知》规定，自2011年1月1日起，各级各部门各单位的预算外收入均纳入预算管理，收入全额上缴国库，支出通过公共财政预算或政府性基金预算安排。自2011年起，将按预算外资金管理的收入全部纳入预算管理，这意味着预算外概念已成为历史名词。

垄断行业设立的政府性基金主要有电力建设基金、邮电附加费、邮政补贴专项资金、水利建设基金、南水北调工程基金、市话初装基金、可再生能源电价附加、无线电频率占用费、南水北调工程基金、大中型水库移民后期扶持基金、大中型水库库区基金、三峡水库库区基金、国家重大水利工程建设基金、小型水库移民扶助基金、水土保持补偿费、污水处理费、农网还贷资金、城市公用事业附加等。这些政府性基金的征收为垄断行业的网络建设提供了所需的资金，促进了垄断行业普遍服务的开展。

事实上，我国垄断行业的早期发展都离不开各类政府性基金。如电信行业的市话初装费，1980年的收费标准为：工矿企业1000—2000元/部，行政事业单位500—1000元/部，中小学校、幼儿园和住宅用户300—500元/部；1990年，新的指导性收费标准为3000—5000元/部；2001年才完全取消了市话初装费，市话初装费为电信行业的快速发展提供了重要资金来源。政府性基金的征收为垄断行业的网络建设提供了所需的资金，如铁路建设基金在"八五"期间合计达到 615 亿元人民币，占整个铁道部投资的 50% 以上；"九五"期间，铁路建设基金达到 879 亿元，占总投资的 1/3，平均来说，铁路建设基金占总投资的 42% 以上。农村电网改造工程、农电管理体制改革和城乡用电同价（"两改一同价"）工程累计投资约 3800 亿元，政府性基金对垄断行业的发展意义重大。

4. 国有资本经营预算中的留存利润

1994 年分税制改革时，考虑到当时国有企业固定资产投资由拨款改为向银行贷款、还本付息由企业负担，再加上国有企业承担了大量的社会职能，作为阶段性措施，国家暂停向企业收缴利润。2007 年，财政部会同国资委发布了《中央企业国有资本收益收取管理办法》，规定中央企业国有资本收益将按"适度、从低"原则，分三档上缴财政部。其中，石油石化、电信、煤炭、电力、烟草 5 个行业的上缴标准为税后利润的 10%；科研院所和军工企业 3 年内暂时不上缴；其余均按照 5% 的标准上缴红利。2011 年起，国务院决定，将 5 个中央部门（单位）和 2 个企业集团所属共 1631 户企业纳入中央国有资本经营预算实施范围。同时，兼顾中央企业承受能力和扩大中央国有资本经营预算收入规模，适当提高中央企业国有资本收益收取比例。中国烟草等 15 家须上缴企业税后利润的 15%；中国铝业等 78 家企业上缴税后利润的 10%；中国航天科技集团公司等 33 家企业上缴税后利润的 5%。自 2014 年起，国务院提高中央企业国有资本收益收取比例。国有独资企业应交利润收取比例在现有基础上提高 5 个百分点，即第一类企业为 25%；第二类企业为 20%；第三类企业为 15%；第四类企业为 10%；第五类企业免交当年应交利润。符合小型微型企业规定标准的国有独资企业，应交利润不足 10 万元的，比照第五类企业，免交当年应交利润。

我国国有企业上缴"红利"占其利润比重过低，与国有企业良好的盈利状况和占有巨大公共资源的背景不适应。按国际惯例，上市公司股东分红比例为税后可分配利润的 30%—40%，国有资本向国家上缴盈利普遍高于这个水平，英国盈利较好的企业上缴盈利相当于其税后利润的 70%—80% 。而我国国有企业长期以来在政府的各种优惠政策支持下，获得了较多的利润，电力、电信企业近几年的利润收入如表 4-1 所示，这些利润国家很长一段时间并没有要求企业上交，即使要求上交后，上缴利润的比例也一直偏低。政府把大量的利润留存企业，便于国有企业完成政府规定的各项发展规划。如推进农村电力普及的电网改造工程，促进农村饮水安全工程。这些资金并非以补贴的形式出现，但实质上为垄断行业的普遍服务提供了资金支持。

表 4-1　　　　　　　　垄断行业国有资本经营利润收入　　　　　单位：亿元

年份	2013	2014	2015	2016
电力企业	139.24	150.92	196.75	224.45
电信企业	110.02	119.02	138.51	134.17

资料来源：历年《中国统计年鉴》。

三　财政补贴的理论研究

（一）财政补贴是优化社会分配的手段

在理论研究层面，经济学家也在探讨如何利用包括财政补贴在内的各种手段实现社会福利的最大化。庇古是较早系统地论述财政补贴问题的经济学家，他以社会福利最大化为立论基础，分析外部经济和外部不经济条件下如何达到社会资源的最优配置。由于存在外部性，厂商的私人边际成本偏离社会边际成本，不能达到资源配置的最优。为了纠正外部性造成的不利后果，政府对产生负外部性的厂商征税（庇古税）以限制那些私人边际收益小于社会边际收益产业的发展，通过补贴鼓励那些私人边际收益大于社会边际收益的正外部性产业发展。

美国经济学家霍特林（1938）针对公用事业的定价问题提出：由于公用事业是受成本递减规律支配的垄断行业，应该按照边际成本定价的原则，这样，能降低价格，增加服务量，提高社会福利。至于这些企业的固定成本，则由政府从税收收入中拨款予以补贴。[1] 柏格森（Berg-

---

[1] H. Hotllling, "The General Welfare in Relation to Problem of Taxation and of Railway and Utility Rates", *Econometrica*, Vol. 6, 1938.

son）指出，社会主义经济中的中央计划当局可以通过补贴和赋税制度来表达计划当局的偏好尺度和消费者的偏好尺度差异，借以引导某种类似于自由竞争的计划化过程。[1]

P. B. 穆斯格雷夫和 R. A. 穆斯格雷夫从公共产品理论视角对补贴理论进行了研究。他们认为，在经济生活中，存在私人产品、公共产品及准公共产品。完全的私人产品，其收益是完全内在化的，其成本可以通过市场交易得到弥补。然而，纯公共产品，其收益是完全外在化的，其提供不可能通过市场交易，因而其成本完全由财政资金弥补。可以用补贴理论来研究这两种产品的提供问题。私人产品的成本完全由消费者承担，可以认为，政府对其补贴率为零，纯公共产品的成本完全从预算中支付，可以看成政府对其提供了 100% 的补贴。

国外财政补贴的理论研究主要从福利最大化角度展开，分析消费者剩余和生产者剩余、外部经济和外部不经济等影响下的补贴与课税，分析如何利用财政补贴手段制定最优价格，实现社会福利最大化。

（二）财政补贴需要合理使用

在中国，财政补贴是改革开放之后才开始加以利用的一种经济调节手段。李扬（1990）认为，在计划经济中，政府活动和市场活动并不存在严格的区分。政府既卷入了确定相对价格体系的过程，又卷入了运用一部分财政资金去变动这一相对价格体系的过程，企业和个人在这两个过程中都表现不出自己作为主体的存在。所以，在这种背景下讨论财政补贴没有实际意义。[2] 张昕竹（2001）提出，普遍服务政策在过去一般意味着某种形式的（常常是隐含的）补贴。在电信业不断引入竞争的新形势下，过去隐含的补贴逐步变得公开和透明化，各种相关的利益和与之相关的利益集团开始凸显出来，于是围绕普遍服务政策的讨论也开始公开化。

毛骁骁（2007）认为，由于国有企业不是追求自身盈利的企业组织，而只是政府经济计划的具体执行者，其本质上与政府具有相同目的

---

[1] 参见柏格森《社会主义经济学》，载埃利斯编《当代经济学博览》第一卷，1948 年。
[2] 李扬：《财政补贴经济分析》，上海三联书店 1990 年版，第 41 页。

性。只有当企业摆脱对政府的依附关系，成长为相对独立的商品生产者之后，潜在的补贴因素才显露出来。熊红星（2004）运用回归分析方法检验中国公用事业政府补贴，得出我国公用事业财政补贴基本上是"根据亏损额进行补贴"的结论，因此，他提出，政府对企业的补贴采用不变成本基准，放弃目前使用的亏损补贴基准，从而实现公用事业的社会福利最大化。[①] 许春、刘奕（2005）认为，技术溢出使企业无法获得研发投入的全部收益，从而削弱了企业创新的积极性。政府根据技术溢出因素制定相机的研发补贴政策可以有效地激励企业增加研发投入。垄断行业的财政补贴主要是通过在收入中列支"国营企业计划亏损补贴"，即通过收入退库形式拨补由于价格因素造成的政策性企业亏损，对收费标准偏低的城市公用企业的亏损补贴起到了稳定和改善人民生活、支援垄断行业可持续发展的目的，但也造成了垄断行业效率低下的结果。

中国的财政补贴研究主要是从企业成本补偿角度出发，为配合改革的进行而采取的一种财政手段。主要探讨如何给予企业合适数量的补贴，创造公平合理的制度。林伯强（2008）提出，能源消费补贴是合理的，有时候甚至是必需的。政府应该努力以可承受的价格为每一位公民提供能源普遍服务，并以实际购买力来考虑人们用于能源消费占可支配收入的比例，力图体现社会公平，构建和谐社会。但他认为，目前的油电价格管制和补贴有问题。生产侧补贴对于终端消费没有影响，且鼓励和放大石油电力消费，导致无效消费。价格管制和补贴还有一个关键问题：低能源价格补贴了谁？众所周知，任何群体的能源消费都是以富人消费更多为特征，这意味着大多数的能源补贴将进入富人口袋。如果低能源价格和补贴是为了能源公平，政策就应当是在消费侧有针对性的补贴，补贴设计必须科学、合理和透明，才能保障能源公平。[②] 廖进球、吴昌南（2009）认为，在零售竞争模式下的电力普遍服务，政府

---

① 熊红星：《公共事业政府补贴效率的实证检验》，《改革与战略》2004 年第 8 期。

② 林伯强：《低能源价格政策：我们在补贴谁？》，http：//www. infzm. com/content/12983，2008 年 6 月 6 日。

是委托人，电力零售商是代理人。电力零售商是以利润最大化为目标，如果要使电力零售商承担电力普遍服务的公共产品提供任务，政府必须提供足够的激励。对于零售商来说，其承担普遍服务的条件是承担普遍服务的单位补贴要不少于单位售电成本。

第二节　财政补贴运行机制

一　财政补贴机制的结构

财政补贴机制的结构，以政府、企业和公众这三大利益主体为基础，具体如图 4 – 1 所示，图中实线箭头表示普遍服务资金的流向。财政补贴机制中，政府和企业结成一个联盟，政府向企业提供资金补贴，企业代替政府履行普遍服务义务。

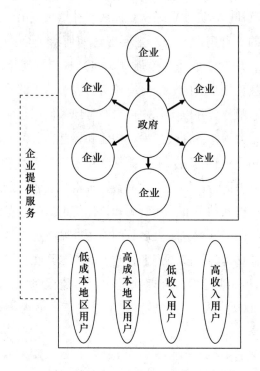

图 4 – 1　财政补贴机制的结构

普遍服务所需的资金由政府负责筹集，政府依据企业提供普遍服务的成本与收益之间的差额，向企业提供财政补贴。企业在政府行政命令下，承担普遍服务义务，向公众提供产品和服务，按照政府制定的价格向公众收费，企业的亏损可通过政府给予补贴的方式得以弥补。财政补贴机制中，普遍服务的对象是全体公众，财政补贴的对象具有普惠性。

二 政府筹集普遍服务资金

(一) 政府预算拨款

改革开放前，我国实行计划经济体制，财政统收统支，垄断行业的资金全部来自国家财政。改革开放后，国有企业逐渐改制成为市场中独立的经济主体，但国有企业仍承担着很多社会责任，如普遍服务义务。政府预算仍每年安排垄断行业的资金。表4－2是国家预算内资金占全社会固定资产投资的比重。改革开放初期，国家预算内资金占28.1%，在随后不到十年的时间，迅速下降到个位数以内。随后持续降低到1996年的2.7%，1998年的积极财政政策，使国家预算内资金占比短暂回升到7%左右，随后十多年国家预算内资金占全社会固定资产投资的比重稳定在4%—6%的水平。从比重来看，国家预算内资金占比总体趋势是下降后趋于稳定。

表4－2　　　国家预算内资金占全社会固定资产投资的比重

年份	国家预算内资金（亿元）	比重（%）
1981	269.8	28.1
1982	279.3	22.7
1983	339.7	23.8
1984	421	23
1985	407.8	16
1986	455.6	14.6
1987	496.9	13.1
1988	432	9.3
1989	366.1	8.3
1990	393	8.7

续表

年份	国家预算内资金（亿元）	比重（%）
1991	380.4	6.8
1992	347.5	4.3
1993	483.7	3.7
1994	529.6	3
1995	621.1	3
1996	625.9	2.7
1997	696.7	2.8
1998	1197.4	4.2
1999	1852.1	6.2
2000	2109.5	6.4
2001	2546.4	6.7
2002	3161	7
2003	2687.8	4.6
2004	3254.9	4.4
2005	4154.3	4.4
2006	4672	3.9
2007	5857.1	3.9
2008	7954.8	4.3
2009	12685.73	5.1
2010	13012.75	4.6
2011	14843.29	4.3
2012	18958.66	4.6
2013	22305.26	4.5
2014	26745.42	4.9
2015	30924.28	5.3
2016	36211.67	5.9

资料来源：国家统计局网站，http：//www.stats.gov.cn。

从国家预算内资金投入的数量看，投入资金数量逐年增加，特别是近十年来，随着国内生产总值和财政收入的快速增长，固定资产投资的增长幅度非常迅速。1981 年投资 269.8 亿元,1998 年预算内投入突破千亿元,2009 年预算内投入突破万亿元,2013 年预算内投入突破两万亿元,2015 年预算内投入突破 3 万亿元。

垄断行业是国家预算内资金投入的重要领域,国家预算内财政资金的投入"四两拨千斤"作用,带动了垄断行业大规模投资,国家预算内投资对于扩大企业生产经营范围,解决高成本地区用户的需求发挥了重大作用。垄断行业改革后,政府应担负起垄断行业普遍服务的责任,预算内投资比重下降后趋于稳定,表明政府切实履行了普遍服务的义务,并持续不断地为垄断行业普遍服务投资。

(二)政府性基金

政府性基金是政府为促进垄断行业发展,设置的专款专用资金。表 4-3 是 2014—2016 年垄断行业的政府性基金收支情况,从政府性基金设置的类型看,电力行业早期设置了电力建设基金,根据《国务院批转〈国家计委关于征收电力建设基金暂行规定〉的通知》(国发〔1987〕111 号),从 1988 年 1 月 1 日起征收电力建设基金,作为地方电力基本建设的专项资金,2000 年 12 月 31 日停止收取。从 2001 年改收农网还贷基金,农网还贷资金仍随电力用户征收,专项用于农村电网改造贷款还本付息。可再生能源电价附加是随居民生活和农业生产以外其他用电征收的政府性基金,对国家投资或者补贴建设的公共可再生能源独立电力系统的管理运行费用给予适当补助。

表4-3	全国政府性基金收支				单位:亿元	
基金名称	2014 年		2015 年		2016 年	
	收入	支出	收入	支出	收入	支出
农网还贷资金	154.04	145.17	158.9	171.6	159.86	156.41
可再生能源电价附加费	491.38	448.43	514.87	579.6	647.84	595.06
无线电频率占用费	41.56	29.37	43.46	29.7		
南水北调工程基金	11.55	10.02	9	19.36	6.49	9.45
大中型水库移民扶持基金	248.77	224.42	251.81	403.63		
大中型水库库区基金	45.32	40.75	46.55	49.67		

续表

基金名称	2014 年		2015 年		2016 年	
	收入	支出	收入	支出	收入	支出
三峡水库库区基金	7.77	5.77	6.97	11.02		
小型水库移民扶助基金	14.39	10.86	15.32	16.77		
国家重大水利工程建设基金	325.27	298	363.82	403.33	363.48	346.72
污水处理费			255.68	176.8	370.12	324.73
城市公用事业附加费	273.4	246.58	295.52	316.46	269.46	246.36
合计	1613.45	1459.37	1961.9	2177.94	1817.25	1678.73

资料来源：中经网统计数据库。

通信行业的无线电频率占用费是指中央财政通过国家无线电管理机构收取并用于支持国家无线电事业发展的专项资金，主要用于中央本级无线电管理基础设施、技术设施建设，以及无线电技术设备研究开发和重要无线电监管任务实施。

水利行业的政府性基金种类繁多，南水北调工程基金于 2005 年开始在南水北调工程受水区的北京市、天津市、河北省、江苏省、山东省、河南省范围内筹集，通过提高水资源费征收标准增加的收入筹集，是南水北调工程的重要资金来源。大中型水库库区基金，是指国家将原库区维护基金、原库区后期扶持基金及经营性大中型水库承担的移民后期扶持资金进行整合，设立大中型水库库区基金，主要用于：支持实施库区及移民安置区基础设施建设和经济发展规划；支持库区防护工程和移民生产、生活设施维护；解决水库移民的其他遗留问题。库区基金从有发电收入的大中型水库发电收入中筹集。三峡水库库区基金是中央财政安排重庆市用于三峡水库库区和移民安置区基础设施建设和经济发展，支持库区防护工程和移民生产、生活设施维护，解决库区移民的其他遗留问题的政府性基金。小型水库移民扶助基金为妥善解决小型水库移民困难问题，按从本省区域内省级电网扣除农业生产用电以外的销售电量征收。国家重大水利工程建设基金是国家为支持南水北调工程建设、解决三峡工程后续问题以及加强中西部地区重大水利工程建设而设立的政府性基金，从 2010 年 1 月 1 日起开始征收，截至 2019 年 12 月31 日。国家重大水利工程建设基金在除西藏自治区以外的全国范围内筹集，按照各省、自治区、直辖市扣除国家扶贫开发工作重点县农业排灌用电后的全部销售电量和规定征收标准计征。

污水处理费是按照"污染者付费"原则，由排水单位和个人缴纳并专项用于城镇污水处理设施建设、运行和污泥处理处置的资金，实行专款专用。2014 年 12 月 31 日，财政部、国家发改委、住房和城乡建设部印发的《污水处理费征收使用管理办法》规定，污水处理费属于政府非税收入，纳入地方政府性基金预算管理，缴入国库的污水处理费与地方财政补贴资金统筹使用。向城镇排水与污水处理设施排放污水、废水的单位和个人，应当缴纳污水处理费。

城市公用事业附加费是国务院批准设立的政府性基金，1964 年开始征收，2017 年 4 月 1 日起取消。专项用于城市路灯照明维护等支出。城市公用事业附加包括工业用电、工业用水、公共汽车、公共电车、民用自来水、民用照明用电、电话、煤气、轮渡 9 项附加。

政府性基金是政府筹集普遍服务资金的重要渠道，从基金收取的数量来看，电力行业的农网还贷资金和可再生能源电价附加费的数额每年高达上百亿元，且逐年增长，为电力行业的发展提供了大量资金。国家重大水利工程建设基金每年的规模达到 300 多亿元，为水利工程建设提供专项资金。污水处理费于 2015 年开始征收，2016 年资金规模为 300 多亿元，为污水处理行业的普遍服务提供了大量资金。20 世纪 90 年代初，电信行业开始收取初装费，实际上，每年网络扩张方面的1/3资本投资都来自初装费，当这个政策遭受批评并于 2000 年取消时，许多人认为，如果没有初装费政策，中国电信业的基础设施不可能发展得如此之快。[①] 政府性基金在垄断行业的发展中发挥了巨大的作用，如今仍是垄断行业投资的重要来源。

三 企业承担普遍服务义务

我国电信、电力、自来水、铁路、航空、邮政、煤气管道等产业

---

① ［法］让－雅克·拉丰：《规制与发展》，中国人民大学出版社 2009 年版，第 13 页。

的垄断，基本上是在政府推动下形成的。政府强制运营商承担普遍服务义务，这种强制安排的制度设计，代表了政府的意愿，企业因承担普遍服务义务所产生的亏损，政府给予企业财政补贴，弥补其亏损，成为衍生的制度安排。中国电力体制改革的战略选择研究总报告指出，把公用电力企业当作公益事业对待，要求电力企业承担过多的社会目标，由政府向用户分配电力，忽视了电力企业运营的商业化要求。电力具有公共事业的属性，它要求电力工业向用户提供充足、优质、可靠、价格合理的电力，中国在改革开放过程中，将一部分独立投资电厂给予特殊优惠，允许获得超额利润，同时又要求电网在保持低电价的条件下承担过多的社会目标，如对农业和生产用电的优惠电价；对耗电大的工业和支农工业（如化肥、农机）的低电价保护；并认为便宜的电力对发展经济和提高人民的生活水平有利，人为压低电价水平；在政府分配电力的条件下，对长期亏损、拖欠电费的用户，电力部门也无权停止供电，把公用事业视为公益事业。这种政策造成了电力浪费和电力资源短缺，导致了长期的电力缺乏，加重了政府的债务负担。从根本上讲，这是由于电力工业的公用事业属性和商业化运营要求两者之间的矛盾造成的。我国电力企业一直担任普遍服务的角色，履行普遍服务的责任与义务。如农电"三为"服务、村村通电、扶贫通电工程、农村排灌、农副加工的低电价、抗旱排涝、抗灾救灾电费的减免等都属于普遍服务范畴，甚至近年进行的农网、城网建设与改造，同网同价等仍具有普遍服务的属性。

政府强制性表现在普遍服务实施的过程中，是通过政府的强制手段推进的，政府在授予企业经营权的同时，要求企业承担普遍服务义务。斯科特（2001）认为，强制性是制度的三大支柱之一，强制性支柱主要以法律规章以及政府政策的形式出现。它以法律授权的强迫或威胁引导着组织活动和组织观念。组织出于自己的利益遵守这些法律规章，不愿因为违背而遭受到处罚，其合法性基础是得到法律认可。普遍服务是市场失灵的领域，依靠市场机制不能解决高成本和低收入群体的消费需求，这就需要政府运用"看得见的手"，通过制定强制性的公共政策，促使垄断企业承担普遍服务义务。强制性表现在普遍服务实施的过程中是通过政府的命令推进的，政府的强制性手段主要有：采用行政命令分配任务，合同里附加普遍服务义务。

政府行政命令分配普遍服务任务。典型的案例是中国电信行业的"村通工程"。2004 年年初，信息产业部下发了《关于在部分省区开展村通工程试点工作的通知》，同时出台《农村通信普遍服务——村通工程实施方案》。信息产业部依照《中华人民共和国电信条例》，指定 6 家基础电信业务经营者采取"分片包干"的方式承担通信普遍服务义务，将全国的 31 个省份视为 31 个普遍服务地区，对每个地区按照提供普遍服务的难易程度进行综合评估打分，得出普遍服务任务量，然后在各运营商之间进行组合分配。对农村通信的资费标准，可由电信企业灵活制定各种形式的资费优惠政策，考虑到村民的承受能力，要求农村通信资费标准不得高于目前现行资费标准；无论采用何种技术，有人值守公用电话均不得高于固定公用电话资费标准。在频率分配中，对承担村通工程的企业，可优先分配项目所在省份的无线接入频率。

合同里附加普遍服务义务的方式则更加普遍。无论发达国家或发展中国家，都有相关的法律法规将普遍服务义务强加于运营商，即政府在授予企业经营权的同时，要求企业承担普遍服务义务。如美国于1996 年修订的《通信法》第 254 条（C）规定，管制机构在确定普遍服务时需要考虑以下业务：（A）教育、公众健康和公共安全所必需的；（B）已经通过市场选择被相当数量的居民消费者所使用的；（C）已被电信公司用于公众通信网络中的；（D）符合公众利益、便利和必要的。英国于 1984 年颁布的《电信法》规定，电信管制机构的一个基本职责是向全英国提供通信服务，满足所有的正当通信需求，特别是紧急通信服务、公共电话服务、提供通信地址服务、海上服务和农村地区服务等，并将提供通信普遍服务作为企业经营许可证的一个重要条款。① 政府通过制定与实施这些强制性法规，促使企业

---

① 参见王俊豪《英国政府管制体制改革研究》，上海三联书店 1998 年版，第 114—115 页。

履行普遍服务义务。印度电信管理部门在颁发给私有运营商的许可证中附加强制性准入条件：建网过程中必须在农村地区铺设一定数量的电话线路。但这一措施并没有取得预期效果，很多运营商宁愿按照规定的条例向政府缴纳罚款也不愿耗费大量资金在农村地区普及电话。已经将主导运营商私营化的国家为了促进电信业务普及，都对被私营化的运营商施加了网络扩张方面的义务。①

中国垄断行业的法律也对普遍服务做了一些强制性规定。例如，《中华人民共和国电力法》（1995）第八条规定，国家帮助和扶持少数民族地区、边远地区和贫困地区发展电力事业。针对农村电力建设和农业用电，第四十七条规定，国家对农村电气化实行优惠政策，对少数民族地区、边远地区和贫困地区的农村电力建设给予重点扶持。《中华人民共和国邮政法》（1986）第十三条规定，邮政企业及其分支机构不得擅自停办国务院邮政主管部门和地区邮政管理机构规定的必须办理的邮政业务。《中华人民共和国电信条例》（2000）第四十四条规定，电信业务经营者必须按照国家有关规定履行相应的电信普遍服务义务。

四 财政补贴的成本依据

成本反映企业经济活动中投入和产出的关系，它是衡量企业生产经营管理水平的一项综合指标，它可以反映企业生产率的高低，原料和劳动力的消耗状况、设备利用率、生产技术和经营管理水平高低等。依据马克思论证的商品价值理论，每一个商品的价值包括三部分，用公式表示是 $W = C + V + M$，其中，M 为剩余价值，$C + V$ 为所消耗的生产资料价格和所使用的劳动力价格，产品成本的经济实质是 $C + V$，即生产者眼中的产品成本。在特定销售价格下，产品成本的高低，不但制约着企业的生存，而且决定着剩余价值 M 即利润的多少，从而制约着企业再生产扩大的可能性。在商品经济中，任何耗费总是生产者的事，而补偿则是社会的过程，耗费要求得到补偿和能否得到补偿是两回事。垄断行业的成本得到补偿主要有两种方式：一是

---

① Hank Intven：《电信规制手册》，北京邮电大学出版社 2001 年版，第 302 页。

使用者付费，即通过消费者收费能够补偿成本。二是政府补贴加使用者付费，如果通过消费者收费不能补偿成本，则由政府财政补贴给予弥补。因此，财政补贴的数量依据价格与成本的差额而定。

我国垄断行业经历了国有企事业垄断经营到政企分开、政事分开、政资分开的改革历程，其价格形成机制比较复杂，不同于一般商品的价格形成机制。在市场化改革背景下，垄断行业各环节的价格形成机制应该是：生产环节的价格由生产者经过市场竞争确定；输配环节由政府定价，政府依据成本监审的结果，采用合理的定价模型，制定输配环节的价格；销售环节的价格主要由市场竞争决定，但政府要综合考虑产业发展与公众承受力等因素，进行适当的调控。价格形成机制的基础是定价方法，不管是美国的投资回报率管制模型，还是英国的最高限价模型，以及中国的成本加成模型，垄断行业定价模型中都少不了成本这一参数。因此，准确核定垄断行业生产成本成为科学定价及合理补贴的基本内容。

1998 年，《中华人民共和国价格法》规定，政府价格主管部门和其他有关部门制定政府指导价、政府定价，应当开展价格、成本调查。这是成本相关法律法规中首次提到成本，此时只是要求政府定价应当进行成本调查。当时垄断行业的改革正处于政企分开阶段，改制后的企业基本处于垄断经营地位，价格仍由政府统一制定，没有竞争、不知成本为何物是当时的现实写照。2006 年，国家发改委修订发布《政府制定价格成本监审办法》，提出定价成本监审是指政府价格主管部门制定价格过程中调查、测算、审核经营者成本基础上核定定价成本的行为，这是政府开始对垄断行业成本进行监管的开始。2015 年，《中共中央国务院关于推进价格机制改革的若干意见》提出，按照"准许成本加合理收益"原则，合理制定垄断行业管网输配价格。《国家发改委关于全面深化价格机制改革的意见》（发改价格〔2017〕1941 号）提出，到 2020 年，市场决定价格机制基本完善，以"准许成本＋合理收益"为核心的政府定价制度基本建立。"准许成本加合理收益"的定价原则凸显出政府对垄断行业管网成本的重视，成本监管机构核定后的合理合法相关成本才能计入价格，未经定调价监审和定期监审的，政府价格主管部门不得制定价格。成本成为价格监管的前置程序和必要条件，合理成本与科学价格确定后，政府补贴的数量也可据两者差额而定。

第三节　政府和企业投资博弈

一　假设条件

（1）参与人假设：假设在普遍服务的投资中有政府和企业两个主体，政府的目的是通过投资实现社会福利最大化，企业的目的是通过投资实现企业利益最大化。

（2）博弈双方的信息是完美的：参与人对其他参与人的行动选择有准确的了解。

二　模型的构建

我们用 G 和 F 分别代表政府和企业[①]，U 和 I 分别代表普遍服务投资和其他投资，这样，U_G 为政府投资于普遍服务的资金，U_F 为企业投资于普遍服务的资金；I_G 为政府投资于其他的资金，I_F 为企业投资于其他的资金。政府和企业投资收益的函数分别取如下柯布—道格拉斯形式：

政府：$R_G = (U_G + U_F)^{\gamma}(I_G + I_F)^{\beta}$　　　　　　　　　（4.1）

企业：$R_F = (U_G + U_F)^{\alpha}(I_G + I_F)^{\beta}$　　　　　　　　　（4.2）

其中，$0 < \alpha,\ \beta,\ \gamma < 1$；$\alpha + \beta \leqslant 1$；$\gamma + \beta \leqslant 1$。

普遍服务具有很强的外部效应，政府作为公众的代表，考虑这种效应较多，而企业是自身追求利润最大化的理性经营者，基本不会考虑提供普遍服务，因此我们假定 $\alpha < \gamma$，这个假定是合理的。

在这个博弈里，政府和企业的战略是选择自己的投资分配，假定对方的投资分配给定。我们用 B_G 和 B_F 分别代表政府和企业可用于投资的总预算资金。假定政府和企业的目标都是在满足预算约束的前提

---

①　张维迎：《博弈论与信息经济学》，上海人民出版社 2004 年版，第 53—57 页。

下最大化各自的收益函数。那么，政府的问题是：

$$\max R_G = (U_G + U_F)^\gamma (I_G + I_F)^\beta$$

$$\text{s. t. } U_G + I_G \leqslant B_G, \ U_G \geqslant 0, \ I_G \geqslant 0 \qquad (4.3)$$

企业的问题是：

$$\max R_F = (U_G + U_F)^\alpha (I_G + I_F)^\beta$$

$$\text{s. t. } U_F + I_F \leqslant B_F, \ U_F \geqslant 0, \ I_G \geqslant 0 \qquad (4.4)$$

假定预算约束条件的等式成立，即全部可投资资金都用于投资，解上述最优化问题的一阶条件，我们得到政府和企业的反应函数分别为：

$$政府：U_G^* = \max\left\{\frac{\gamma}{\gamma + \beta}(B_G + B_F) - U_F, \ 0\right\} \qquad (4.5)$$

$$企业：U_F^* = \max\left\{\frac{\alpha}{\alpha + \beta}(B_G + B_F) - U_G, \ 0\right\} \qquad (4.6)$$

政府的反应函数意味着，企业在普遍服务的投资每增加 1 个单位，政府的最优投资就减少 1 个单位；企业的反应函数意味着，政府在普遍服务的投资每增加 1 个单位，企业的最优投资就减少 1 个单位。两者在普遍服务的投资进行博弈。重要的是，政府理想的普遍服务最优投资规模大于企业理想的普遍服务最优投资规模。

$$U_G^* + U_F = \frac{\gamma}{\gamma + \beta}(B_G + B_F) > \frac{\alpha}{\alpha + \beta}(B_G + B_F) > U^*F + U_G \qquad (4.7)$$

这个不等式意味着，在均衡点，至少有一方的最优解是角点解。

三 普遍服务投资的均衡分析

因为普遍服务具有较强的社会福利性质，政府投入资金对博弈双方是关键的。首先假设 $B_G > \frac{\gamma}{\gamma + \beta}$ $(B_G + B_F)$，即政府可用于投资的总预算大于政府本身理想的普遍服务最优投资规模。使用重复剔除严格劣战略的方法，我们可以得到一个唯一的纳什均衡点。

命题 1：如果 $B_G > \frac{\alpha}{\alpha + \beta}$ $(B_G + B_F)$，纳什均衡是：

$$U_F^* = 0. \quad I_F^* = B_F$$

$$U_G^* = \frac{\gamma}{\gamma + \beta}(B_G + B_F) - B_G, \ I_G^* = B_G \frac{\gamma}{\gamma + \beta}(B_G + B_F) \qquad (4.8)$$

企业在普遍服务上没有任何投资，政府满足普遍服务的全部投资需求。这一博弈结果的出现说明：如果政府对普遍服务资金投入足够多，或者说是政府承担了普遍服务的义务，此时，企业是没有动力为普遍服务投入任何资金的。在垄断行业改革前，政企不分的情形下，普遍服务资金的投入能用该模型解释。在这种情况下，投资资金的分配格局满足了政府的偏好：

$$U^* = U_G^* + U_F^* = \frac{\gamma}{\gamma + \beta}(B_G + B_F)$$

$$I^* = I_G^* + I_F^* = \frac{\beta}{\gamma + \beta}(B_G + B_F) \tag{4.9}$$

事实上，随着管制改革的持续，政企分开的实现。政府在垄断行业的投资预算逐渐减少。

接下来，考虑 $\frac{\alpha}{\alpha + \beta}(B_G + B_F) \leqslant B_G < \frac{\gamma}{\gamma + \beta}(B_G + B_F)$ 的情况，即政府的预算资金小于政府本身的最优投资规模但大于企业理想的最优投资规模。可以证明：

命题 2：如果 $\frac{\alpha}{\alpha + \beta}(B_G + B_F) \leqslant B_G < \frac{\gamma}{\gamma + \beta}(B_G + B_F)$，纳什均衡是：

$$U_F^* = 0, \ I_F^* = B_F$$

$$U_G^* = B_G, \ I_G^* = 0 \tag{4.10}$$

企业在普遍服务上没有任何投资，政府将全部资金投资于普遍服务，还没有达到最优的投资规模。这一博弈结果的出现说明：在政府对普遍服务资金投入不足，但对企业的经营没有影响的情况下，企业仍没有激励投资于普遍服务，因此，不能达到政府的最优投资规模。这也是许多国家，尤其是发展中国家垄断行业网络覆盖太小、普遍服务进度缓慢的一个原因。在这种情况下，投资分配的格局介于政府的偏好和企业的偏好之间：

$$\frac{\alpha}{\alpha + \beta}(B_G + B_F) \leqslant U_G^* + U_F^* < \frac{\gamma}{\gamma + \beta}(B_G + B_F)$$

$$\frac{\beta}{\alpha + \beta}(B_G + B_F) \geqslant I_G^* + I_F^* > \frac{\beta}{\gamma + \beta}(B_G + B_F) \tag{4.11}$$

随着市场结构重组和民营化的继续深入，政府将进一步退出垄断行业的生产经营，政府在垄断行业的投入资金将进一步减少。再考虑 $B_G < \dfrac{\alpha}{\alpha+\beta}$（$B_G + B_F$）的情况，即政府的总预算资金小于企业理想的普遍服务最优投资规模。使用严格剔除劣战略，博弈结果为：

命题3：如果 $B_G < \dfrac{\alpha}{\alpha+\beta}$（$B_G + B_F$），纳什均衡是：

$$U_F^* = \frac{\alpha}{\alpha+\beta}(B_G + B_F) - B_G, \; I_F^* = \frac{\beta}{\alpha+\beta}(B_G + B_F)$$

$$U_G^* = B_G, \; I_G^* = 0 \tag{4.12}$$

政府将全部资金投资于普遍服务，仍不能达到企业的最优投资水平，因此，企业会用一部分投资弥补政府投资不足。这一博弈结果表明：当普遍服务的投资少于企业的最优投资规模时，企业才有动力投资于普遍服务的建设，企业在普遍服务的提供上仍有激励。关键是政府如何设计合适的激励机制，促使企业投资。在这种情况下，投资资金的分配格局满足了企业的偏好：

$$U^* = U_G^* + U_F^* = \frac{\alpha}{\alpha+\beta}(B_G + B_F)$$

$$I^* = I_G^* + I_F^* = \frac{\beta}{\alpha+\beta}(B_G + B_F) \tag{4.13}$$

四　博弈的结论

上述模型虽然简单，但能够解释在普遍服务投资格局的变化过程中，以及政府和企业在普遍服务投资上的动机选择。政府和企业作为投资的两大博弈主体，在普遍服务这一公益性较强的项目建设过程中，为追求自身利益最大化，做出各自最优的战略选择。从这一博弈过程及产业变革进程来看，普遍服务存在以下问题。

（一）普遍服务的资金投入不足

由上述三个命题的纳什均衡结果看，只有命题1，当政府资金投入足够的情况下，普遍服务投资的结果才能满足政府的偏好，达到最优的普遍服务投资结果；若普遍服务投资对企业最优投资无影响，企业不会去投资。这在政府退出垄断行业经营的情况下，必然导致普遍服务投资不足问题。投资不足的原因可能有：首先，垄断行业必须将网络覆盖到所有地区，才能向公众提供相应的产品和服务。而边远地区往往人口密度小，地理条件差，网络建设所需资金巨大，再加上运作维护费用高、使用效率低等约束，企业到这些地方提供服务肯定亏损，因此，企业的投资积极性不高，甚至没有任何激励到成本高的边远地区投资。其次，随着政府职能转变，政府逐步退出对电信、电力、自来水等国有企业的运营，民营化的进一步推进，政府对企业的管制也进一步放松，政府对企业的投资决策管理力逐渐降低，不能通过投资管制等公共政策，促使企业多投资于普遍服务。最后，政府直接投向普遍服务的资金也逐渐减少，民营化改革和政府职能转变，政府不能继续对企业进行直接补贴。在政府财政预算中，也没有相应的科目，拨付相应的财政资金直接用于普遍服务。即使有足够的财政资金，也不能流向普遍服务项目。

（二）政府投资责任重大

政府和公众之间存在委托—代理关系，政府代表公众利益，因此，为实现公共利益的最大化，必须加强普遍服务资金的投入，保证足额供给。但是，垄断行业的投资一直都未能达到全社会最优的水准。发达国家已经实行了电信网、电力网、自来水管网、铁路网的全覆盖，而我国在网络建设上还未能实行全社会范围的覆盖，有些边远落后地区的居民不能享受到相应的服务。因此，垄断行业改革后，为保障弱势群体的利益，政府应进一步拓宽筹资渠道，满足普遍服务资金的建设需求。本书的博弈也建立在这一理念之下，命题 1 的博弈结果表明，只有政府投资，才能达到合意的社会目标；如果政府投入不足，则最后的均衡结果低于最优社会目标。命题 2 和命题 3 的结果证实了这种结果。强调政府的普遍服务责任出于三个原因：首先，普遍服务作为一种再分配手段，只有政府的强制力，才能有效地保护弱势群体的利益。其次，政府是公众的代表，代表公众行使职权，而垄断行业的产品和服务往往具有准公共物品的性质，因此，政府有责任也有义务保障这些产品或服务的稳定持续供应。最后，中国地区发展不平衡，西部边远地区经济发展水平低，普遍服务成本高，东部经济发展快，人口密集，企业投资盈利大。在这样的背景下，若是由市场机制调节普遍服务的供给，显然不能达到有效配置。随着市场经济地位的确立和垄断行业的进一步改革，政府退出企业的垄断经营是一种趋势，但政府不能放松对普遍服务的管制，而是应该设计更合理的制度和政策，拓宽资金筹措的渠道，保障普遍服务资金的足额投入。

（三）企业投资动力不足

由博弈结果可以看出，企业在普遍服务投资上具有被动性。命题3 的结果表明，只有当普遍服务投资不足，影响到企业自身的经营时，企业才会有动力去投资。这一博弈面向普遍服务投资对企业的利益也有影响，当政府资金投入过少时，企业也有激励进行投资，满足企业的最优投资偏好。企业对普遍服务投资的激励来自两个方面：一个是政府的直接激励，另一个是市场的激励。普遍服务通常是政府的责任和义务，企业只是代表政府执行，为了更好地完成普遍服务，政府常常给予企业财政补贴或者税收等政策优惠，这给企业发展提供了很多机会。垄断行业改革后，企业成为市场竞争的主体，在追求自身利润最大化的过程中，企业为了获得市场地位，抢占市场份额，有激励去开拓市场，但是，对于一些成本收益严重偏离的地区，企业从"理性经济人"角度出发，投资的动力不足。

第四节　财政补贴机制面临的挑战

一　财政预算资金将逐步减少

随着新公共管理运动的推进，以市场化改革促进政府职能转变成为各国政府变革的核心内容之一，这意味着政府将退出多种产品或服务的生产和供给，而由竞争充分的市场所替代。国家财政的资金将更多地投向教育、医疗、公共卫生等准公共物品领域，逐步退出经济建设领域。这势必相应减少政府对垄断行业的直接投资。《国务院关于投资体制改革的决定》（国发〔2004〕20 号）提出，改革的指导思想是：按照完善社会主义市场经济体制的要求，在国家宏观调控下充分发挥市场配置资源的基础性作用，规范政府投资行为，营造有利于各类投资主体公平、有序竞争的市场环境，推动经济协调发展和社会全面进步。政府投资主要用于关系国家安全和市场不能有效配置资源的经济和社会领域，包括加强公益性和公共基础设施建设，促进欠发达地区的经济和社会发展。引入市场机制，充分发挥政府投资的效益，利用特许经营、投资补助等多种方式，吸引社会资本参与有合理回报和一定投资回收能力的公益事业和公共基础设施项目建设。对于具有垄断性的项目，试行特许经营，通过业主招标制度，开展公平竞争，保护公众利益。

改革开放 40 年来，中国财政体制改革实现了从建设型财政迈向公共财政的大跨越。财政收入持续稳步增长，1978 年，全国财政收入首次突破 1000 亿元；1998 年，全国财政收入接近 1 万亿元；2003 年，全国财政收入又跃过 2 万亿元大关；2005 年以来，平均以 1 万亿元/年的速度增加；2016 年，全国财政收入达到 15.96 万亿元（见表 4 - 4）。

表 4 - 4　　　　　　　　　财政收入及其增长速度　　　　单位：亿元、%

年份	财政收入	增长速度
2016	159604.97	4.5
2015	152269.23	5.8
2014	140370.03	8.6
2013	129209.64	10.2
2012	117253.52	12.9
2011	103874.43	25
2010	83101.51	21.3
2009	68518.3	11.7
2008	61330.35	19.5
2007	51321.78	32.4
2006	38760.2	22.5
2005	31649.29	19.9
2004	26396.47	21.6

续表

年份	财政收入	增长速度
2003	21715.25	14.9
2002	18903.64	15.4
2001	16386.04	22.3
2000	13395.23	17
1999	11444.08	15.9
1998	9875.95	14.2
1997	8651.14	16.8
1996	7407.99	18.7
1995	6242.2	19.6
1994	5218.1	20
1993	4348.95	24.8
1992	3483.37	10.6
1991	3149.48	7.2
1990	2937.1	10.2
1989	2664.9	13.1
1988	2357.24	7.2
1987	2199.35	3.6
1986	2122.01	5.8
1985	2004.82	22
1984	1642.86	20.2
1983	1366.95	12.8
1982	1212.33	3.1
1981	1175.79	1.4
1980	1159.93	1.2
1979	1146.38	1.2

资料来源:《中国统计年鉴》，http://data.stats.gov.cn。

财政收入的数量逐年增长，但财政收入增长的速度却有放缓的趋势。改革开放初期，增长速度只有个位数，随着 20 世纪 80 年代的"分灶吃饭""分税分级包干"、多种形式的财政"大包干"财政体制改革，到 1989 年，财政收入增长速度跃升至两位数。1994 年分税制改革后，财政收入增长速度继续增加，达到 2007 年峰值 32.4% 之后，财政收入增长速度开始呈下降趋势。近三年财政增长速度又降至个位数，预示着财政收入的增长速度逐渐放慢（见图 4 - 2）。财政补助以雄厚的财政资金为基础，财政收入增长速度的放缓，势必会对财政补助支出产生影响。

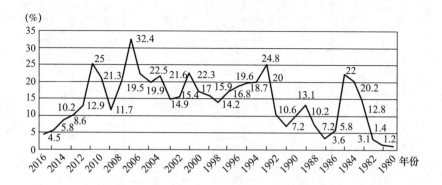

图 4 - 2　财政收入增长速率

二　财政补贴的合法性危机

（一）世界贸易组织规则对财政补贴的限定

我国加入世界贸易组织后，就必须履行《补贴与反补贴措施协议》，该协议对补贴进行了界定，将补贴分为禁止性补贴、可诉讼补贴和不可诉讼补贴三类。可诉讼补贴认定的标准有：对某项产品总额超过 5% 的从价补贴；弥补某项产业所遭受的经验亏损的补贴；直接免除政府债务和以补贴抵销债务。我国垄断行业已有的补贴种类很多属于可诉讼补贴类型，特别是政府给予企业的亏损补贴，是协议明确列示的可诉讼补贴，一旦成员国对我国提起诉讼，我国将很难胜诉。另外，我国垄断行业的各种类型的财政补贴总额也可能超过 5% 的可诉讼红线。

不可诉讼补贴包括：根据与企业所订立的合同对企业研究活动的资助；按照地区发展总体规划给予成员方境内落后地区的资助及在有

取得资助资格的地区内提供的非专向性资助。补贴的条件是：落后地区必须是具有可界定的经济上及行政上的同一性的、明确划定的、在地理上连成一片的区域；落后地区的认定应基于中立和客观的标准，要表明该地区所面临的困难不是暂时的，而是长期的问题。落后地区认定的标准依据是：人均收入或人均家庭收入或人均国内生产总值中的一项不得超过成员方境内平均水准的85%；或者失业率必须至少达到有关成员方境内平均水平的110%。

我国垄断行业的财政补贴大部分属于可诉讼补贴，如政府预算投入、政府性基金、投资补助、财政贴息、税收支出等，这些补贴都直接给予企业资助，通过各种方式使企业获得利益。可诉讼补贴虽然没有明确禁止，但是不能自动免予质疑，一旦被质疑，便可能遭遇合法性危机。这些规定限制了政府对企业的补贴行为。如果政府继续对垄断行业实施建设方面的补贴，而不是对普遍服务进行专门的补贴，这必然招致世界贸易组织的质疑。政府提供财政补贴要合乎协议的规定，按照协议的规定给予企业合法的财政补贴。协议认定对落后地区的财政补贴属于不可诉讼补贴，那么，政府以普遍服务为理由向企业提供财政补贴是合法的，可以免予诉讼。政府应对已有的财政补贴类型进行调整，符合《补贴与反补贴协议》的规定，保障财政补贴的合法性。

（二）信息公开对财政补贴的冲击

财政补贴按用途来分，可以分为生产补贴、生活补贴和其他补贴；按照目的来分，财政补贴可分为价格补贴、企业亏损补贴、出口补贴、财政贴息和税收支出；按照生产环节，可分为生产环节补贴、流通环节补贴和消费环节补贴；按财政补贴的受益者分，又可分为对生产者的补贴和对消费者的补贴；按照财政补贴的方式分，又可分为明补和暗补两类。财政补贴的分类标准及类别之多足见财政补贴的繁多。事实上，财政补贴在我国财政支出中所占的规模也不小。此外，财政补贴的范围、方式、规模都不是由市场决定的，而是由政府决定的。

2008年5月，《中华人民共和国政府信息公开条例》正式实施，规定各级政府的财政预算、决算报告，是需要主动公开的"重点政府信息"，必须向公众彻底开放。2009年3月20日，财政部在官方网站公布了2009年中央财政预算数据，这是财政部首次在全国人大审议通过预算草案的第一时间向社会公开。2009年10月23日，广州市财政局开全国先河，在广州财政网上公开了114个职能部门的2009年度部门预算，这是中国第一次把全市各部门的预算在网上公开。从此，各级政府、各部门的预算、决算公开成为常态。

预算公开后，对财政补贴的冲击最大，问题最多的是对行业和工程的补贴政策。首先，以往给予垄断行业的很多补贴没有充足的理由，信息公开后，经不起公众的监督。其次，政府以某种理由提供的补贴大部分流向了国有企业，信息公开后，很多行业内的其他企业发现原来有那么多不知道的补贴是有资格去申请的。这给财政带来了大问题，如果符合条件的企业都来申请补贴，财政部门工作量大大超出其能力范围不说，财政补贴的资金也将无法控制。因此，政府信息公开，特别是预算信息公开后，对垄断行业的财政补贴冲击最大。

（三）财政补贴滥用情况被披露

按照会计准则的规定，政府补助是指企业从政府无偿取得的货币性资产或非货币性资产。财政贴息的发放主要有两种方式：一是企业以市场利率从银行贷款，财政将贴息资金拨付给受益企业；二是财政将贴息资金拨付给银行，银行以低于市场的政策性优惠利率向企业提供贷款。对于第一种方式，企业一般将贴息资金直接冲抵财务费用；对于第二种方式，企业没有收到资金，企业也没有进行会计核算。无论哪种形式的贴息，均没有单独反映在企业的会计报表信息中。

税收优惠主要包括先征后返的所得税，先征后退、即征即退等办法向企业返还的流转税，直接减征、免征、增加计税抵扣额、抵免部分税额等优惠形式。在这些税收优惠补贴形式中，对有资金流动的先征后返的方式，企业会计通过税收返还科目体现。除此之外，其他形式的财政补贴由于政府未向企业无偿提供资金，企业的财务报表中也没有记录。

尽管企业会计核算中，很多的财政补贴并没有反映在其账面上，但财政补贴过多过度使用的情况仍非常普遍。张洪辉（2014）采用上市公司的财政补贴数据作为研究的数据来源，收集数据时发现，12427 家上市公司一共有 31253 项财政补贴，其中没有任何原因的财政补贴占 94.01%，税收减免的比率为 5.14%，能源补贴 15 项，财政贴息 92 项，还有除以上几项外的其他项总计 152 项。① 上市公司的财务信息透明度最高，上市国有公司也是国有企业效率效益最好的，政府对上市公司没有理由的补贴比例如此之高，说明财政补贴被滥用的情况相当严重。

三　财政补贴的低效率

（一）财政补贴本身的低效率

财政补贴是我国政府实现资源重新分配的重要手段之一，但财政补贴显示出很强的计划经济特征，不符合引入竞争，提高效率，实现政企分开、公平竞争的改革目标。财政补贴是财政体制中的一个辅助补充工具，在特定时期、特定领域发挥了必要的支持作用，但财政补贴的低效率逐渐成为学术界研究的重点。

财政补贴是政府出于弥补市场失灵和促进社会公平的目的，对市场机制的一种干预，是一种次优选择。市场中信息不对称的存在，使政府无法控制具有理性经济人特征的企业及其行为，如普遍服务，政府希望企业能够服务于高成本地区的贫困用户，通过财政补贴弥补企业的政策性亏损。但政府不知道企业的成本信息，企业会有激励虚报能够得到补贴的那部分成本信息，企业追求利益最大化的行为可能并不是设计补贴机制所希望出现的结果，但在财政补贴机制中，政府并没有设计防止财政补贴逆向激励的机制，同时，由于财政补贴降低了垄断行业产品和服务的成本，导致低成本地区用户的过度消费，不利于资源的节约和有效利用。

财政补贴的低效率受垄断行业的定价模式低效影响。垄断行业的价格长期按照"成本加成"方法制定，并实行低定价策略，企业的政

---

① 张洪辉：《财政补贴的行业特征：来自上市公司的经验证据》，《中央财经大学学报》2014 年第 10 期。

策性亏损由财政补贴。政府的价格管制模式不能激励企业提高经营效率，企业发生的成本都能通过出售产品和服务收回，价格成本倒挂部分可以通过政府财政补贴的方式得到补偿。对企业而言，既没有压力也没有动力降低成本，企业把很多的精力放在如何争取更多的财政补贴上。政府定价目标与企业经营目标相悖，政府采用低价格策略以保护公众利益，而企业的目标是追求利润最大化，政府处于信息劣势地位，定价决策缺乏科学依据。

（二）财政补贴掩盖了国有企业的低效率

我国国有企业账面利润增长速度非常快，这与背后存在各种补贴因素有关。例如 1994—2006 年，国家财政用于国有企业亏损的补贴总共达到 3000 多亿元。2008—2009 年，两家航空企业、五家电力集团和两家电网公司获得国资委的注资 160 亿元左右。2001—2008 年，国有及国有控股企业累计获得利润总额为 4.91748 万亿元，但同期国有及国有控股企业少计算或者少缴纳成本总额加上补贴，包括少支付的利息是 2.8469 万亿元，地租 3 万多亿元，资源租 5000 多亿元，亏损补贴 1198 亿元，总计是 6.4767 万亿元。2001—2008 年，国有及国有控股企业平均的净资产收益率为 7.68%，但是，如果这些名义利润去除补贴、少缴纳的利息、缺失的地租和资源租，国有及国有控股企业平均的真实净资产收益率为 -6.2%。[①]

（三）财政补贴造成了国有企业的低效率

国有企业在我国经济发展中处于支配地位，不仅具有垄断地位，还有国家的各种政策优惠和财政补贴，但国有企业效率低下的现实却一直存在。林青松（1995）利用 1981—1990 年数据对国有企业、城市集体企业和乡镇企业的全要素生产率进行了估计和测算，结果国有企业的全要素生产率的增长率是最低的，仅为 1.52%，不仅大大低于城市集体企业的 7.89%，也低于乡镇企业的 2.37%。刘小玄（2000）以 1995 年全国工业普查的数据为基础，通过对全国 20 多个产业、17

---

① 肖明：《八年获补贴 6 万亿？政协委员拟规劝国企退出竞争性行业》，《21 世纪经济报道》2011 年 3 月 3 日。

万多家企业的数据分析，发现在不同所有制类型的企业之间，私营个体企业效率最高，"三资"企业其次，股份制和集体企业再次，国有企业效率最低。

随着垄断行业国有企业改革的逐步推进，国有企业效率有了较大提高，但国有企业效率偏低的情况并没有改善。表4-5是浙江省供水、燃气、电力等垄断行业内不同类型企业的成本利润率情况，总体来看，国有控股企业的成本利润率水平最低，远低于私营企业和外商投资企业的成本利润率水平。供水企业中外商投资企业的成本利润率是国有控股企业的10倍，电力企业国有控股企业的成本利润率达到7.75%，但相比私营企业的26.69%、外商投资企业的33.58%，仍显得太低。市场化程度最高的燃气企业，外商投资企业的成本利润率是国有控股企业的3倍，私营企业的成本利润率是国有控股企业的两倍，国有企业的低效率仍持续存在。

表4-5　　　　　　　　不同类型企业成本利润率情况　　　　　　　单位:%

企业类型	供水企业	燃气企业	电力企业
国有控股企业	3.54	2.46	7.75
私营企业	13.36	4.58	26.69
外商投资和港澳台商投资企业	31.77	7.09	33.58

资料来源：浙江省统计局：《浙江统计年鉴（2015）》，中国统计出版社2015年版。

对垄断企业而言，投资所需资金大部分来自政府拨款或政策性资金，企业不承担经营风险，企业的经营性亏损和政策性亏损都能在事后得到补贴，使企业形成了依靠国家财政补贴的习惯，执行国家政策—产生亏损—得到国家财政补贴。而不是通过提高自身的经营效率求生存发展。

四　缺乏政府性基金的法规制度

政府性基金为垄断行业的发展提供了大量的资金，是垄断行业发展过程中的重要资金来源。我国政府性基金种类繁多，数量庞大。2017年，全国政府性基金预算收入为61462亿元，同期全国一般公共预算收入为 172567 亿元，政府性基金在我国财政收入中地位仅次于公共预算收入。政府性基金作为一种具有扩张性质的财政工具，缺乏法律法规制度的明确支持。

我国尚无政府性基金的基本立法，政府性基金的法律制度框架仍比较模糊。政府性基金法律制度的构建主要在于一般法律层面，并需要在政府性基金法律制度体系内，力求实现财政立法与经济立法、行政立法的耦合。政府性基金法律制度分为设立制度、征收和使用制度、监督制度、纠纷解决制度等基本方面。政府性基金的设立制度是有关政府性基金产生的制度，也是政府性基金征收、使用、监督的逻辑前提。实现政府性基金设立的合法化，需要依据合法性原则对现有政府性基金项目进行清理，并规范现行的政府性基金申请审批程序。政府性基金的设立范围应当体现政府性基金与税收等其他财政工具的功能界限，现行政府性基金设立范围有待完善。

政府性基金的征收和使用是政府性基金日常管理的基本方面，与公众接触最为密切也最易发生纠纷，政府性基金纠纷的主要类型为行政纠纷。政府性基金监督制度主要指向与政府性基金日常管理相关的行政行为或行政过程，政府性基金监督存在的问题主要有监督体系的法治化程度偏低、外部监督不足、监督效果不佳、公众参与缺乏等。现行的政府性基金纠纷解决机制因财政体制、司法体制以及政府性基金制度自身的限制，亟须重构。政府性基金立法已经非常必要，并已具备相当的可行性。

第五章　基于竞争的普遍服务机制

——普遍服务基金

普遍服务基金是发达国家实现普遍服务的主要形式，政府把来源于多方面的基金整合起来，通过招标方式配置普遍服务基金。它是市场经济条件下政府实行的一项激励机制，普遍服务基金相比其他普遍服务方式具有公开、公平、透明、高效等优点。

第一节　普遍服务基金综述

通过对文献的研读和分析，国内外对普遍服务基金研究的重点主要有：首先，界定普遍服务基金的资金筹集对象及其筹集比例，这是建立普遍服务基金首先需要明确的。其次，探讨如何分配普遍服务基金，相关的文献很多。普遍服务基金建立后的管理也是学术界研究的焦点。

一　国外普遍服务基金综述

克雷默（2001）主张市场开放后应根据各厂商利润抽成建立普遍服务基金，再通过公开招标指定专门厂商承担普遍服务义务，并由普遍服务基金向其提供补贴，使普遍服务计划由暗补变为明补，间接补贴变为直接补贴，这既有利于厂商竞争，又能规避无效进入。拉丰（2000）认为，通过税收为普遍服务建立一个基金的做法遭遇了发展中国家公共资金高成本问题，因为发展中国家缺乏有效率和廉洁的税收体系。Mirabel 和 Poudou（2004）对网络型产业改革后的融资进行研究，通过在位垄断企业和新进入者之间竞争的模型，比较为普遍服务提供资金支持的两种方式即接入定价和税收的社会福利得失，得出的结论是：无论普遍服务基金申请形式如何、企业利润率如何，很多时候以传统垄断企业为主对社会是有益的。如果以新进入者为主，那么引入税收机制意味着要么社会福利下降，要么在位垄断企业设置进入障碍。

马克·阿姆斯特龙（2001）提出，进入方面的自由放任政策将会导致城市地区太多无效率的进入，农村地区太少高效率的进入，在位者由于城市地区进入企业的"撇脂"战略而面临资金问题。为了解决这些问题，他假设管制者建立十亿美元基金为农村地区的服务提供支持，基金的来源是城市地区的利润，每个企业（在位企业或进入企业）都必须按照其服务的城市消费者数量按照和消费者支付50美元（在位企业在城市地区的边际利润）作为回报，任何在农村地区提供服务的运营商都可以得到每个消费者100美元的资金补贴。假设两个地区的消费者数量不发生变化，当进入发生后，这种基金能够经费自给，大量地进入不会损害在位企业为亏损地区市场提供服务的能力。更重要的是，从经济学效率的观点看，这种制度安排保障了在每个地区进入企业必须支付产出税，对进入企业正确的激励，结果是最有效率的企业在每个地区都取得胜利。

国外普遍服务基金制度的研究更多地开始趋向于拍卖机制的建立和完善，普遍服务的拍卖机制和普遍服务设施的拍卖、招标问题研究（Peha，1999；Weller，1999；Weisman，1994）。米尔格罗姆（Milgrom，1997）阐述了运用拍卖理论解决普遍服务成本补偿问题，凯利和斯坦伯格（2000）对普遍服务补贴项目组合拍卖的问题进行了研究，Sorana（2000）对高成本地区的普遍服务补贴拍卖进行研究，证明了在大多数情况下用拍卖方式分配普遍服务补贴比传统的补贴计划更有效。

二 国内普遍服务基金综述

近几年，建立普遍服务基金制度已经成为我国众多专家学者的共识，而围绕如何建立我国普遍服务基金制度的运作机制的研究也成为电信行业专家研究的热点。特别是关于电信普遍服务基金的来源、管理机构、征收办法、使用目标、补贴数额、分配机制等一系列问题，学术界展开了广泛的讨论。据何永坚介绍，国家以前没有设立过邮政普遍服务基金，这是一个新的基金制度。在保证邮政普遍服务方面，单靠政府财政补贴是不够的，所以要征收普遍服务基金。张昕竹（2001）认为，电信行业需要尽快发展实现普遍服务的竞争中性机制，普遍服务基金的好处是可以避免利用一般税收系统产生的较高的社会成本，同时由于所有竞争对手承担同样的普遍服务义务，因此不会与竞争机制产生矛盾。

随着普遍服务基金研究的深入，关于普遍服务基金的征收比例、分配方式等文献也大量出现。喻世华、唐守廉（2006）在资金筹集方式中指出，基金目前应只向基础电信企业征收。另外，中央财政应给予电信普遍服务基金一定的补充，电信普遍服务具有公共福利性质，通信基础设施如同铁路网、公路网及电力网一样，在国民经济和社会发展中具有重要的作用，中央财政资金也应支持电信普遍服务。柳强、唐守廉（2007）认为，电信普遍服务基金，是指政府为支持电信普遍服务而设立的专项政府资金。基金来源一般包括财政资金、运营商交纳的份额、频率等电信资源收费、许可证拍卖所得等。政府对普遍服务基金的征收、管理和使用坚持透明、公开、竞争中立的原则。电信普遍服务基金是一种符合竞争环境的成本补偿制度，所有运营商都要承担理所应当的普遍服务义务，任何提供普遍服务义务的企业都可以获得成本补偿，并且不对价格、网间结算价格进行扭曲，符合竞争中立和效率原则，有利于电信市场的公平竞争。

陶长琪、常贵阳（2008）针对我国电信市场现状，建立一个6人联盟博弈，分析我国普遍服务的实现机制和普遍服务基金给付、分配机制，得出各运营商在政府强制管制下的基金缴纳额度；表明采取强制手段实现普遍服务能较好地运用市场力量找出高效率的普遍服务提供商，是一种有效实现普遍服务、减少社会福利损失的管制手段。蒋欣（2008）指出，电信普遍服务基金的建立对普遍服务的各方面来说都是有益的。它的优势包括：具有比较高的透明度，遵循公平、公正、技术中立的原则；资金来源相对灵活，规模与发展相适应；有效降低资金需求量，促进企业竞争三个方面。除这三个方面以外，普遍服务基金还有资金来源相对平稳，可持续性强，兼顾了公平与效率的优点。王俊、昌忠泽（2007）提出，产业普遍服务的成本补偿可以通过产业普遍服务基金的设立来解决，加快产业普遍服务的建设，应当以产业普遍服务基金作为完善成本补偿机制的最佳途径。

同时，对于普遍服务基金的法律制度建设和管理机构设置也有学者进行了研究。石文华、韦柳融、吕廷杰（2004）对基金管理机构的有效性进行研究，建议成立普遍服务基金管理会，以契约的形式，通过政府授权把管理和使用基金的权力交给该基金管理会，该基金管理会不纳入政府体系，其性质为具有法人资格的民间组织，该基金管理会对政府负责，受信息产业部监管。陈凯认为，由于没有与普遍服务相关的法律，市场尚处于不规范和不完善的状况，在许可证发放中，附加相关的普遍服务条款是可以的，但法律的不健全无法保证、监督和控制企业将普遍真正付诸实施。中国的普遍服务基金筹集，首先需要建立普遍服务基金，并形成一种制度；其次，在收取方式的选择上要立足公平、合理、可靠，防止经营者利用法律空隙，避开应承担的普遍服务义务；最后，采用公开招标的方式发放普遍服务基金。赵怀勇认为，电信普遍服务是政府和所有电信经营者的共同义务，他们都应该为普遍服务的实施提供资金支持，普遍服务基金可以从多个渠道筹集，关键是把普遍服务资金的来源通过立法确定，这样，电信普遍服务的承担者就会把这当成一种不容脱逃的义务。这些研究为成立普遍服务基金提供了理论依据，有利于普遍服务基金各项基础工作的深入细致分析，有利于出台普遍服务政策。

第二节　普遍服务基金运行原理

普遍服务基金是解决垄断行业普遍服务的一种有效手段，它是一种符合竞争环境的成本补偿制度。目前，越来越多的国家采用普遍服务基金作为实现普遍服务的制度。

一　普遍服务基金机制的结构

图 5-1 为普遍服务基金机制结构及其运行机制。在普遍服务基金机制运行过程中，除了政府、企业和公众三个利益主体，还有两个关键环节和因素，一个是普遍服务基金，成为机制运行中一个独立的构成要素；另一个是承担普遍服务的企业，也成为模型中独立的构成要素。图 5-1 中实线箭头表示普遍服务资金的行程与去向，政府、企业和公众是普遍服务基金来源的主体，普遍服务基金成立后，由专业的机构进行管理，承担普遍服务的企业由竞争机制遴选，实现普遍服务资金高效、透明的补贴给高成本地区用户和低收入群体用户。

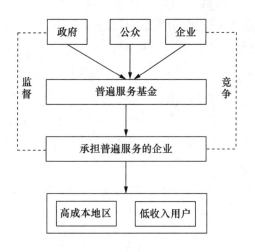

图 5-1　普遍服务基金机制结构及其运行机制

在普遍服务基金运行机制中，关键是成立了普遍服务基金，并确定普遍服务基金管理和分配机构。普遍服务基金来源于政府、企业和公众，政府主要通过预算资金为普遍服务注资；企业按照其收入或利润的一定比例上交普遍服务资金；公众通过产品或服务附加收费、捐助等多种方式为普遍服务提供资金；这些资金由政府、企业和公众直接缴入普遍服务基金专用账户。

普遍服务基金运行的中心环节是资金分配，不管基金是由政府还是民间机构管理，资金补贴的对象只能是承担普遍服务的企业，也就是说，资金由普遍服务账户直接补贴到承担普遍服务的企业，最后企业通过间接或直接的方式补贴高成本地区用户或低收入用户。普遍服务资金的筹集、管理和分配具有公开、公正和透明等特征。

普遍服务基金机制运行中，政府、企业、公众各司其职，相互配合。政府职能发生了转变，退出普遍服务直接提供，而是由企业承担普遍服务义务，政府为普遍服务注资的同时，肩负监督、组织、管理等职责。企业为普遍服务提供资金成为一项法定义务，而且企业不再被动地承担普遍服务义务，而是积极竞争普遍服务的资格。普遍服务基金机制中，普遍服务的对象明确为低收入用户和高成本用户，这增强了普遍服务补贴的目标性和公平性。

二 普遍服务基金机制的优势

(一) 普遍服务基金机制的独立之身

独立强调不依附外力，也不受外界束缚，《老子》说："有物混成，先天地生……独立而不改，周行而不殆。"《荀子·儒效》说："而师法者，所得乎情，非所受乎性；不足以独立而治。"均道出不依靠其他事物而存在或他人而自立之精神。独立之于个人或集体，其意义非同凡可。传统管制中，普遍服务作为一个依附于企业其他业务的范畴存在，并没有成为一个独立的领域。进入20世纪80年代，行业竞争的出现，普遍服务从传统业务中独立出来，成为一个与改革进程同等重要的范畴。普遍服务基金机制的出现，使普遍服务的独立性更明显。而且因为独立，也给普遍服务的开展带来了诸多优势，并有利于改革的继续推进。

首先，普遍服务理念的独立，表现为普遍服务概念深入人心。在政府的各种文件中，普遍服务都作为一个重要的词汇出现。如2001年11月17日，国务院下发的《关于印发电信体制改革方案的通知》中，强调了电信体制改革后普遍服务问题的重要性，并提出要尽快建立普遍服务基金，各电信运营企业均应承担普遍服务，促进电信普遍服务机制的转变，保障市场经济条件下的电信普遍服务，这是国务院首次在公开的正式文件里提出在我国建立电信普遍服务基金。我国电力普遍服务最早由国务院国发〔2002〕5号文件提出，国家电监会将其定义为"国家制定政策，采取措施，确保所有用户都能以合理的价格，获得可靠的、持续的基本电力服务"。理论研究方面，出现了大量研究普遍服务的论文和著作，普遍服务研究已经成为一个受到极大关注的领域。

其次，普遍服务资金的独立，表现为有一个专门的账户管理普遍服务资金。传统的交叉补贴和财政补贴，承担普遍服务义务的资金都不具有独立存在的地位。普遍服务基金机制中，资金从政府、企业或者公众等主体那里缴入普遍服务基金账户，资金有一个固定流向的归宿地，各种各样的资金都可以缴入普遍服务基金账户，这为普遍服务的开展提供了资金之源。如澳大利亚《电信法》规定，建立普遍服务基金信托账户，法国委托储蓄银行对普遍服务基金账户进行管理，美国规定，所有普遍服务资金都存入管理公司的普遍服务基金账户。

最后，普遍服务基金管理机构的成立。既然资金有独立的地位，那么也有独立的管理机构。世界贸易组织认为，在促进电信市场竞争中，有效管制体系的核心是创建独立的电信管制机构，根据世界贸易组织基础电信协议文件，各国必须建立独立的电信管制机构，管制机构必须与电信运营职能分离，公正、公平地对待每个运营者。独立管制机构不向任何一家运营商负责，并能规避政治压力，因此，独立管制机构可以保证管制政策制定程序的统一和完整，保证决策的公正和透明。职业化和专家化是独立管制机构的一大特征，将普遍服务基金的管理交给专业机构，实行专业化管制，并为实施结果负责。这为普遍服务的有效运作构建了规范的制度基础。普遍服务资金运行免受政府干预或企业影响，更高效地发挥普遍服务资金的作用。

（二）普遍服务基金机制的竞争之魂

竞争的本义是指不同主体对利益的争夺，《现代汉语词典》的定义是，"为了自己方面的利益而跟人争胜"。经济学上的竞争是指经济主体在市场上为实现自身的经济利益和既定目标而不断进行的角逐过程。竞争存在于人类生活的各个领域，但就经济活动而言，主要体现为企业的竞争行为。竞争实现分配效率的最大化，竞争推动技术进步，竞争提高消费者福利，竞争提高企业效率。竞争的市场能够保证低价格、高质量的服务，以及新技术的快速扩张。

竞争给产业带来了活力，并成为推动社会经济发展的基本动力。一方面是企业竞争普遍服务的资格。在普遍服务基金机制中，企业承担普遍服务之后，还有其他利益，如声誉的提高、规模经济和范围经济的形成。企业提供普遍服务不仅不会亏本，算上其他非经济利益之后，还可能有很大的盈利。因此，企业有动力去提供普遍服务，这样，在普遍服务资格方面，存在第一层的竞争。另一方面是企业竞争普遍服务补贴的资金。为提高普遍服务基金的使用效率，在普遍服务基金的分配方式上，各国通行的方法是采取招投标方式，即通过竞价招标的方式，筛选出报价最低的运营商获得普遍服务基金的支持，这就等于激励了企业参与竞争，更重要的是，营造了一个公平竞争的环境，企业还能在竞争中不断降低成本，培育企业竞争力。

（三）普遍服务基金机制的公平之本

公平是指按照一定的社会标准（法律、道德、政策等），正当地秩序合理地待人处世，公平包含公民参与经济、政治和社会其他生活的机会公平、过程公平和结果分配公平。实践中，如何保证经济主体在社会生产中的起点、机会、过程和结果分配的公平，也是政府管制追求的目标。

机会公平，在普遍服务提供方面，不存在歧视，如美国联邦通信委员会在 1997 年宣布了普遍服务新法令，规定任何一个合格的能提供普遍服务的公司，无论它们使用的技术如何，只要提供政府规定的普遍服务项目，就都有资格接受普遍服务的补贴。此外，普遍服务基金分配的一个根本原则是"谁服务，谁使用"，也就是只有承担了普遍服务的运营商才能获得普遍服务基金的补贴。

过程公平，普遍服务基金的分配引入拍卖机制，整个拍卖行为遵守法律、行政法规，遵循公开、公平、公正、诚实信用的原则。拍卖活动公开，是指拍卖活动要具有极高的透明度，拍卖的时间、地点、场合、拍卖标的物及叫价全部公开。拍卖时公开竞价，以公开表示买定的方式确认拍卖成交等。拍卖活动公平，是指拍卖当事人之间在设定权利义务和承担民事责任等方面应当公平，双方当事人权利义务一致。拍卖活动公正是指要维护拍卖活动各方当事人的合法权益，不得保护一方，损害他方。诚实信用原则是指订约时，诚实行事，不欺不诈，订约后，重信用，自觉履行。

结果分配公平，普遍服务基金的目标是公开、公正、透明，以有利于开放的电信市场展开积极竞争。成本补偿机制由"暗补"改为"明补"，补偿资金由企业"内补"改为"外补"。这种做法使成本核算更加细致，补偿办法更加科学。

公平还体现在明确了普遍服务的对象。在传统的普遍服务机制中，对不同类型的消费者没有做任何区分，一视同仁，这产生了不该接受补贴的消费者获得了补贴，而本应该接受补贴的消费者却提供了补贴。在普遍服务基金机制中，普遍服务基金的筹集是一项独立的行为，资金的来源是多元化的，避免了交叉补贴机制中不同用户之间不公平的补偿现象。另外，补贴低收入用户，无论其居住在任何地方，这是公认的需要得到补偿的弱势群体，符合公平的原则。《普遍服务指令》第八条第二款规定，分配机制必须向所有市场参与者、运营商和用户公开透明，以确保潜在的普遍服务提供者能够获得所有的信息来决定他们是否愿意参加分配过程。透明原则还可以保证在选择完毕后，惠及一家或多家运营商提供的决定是有据可查的。同时，透明的分配程序可以保证向其他运营商进行普遍服务融资，能够为大家所接受。分配机制的最后一个原则是非歧视性原则。分配机制必须确保理论上有权参加分配过程的任一运营商都不被排除在分配过程之外，但这并不意味着那些不满足普遍服务提供条件的运营商不能被排除在分配过程之外。

三 普遍服务基金的市场化运作

在普遍服务基金机制中，资金分配引入了竞争机制。传统以政府为主的资金分配方式，需要对普遍服务的成本进行衡量，不管采用哪种成本衡量的方式，都存在管制机构和运营商之间的信息不对称问题，因此，管制机构花费了大量的时间和精力测量出的成本都不一定真实。通过拍卖和竞标方式来确定提供普遍服务的运营商，这种运作模式操作透明、公平，更重要的是解决了信息不对称问题。

在图5-2中,假定有4家企业为取得某一普遍服务项目的特许经营权而参加竞争性投标,以 AC_i(Q)表示第 i(i=1、2、3、4)家企业的平均成本函数,各家企业有不同的成本函数,这是符合现实情况的。企业对自己的成本情况很了解,而管制者并不了解企业成本的真实情况。为了防止企业之间的串通合谋,采用密封式投标,让企业根据其成本财务情况,报出自己愿意接受的补贴额。如果这4家企业之间没有合谋、竞争充分的话,最优结果是第1家企业获得特许经营权,其成本最低,要求的补贴额也最低。并以 P_1 的价格向消费者提供普遍服务,符合普遍服务可承受得起这个目标。这就使最有效率的企业以其平均成本或近于平均成本的价格提供普遍服务,同时,获得特许经营权的企业还能获得一定的利润。

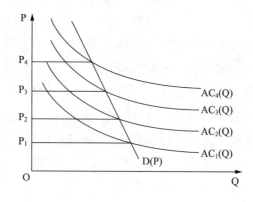

图5-2 特许投标和价格决定

这种分配普遍服务基金的方式,大大减少了管制机构的管理成本,基金管理机构无须耗费巨大的人力、物力来确定满足普遍服务要求所需的实际净成本,只需提供相应的补贴数额,同时也凸显了承担普遍服务的无形利益。传统的普遍服务因为附着于其他业务,企业并没有考虑承担普遍服务所带来的名誉、责任和品牌等的提升。无形利益越大,竞标人要求的补贴就越低。例如英国,电信管理机构在综合考虑了无形利益的价值后,得出普遍服务并未对运营商形成额外负担,没有必要建立普遍服务基金对运营商进行补贴的结论。智利和秘鲁的竞标程序得出的结果显示，尽管基金管理机构估计的补贴额非常高，最后胜出的竞标补贴额却远低于电信管理机构计算得出的在招标地区提供业务所需的最高补贴数额，甚至通过竞标确定的补贴额为零。这些案例为竞标要求补贴低提供了证据。

在普遍服务基金的分配方面，各国大多通过招标的方式，最低报价者获得补贴，以确保普遍服务成本最低。德国1996年的《电信法》要求符合条件的电信经营者在规定期限内自愿承担；如果没有运营商自愿承担，则由当局责成符合规定的经营者中的一家或几家承担。在有多家运营商自愿承担的情况下，采用招标方式来选择。印度的普遍服务任务被划分为21个电信地区，基金管理部根据该地区的自然地理人口特点，聘请专家开发工程数学模型，找出一个最有效的接入服务模式，然后根据这个模型，计算出这个地区需要多少投资，基金管理部在此基础上提出一个招标的最高补贴数额。在招标过程中，通常一个地区有多家运营商参与竞争，政府通过竞标的方式来选择报价最低的运营商为该地区提供接入服务。

第三节　普遍服务基金有效运行的基础

普遍服务基金机制有效运行的基础，需要有完善的市场运行机制。美国经济学家麦卡菲认为："拍卖是一种市场状态，此市场状态在市场参入者标价基础上具有决定资源配置和资源价格的明确规则。"普遍服务基金机制采用拍卖的方式，分配普遍服务义务和普遍服务资金。拍卖有三个基本条件：首先，拍卖必须有两个以上的买主，即凡拍卖表现为许多可能的买主相互之间能就其欲购的拍卖标的展开价格竞争的条件；其次，拍卖必须有变动的价格，不是买卖双方就拍卖物品讨价还价成交，而是由买主以公布的起始价为基准另行报价，直至最后确定最高价金为止；最后，拍卖必须有公开竞争的行为，即凡拍卖都是不同的买主在公开场合针对同一拍卖物品竞相出价。因此，普遍服务有效运行的基础条件：一是完善的市场运行机制；二是垄断行业形成有效竞争。

一 完善的市场运行机制

1992 年,党的十四大确立了建立社会主义市场经济体制的改革目标,市场经济体制改革进入理性推进阶段。1992—2003 年,初步建立了市场经济体制框架;2003 年后,进入不断完善市场经济体制时期。中国经济体制经历 40 年的改革,市场经济体制基本形成,实现了以市场为主的资源配置机制。市场经济被认为是实现资源优化配置的有效形式,在开放的市场中,以市场需求为导向,以优胜劣汰为竞争手段,实现资源高效率的合理配制。市场机制的平等性、竞争性、法制性和开放性为普遍服务基金的运作奠定了基础,普遍服务基金的有效运作需要一个完善的市场经济体制环境,这包括一个完善的法律体系、相互制衡的权力体系和规范的财政税收体系。

法律是调整人们行为或社会关系的规范,具有强制作用,法律作为一种行为规范,为行为人提供某种行为模式,指引行为人的行为,规定行为人的权利和义务。法律的评价作用具有概括性、公开性和稳定性,所以,这种评价更客观、更明确、更具体。法律评价作用的优越性,使法律起到了其他社会规范难以起到的维护社会秩序、促进社会发展的作用。因为,现代民主社会都建立起规范的法律体系。这里要特别强调产业法律的作用。比如较早建立起普遍服务基金制度的美国,虽然高度崇尚自由,却发展出一套世界上最精致、最广泛的依法管制体系。1934 年,美国通过了第一部《电信法》,成立的美国联邦通信委员会是一家独立的政府管制机构,直接对美国国会负责,其管制权限和管制范围由电信法明确规定。1996 年,新《电信法》的目的是减少国家干预并促进电信市场竞争,取消了阻碍电信运营商平等竞争的障碍。市场经济的法制和政府管制为公正有效的市场竞争提供了坚实的制度保证。

所谓权力制衡,是指权力行使过程中存在相互制约和牵制的局面,即每一个权力行使者都具有权力的行使者和权力的制约者的双重身份,权力的行使者不仅受到其他权力的约束,而且也同时约束着其他权力。权力制衡的政治体制是近代资产阶级革命的产物。对权力施以监督和制约，确保权力在运行中的正常、廉洁、有序、高效，并且使国家各部分权力在运行中保持总体平衡。这些制衡有利于保证社会公正合理的发展方向，以及社会整体的目标的实现。这种权力制衡机制对普遍服务基金的运作奠定了基础，在普遍服务基金机制中，政府、企业、公众作为不同的利益主体，其权力行使和义务履行的相互牵制和彼此约束，是实现普遍服务的基本保障。

普遍服务基金具有收入税性质，因此，基金的收取、管理和使用需要建立在规范的财政税收管理体系之上。采用普遍服务基金实现普遍服务具有诸多优势，但建立普遍服务基金机制必须要考虑可能发生的成本，只有经过成本与收益比较分析，才能决定是否建立普遍服务基金制度。若一个国家没有良好的税收系统，缺乏廉洁高效的财政管理体系，那么，普遍服务基金制度的建立将面临诸多困难。如征收成本很高，征收过程中的权力腐败导致影子成本奇高，或者基金成为某些利益集团的"小金库"，并没有为普遍服务成本的提供有效补充。因此，规范的财政金融体系是普遍服务基金运作的制度基础。

二　垄断行业的有效竞争

马歇尔在对土地、劳动、资本和组织等生产要素论述时充分肯定了规模经济的作用，但他注意到，在追求规模经济过程中会出现垄断，从而使经济运行缺乏竞争活力。在马歇尔看来，规模经济与竞争活力成为一个两难选择，这就是所谓的"马歇尔困境"。经济学家对如何克服"马歇尔困境"，把规模经济与竞争活力两者有效地协调起来进行了积极的探索。克拉克（Clark，1940）在总结前人观点的基础上，提出了有效竞争的概念，但在如何实现有效竞争，以及有效竞争的判断标准方面，仍有待进一步的研究。杨治（1985）指出："有效竞争的概念无论在理论上和实践中并没有解决多少实质性的问题，但是，在制定和实施产业组织政策时，又不得不把它作为一个出发点。"王俊豪（1998）提出了有效竞争的三大标准，有效竞争是一种竞争收益明显大于竞争成本的竞争；有效竞争是一种适度竞争；有效竞争应符合规模经济要求。尽管有效竞争的标准仍需明确，但有效竞争是垄断行业改革的方向。

建立普遍服务基金机制的实践证明，一个有效竞争的环境是建立并完善普遍服务基金机制的前提。这意味着必须打破电信、电力、自来水等垄断行业的独家垄断地位，引入市场力量，并出台有利于竞争的产业政策。垄断行业的有效竞争为普遍服务基金机制的运作提供基础，目前，建立普遍服务基金的国家主要通过向运营商收取资金的方式提供资金支持。因此，为了保障普遍服务资金来源的稳定供应，必须在保证社会分配效率的基础上，刺激企业生产效率并维护企业的发展潜力。垄断行业具有显著的规模经济，由一家企业垄断经营又会扼杀竞争活力。只有运营商之间的有效竞争，才能保证运营商在规模经济和竞争活力两者相互兼容的情况下，取得足够的收入。有效竞争的两个决定变量是规模经济和竞争活力，规模经济一般是指随着企业生产规模的扩大，企业的长期平均成本随着产量的增加而递减的经济现象，而竞争活力的经济意义表现为它与价格机制、供求机制的综合作用，发挥市场机制的自组织功能，实现社会资源的优化配置，提高经济效率。可见，规模经济和竞争活力是以不同的途径实现经济效率目标的。因此，有效竞争兼顾规模经济和竞争活力，有些竞争的实质是提高经济效率。

第四节 普遍服务基金面临的挑战

一 普遍服务基金的设立进展缓慢

我国电信行业的市场化改革较早，电信行业的普遍服务基金呼声也最高。2001 年 11 月 17 日，国务院下发的《电信体制改革方案的通知》强调了电信体制改革后普遍服务问题的重要性，并提出要尽快建立普遍服务基金，各电信运营企业均应承担普遍服务，促进电信普遍服务机制的转变，保障市场经济条件下的电信普遍服务。信息产业部从 1998 年开始筹划电信普遍服务基金，2002 年 6 月，信息产业部正式向财政部送达了《建立电信普遍服务基金的可行性研究报告》，该报告提出，由所有运营商共同出资建立普遍服务基金，共同承担全国的普遍服务，普遍服务基金以运营商收入为标准确定资金收取额度。信息产业部于 2004 年开始采用"分片包干"的方式，采取指定的方式确定电信业务经营者具体承担电信普遍服务的义务，推进中国电信行业的普遍服务。

邮政行业的普遍服务基金立法的进程最快，但是，邮政普遍服务基金的设立并不顺利。2009 年，新修订的《中华人民共和国邮政法》31 处提到了普遍服务，是目前我国垄断行业立法中普遍服务出现频次最高的法律。邮政普遍服务是指按照国家规定的业务范围、服务标准和资费标准，为中华人民共和国境内所有用户持续提供的邮政服务。国家对邮政企业提供邮政普遍服务、特殊服务给予补贴，第十七条规定：国家设立邮政普遍服务基金，邮政普遍服务基金征收、使用和监督管理的具体办法由国务院财政部门会同国务院有关部门制定。2012 年 12 月 29 日，《邮政普遍服务基金征收使用管理暂行办法》草案完成，向社会公开征求意见，国内多家民营快递企业都公开反对征收邮政普遍服务基金，在多方争议未解决的情况下，最终邮政普遍服务基金的征收使用管理办法未正式发布，邮政普遍服务基金也没有开始征收。

2002 年，《电力体制改革方案》第二十四条规定：国家电监会的主要职责之一是负责监督社会普遍服务政策的实施。这是电力行业相关政策文件中第一次提到普遍服务。2015 年，《关于进一步深化电力体制改革的若干意见》中 3 处提到普遍服务，只是对承担电力普遍服务的主体进行了规定，但没有提到电力普遍服务基金。

垄断行业的普遍服务理论研究集中在上述三个代表性行业，普遍服务的理论研究为这些垄断行业的政府决策提供了参考依据，普遍服务理念逐渐进入政府视野，政府开始制定普遍服务相关的政策或者法规，对普遍服务基金提出一些要求，对普遍服务义务进行一些规定。但普遍服务基金是市场竞争环境下的普遍服务机制，我国虽然已确立了市场经济体制，但建立普遍服务基金面临很多可操作性难题，政府在出台垄断行业的普遍服务基金时仍有顾虑。

二 垄断行业的有效竞争尚未实现

普遍服务基金是在竞争环境下推进普遍服务持续发展的最优选择。我国垄断行业的民营化改革和市场竞争机制取得了一些进展，但垄断行业内企业间的有效竞争尚未形成。

以电力行业为例，电力系统的运行包括发电、输电、配电和售电四个垂直相关的阶段，发电厂将能源转换成电能，通过电网将电能输送和分配到电力用户，从而完成电能从生产到使用的整个过程，电力供求平衡有赖于电力生产和输配电业务的高度协调。根据产业经济学权威乔·贝恩（Joe S. Bain）等建立的 S—C—P（Structure – Conduct – Performance）产业分析框架，市场结构决定市场行为，而市场行为又决定市场运行绩效。从市场结构分析电力市场 20 多年的市场化改革，结果发现，电力产业的发电环节形成了一定程度的竞争，而输配供环节基本上没有竞争，仍然实行区域性垄断经营。企业具备垄断地位是实施交叉补贴的基础，虽然电力产业进行了市场结构重组和民营化改革，但中国电力市场的垄断势力并没有削弱。

表 5 – 1   **电力行业的市场结构**

电力生产	颁发发电企业许可证 18345 家，6000 千瓦以上发电企业颁发了 4640 家
电力输送	输电企业共 39 家，其中，省级输电企业 32 家
电力供应	供电企业共计 3171 家，其中，地（市）级供电企业 431 家，县级供电企业 2740 家

资料来源：国家电力监管委员会：《电力监管年度报告》，http://www.serc.gov.cn，2010 年。

市场集中度是对整个产业市场结构集中程度的测量指标，用来衡量企业的数目和相对规模的差异，是市场势力的重要量化指标。CR_n 是用来度量 n 家企业的产量占整个产业比重，$0 < CR_n < 1$，CR_n 趋于零，表示市场竞争越激烈；CR_n 值越大，说明市场垄断程度越高。电

力生产企业的 $CR_5 = 0.49$，$CR_{12} = 0.6$，$CR_{27} = 0.7$，从电力 CR_n 的数据①看，电力生产环节的集中度相当高。由于 CR_n 只考虑了企业的规模，为更准确地评价电力产业集中度，引入产业集中系数指标 CI_n，产业集中系数表明某一产业前若干家企业的集中度为产业平均集中度的倍数，这一倍数越高，说明产业内前若干家企业的垄断程度越高。公式为：

$$CI_n = \frac{CR_n}{C_n} \tag{5.1}$$

$$C_n = \frac{100}{\text{产业内企业数目}} \times n \tag{5.2}$$

式中，CI_n 表示产业集中系数；CR_n 表示同第一个指标中的产业集中度；C_n 表示该产业每个企业平均拥有的份额（平均份额）；CI_5、CI_{12}、CI_{27} 的值依次是 18、9.2、4.8，这一指标结果与 CR_n 指标共同说明：发电企业的市场势力仍然存在，而且主要形式是国有垄断。

2002 年启动的电力体制改革，基本上实现了"厂网分开"，电力输配甚至销售环节均没有取得实质性的进展。电网环节分成了国家电网和南方电网两大企业，国家电网为跨区域超大型输电企业，业务范围涉及 26 个省份，下设华北、东北、华东、华中和西北 5 个区域电网公司；南方电网为跨省份的区域性输电企业，业务范围覆盖 5 个省份；内蒙古电力集团有限责任公司为地方国有输电企业，主要负责内蒙古西部地区输电业务。这 39 家电力输送企业基本上按照行政区划进行设置，在所属地理范围内形成了独家垄断，相互之间没有形成有效竞争。

电力供应企业是指在一个特定的区域内从事配电和售电业务的企业。2010 年，我国有地级区划 333 个，而同一层次的供电企业有 431 家，即一个地级行政区内平均有 1.3 家供电企业进行竞争，一个区域

---

① 中央直属五大发电集团占全国全口径装机容量的 49.03%；其他七家中央发电企业约占全国全口径装机容量的 11.41%；15 家规模较大的地方国有发电企业约占全国全口径装机容量的 9.65%；上述 27 家大型发电集团装机容量约占全国总装机容量的 70.08%。资料来源：国家电力监管委员会：《电力监管年度报告》，http://www.serc.gov.cn，2010 年。

内不到两家企业，难以形成有效竞争。我国县级行政区共有 2858 个，同级别的供电企业是 2740 个，县级供电企业在区域范围内基本上是独家垄断，甚至有一个供电企业为两个以上县供电的现象，根本没有形成竞争。

三　独立价格形成机制尚未建立

价格形成机制，简单地说，就是价格是如何形成的。垄断行业价格在形成过程中会受到政府、企业、公众的影响和制约，价格形成机制就是这种与价格形成、变化有关的影响或制约因素，其核心内容是"价格由谁决定，怎么决定"，简单来说，就是价格由政府部门依据某些规则决定还是由市场上的经营者自主决定？

在市场化背景下，垄断行业各环节的价格形成机制应该是：生产环节引入竞争，市场定价，即价格由生产者经过市场竞争确定；输配环节由政府监管，独立定价，即输配环节由政府依据成本监审的结果，采用合理的定价模型，制定输配环节的独立价格；销售环节由市场主导，政府调控，即销售环节主要由市场竞争决定，但政府要综合考虑产业发展与公众承受力等因素，进行适当的调控。

我国已初步确立了以市场形成价格为主的价格机制，价格机制改革的路径是：能由市场形成价格的都交给市场，推进供水、燃气、电力等领域价格改革，放开竞争性环节价格，充分发挥市场决定价格作用，政府不进行不当干预。政府定价的领域缩小到垄断行业中的网络定价环节，如城市供水的管网环节、燃气行业的管网输送环节定价、电力行业的输配电价等。《中共中央国务院关于推进价格机制改革的若干意见》（中发〔2015〕28 号）提出，按照"准许成本加合理收益"原则，合理制定垄断行业管网输配价格。准许成本即定价机关核定的定价成本。定价成本是指定价机关核定的经营者生产经营或者提供政府制定价格的商品或者服务的合理费用支出，是政府制定价格的基本依据。

2002 年，"厂网分开，竞价上网"改革后，电力行业的上网电价形成机制是：国家电力公司系统直属并已从电网分离的发电企业，执行政府价格主管部门按补偿成本原则核定的上网电价；独立发电企业的上网电价，由政府价格主管部门根据发电项目经济寿命周期，按照合理补偿成本、合理确定收益和依法计入税金的原则核定。通过政府招标确定上网电价的，按招标确定的电价执行。国有资本占发电资产的90%，由此可见，绝大部分的"上网电价"并非是由市场竞争确定的。输配电价是销售电价和上网电价之间的购销差价。2015年，国家发改委和国家能源局联合印发了《输配电定价成本监审办法（试行）》，标志着我国对电网输配环节的成本监审进入实质性阶段，也为我国输配电环节独立定价提供了科学依据。输配电环境的独立定价将促进电力行业的有效竞争，但这需要在核定清楚电网成本的基础上。目前，输配电环节的成本仍处于摸底阶段。电网环节的独立定价机制尚未建立。销售电价目前是各地方政府制定价格。总体来看，电力行业的价格形成机制并未实现按市场竞争而定。

垄断行业的价格形成机制基本上与电力行业类似，政府定价的范围基本上是全行业的定价内容，表5-2是浙江省2018年修订的政府定价目录，选择了部分典型的垄断行业为例，电力行业政府定价的内容包括上网电价、输配电价和销售电价；燃气行业定价内容包括配气价格和销售价格；供排水定价内容包括供水价格、自来水价格、污水处理费等。政府定价的范围包括竞争性环节和垄断性环节定价，这使已经引入竞争的发电、制水等环节无法通过价格机制进行竞争。垄断行业虽然引入了竞争，但市场竞争下的价格机制却无法发挥作用。

表5-2　　　　　　　　　浙江省政府定价目录（2018）

定价项目	定价内容	定价部门	备注
电力	省级以下电网调度的发电企业上网电价以及省级以下电网输配电价、销售电价	省价格主管部门	上网电价、销售电价不包括电力直接交易、招标定价等通过市场竞争形成的价格
燃气	省级天然气管网供城市燃气企业和燃气电厂销售价格	省价格主管部门	—
	辖区内公共管网燃气配气价格和销售价格	授权市、县人民政府	大用户、车用气除外

定价项目	定价内容	定价部门	备注
供排水	辖区内水利工程供水价格	授权市、县人民政府	用户自建自用的水利工程和供方与需方通过协议明确由双方协商定价的部分除外
	辖区内城乡公共管网供应的自来水价格	授权市、县人民政府	农村村民自建、自管的自来水除外
	辖区内污水处理收费	授权市、县人民政府	—

第六章　加强垄断行业普遍服务管制的政策建议

第一节　完善垄断行业普遍服务法规政策体系

制度建设受到民主社会的欢迎，法律制度建设更是民主社会的根本。普遍服务作为现代社会的民生工程，更是需要依靠法律制度建设来保障。在重构普遍服务的过程中，法律制度建设必然先行。建立与完善垄断行业普遍服务的法律体系，这是由垄断行业普遍服务的公益性和强制性所决定的，垄断行业的普遍服务是市场失灵的领域，为了实现普遍服务，政府必须制定落实垄断行业普遍服务的法律，各垄断行业管制机构制定具体行业的普遍服务法规制度，形成垄断行业普遍服务的法律体系。

一　国外普遍服务立法先行及经验借鉴

1934 年，美国通过了第一部《通信法》，该法宗旨是：尽可能使全体美国人民获得迅速、高效、价格合理、设备完善的国内、国际有线与无线通信服务。这一宗旨成为电信普遍服务的基本准则，并为电信普遍服务提供了基本法律依据。1996 年，美国颁布了新的《通信法》，该法明确将促进电信市场竞争和电信普遍服务，提高普遍服务水平作为重要目标，并对电信普遍服务的内容、资助对象和方式、电信普遍服务基金的来源以及管理等问题做了原则规定。1997 年，美国联邦通信委员会根据《通信法》的有关法律条款，颁布了《关于联邦—州普遍服务联合委员会的报告与命令》，作为《通信法》有关电信普遍服务的实施细则。这个文件对美国电信普遍服务的有关问题做了详细规定。美国 1996 年的《电信法》规定，由国际电信业务和州际电信业务提供者承担普遍服务义务。长途电信业务提供者提供边远和高成本地区用户的电信业务，所收取的费用不得高于向城市用户所收取的费用；州际电信业务提供者提供州际长途电信业务，向州外用户收取的费用不得高于向州内用户所收取的费用。各州可以在不与《电信法》规定相冲突的情况下，根据本州的实际情况，对本州的电信普遍服务进行管理。如果一个电信公司既提供州际、国际电话服务又提供州内电话服务，它不仅要按照联邦政府的规定履行普遍服务义务，还要履行本州政府规定的普遍服务义务。

澳大利亚 1997 年的《电信法》规定，在澳大利亚的全体公民，不论其居住或职业，都应该在公平的基础上合理地得到标准电话服务、公用电话服务及所规定的传输服务，电信公司应尽可能经济有效地履行普遍服务义务，由于履行普遍服务义务所形成的亏损由各电信公司在公平基础上分摊，亏损额和电信公司应承担份额的基本材料及确定方法应尽可能透明化。以后，又陆续颁布了《普遍服务价格上限法》和《消费者权益和服务标准法》，逐步建立和完善了普遍服务法律体系。《电信法》对普遍服务义务做了规定：除非得到法律豁免，所有的通信公司都必须承担普遍服务义务。澳大利亚将普遍服务公司分为在全国范围内提供服务的公司和在地区范围内提供服务的公司。部长以指定的方式规定承担普遍服务的两家或两家以上的普遍服务公司，普遍服务义务在这些公司之间分配。如果地区性普遍服务公司停止履行义务，且没有其他公司来替代，那么全国性普遍服务公司自动成为该地区的普遍服务实施者。

西班牙 1998 年的《通用电信法》对电信产业法律体系实施了全新变革，该法第三部分专门就普遍服务义务的相关问题做出明确规定。电信普遍服务被定义为以可以承受的价格向所有地区的用户提供符合质量要求的一系列电信服务，向公众提供电信业务的运营商和从事运营的电信网络运营商都应当承担普遍服务义务，普遍服务义务可以得到外部资金帮助。该法规定，在普遍服务地理范围内的任何主导运营商都可以被指定提供普遍服务业务。

日本 2001 年修订的《电信事业法》对指定的电信普遍服务管理机构提出了资格要求，要求基金管理机构应开展相关的活动，依据大臣令来决定补偿金数额，并就补偿数额和支持方法取得总务大臣授权，并向运营商征收普遍服务款项；基金管理机构有权要求运营商提供必要文件；基金管理机构可以设立基金管理服务咨询委员会并为其提供支撑，成员由基金管理机构任命并取得总务大臣批准。提供普遍服务的经营者依照总务大臣令向支持机构通报成本、收入及其他事项。《电信事业法》规定，有资格承担电信普遍服务的电信经营者为第一类电信业务经营者，普遍服务义务承担者由指定的方式确定，而且承担义务的运营商在会计要求、互联互通资费、业务地域范围等方面应符合总务省有关规定的要求。总务省制定的《电信领域的新竞争政策》确定了普遍服务的范围。

1994 年，印度的第一个《国家电信政策》（NTP 1994）首次将普遍服务写入其中，电信普遍服务被定义为以支付得起的、合理的价格向所有公民提供特定的基础电信业务。1999 年，印度颁布了新《国家电信政策》（NTP 1999），提出了促进电信市场开放竞争的一系列措施，同时强调了普遍服务义务和普遍服务目标，向人口低密度地区（包括农村和边远地区、山区和部落地区等）提供电信服务是普遍服务义务的主要目标之一。为了更好地推进普遍服务，印度电信部学习美国的经验，建立普遍服务基金，并在 2004 年的印度电信法修正案中，将有关普遍服务基金的内容写入该法，用法律保障普遍服务基金的法制化运作。

制定或修订垄断行业的基本法律，明确普遍服务的基本内容，并制定相关的实施细则，建立与完善垄断行业普遍服务的法律体系，为强化垄断行业的普遍服务提供法律依据，这是落实垄断行业普遍服务的基本前提。

二 完善我国普遍服务立法体系的建议

垄断行业的普遍服务是一个市场失灵的领域，需要政府通过制定强制性的公共政策，以有效落实垄断行业的普遍服务。这首先要求在法律层面制定有关落实垄断行业普遍服务的法律，然后由垄断行业的管制机构制定具体的普遍服务法规制度，形成垄断行业普遍服务的法律体系，以明确普遍服务的主体责任、普遍服务的主要对象和基本内容。

（一）完善垄断行业普遍服务的法律体系

我国垄断行业的立法滞后问题非常突出，《中华人民共和国电信法》自1980年开始起草以来，多次列入全国人大常委会立法规划或国务院立法计划，可是直到现在，《中华人民共和国电信法》仍未出台。电信行业这么多年的主要法律是《中华人民共和国电信条例》，2016年修订后，对普遍服务的内容只做了原则性的规定，条款与2002年版的《中华人民共和国电信条例》规定一模一样，十多年过去，电信行业的普遍服务立法没有取得进展。2015年新修订的《中华人民共和国电力法》中只字未提普遍服务，《关于进一步深化电力体制改革的若干意见》（中发〔2015〕9号）对电力行业的普遍服务做了一些安排。各种电力生产方式都要严格按照国家有关规定承担电力基金、政策性交叉补贴、普遍服务、社会责任等义务。电网企业按国家规定履行电力普遍服务义务。对普遍服务的规定不够完整，法律层级不高。2015年新修订的《中华人民共和国邮政法》对普遍服务的内容规定十分详细，特别是增加了设立邮政普遍服务基金的内容。

垄断行业普遍服务法规过于原则，缺乏可操作性的实施细则，因此，难以成为垄断行业普遍服务的法律依据。如按照《中华人民共和国电信条例》第四十四条规定，电信业务经营者必须按照国家有关规定履行相应的电信普遍服务义务。国务院信息产业主管部门可以采取指定的或者招标的方式确定电信业务经营者具体承担电信普遍服务的义务。电信普遍服务成本补偿管理办法，由国务院信息产业主管部门会同国务院财政部门、价格主管部门制定，报国务院批准后公布施行。但该条款没有对电信普遍服务的定义、范围、内容，依据国家的什么规定履行普遍服务义务做出具体规定；在具体承担电信普遍服务义务企业的选择方面，什么情况下采取指定的方式，什么情况下采取招标的方式都没有做出具体规定；如何补偿电信普遍服务成本，电信企业如何承担电信普遍服务义务等方面，也没有做出原则规定，据此难以落实电信普遍服务。

借鉴世界各国的立法经验，结合中国国情，法律法规应对普遍服务以下几个方面做出明确规定。①明确普遍服务的含义，普遍服务是指由国家制定政策，由企业负责执行，确保所有用户都能以合理的价格获得可靠的、持续的基本服务。②确立普遍服务目标和范围。垄断行业普遍服务的基本目标通过多种政策措施，使高成本地区的消费者能够使用垄断行业提供的普遍服务，以促进高成本地区社会经济发展，通过建立普遍服务基金，实现对弱势群体的直接补助，满足人民群众的基本生活需要。③明确普遍服务补偿的资金来源。不管是采用普遍服务基金还是政府补偿机制，普遍服务补偿资金来源都应该明确。因此，制定或修订垄断行业的基本法律，明确普遍服务的基本内容，并制定相关的实施细则，完善垄断行业普遍服务的法律体系，为强化垄断行业的普遍服务提供法律依据，这是落实垄断行业普遍服务的基本前提。

我国应出台《垄断行业普遍服务法》，对普遍服务的基本内容予以明确，对垄断行业普遍服务做出共同性要求。同时修订《中华人民共和国电力法》《中华人民共和国自来水法》《中华人民共和国燃气法》《中华人民共和国电信条例》《中华人民共和国铁路法》《中华人民共和国邮政法》等行业法律，对普遍服务的原则性规定进行解释说明，加强普遍服务管制的可操作性。普遍服务管制机构可以出台行业普遍服务管制条例，对普遍服务的管制目标、内容、程序、绩效等进行细化，形成系统的普遍服务管制法律法规体系，保护公众的公共利益，促进形成公平竞争环境，防止垄断权力的滥用，使市场运行更有效率。

（二）明确垄断行业管制机构的普遍服务管制职能

市场经济需要有更加完善的法律体系来保障。引入竞争是垄断行业改革的主旋律，但垄断行业的自然垄断性和公益性并没有随着竞争的出现而减弱，如果没有政府管制，成为市场竞争主体的企业追求自身利益最大化，这将损害公众利益，因此，垄断行业改革后，政府不仅需要管制垄断行业，更要加强对垄断行业的普遍服务管制。

依法管制，是指政府管制机构依据法律法规赋予的职责权限，在法律规定的职权范围内，对垄断行业的进入、价格、质量、标准、普遍服务等依法进行管制。依法管制本质是制约和合理运用管制权力，从这一本质出发，依法管制包括以下三个基本内涵：一是行使管制权力的主体合法，即管制机构是法律法规授权成立的，其法律地位得到法律保障，否则其管制行为不具有法律效力；二是管制权力的取得和行使合法，管制活动必须在法定的权限范围内开展，既不能不作为也不能越权；三是管制机构要对其管制行为的结果承担相应的责任。

垄断行业普遍服务法律制度的有效性，在很大程度上取决于垄断行业管制机构的效率。由于垄断行业的普遍服务具有动态性，而普遍服务法律制度具有相对稳定性，为解决这一矛盾，这要求在普遍服务的有关法律制度中明确管制机构对普遍服务的管制职能。例如，美国1996年的《通信法》明确要求美国联邦通信委员会考虑电信与信息业务和技术的发展，定期确定电信服务发展水平；还要求美国联邦通信委员会根据一定的原则制定与实施电信普遍服务政策等，并把电信普遍服务的落实情况作为评价美国联邦通信委员会的一个重要内容。

我国垄断行业普遍服务管制机构的法律地位还不明确，因此，制定或修订垄断行业的基本法律法规时，应增加关于垄断行业普遍服务管制机构的相关内容。首先，明确垄断行业普遍服务管制机构的法律地位，确定垄断行业普遍服务管制的机构名称。其次，明确垄断行业普遍服务管制机构的基本权力和职能，并将实施普遍服务管制职能作为管制机构绩效评价的一个重要指标，促使管制机构制定与实施有关普遍服务的可操作性强的相关规章，落实垄断行业普遍服务的责任主体与监管主体职责。

第二节　建立与垄断行业改革进程
一致的普遍服务机制

一　我国垄断行业市场化改革结果

电信行业的市场化改革从扶持中国联通开始。1993 年 12 月，国务院发文批准组建中国联合通信有限公司（以下简称中国联通），1994 年 1 月，吉通通信有限公司成立；1999 年 8 月，中国网络通信有限公司（以下简称中国网通）成立；2000 年 12 月，铁道通信信息有限公司成立。同时，有一批经营 IP 电话、增值电信业务的新企业相继进入电信行业。此后，对中国电信实行三次战略性重组政策。1999 年 2 月，对中国电信按业务实行纵向分割政策，将中国电信一分为四，即中国电信公司，主要经营有线通信和增值电信业务；中国移动公司，主要经营移动通信业务；中国寻呼公司；中国卫星公司，主要经营卫星通信业务。2001 年 12 月，再次对中国电信实行改革重组，将中国电信分割为南、北两个部分，北方部分和中国网通有限公司、吉通通信有限公司重组为中国网络通信集团；南方部分保留“中国电信集团公司”名称，继续拥有“中国电信”的商誉和无形资产。从而在中国电信行业形成了中国电信、中国网通、中国移动、中国联通、铁通公司和中国卫星公司为主体，同时存在若干家 IP 公司和多家电信增值业务经营企业的市场结构。2008 年，又对原来的大型电信企业实行战略性重组，形成了中国移动、中国电信和中国联通三家大型电信全业务经营企业。

我国电力产业的市场化改革开始于 1985 年，国家放开了发电侧的投资权，推行集资办电政策。同时对集资新建的电力项目按还本付息的原则核定电价水平，打破了单一电价模式，培育了按照市场规律定价的机制。1998 年，电力市场化改革进入“政企分开”阶段，撤销电力工业部，经营职能由国家电力公司接管，行政职能划入国家经济贸易委员会。2002 年，"厂网分开，竞价上网"改革主要体现在对国家电力公司的分拆。国家电力公司被拆分为 5 家发电集团、2 家电网和 4 家辅业公司。原国家电力公司管理的发电资产被组建为规模相当的 5 个全国性的独立发电公司；电网环节分别设立了国家电网和南方电网。2002 年，电力体制改革破除了独家办电的体制束缚，初步形成了电力市场主体多元化竞争格局，组建了多层面、多种所有制、多区域的发电企业；电网环节除国家电网和南方电网外，组建了内蒙古电网等地方电网企业。2015 年，《中共中央国务院关于进一步深化电力体制改革的若干意见》发布，首要任务就是按照"准许成本加合理收益"方法核定电网输配电价，通过输配电价改革推动电力行业的市场化进程。

城市供水产业改革可以追溯到 1978 年，但真正意义上的市场化改革开始于 20 世纪 90 年代初。1992 年，第一家由外资运营的中山坦洲供水 BOT 项目正式实施，开启了外资进入城市供水的先河。2002年，建设部出台《关于加快市政公用行业市场化改革进程的意见》，明确了引入竞争机制，建立特许经营制度，鼓励社会资本、外国资本采取多种形式，参与供水产业建设，真正打破区域行政垄断。随着一系列市场化改革政策的出台，开启了国际大型水务企业和国内民营资本进入城市供水产业的新篇章。2004 年，建设部出台《市政公用行业特许经营管理办法》，规范了城市供水等公用事业的运营，城市供水市场化改革进入快速发展时期，国际水务巨头和国内民间资本进入城市供水产业的数量不断增加，特许经营模式由 BOT 的"单一模式"逐步扩展到 BOT、TOT、ROT、BT、BOO、BOOT 等"多元模式"。供水产业实现了跨越式发展，缓解了城市供需矛盾，提升了供水企业的运行效率和服务水平。从 1992 年开始融资层面的市场化，从 2002 年起进入管网有限开放时期，2004 年至今供水经营模式的多元化。

20 世纪 80 年代以前，我国将燃气视为自然垄断行业，燃气生产、储存、输配、销售等环节一直采用由政府投资建设、国有企业垄断经营、亏损由财政补贴的建设经验模式。80 年代以后，居民用气需求增长，政府投资不足，燃气市场供需矛盾十分突出，液化石油气市场率先放宽准入，非国有投资开始进入液化石油气领域，打破了国有企业独家垄断经营格局，经营方式以市场经济为主，价格随行就市。2000年以来，民营企业以合股、独资、买断等不同投资方式参与燃气供应设施建设与经营，外资企业和民营企业通过并购重组等方式参与一些城市国有燃气企业的重组，进一步推动了燃气产业的市场化进程。2014年，国家能源局和国家发改委相继发布了《油气管网设施公平开放监管办法》和《天然气基础设施建设与运营管理办法》，拉开了燃气管网进入公平开放时代的序幕，燃气管网的开放是燃气产业市场化改革的"里程碑事件"。2015年2月，国家发改委下发《关于理顺非居民用天然气价格的通知》，规定将天然气存量气与增量气价格并轨，同时试点放开直供用户用气价格。价格并轨不仅有利于创建公平的市场竞争环境，也为推进天然气价格市场化奠定良好的基础。

上述4个典型行业的改革代表了我国垄断行业的改革进程及结果。电信行业引入了竞争，但竞争在三家寡头垄断行业之间开展，且三家企业均是国有控股大型企业。电力行业虽然进行了拆分重组、引入竞争等改革，但电力行业的竞争有限，且规模以上国有控股工业企业比重2016年仍高达58%，一半以上的大企业是国有控股；燃气、水的生产和供应业的市场化改革进程及效果比较显著，燃气行业规模以上国有控股工业企业比重从2000年的84%迅速下降到2016年的28%，平均每年降低3.5%；水的生产和供应业规模以上国有控股工业企业比重从2000年的46%逐渐下降到2016年的14%（见表6-1），平均每年降低2%，引入社会资本效果显著。

表6-1　　　　　　　　规模以上国有控股工业企业比重　　　　　　单位:%

年份	电力、热力生产和供应业	燃气生产和供应业	水的生产和供应业
2000	86	84	46
2001	84	79	45
2002	82	74	45
2003	79	66	43
2004	76	61	43

续表

年份	电力、热力生产和供应业	燃气生产和供应业	水的生产和供应业
2005	69	46	37
2006	67	43	35
2007	63	37	22
2008	59	30	21
2009	57	27	20
2010	57	26	20
2011	66	30	13
2012	66	30	14
2013	66	30	13
2014	64	29	14
2015	63	28	14
2016	58	28	14

资料来源：中经网数据库。

总体来讲，垄断行业国有控股的比例在逐年降低，但三个垄断行业的规模以上国有控股工业企业比重结果和变化幅度存在较为明显的差异。水的生产和服务业市场化改革早，推进速度快，2000 年，规模以上国有控股工业企业比重已经降低到 46%，而电力、燃气行业在 2000 年规模以上国有控股工业企业占 86% 和 84%。从十多年规模以上国有控股工业企业数量百分比的变化看，燃气行业引入社会资本效果显著，其次是水的生产和服务业，最后是电力、热力生产和服务业。2016 年，电力行业的规模以上国有控股工业企业占 58%，燃气行业的规模以上国有控股工业企业占 28%，水的生产和服务业规模以上国有控股工业企业占 14%。三个垄断行业规模以上国有控股工业企业比重放入一张图（见图 6-1），改革起点和改革进程的差异较为显著。

二 垄断行业的普遍服务机制需与改革进程一致

垄断行业采取的普遍服务机制与其行业管理体制改革的进程高度相关，在特定时期应采取与垄断行业改革进程相适应的普遍服务机制

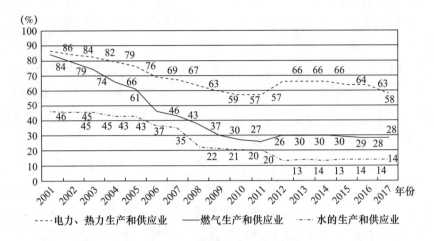

图 6 - 1　规模以上国有控股工业企业数量百分比

制。在垄断市场结构时期，实现普遍服务的基本机制是交叉补贴；在政府财政支持时期，实现普遍服务的主导机制是财政补贴；在竞争市场结构时期，实现普遍服务的最优机制是普遍服务基金，这是垄断行业发展演变过程中不同阶段的环境所决定的。普遍服务政策制定者可以根据我国垄断行业所处的发展时期，选择最优的普遍服务实现机制。

　　中国垄断行业的传统体制是国有企业垄断、政企高度合一的管理体制，与此相适应的普遍服务机制主要是政府的各种财政补助和企业内部的交叉补贴机制。随着垄断行业市场化改革的不断深化，垄断行业原有的交叉补贴机制因为市场竞争而变得举步维艰，财政补贴机制因政府信息公开等而受到挑战，垄断行业原有的普遍服务机制部分失效或基本失效。垄断行业改革后，普遍服务义务凸显，为了推动普遍服务的开展，垄断行业亟须建立与市场经济体制相适应的普遍服务基金机制。但垄断行业之间的市场化改革进程存在很大的差别，这决定了不能采取统一的普遍服务政策，而应采取与特定垄断行业改革进程相适应的普遍服务机制与政策。

三　多种普遍服务机制的组合应用

　　新中国成立后，我国垄断行业由国有企业独立垄断经营，早期以政府财政支持为主、企业内部交叉补贴为辅的方式开展普遍服务。改革开放后，随着政企分开、政事分开、政资分开的推进，政府逐渐退出垄断行业的直接经营，垄断行业的普遍服务主要以企业内部的交叉补贴为主、财政补助为辅的方式开展。进入 21 世纪，电信、邮政等市场化进程较快的行业开始探索建立普遍服务基金。普遍服务基金将是我国垄断行业普遍服务发展的主导机制。

由垄断行业体制改革进程的差异性、渐进性和普遍服务形式的适应性所决定，在今后相当长的时期内，垄断行业将采取多种普遍服务形式并存的局面。对特定垄断行业来说，在一定时期内也可能采取多种普遍服务形式。市场化改革程度越高的垄断行业，企业在普遍服务中的主体地位将越明显，更多地将采取普遍服务基金等与市场经济体制相适应的普遍服务形式。当然，即使是体制改革程度较高的垄断行业，也不可能单纯地采取普遍服务基金形式，特别是中国在相当长的时期内，垄断行业的主导企业仍是国有企业，政府与企业之间仍将保持紧密的关系，这决定了政府将在这些垄断行业普遍服务中发挥较大的作用。

（一）财政补贴的规范运作

我国垄断行业的国有资本存量资产规模十分庞大，垄断行业内国有企业仍占主导地位。政府在实现普遍服务目标时，通过制定普遍服务政策，要求国有企业履行普遍服务义务，不仅普遍而且短期内效果十分明显。因此，财政补贴是我国相当长的时期内开展普遍服务的重要手段。

财政补贴的规范运作。这里有两层意思：一是指政府财政补贴仍是普遍服务资金的来源之一，而且是非常关键的资金来源。财政补贴是一个传统经济范畴，是政府调控的工具，对于引导普遍服务投资、解决普遍服务问题有正面作用，垄断行业市场结构重组和民营化改革后，因为普遍服务具有成本大于收益、提供准公共产品和服务、追求公共利益等特征，政府不能卸下普遍服务义务的责任，在普遍服务成本补偿的资金供给方面仍要发挥作用。二是财政补贴要实现市场化运作。在资金运作方面实施改革，结合市场经济体制改革和垄断行业的民营化改革，将体现普遍服务补贴的资金融入市场化运作的机制，提高财政补贴资金的使用绩效。

（二）交叉补贴机制将逐步退出

交叉补贴机制在我国国有企业垄断时期发挥了重要作用，随着垄断行业的市场化改革，交叉补贴机制难以维持，即使在政府制定价格的管制下，交叉补贴也遭到了各种批评，最重要的是，交叉补贴阻碍了垄断行业的市场化改革。因此，交叉补贴退出历史舞台是未来趋势。电信行业目前的定价已经看不出交叉补贴的影子。电力、供水、燃气、污水处理、铁路、邮政等行业的用户间交叉补贴仍存在，但政府已经在做取消交叉补贴的规划。

以电力行业为例，1995 年颁布的《中华人民共和国电力法》对取消交叉补贴做出一些尝试，规定对同一电网内的同一电压等级、同一用电类别的用户，执行相同的电价标准。这里有两层含义：一是电价分类以用户用电电压等级为基础，电价反映不同类别用户对电力生产成本的影响；二是同一类别的销售电价实行相同待遇原则，即对同一电网内的同一电压等级、同一用电类别的用户，执行相同的电价标准，不再对同一用电类别的某些用户实行"优惠"电价，即不搞价格补贴或价格交叉补贴。但是，国务院未发布电价分类标准和分时办法，未对"交叉补贴"采取措施。

2005 年 3 月，国家发改委印发的《销售电价管理暂行办法》继续保留电价中的交叉补贴，规定居民生活和农业生产电价，以各电压等级平均为基础，考虑用户承受能力确定，并保持相对稳定。如居民生活和农业生产电价低于平均电价，其价差由工商业及其他用户分摊。即居民生活和农业生产电价可以低于平均电价，并明确规定由工商业及其他用户给予交叉补贴。

2015 年，《国务院关于进一步深化电力体制改革的若干意见》（中发〔2015〕9 号）中，将妥善处理电价交叉补贴与单独核定输配电价、分步实现公益性以外的发售电价格由市场形成等价格形成机制并列，表明政府解决电力行业交叉补贴的决心。《国务院关于进一步深化电力体制改革的若干意见》对解决交叉补贴给出了改革方向，结合电价改革进程，配套改革不同种类电价之间的交叉补贴。在过渡时期，由电网企业申报现有各类用户电价间交叉补贴数额，通过输配电价回收。

近些年的电价调整中，对居民用户的交叉补贴在逐步减少，与2016 年全国的平均销售电价相比，2015 年降低了 4.55%，而同期全国居民用电平均电价增长了 0.23%。① 全国 30 多个省份平均销售电价 2016 年无一例外全部降价，降幅大的超过 10%，而居民用电价格有升有降，2/3 的省份居民用电价格呈上升趋势。由此可见，工商业用户的高电价在逐步降低，而居民用户的低电价在小幅提升，电力用户间的交叉补贴在逐步缩小。

第三节　明确垄断行业普遍服务管制机构

垄断行业改革后，原先政企合一的管理体制被打破，新的企业进入原先垄断经营的产业，这必然要重新构建垄断行业的管制体制。管制的有效性在相当程度上取决于管制机构的效率，垄断行业普遍服务法律制度的有效性，在相当程度上决定于垄断行业规制机构的效率。因此，设立具有相对独立性的管制机构，以对垄断行业实行有效管制便成为当务之急。②

一　构建相对独立的普遍服务监管机构

相对独立的管制机构，是指有明确的专门的机构对垄断行业进行综合管制。首先，要明确垄断行业的管制机构，这主要是垄断行业的主管部门。其次，应通过法规授权，将垄断行业管制的所有权限赋予设立的管制机构；形成由专业的管制机构对垄断行业的价格、进入或退出、质量和标准、普遍服务等进行综合性管制。

---

① 国家能源局：《2016 年度全国电力价格情况监管通报》，http://zfxxgk.nea.gov.cn/auto92/201712/P020171228590567105234.pdf。

② 王俊豪：《中国垄断行业管制机构的设立与运行机制》，商务印书馆 2008 年版，第33 页。

垄断行业由行业主管部门进行管制是最优的制度安排，行业主管部门专业性强，多年来的行业管理经验以及与行业内企业的良好关系，有助于行业主管机构更好地进行管制，但我国垄断行业的主管部门众多，一个政府部门管理垄断行业的一个环节，造成"九龙治水"的局面。如城市水务行业，水利部、建设部、环保部等都有管理水务行业的权限。信息行业，工业与信息化部、广电总局在"三网融合"背景下都有管理网络信息的职权。

确定垄断行业普遍服务的管制机构主要有两条路径：一是将垄断行业网络环节的主管部门确定为普遍服务管制机构，网络环节是垄断行业的基础，网络环节也是市场失灵的领域。因此，市场化改革后，网络环节仍是政府管制的范围，通过网络扩展实现普遍服务也是基本路径。将网络环节的主管部门确定为普遍服务机构，有利于推动普遍服务的开展。二是推进行业内"大部制"改革，按照"精干、统一、效能"的原则，改变目前适应计划经济体制的"小部门体制"，实行综合管理，整合、归并政府职能，设置综合性政府机构，实行市场经济条件下的"大部门体制"，使政府部门逐步向"宽职能、少机构"的方向发展，以切实减少部门职责交叉事项，变部门之间相互推诿为部门内部的高效协调。如能源行业，通过整合，将能源行业管制权限集中到国家能源局，解决了多部门管制下的职能交叉问题。

二　赋予管制机构完全的管制权限

我国政府职能部门数量众多，特定垄断行业的职能分散在不同的政府部门非常普遍。经过数次政府机构改革，一些垄断行业的"大部门体制"机构初步建立，一些垄断行业仍实行分段管制体制。垄断行业的"大部门体制"机构改革为职能整合提供了条件，但是，垄断行业管制职能调整不应局限于机构改革的范畴，应将管制权限集中赋予专门的管制机构。

垄断行业"大部门体制"机构改革要取得实质性进展，需要通过职能整合来实现，以价格管制为例，计划经济时期，物价局是负责物价的行政机构，为维护物价市场的平稳发展发挥了重要作用，随着市场经济体制的形成，价格管制的范围大幅减少。垄断行业的监管主要有两个方面：一是以价格和进入或退出为核心的经济性监管；二是以安全、健康和环境保护为目标的社会性监管。从世界各国监管机构的设置和职能配置来看，经济性监管与社会性监管的部门分权实施是基本模式。因此，我国监管机构改革的方向为"经济性监管与社会性监管适度分离，经济性监管权合理集中"。1994 年，国家物价局撤销，其价格监管的职能并入国家发改委，在国家发改委内设价格司，负责价格制定与成本监审等职能。物价局与发改委合二为一，实现了经济性管制职能的相对集中。

普遍服务管制与接入管制、互联互通管制、价格管制、质量管制等相互依存，但垄断行业的上述管制权限常常分散在不同的政府部门。这些部门主要是国家发改委、国有资产监督管理委员会、工业和信息化部、交通运输部、水利部、住房和城乡建设部。其中国家发改委是综合管理部门，国家发改委在经济发展和经济调节方面主要发挥宏观调控的作用，目前垄断行业价格和进入管制等重要管制职能集中在国家发改委。建议将国家发改委关于交通运输的职能调整并入交通运输部，关于电力行业的职能并入国家能源部，关于水利的职能并入水利部等。逐渐将国家发改委直接干预微观经济主体的权限归入专门的管制机构，形成垄断行业主管部门管制权限的集中，实现综合性管制。

第四节　在垄断行业推行普遍服务基金政策

20 世纪 80 年代，放松政府管制改革使垄断行业普遍服务陷入危机。垄断市场结构向竞争市场结构的过渡，使传统的交叉补贴机制面临竞争的挑战，竞争与交叉补贴的矛盾成为影响改革成败的关键因素。以美国为首的西方发达国家纷纷建立起与市场经济体制相适应的普遍服务基金制度。如美国政府于 1983 年建立了电信普遍服务基金、邮政普遍服务基金、竞争性服务基金等，用于支持垄断行业的普遍服务；英国于 1997 年着手在电信行业建立电信普遍服务基金，对人口稀少的边远农村地区提供电信服务；20 世纪 90 年代，欧盟为了推进当时欧盟各国的邮政改革，逐步取消邮政专营，瑞士、德国等国家开始对进入市场的企业收取邮政普遍服务基金；加拿大自 2001 年起对邮政普遍服务融资方式进行改革，通过建立普遍服务基金的方式为普遍服务提供资金支持；澳大利亚、伊朗、南非等国家也相继建立了普遍服务基金及相关政策。

各国的实践证明，竞争的市场环境是建立并完善普遍服务基金制度的前提，反过来讲，普遍服务基金也是在竞争环境下推进普遍服务持续发展的最优选择。从中国垄断行业的市场结构重组和民营化改革看，多家市场竞争主体的形成是制度创新的必然后果，为了营造一个公开、公平、公正的竞争环境，建立普遍服务基金制度是垄断行业改革后的首选机制。中国经济体制已经历了 40 年的改革，市场经济体制基本形成，基本实现了以市场为主的资源配置机制。中国垄断行业也进行了一系列改革，打破了垄断行业独家垄断，形成了多种所有制企业并存的竞争格局，普遍服务基金发挥作用的基础条件逐渐成熟，普遍服务基金将是中国解决垄断行业普遍服务的基本对策。

一　建立普遍服务基金制度

（一）设立普遍服务基金

普遍服务基金，从性质上来讲，与我国的政府性基金类似，都是政府为了满足部分群体受益的特定公共服务，通过收费方式分摊普遍服务成本，为特定垄断行业发展提供稳定的资金来源。我国垄断行业的发展过程中，政府根据需要设置了各类名目的基金或专项收费，如电力行业的电力建设基金、农网还贷资金，供水行业的水利建设基金、国家重大水利工程建设基金，电信行业早期设置的电信初装费、邮电附加费等。垄断行业改革后，政府继续以促进产业发展目的而征收各类资金，缺乏足够的公信力。国务院进行了多次清理规范政府性基金的行动，停征不能适应政府职能转变要求的基金，整合征收对象相同、计征方式、资金用途相似的基金，政府性基金数量锐减，从 2000 年的 327 项减少到 20 多项，我国政府性基金处于规范阶段。

我国应设立普遍服务基金，替代垄断行业的各种发展性政府性基金，增加垄断行业政府性基金的公信力，同时为垄断行业提供长期稳定可靠的资金来源。以电力行业为例，1987年，经国务院批准在全国范围内向电力用户征收每千瓦时用电量两分钱专门用于电力建设，财政收支中设"电力建设基金"这一科目，到"九五"期末，电力建设基金政策已执行期满。经国务院批准，从2001年起每度电两分钱并入电价，其收入专项用于解决农村电网改造还贷问题，在政府收支中设"农网还贷资金"科目，执行时间暂定5年，执行到2005年年末，《财政部关于处理18项到期政府性基金政策有关事项的通知》（财综函〔2006〕1号）中指出，农网还贷资金征收工作按照《财政部关于印发农网还贷资金征收使用管理办法的通知》（财企〔2001〕820号）继续执行。电力行业的政府性基金从电力建设基金过渡到农网还贷资金，在收取标准、收取对象、收取方式、资金使用等方面没有实质性的变化，只是基金名称的变化。事实上，电力建设基金或农网还贷资金，与垄断行业的普遍服务基金性质类似。因此，农网还贷资金征收到期后，政府应该设置电力普遍服务基金这一财政收支科目。

从制度创新的角度看，随着垄断行业改革的不断深化，必然形成多家竞争主体的格局，普遍服务基金发挥作用的基础条件逐渐成熟，为了营造公开、公平、公正的竞争环境，必然要构建与市场竞争体制相适应的普遍服务基金机制。这不仅能体现公平原则，而且有利于保证资金来源稳定，并增强垄断行业经营企业的普遍服务意识。建议垄断行业征收的各类发展基金到期后，设立普遍服务基金。

设立垄断行业普遍服务基金的优势是：垄断行业不用频繁地调整或更换政府性基金的名称，财政部门省去了调研开会、征求意见、出台文件、调整预算表格等工作。同时，普遍服务基金征收的目的是实现普遍服务，基金征收的理由具有充分的公信力，容易获得社会的认同。此外，我国政府性基金的收缴和拨付工作已经有了基础和经验，建立普遍服务基金也有章可循。

设立普遍服务基金后，在《政府收支分类》中政府性基金下相应设立"普遍服务基金"科目。政府、企业、公众为普遍服务筹集的资金直接缴入国库单一账户，企业获批普遍服务基金的金额由国库单一账户直接拨付到企业账户。普遍服务基金管理收缴分离、专款专用、直达高效。

（二）明确垄断行业普遍服务基金的来源

世界各国普遍服务基金的征收来源有多种形式，有的国家向垄断行业的经营者收取，有的向用户收取，有的由政府提供，有的国家兼而有之。我国垄断行业的普遍服务基金应采取政府提供和向用户收取相结合的方式。

1. 普遍服务基金来源于企业

市场经济国家通常是通过向运营企业收费的方式筹集普遍服务基金。如美国新《电信法》规定，每一个提供州际电信业务的企业，都应在公正、非歧视性的基础上，对美国联邦通信委员会为维护和发展电信普遍服务而建立的电信普遍服务基金做出贡献。美国联邦通信委员会确定电信普遍服务者的原则是：在确保电信普遍服务贡献总额的基础上，保证电信普遍服务贡献机制既不影响电信公司的经营决策，也不使电信普遍服务贡献者遭受损失，力求创造公平竞争的环境。在确定征收基数后，美国联邦通信委员会定期公布普遍服务征收比例，征收基数乘以征收比例即为每个电信公司的贡献额。美国所有普遍服务项目所需的补贴资金都来自普遍服务基金，普遍服务基金以电信公司的州际及国际业务收入为征收基数，征收比例由电信管制部门在每个季度开始前，根据相关数据评估确定。美国电力普遍服务基金筹集的方法是：在居民每月的电费中增加一个固定额度作为电力普遍服务基金，商业用户和工业用户按照其电费使用额度不同缴纳不同额度的基金。1992年，加拿大广播电视电信委员会（CRTC）制订普遍服务计划，为普遍服务开展制定筹资制度，规定每个运营商依照其相应的长途电信流量时间支付普遍服务费用，包括主导运营商和新进入者在内的所有长途电话业务都被要求支付普遍服务费用。秘鲁于1994年开始征收电信行业总收入的1%作为普遍服务基金，用于向某些地区的电信服务提供定向补贴。

2. 普遍服务基金来源于政府

政府预算向普遍服务基金注资也是一种筹资的渠道，如智利政府于 1994 年设立电信发展基金，智利政府认为，普遍接入是一项社会政策，向普遍接入业务提供补贴是政府的责任，而非电信运营商或电信用户的责任。因此，政府每年都会批准用于电信发展基金的特别拨款，不向运营商收费。

3. 普遍服务基金来源于用户

通过向用户收费筹集普遍服务基金的做法比较普遍，日本总务省于 2006 年开始实施普遍服务基金制度，普遍服务基金的来源采用普遍服务基金用户分摊制度，所有电话用户（包括移动用户和固定电话用户）都须缴纳一定的费用，纳入普遍服务基金，以弥补普遍服务提供商日本电报电话公司为边远地区提供电信服务而承受的亏损。这种做法从制度和资金上支持了日本电报电话公司所经营的固定电话业务。

4. 普遍服务基金来源的多元化

通过多种方式组合筹集普遍服务基金更为靠谱。印度于 2002 年建立电信普遍服务基金制度，规定除增值业务运营商外，所有运营商都将其调整后毛收入的 5% 直接上缴国库，然后财政部将资金拨付给普遍服务基金管理部进行管理和使用。为了筹得更多的普遍服务基金，电信部还在收取频率使用费时，将总收入的 5% 拨给普遍服务基金。

综上所述，各个国家根据经济发展、财政制度的差异，设立普遍服务基金后，普遍服务基金的来源存在较大的区别。亚洲国家的国家治理、行政体制、文化禀赋有较大的相似性，普遍服务基金来源的规定对我国普遍服务基金来源有借鉴意义。

5. 我国普遍服务基金来源于政府和用户

普遍服务的三个主体政府、企业和公众都可以成为普遍服务基金的来源，但我国通过向所有企业征收普遍服务基金的做法难以实现。首先，垄断行业内各企业公平竞争的制度尚未形成，国有企业在国家的财政补助和政策支持下，承担普遍服务义务。承担邮政普遍服务义务的中国邮政公司在全球 500 强公司的排名中快速上升，2016 年居第 105 位，世界邮政行业排名列第二位。而邮政行业内的其他数量众多的民营企业规模偏小，让竞争中盈利微薄的民营快递企业贡献其利润，去补偿已成为世界排名第二位的中国邮政，缺乏公信力。其次，垄断行业内国有企业与民营企业的非对称竞争。如我国普遍服务基金制度建设进程较快的邮政行业，2012 年年底，《邮政普遍服务基金征收使用管理暂行办法》草案征求意见时，遭遇了快递公司的强烈反对，民营企业不愿意缴纳基金的主要原因之一是邮政专营造成的非对称竞争。再次，普遍服务义务是政府的职责。政府委托企业提供普遍服务，当然应该由政府负责投资平衡收支，包括补偿因提供普遍服务造成的亏损，而不应该将负担转嫁给企业，这一普遍服务论点有一定的道理。最后，政府向企业转嫁负担，企业会通过提高价格将负担转嫁给用户，最终的征收对象是垄断行业的用户，可是，我国垄断行业的用户定价中已经附加了各种名目的政府性基金。因此，在短期内，我国政府与国有企业关系还未完全理顺之前，向企业收取普遍服务基金方式可行性不大。

我国垄断行业普遍服务基金来源应是政府和用户，政府在编制年度预算时，应从公共财政预算收入中安排一部分资金用于普遍服务，并建立普遍服务支出随财政收入增长而增加的机制。向用户筹集普遍服务基金，主要是随产品定价附加的收费，如每度电两分钱的农网还贷资金、每吨水 0.8 元的污水处理费等。普遍服务基金建立后，可参照原先政府性基金的设置方式，随定价附加普遍服务基金收费，为垄断行业普遍服务筹集稳定可靠的资金。事实上，我国政府一直是普遍服务资金供给的主体，如 2005 年国家发改委办公厅《关于无电地区电力建设有关问题的通知》中提出，无电地区电力建设投资由国家和地方共同筹集，国家承担的无电地区电力建设投资，主要通过中央预算内投资、国债投资和有关国际援助资金解决，初步按 50% 考虑，并根据中央财力和各地实际情况再进一步研究确定；地方承担的无电地区电力建设资金和电站建成后的运行维护费用缺口，由省级政府负责筹措，可以通过地方财政预算内资金等多种方式解决。

（三）确定普遍服务基金的资助对象和内容

普遍服务具有动态性。普遍服务的水平反映了一个国家社会经济发展的水平，补贴对象和内容需要随着经济的发展变化和垄断行业的发展阶段而发生相应的调整，但在特定时期，普遍服务又具有相对稳定性，是一个国家一段时期内的战略目标，如我国的村村通工程。考虑到国家财政收入有限和垄断行业基础较差的背景，普遍服务基金补贴对象的范围不宜确定太大。普遍服务基金资助对象和内容应确定为：首先，对在高成本地区提供普遍服务的企业进行成本补偿，维护企业的积极性和发展潜力。其次，在此基础上，对低收入用户进行直接补助，提高补贴的针对性和效率，提高低收入用户的支付能力，最终实现普遍服务。

1. 普遍服务基金的补贴对象：企业

普遍服务基金的补贴对象主要是承担普遍服务义务的企业，对提供普遍服务的企业成本进行补偿，维护企业的发展潜力，实现普遍服务的可接入目标。普遍服务基金是竞争环境下的普遍服务机制，在垄断行业内多个企业共存的情况下，是所有企业都有资格获得普遍服务基金补贴，还是特定企业才能获得普遍服务基金补贴，决定着普遍服务基金补贴的效率。从各国普遍服务基金补贴的实践看，主要有两种方式。

（1）企业自主选择承担普遍服务义务，并获取普遍服务基金补贴。美国1997年的《普遍服务法令》规定，任何一个合格的能提供普遍服务的公司，无论使用的技术如何，只要提供政府规定的普遍服务项目，就都有资格接受普遍服务的补贴。这种方式下，由企业竞争普遍服务义务，提供普遍服务义务，并获得普遍服务基金的补贴。通过招标，可以避免政府为准确计算成本补贴所做的大量工作。印度的普遍服务项目招标按照大区进行，全国的普遍服务任务被划分为21个电信地区，每个地区在进行招标之前，基金管理部进行调查研究（所需的数据由各运营商上报），根据该地区的自然地理人口特点，基金管理部聘请专家开发工程数学模型，找出一个最有效的接入服务模式，然后根据这个模型，计算出这个地区需要多少投资，基金管理部在此基础上提出一个招标的最高补贴数额。在招标过程中，通常一个地区可能有几家运营商参与竞争，为了使这种政策更具透明性，政府通过竞标的方式来选择报价最低的（这种报价应低于最高补贴数额）运营商为该地区提供接入服务。在智利，MTT 每年确定建设若干个电话点，电话点一般集中在 2000—3000 人的小村庄，一般政府确立6000 个电话点，然后测算成本，进行排序，决定基金的补贴额，向运营商进行招标。补贴主要用于设备购买、安装和运营成本，一般考虑使运营商能在 10 年内达到收支平衡，10 年后开始盈利，相应地，得到补贴的运营商要保证该电话点运营 10 年以上。

（2）政府指定特定的企业承担普遍服务义务，并为企业提供普遍服务基金补贴。澳大利亚将普遍服务公司分为全国范围内提供服务的公司和在地区范围内提供服务的公司。部长以指定的方式规定承担普遍服务的两家或两家以上的普遍服务公司，普遍服务义务在这些公司之间分配。如果地区性普遍服务公司停止履行义务，且没有其他公司来代替，那么全国性普遍服务公司自动成为该地区的普遍服务实施者。1998 年，西班牙《通用电信法》规定，在普遍服务地理范围内的任何主导运营商都可以被指定提供普遍服务义务。

我国垄断行业普遍服务基金设立后，可采取美国普遍服务基金的补贴对象运作，规定承担普遍服务的企业都可获得普遍服务基金补贴。让企业通过竞争的方式获得普遍服务资格，让多家企业竞争垄断行业普遍服务项目的特许经营权，由企业提出报价，政府选择要求普遍服务基金补贴较少，效率较高的企业提供电力普遍服务。为保证特许投标实际效果，应防止在特许投标阶段的竞争不充分问题。我国垄断行业中的国有企业拥有完善的网络以及相关的经验，这会阻碍新企业的竞争动力与信心；国有企业与政府主管部门之间的各种关系也会使新企业处于竞争劣势。因此，政府应鼓励尽可能多的企业参与投标竞争，以防止企业之间进行合谋，还要防止具有战略性优势的企业可能采取的阻碍其他竞争的行为。

建立普遍服务基金，并对承担普遍服务的企业亏损进行合理补贴，这有利于鼓励企业实施网络扩张，积极履行普遍服务义务，通过竞争方式分配普遍服务义务和普遍服务基金，体现了平等竞争的原则。因此，普遍服务基金机制的实施，将为中国垄断行业改革后建立一个平等竞争的平台。

2. 普遍服务基金的补贴对象：低收入用户

低收入用户即社会的弱势群体，这部分群体对国家经济、社会的协调稳定发展，建设和谐社会起着至关重要的作用。由于农村基础设施建设滞后，经济发展水平低，农村居民人均可支配收入水平偏低。根据国家统计局的收入分组情况，农村的低收入户、中等偏下户、中等收入户、部分中等偏上户的人均可支配收入水平均低于城市的低收入户，农村收入偏低的面比较广。在城镇，也存在部分低收入群体，如下岗失业人员、孤老伤残人士等弱势群体，他们的收入水平也难以充分享受垄断行业的基本服务。在建设社会主义和谐社会的过程中，对农村和城市的弱势群体，政府和垄断行业经营者应落实普遍服务政策，逐步使全体人民有能力享受垄断行业的基本服务，从而促进社会主义物质文明建设。

对低收入用户的补贴，首先，确定低收入用户标准，这决定着普遍服务基金补贴的范围。其次，确定低收入用户基本生活必需品的数量，这决定着普遍服务基金补贴的数量。最后，确定普遍服务基金补贴的发放方式，这决定了普遍服务基金补贴的效率。

（1）低收入用户的确定标准。低收入用户的区分标准可与最低生活保障制度结合起来。我国于20世纪90年代开始建立最低生活保障制度，1999年10月1日颁布实施的《城市居民最低生活保障条例》规定，凡共同生活的家庭成员人均收入低于当地城市居民最低生活保障标准的，均有从当地人民政府获得基本生活物质帮助的权利。城市居民最低生活保障标准，按照当地维持城市居民基本生活所必需的衣、食、住费用，并适当考虑水、电、燃煤（燃气）费用以及未成年人的义务教育费用确定。各城市陆续制定了最低生活保障标准，并随着经济发展和财政收入而调整。

表6-2是2016年各省份城市、农村的最低生活保障标准，农村和城市的最低生活保障标准按从高到低进行了排序。表6-3是2016

年各省份城市、农村的最低生活保障标准的统计特征。2016 年，我国城市最低生活保障标准平均为 6263 元/年，最大值是上海市的 10560 元/年，最小值是新疆的 4607 元/年，标准差为 1482 元/年，从城市最低生活保障标准统计特征值看，城市最低生活保障标准差距较大。我国农村最低生活保障标准平均为 4289 元/年，最大值是上海市的 10440 元/年，最小值是西藏自治区的 2622 元/年，标准差为 2070 元/年，与城市相比，农村平均最低生活保障标准比城市降低 1/3，农村最低生活保障标准的标准差更离散，农村最低生活保障标准存在更大的差距。

表 6 - 2 　　　 2016 年各省份城市、农村的最低生活保障标准 　　　单位：元

地区	城市	地区	农村
上海	10560	上海	10440
北京	9600	北京	9600
天津	9360	天津	9060
西藏	8322	浙江	7292
浙江	8085	江苏	6481
江苏	7330	广东	5343
广东	6914	内蒙古	4212
内蒙古	6483	海南	4163
黑龙江	6431	辽宁	3915
辽宁	6274	福建	3841
福建	6177	安徽	3840
贵州	6088	湖北	3829
河北	6014	黑龙江	3787
安徽	5965	山东	3778
山东	5939	重庆	3695
湖北	5855	吉林	3445
江西	5770	宁夏	3389
陕西	5754	河北	3359
海南	5604	江西	3315

地区	城市	地区	农村
重庆	5516	山西	3247
广西	5491	陕西	3203
吉林	5363	贵州	3202
云南	5306	四川	3155
山西	5293	河南	3084
湖南	5175	湖南	3082
河南	5102	新疆	2994
四川	5034	广西	2985
宁夏	4996	青海	2970
甘肃	4931	甘肃	2933
青海	4810	云南	2711
新疆	4607	西藏	2622

资料来源：中华人民共和国民政部官网，http://www.mca.gov.cn/article/sj/。

表 6 - 3　　　　　　　2016 年各省份城市、农村的最低
生活保障标准的统计特征　　　　单位：元

变量	样本数	均值	标准差	最小值	最大值
城市	31	6263	1482	4607	10560
农村	31	4289	2070	2622	10440

最低生活保障标准是按照家庭基本生活所需制定的标准，与普遍服务的内涵一致，因此，以最低生活保障标准及其覆盖范围作为垄断行业普遍服务补贴对象，具备合理的理论基础。截至 2017 年第三季度，全国城镇最低生活保障人数为 132.4384 万人，全国农村最低生活保障人数为 4078.2085 万人，农村居民是普遍服务基金补贴的重点对象。综上所述，建议普遍服务基金的补贴范围与最低生活保障制度的覆盖范围一致，使普遍服务基金能够补贴到最需要帮助的那部分群体，提高补贴的针对性和公平性。

（2）低收入用户的基本需求数量标准。低收入用户对垄断行业产

品的基本需求数量，由于各地居民的收入水平、消费习惯等差异很大，很难制定统一的标准，但我国垄断行业的定价政策中已经做了一些尝试。《国家发改委关于居民生活用电实行阶梯电价的指导意见》（发改价格〔2011〕2617号）提出，各地根据经济发展水平和承受能力，对城乡"低保户"和农村"五保户"家庭每户每月设置10千瓦时或15千瓦时免费用电基数。各地在制定电价政策时，均按照国家发改委的要求，专门设置了低收入群体的优惠电量标准。如《浙江省物价局关于完善居民生活用电阶梯电价政策有关事项的通知》（浙价资〔2012〕169号）规定，对城乡"低保户"和农村"五保户"实行每户每月15千瓦时的免费用电政策。《湖北省物价局关于实施居民阶梯电价试行方案的通知》（鄂价环资规〔2012〕98号）规定，对全省城乡"低保户"和农村"五保户"家庭每户每月设置10千瓦时免费用电基数。每户每月10千瓦时电量按扣除政府性基金及附加的电费金额退费，由供电单位划转给民政部门，再由民政部门发放到城乡"低保户"和农村"五保户"家庭。

《国家发改委、住房和城乡建设部关于加快建立完善城镇居民用水阶梯价格制度的指导意见》（发改价格〔2013〕2676号）提出，各地在建立居民阶梯水价制度工作时，要充分考虑低收入家庭经济承受能力，对低收入居民家庭可以设定一定数量的减免优惠水量或增加补贴等方式，确保其基本生活水平不因实施阶梯水价制度而降低。地方根据居民用水情况，大致确定了每户每月3吨左右的用水优惠量，如《浙江省衢州市关于实施衢州市区城市供水价格改革的通知》（衢发改价〔2015〕16号）规定，对衢州水业集团供水的市区"低保户"家庭，凭民政部门核发的有效证件，实行每户每年40立方米免费生活用水。垄断行业已有的最低需求量标准，可以作为普遍服务基金的补贴标准。

（3）低收入户的普遍服务补贴发放方式。普遍服务基金补贴的发放方式，从各地垄断行业的定价政策看，一些地方采取最低用量费用直接减免的方式，给予弱势群体补贴；一些地方采用先征收后退费的方式给予补贴。普遍服务基金制度建立后，建议对用户的补贴采用直接减免最低量费用的方式。由企业根据补贴用户的范围、最低用量、收费标准编制用户补贴预算，报普遍服务基金管制机构审核，批准后财政部门通过国库单一账户直接把补贴转入企业账户，然后企业在提供服务时，对符合条件的用户实行费用直接减免。这种方式效率最高，资金通过的环节少，而且直接到达受补贴的用户。

由上述分析，普遍服务基金的补贴对象主要是在高成本地区提供普遍服务的企业和低收入用户。普遍服务基金的补贴可分两个阶段展开：首先，对在高成本地区提供普遍服务的企业进行成本补偿，维护企业的发展潜力，实现普遍服务的可接入目标；其次，等时机成熟时再考虑对低收入用户进行直接补助，实现普遍服务的可支付得起目标。当然，对低收入用户的补贴要等普遍服务基金运作成熟后再开展，留出时间完善基金运作的基础条件，包括政府部门间的信息共享、居民最低生活需求量标准的测算、研究用户补贴发放的基本办法等。

二 重视普遍服务基金的科学管理

（一）设置普遍服务基金管制机构

1. 国外普遍服务基金管制机构的经验借鉴

美国对电信普遍服务基金管理分联邦和州两个层次。在联邦层次上，有美国联邦通信委员会、联邦—州普遍服务联合委员会和普遍服务管理公司 3 个管理机构。美国联邦通信委员会负责制定全国范围的普遍服务政策，建立与完善普遍服务机制，界定普遍服务的资助对象和服务项目，确定普遍服务基金的征收对象、征收基数与比例等。联邦—州普遍服务联合委员会是应《电信法》要求成立的一个专门的普遍服务联合咨询委员会，负责向美国联邦通信委员会提出有关普遍服务的内容、普遍服务补偿机制等方面的政策建议，它由美国联邦通信委员会成员、各州委员会成员和消费者代表组成，是一个普遍服务咨询机构。普遍服务管理公司成立于 1999 年，它是一个非营利性中介机构，负责具体执行普遍服务政策，包括对普遍服务基金的日常管理和普遍服务项目的日常管理，受理、审查普遍服务提供者的补偿申请等。它分工较细，设有高成本与低收入部、农村医疗健康部、学校与图书馆部，各部具体负责对普遍服务特定对象的管理工作。

澳大利亚电信普遍服务的管理是由通信管理局（ACA）负责，具体负责的部门是普遍服务义务部门，普遍服务义务部门由3个小组构成，即基金组、补贴组和监管组，它们分别负责普遍服务基金的管理、普遍服务成本的评估以及对电信公司履行普遍服务义务进行监督。智利的电信发展基金由电信部门、电信管制机构 SubTel、特别的部级委员会共同管理，电信部门负责制定普遍服务政策，电信管制机构 SubTel 负责普遍服务基金的申请、电信发展基金项目的选择和竞标、普遍服务绩效项目的财务评估等，它是普遍服务项目实施的管理机构。智利的电信发展基金由一个特别的部级委员会管理，部级委员会主席由负责电信的部长担任，执行干事由智利电信管制机构 SubTel 的负责人担任。印度普遍服务基金由电信部下属的基金管理部管理，基金管理部的主要职责是制定投标程序、评估各运营商的投标方案、选择普遍服务提供商、监控普遍服务运营商每一个环节的情况。

由国外普遍服务基金管理的机构设置情况看，基本上设置了普遍服务的管制机构和普遍服务基金的管理机构，普遍服务管制机构负责政策制定，普遍服务基金管理机构负责执行政策。如美国联邦通信委员会是电信普遍服务的管制部门，负责政策制定和执行情况的监督，而普遍服务基金管理机构是一个政府授权的民间非营利组织，是普遍服务政策的执行者，具体负责普遍服务的项目管理和基金管理。澳大利亚等国家在行业主管部门内部专设普遍服务基金管理部门，行业主管部门负责制定普遍服务政策。这给中国普遍服务基金管理机构设置的启示是：普遍服务资金管理的机构设置可以结合行业主管机构的设置情况，以及国家政治、经济、文化等具体情况综合考虑，建立符合中国国情和特色的基金管理机构。

2. 我国普遍服务基金管理机构的设置

根据我国政府机构的设置、政府财政收支的运行等实际情况，我国的普遍服务基金管理部门应建立在行业部门内部。我国重构政府管制机构体系的过程中，逐步将普遍服务管制与价格管制、进入或退出管制、质量管制等职能赋予行业主管部门，行业主管部门内部根据需要设置普遍服务管制机构，负责制定普遍服务规划、分配普遍服务基金、监督普遍服务基金使用等。

（二）建立普遍服务基金的集中收付制度

电信行业提出设立普遍服务基金，但方案在国家发改委、财政部、国资委和信息产业部之间转来转去未获通过，其中一个原因是担心普遍服务基金最后成为一些部门的"小金库"。近十多年来，财政管理领域进行了一系列改革，建立了财政收支的国库集中收付制度，为设立普遍服务基金奠定了基础，也为普遍服务基金管理提供了制度基础。

建立普遍服务基金的集中收付制度，财政建设资金实行财政直接支付，将资金直接支付到普遍服务建设项目，国库集中支付制度的设计和各项制度、办法的约束，使资金申请、支用全过程都处在不同部门、单位的监控之下，中间各个环节见不到钱，减少了直接接触资金的机会，从客观上减少了出现违规的条件。这是规范财政资金收支的机制，也是规范普遍服务基金收支的机制。

1. 设立普遍服务基金账户

国库集中收付制度改革是对我国传统的预算执行管理理念和运行机制的根本性变革，也是我国财政管理制度一项重大的、最具本质性的改革。2001 年，《国务院办公厅关于财政国库管理制度改革方案有关问题的通知》指出，建立以国库单一账户体系为基础、资金缴拨以国库集中收付为主要形式的财政国库管理制度，规范财政收支行为，加强财政收支管理监督，提高财政资金的使用效率，从制度上防范腐败现象的发生。国库集中收付制度是指由财政部门代表政府设置国库单一账户体系，所有的财政性资金均纳入国库单一账户体系收缴、支付和管理的制度。国库单一账户体系实现了财政资金的统一管理，国库集中收付运行机制实现了财政收支"直达"，动态监控机制实现了对预算执行的全程、实时、明细监控，大大提高了资金运行效率和透明度。

国库单一账户体系主要由国库单一账户、财政零余额账户、单位零余额账户、财政专户、特设专户等银行账户构成，它是国库集中收付制度的中心，所有财政性资金收支核算管理都必须纳入这一账户体系。国库单一账户即财政部门在中国人民银行开设的国库存款账户，用于记录、核算和反映纳入预算管理的财政收入和支出活动，并用于同财政部门在商业银行开设的零余额账户进行清算，实现支付。财政零余额账户即财政部门在商业银行为本单位开设的零余额账户，用于财政直接支付和与国库单一账户进行清算；单位零余额账户是财政部门在商业银行为预算单位开设的零余额账户，用于财政授权支付和与国库单一账户进行清算。零余额账户与国库单一账户相互配合，构成财政资金支付过程的基本账户。

为了实现普遍服务基金的集中收付，普遍服务基金的缴纳和拨付必须纳入国库单一账户体系。由国库单一账户体系可知，国库集中收付制度改革并不改变预算单位的预算执行主体的地位，也不改变预算单位资金的所有权和使用权。因此，普遍服务基金账户是国库单一账户体系的一个组成部分。建立普遍服务基金账户，要做好两个准备工作：一是落实普遍服务基金账户的所在预算单位，一般设置在行业主管机构，即垄断行业的普遍服务管制机构。二是在政府财政收支分类目录中设置普遍服务基金这一预算科目。

2. 基金收入缴入国库单一账户

普遍服务基金属于政府性基金的范畴，实行专款专用。我国专项资金运行中存在的问题主要是：资金中转环节多、周期长，资金拨付效率较低；资金运行透明度不高，难以保障"专款专用"；缺乏有效监控，专项资金被截留、挤占、挪用等违规现象屡屡发生。以财政扶贫资金为例，调查中发现，从中央到省的拨付都能按时，但从省到市、县的拨付就有延迟现象，延迟的主要原因是由于行政层层拨付的制度，使经手机构无形中把经手权变成了控制权，权力资源的利用弱化资金分配的公平与合理性。[①]

财政部门在国库或国库指定的代理银行开设普遍服务基金账户，所有来源的收入不通过任何的过渡户，直接缴入国库单一账户体系，

① 李小云、张雪梅、唐丽霞等：《中国财政扶贫资金的瞄准与偏离》，社会科学文献出版社 2006 年版，第 73—74 页。

各预算单位的普遍服务资金统一在该账户下设立分类账户,集中管理。也就是说,普遍服务基金由管制机构负责业务管理,但是,资金的运行则完全不经过管制机构的账户,而直接进入国库单一账户。比如,随电量征收的普遍服务基金则仍由电力销售企业代为征收,企业将收取的普遍服务基金在销售收入中单独核算,按时缴入国库单一账户,并按照要求将普遍服务基金征收情况向行业管制机构和财政部门汇报。

3. 基金支出实现国库单一账户直接支付

按照资金管理规范、安全、有效的原则,设计一条尽可能短的资金支付流水线,优化支付流程,简化工作程序。财政直接支付就是符合这一要求的支付方式,直接支付是指普遍服务基金管理机构按照用款计划确定的资金用途,提出支付申请,经财政国库执行机构审核后开出支付令,送代理银行,通过国库单一账户体系中的财政零余额账户,直接将财政性资金支付到收款人或收款单位账户。财政零余额账户是财政部门在商业银行开设的银行账户。该账户由财政部门管理使用,用于记录、核算和反映实行财政直接支付方式的资金活动,并与国库单一账户内的相关账户进行资金清算。该账户按资金使用性质、预算单位设置分类账,进行明细核算。按照财政国库管理制度的规定,在办理财政直接支付业务时,由代理银行先垫付资金,从财政零余额账户中将资金支付到收款人账户;然后,代理银行将垫付的资金在每天规定的时间与人民银行进行清算,将当天垫付的资金从国库或财政专户中清算后,财政零余额账户的余额为零,所以,称为财政零余额账户。

直接支付方式有效地提升普遍服务资金的运行效率和使用效益,通过制度设计,减少资金支付中间环节,避免了普遍服务资金层层转拨、分散滞留的情况,资金到达普遍服务项目的时间差几乎为"零时间",增强了普遍服务义务承担者使用资金的及时性、便捷性,也有效防止了挤占、挪用资金现象的发生。普遍服务义务承担单位按照工程建设管理的要求完成工程资金的内部审核程序,就能进行直接支付申请,按照有关程序由财政部零余额账户直接支付到普遍服务项目,时间大大缩短，确确实实实现资金由"中转"变"直达"。另外，在资金运行的全过程，各个监控主体通过不同角度、不同层次、不同时段的监控，形成了对普遍服务基金的有效监控网络，从而使资金使用过程中的偏差能够及时被发现和纠正，防止了截留、挤占和挪用资金现象的发生。

（三）编制普遍服务基金预算

预算，从形式上看，是一个有关收支计划的报告或报告汇编，包括收入、支出、目标等信息。预算是对未来收入和支出的一种预测，由编制、审批、执行、决算等环节构成。这一过程实质上是公共选择机制，在资金的收取和分配方面要征求各利益团体的意见，并经过法定程序的审议批准。

垄断行业主管部门负责普遍服务基金的预算编制，我国部门预算将支出划分为基本支出和项目支出两部分，普遍服务基金预算编制可列入部门项目支出预算编制。垄断行业主管部门应当按照财政部门的规定，编制年度普遍服务基金预决算，逐级汇总后报同级财政部门审核；各级财政部门在审核汇总使用单位年度普遍服务基金预决算的基础上，编制本级政府年度普遍服务基金预决算草案，财政部汇总中央和地方普遍服务基金预决算，形成全国普遍服务基金预决算草案。项目支出预算一经批复，中央部门和项目单位不得自行调整。预算执行过程中，如发生项目变更、终止的，必须按照规定的程序报批，并进行预算调整。

政府信息作为最重要的信息资源，既是公众了解政府行为的直接途径，也是监督政府行为的重要依据。预算信息作为我国政府信息公开的一项重要内容，一直是社会关注的热点。编制科学合理、完整统一的普遍服务基金，既为预算公开提供了条件，也为加强普遍服务基金监督提供了基础。向社会公众公开预算，是民主法制建设的必然要求，普遍服务基金取之于民、用之于民，民众有权了解普遍服务基金的预算安排并进行监督。

（四）推行普遍服务基金的绩效管理

绩效评价起源于美国，一方面以"市场至上"和"社会契约"

为思想基础的美国民众积极参加政府管理，对政府的要求不断提高；另一方面财政赤字和政府债务也迫使美国政府越来越注重效率和产出，绩效评价由此产生并发展。经过一百多年的研究与改革，美国逐渐建立起了现今通行的一整套绩效评价和管理体系。

在新公共管理思潮的影响下，我国政府部门开始引入绩效评价，如今绩效评价的理念已经深得各级政府部门领导认同。绩效评价运用科学的方法、标准和程序，对政府的业绩、成就和实际工作做出尽可能准确的评价，在此基础上对政府绩效进行改善和提高。绩效评估通过建立绩效目标、制订绩效计划、设计绩效指标体系和标准、明确绩效评估程序等，将政府的各项工作定量化分析，从经济、效率、效果、公平等方面设计指标，衡量政府工作的绩效。

普遍服务通常是以项目的形式完成的，这有利于开展对普遍服务基金的绩效评估，结合当前政府部门开展的绩效管理，在普遍服务基金的使用过程中引入绩效管理的方法，对普遍服务基金的使用效果进行评估，监督企业使用普遍服务基金的绩效，提高普遍服务基金的运作效率。具体步骤是：依据中标合同确定普遍服务的目标；设计普遍服务基金绩效评价的指标体系；收集普遍服务基金执行过程的数据；结合普遍服务目标对普遍服务基金进行绩效衡量；公开普遍服务基金绩效评价结果，并做好后续绩效追踪。绩效管理是一个连续循环的工作，其优点是给予普遍服务运营商较强的激励作用，促使企业有效利用资金，提高经营效率。另外，政府和公众也可根据绩效评估的结果对企业运行进行监督。

（五）加强普遍服务基金的监督

普遍服务基金的监督主体应该包括人大及其常委会、财政机关、审计机关和社会公众四个主体。人大及其常委会监督，主要是通过人民代表大会审查并批准政府财政预算、决算来进行监督。这种监督是最高层次的宏观监督，属于事前控制范畴。财政机关监督，是指财政机关依法对财政收入、财政支出等的合法性、合规性、效率性实施检查和督促。这是一种内部监督，从本质上说，属于一种行政监督，是监督财政活动过程的中坚力量。属于事中监督范畴。审计机关监督，主要是由审计机关对预算执行情况的审计检查，属于事后监督。但是，由于我国审计机构隶属于国务院，从严格意义上看，这种监督也算是政府内部监督。社会公众监督，是指社会公众以各种形式参与对财政收入、财政支出等的合法性、合规性、效率性进行的检查和督促。社会公众是财政监督中新崛起的主体，社会公众作为委托方，理应对代理方政府的各项活动进行监督，这是一种外部监督。

人大及其常委会主要对普遍服务基金分配进行监督，保证普遍服务基金预算编制的科学、合理、公平。随着《政府信息公开条例》的颁布实施，普遍服务预算等政府信息的透明公开，社会公众可作为辅助力量，对普遍服务基金的分配进行监督，并把意见反馈给人大及其常委会。

财政部门重点对普遍服务基金的执行进行监督，内部设立专门的财政监督领导小组，负责对预算执行过程中的绩效进行评估和监督，及时发现问题，解决问题。

审计部门负责对普遍服务基金的支出效果进行监督，对普遍服务基金决算的情况进行合法性审查，并将结果进行公开。

社会公众要积极参与和配合对财政资金支出效果的评价和监督。

明确各个监督主体职责是保证监督系统有效工作的前提和基础，有利于各监督主体的分工协作。以绩效评估为主线，又将其有机地联结成一个完整的财政监督体系。其中，社会公众监督贯穿于普遍服务的全过程，对其他监督主体起到辅助和补充的作用。建立公众监督的重点是探索吸收公众进入社会监督体系的有效途径和制度保障，实现社会舆论监督尤其是网络监督合理化和规范化的途径和舆论监督制度。

第七章　电信行业普遍服务与管制政策

第一节　电信普遍服务与管制

一　美国电信普遍服务发展

（一）美国电话普遍服务的发展历程

"普遍服务"概念最早出现在美国的电信行业。1893 年，美国电话电报公司长达 17 年的电话专利权到期，新的电信公司纷纷成立，不到 10 年的时间，美国就有 6000 多家独立的电话公司，各自扩大其通信网络，相互间互不联网。这样，使用不同电话公司的消费者之间不能互联互通，消费者非常不满。因此，加强政府对电信网络的管制，以解决这种通电话难的问题，便成为许多电话消费者的呼声。针对这种状况，当时任美国电话电报公司总裁的西奥多·韦尔在 1907 年公司年度报告中提出"一个网络、一个政策和普遍服务"的口号，主张由一家电话公司垄断经营电话网络，这样，能够使所有的消费者都得到良好、方便、快捷的通话服务。西奥多·韦尔提出的"普遍服务"概念是指美国的所有电话网络应该在政府管制下实行联网，使所有的电话消费者都能相互通话，它与现代的普遍服务概念存在本质性的差别。西奥多·韦尔提出的"普遍服务"为美国电信产业的垄断铺平了道路，美国在 1921 年通过了《威利斯—格雷厄姆法》，从法律上豁免美国电话电报公司的垄断行为，允许美国电话电报公司兼并一大批独立的电话公司，逐渐形成以美国电话电报公司为核心的全国范围的电话网络，普遍服务的主张使美国电信产业从竞争走向垄断，并在美国通信行业建立了垄断管制体制。

1934 年，美国通过的第一部《通信法》没有提到"普遍服务"一词，但该法的宗旨为电信普遍服务提供了基本法律依据。1984 年美国电话电报公司解体后，这种交叉补贴政策还是一直被延续下来。1996 年，美国颁布了新的《通信法》，该法明确将提高普遍服务水平作为重要目标，并对电信普遍服务的内容、资助对象、资助方式、电信普遍服务基金的来源以及管理等问题做了原则规定。

1997 年，美国联邦通信委员会颁布了《关于联邦—州普遍服务联合委员会的报告与命令》，对美国电信普遍服务的有关问题做了详细规定。美国联邦通信委员会建立了一个专门的普遍服务基金管理公司（USAC），负责管理电信普遍服务项目，负责征收普遍服务基金，负责对提供普遍服务的电信公司进行补偿。美国联邦通信委员会设立了四类项目实现电信普遍服务，对农村地区的"连接美国"计划（高成本支持项目）；针对低收入消费者的"生命线"计划（低收入支持项目）；针对学校和图书馆的 E-rate 计划，为全国的学校和图书馆提供电信服务、互联网接入；针对农村卫生保健机构的 Rural Health Care 计划。

（二）美国宽带普遍服务的发展历程

宽带纳入普遍服务的发展历程。2009 年，美国国会指示美国联邦通信委员会制订国家宽带计划，以确保每个美国人都能接入宽带。2011 年 10 月，美国联邦通信委员会正式通过了实施"普遍服务基金/运营商间补偿制度的改革计划"（USF/ICC 改革计划）的法令。"USF/ICC 改革计划"新设立了连接美国基金（Connect America Fund，CAF）以取代原先电信普遍服务基金中的高成本支持机制。连接美国基金有两大目标，一是为没有接入宽带的居民提供宽带业务；二是为仍没有接入移动业务的地区提供移动语音和移动宽带业务。为实现第二个目标，美国联邦通信委员会在连接美国基金下设立了移动基金来支持移动宽带服务覆盖范围和内容的普及。连接美国基金是对原先电信普遍服务中高成本支持项目的取代，而不是在原有电信普遍服务之外再开辟一个基金。连接美国基金的管理框架分成传统的高成本项目、固定宽带和移动基金三部分。

二 我国电信普遍服务发展

我国电信普遍服务的发展主要是通过政府的行政强制手段推进的。强制服务义务是指在我国垄断行业改革后，为解决边远地区的服务需求，政府采用行政干预的手段，要求在位运营商提供相应服务的办法。强制服务义务的特点是资金来源由企业提供，然而，市场化运营商通常有追逐利润的天性，企业承担不具有经济可行性的普遍服务义务，势必会以其他方式取得相应的回报。电信行业的"村村通""宽带乡村""电信普遍服务试点"工程等都是政府通过行政手段实现普遍服务的战略。

（一）我国电话普遍服务的发展

2004 年，信息产业部出台了《农村通信普遍服务——村通工程实施方案》，提出发展农村通信普遍服务可分阶段实施："十五"期间，把以实现行政村电话通信从无到有为主要目的的"村通工程"作为发展农村通信的具体措施。信息产业部决定指定 6 家基础电信业务经营者采取"分片包干"的方式承担电信普遍服务义务，即将全国 31 个省份按省份进行分片，由 6 家运营商分片包干实施村通工程。信息产业部综合考虑各相关企业的业务收入等经济指标，兼顾各企业现有网络的地域特点，将各省份按比例分配到企业，由现有的在全国范围经营基础电信业务的电信企业各自承担部分省份的村通工程。具体分配方法是：根据各省份总的未通村数，规划确定各省份需要完成村通工程的未通村数，以各企业 2002 年年底业务收入等经济指标的份额，作为承担村通任务的比例，算出每个企业在全国所有目标村中应承担的数量。然后根据每个企业应承担的目标村数和各个省份现有的目标村数，将各省份分配到各企业，即企业承担的目标村数 ≈ 所分配各省份的目标村数之和。承担村通工程的各企业之间，本着自愿的原则，可以相互协商对所承担的省份或行政村进行任务交换、任务转让等。村通工程被老百姓赞誉为民心工程，实施五年来，改变了农村的信息鸿沟。基础电信企业克服困难筹集资金，实现了全国 99.86% 的行政村和 93.4% 的 20 户以上自然村通电话，全国新增 4228 个乡镇和行政村通互联网，乡镇通互联网比例从年初的 98% 提高到 99.3%，行政村通互联网比例从 89% 提高到 91.5%。基本实现"一乡一个信息服务站，一村一个信息服务点，一乡一个互联网站，一村一个网上农副产品信息栏目"的"四个一"目标，全国 1/3 乡镇建立乡村信息服务体系，信息内容、信息业务和信息终端的进乡入村初显成效。①

　　2004 年，实施"分片包干"时，信息产业部将普遍服务义务在 6 家电信运营商之间进行分配。6 家运营商分别是中国电信、中国网通、中国移动、中国联通、中国铁通和中国卫通。中国电信成立于 2000 年，拥有原"中国电信"的商誉和无形资产，并拥有原中国电信南方 21 个省份网络资产，所辖区域既包括国内经济发达的上海、广东、江苏、浙江和福建等，也包括国内发展落后的江西、青海、西藏和新疆等省份。中国网通成立于 2002 年，由原中国电信北方 10 个省份资产和中国网通、吉通通信重组而成，所辖 10 个省份包括北京、天津、河北、山西、内蒙古、辽宁、吉林、黑龙江、河南和山东。中国移动成立于 2000 年，由原中国电信的移动资产剥离组建。中国联通成立于 1994 年，由电子部、电力部、铁道部和中信集团四家各参股一亿元人民币，成立中国联通，在市话和移动业务方面开展竞争。中国铁通成立于 2000 年年底，以铁道部原有的铁道通信网络系统为基础网络，向社会公众提供固定电话业务，铁道部控股 51%。中国卫通成立于 2001 年年底，主要从事通信、广播及其他领域的卫星空间段业务及卫星通信业务。运营商"分片包干"的制度使处于困境中的电信普遍服务显现出复兴的曙光，2008 年 5 月 23 日，运营商重组方案正式公布，中国联通的 CDMA 网与 GSM 网被拆分，CDMA 网并入中国电信，组建为新电信，GSM 网与中国网通融合成立新联通，中国铁通则并入中国移动成为其全资子公司，中国卫通的基础电信业务并入中国电信。这次市场结构重组打破了"分片包干"的任务配置，分拆合并的过程中，普遍服务被搁浅。

---

　　① 电信管理局：《2009 年村村通电话工程年度任务超额度完成》，http：//www.miit.gov.cn，2010 年 1 月 4 日。

（二）我国宽带普遍服务的发展

2010 年，中国电信和中国联通均启动"光网城市"行动，光纤入楼、入户成为现实。2011 年，中国宽带发展水平在全球排第 78 位，"上网慢、上网贵"成为消费者对信息消费的最主要不满。工业和信息化部在 2012 年开展了"宽带普及提速工程"，开始对网速进行"降价提速"。2013 年，实施了"宽带 2013 专项行动"。争取国家政策和资金支持，加快推进 3G 和光纤宽带网络发展，扩大覆盖范围。2013 年，国务院发布了《"宽带中国"战略及战略实施方案的通知》（国发〔2013〕31 号），部署未来八年宽带发展目标及路径，"宽带中国"计划正式上升为国家战略，把"宽带网络"定位为经济社会发展的战略性公共基础设施，提出到 2020 年，宽带网络全面覆盖城乡，移动互联网全面普及，形成较为健全的网络与信息安全保障体系。

2015 年，财政部、工业和信息化部联合开展电信普遍服务试点工作，支持农村及边远地区的宽带发展。2015 年 12 月，发布了《2016 年度电信普遍服务试点申报指南》，力争到 2020 年实现 98% 的行政村通宽带、农村宽带接入能力超过 12Mbps 等战略目标。普遍服务资金的补助规模以两部门认定的分区域电信普遍服务投入成本为基数，东部、中部、西部及 5 个自治区分别按其基数的 15%、20%、30%、35% 核定。《电信普遍服务补助资金管理试点办法》（财建〔2017〕299 号）对中央财政安排的，用于电信普遍服务试点工作中支持农村及边远地区宽带网络建设覆盖及运行维护的资金使用进行了规定，电信普遍服务资金重点支持以下三方面的工作：一是用于支持未通宽带的行政村开展光纤到村建设，确保宽带接入能力达到 12Mbps 及以上；二是用于支持已通宽带但接入能力不足 12Mbps 的行政村开展光纤到村升级改造；三是用于支持电信普遍服务实施企业对试点建设提供 6 年运行维护保障。财政部负责专项资金的预算管理、资金拨付、资金执行情况监管等，工业和信息化部负责组织试点申报和实施工作。

（三）我国宽带普遍服务的研究现状

强浩（2012）《基于 PON 网络的农村宽带接入方案研究》提出，

农村宽带市场逐步被运营商重视，介绍了无源光网络（PON）技术解决农村网络接入问题的优势，同时分析了基于 PON 网络的 3 种接入模式的优劣和投资比较。陆洋、党梅梅、程强、李少晖（2016）提到，我国农村人口占比超过 50%，但农村宽带用户比例仅为 23.8%，农村宽带人口普及率仅为 7.5%，落后于城市 16.9 个百分点，城乡差距有拉大趋势。荆林波（2013）提出，我国宽带存在的问题主要有：宽带普及程度低、宽带发展不协调、宽带网络速率低、宽带总体投入不足、宽带费用偏高、光纤用户的最后 100 米困局。相应的对策建议是：首先将宽带纳入基础设施管理体系；其次打破宽带垄断经营；再次要加强各种政策协调，提高宽带网速，降低宽带网费；最后加强对宽带运营企业的监督。

刘启诚（2015）认为，多年来，我国一直由三大运营商承担全国边远地区电信普遍服务的职责，投入巨资，不计成本，但广大农村地区通信网络仍未普及，特别是西部地区。因此，国家出台的电信普遍服务补偿机制将是一场"及时雨"。而这一机制能否有效关键在于市场运作，这需要政府放权让市场组织和协调社会资源，让更多的互联网提供商积极参与其中。王亚辉（2016）对电信普遍服务补偿机制进行解读，认为电信普遍服务与当地脱贫攻坚工作结合起来，能起到推进效果。

第二节　电信普遍服务现状

一　电信行业电话普及率

我国电信行业电话普及率（包括移动电话）从 1993 年的 2.2 部/百人，缓慢增长到 1998 年的 9.95 部/百人，此后进入快速增长阶段，每年以 10 部/百人的速度增长，2012 年超过 100 部/百人，2016 年为 110 部/百人，电话普及水平大大提高。固定电话普及率经历了缓慢上升后又缓慢下降的历程，其中，城市固定电话普及率上升和下降的速度和比率高于全国水平。移动电话普及率水平持续上升，从 1993 年的 0.05 部/百人上升到 2016 年的 95.6 部/百人，电话基本实现了普遍服务的目标（见表 7-1）。

表 7-1　　　　　　　　　　电信普及率情况

指标	电话普及率(包括移动电话)(部/百人)	固定电话普及率(部/百人)	城市固定电话普及率(部/百人)	移动电话普及率(部/百人)	单位人数拥有公用电话数(部/千人)	开通互联网宽带业务的行政村比重(%)	互联网普及率(%)
1993 年	2.2	2.15	—	0.05	—	—	—
1994 年	3.2	3.07	—	0.13	—	—	—
1995 年	4.66	4.36	—	0.3	—	—	—
1996 年	6.33	5.74	—	0.59	—	—	—
1997 年	8.11	7.04	—	1.07	—	—	—
1998 年	9.95	8.02	—	1.93	—	—	—
1999 年	13.12	9.65	—	3.47	2.36	—	—
2000 年	19.1	12.38	—	6.72	2.2	—	—
2001 年	26.55	15.08	—	11.47	2.71	—	—
2002 年	33.67	17.53	26.1	16.14	7.67	—	4.6
2003 年	42.16	21.14	31.3	21.02	12.2	—	6.2
2004 年	50.03	24.12	35.9	25.91	17.14	—	7.3
2005 年	57.22	26.96	40.3	30.26	20.63	—	8.5
2006 年	63.39	28.1	41.7	35.26	22.64	—	10.5
2007 年	69.45	27.81	40.6	41.64	22.76	—	16
2008 年	74.29	25.76	37.4	48.53	20.98	—	22.6
2009 年	79.89	23.62	33.9	56.27	20.4	—	28.9
2010 年	86.41	22.05	31.2	64.36	19.45	80.11	34.3
2011 年	94.81	21.26	30.3	73.55	18.41	84	38.3
2012 年	103.1	20.6	27.4	82.5	17.4	87.9	42.1
2013 年	109.95	19.62	25.24	90.33	16.41	91	45.8
2014 年	112.26	18.24	23.99	94.03	15.04	93.5	47.9
2015 年	109.3	16.8	22.46	92.49	12.35	94.8	50.3
2016 年	110.55	14.94	19.7	95.6	10.06	96.7	53.2

资料来源：中经网统计数据库。

2010 年，"村村通电话、乡乡能上网"的农村通信发展目标全面实现，全国范围内 100% 的行政村通电话，100% 的乡镇通互联网（其中 98% 的乡镇通宽带），全国近一半乡镇建成乡镇信息服务站和县、乡、村三级信息服务体系。此外，有 19 个省份实现所有自然村通电话。2011 年，全国电话普及率达到 94.2 部/百人，其中移动电话普及率达到 73.55 部/百人，农村通信服务水平逐步提高，农村地区宽带用户累计达到 3265 万户，占全部宽带用户的 22%。随着农村宽带普及水平的提高，电信基础设施普遍服务范围持续扩大，100% 的行政村和 94.5% 的 20 户以上自然村通电话，99.7% 的乡镇通宽带，100% 的乡镇、95% 的行政村通互联网。[①]

宽带普及水平相比较电话而言偏低。2002 年，互联网普及率为 4.6%，电话快速普及的同时，互联网普及率只是缓慢地增长，到 2010 年，互联网普及率增长到 34.3%，开通互联网宽带业务的行政村比重达到 80.11%。经过近五年的宽带中国战略，2015 年，互联网普及率为 50.3%，开通互联网宽带业务的行政村比重为 94.8%。基本完成了宽带中国的阶段性目标。我国电信行业的普遍服务内容从电话普遍服务过渡到宽带普遍服务，普遍服务的重点是向公众提供普遍服务接入的宽带服务，价格水平公众承受得起，宽带速度符合用户需求。

宽带普及的基础，互联网宽带接入端口数量持续增加，环比增长率最高的达 98.5%，平均增长率为 34%，这为互联网接入户数和人口提供了基础。宽带和移动网络接入速度相比，较拨号接入速度快，更便捷。因此，互联网拨号用户数经历了短暂增加后逐年下降的趋势，而移动互联网和宽带接入用户数逐年增加。互联网接入人数从 1997 年的 62 万人增加到 2016 年的 73125 万人（见表 7 - 2），20 年增长了 1180 倍，环比增长率最高达 323.8%，平均增长率为 60%。我国互联网在宽带中国战略推动下，普及率逐年提高。

---

① 工业和信息化部运行局：《通信业发展势头良好》，http://www.miit.gov.cn/n1146312/n1146904/n1648372/c3484781/content.html，2011 年 12 月 26 日。

表 7 - 2　　　　　　　　　　宽带普遍服务基本情况

指标	互联网宽带接入端口数（万个）	环比增长率（%）	互联网拨号用户数（万户）	移动互联网用户数（万户）	宽带接入用户数（万户）	互联网上网人数（万人）	环比增长率（%）
1995 年	—	—	0.7	—	—	—	—
1996 年			3.6				
1997 年	—	—	16	—	—	62	—
1998 年			67.7			210	238.7
1999 年	—	—	299.4	—	—	890	323.8
2000 年			900.5			2250	152.8
2001 年	—	—	3652.7	—	—	3370	49.8
2002 年			5246.5		325.3	5910	75.4
2003 年	1802.3	—	5653.1	—	1115.1	7950	34.5
2004 年	3578.1	98.5	5122.3	—	2487.5	9400	18.2
2005 年	4874.66	36.2	3559.5		3735	11100	18.1
2006 年	6486.36	33.1	2644.65		5085.31	13700	23.4
2007 年	8539.31	31.7	1941		6641.4	21000	53.3
2008 年	10890.41	27.5	1227.8		8287.9	29800	41.9
2009 年	13835.66	27.0	754.4		10397.8	38400	28.9
2010 年	18781.13	35.7	590.1	—	12629.1	45730	19.1
2011 年	23239.4	23.7	550.7	—	15000.1	51310	12.2
2012 年	32108.45	38.2	569.8	—	17518.3	56400	9.9
2013 年	35945.3	11.9	485.1	—	18890.9	61758	9.5
2014 年	40546.13	12.8	441.64	87522	20048.34	64875	5.0
2015 年	57709.38	42.3	331.62	96447	25946.57	68826	6.1
2016 年	71276.86	23.5	306.33	109395	29720.65	73125	6.2

资料来源：中经网统计数据库。

二　电信行业的价格水平

（一）电话资费水平逐渐下降

改革开放到 20 世纪 90 年代中期，为了促进电信行业的发展，国家陆续批准了电信行业电话初装费、邮电附加费等政府性基金，同时多次上调了电话收费水平，包括市内电话费和长途电话费，随着汇率的变化，多次上调国际及港澳台电话资费水平。此时，电信资费采用了政府定价和政府指导价，价格变动不大，这一时期，电话费用水平非常高，安装电话有非常多的收费名目，包括初装费、月租费、双向收费、信息费、预付费、停机费等，装一部电话平均需要3000—5000元的初装费，每个月收取20多元的固定月租费。另外，电信行业国际补贴国内、长途补贴本地的现象普遍，当时国际电话收费5元/分钟左右，国内长途电话收费1.4元/分钟，本地固定电话收费0.7元/分钟。这一时期，电话普及率低，电话收费水平高。

21世纪初，我国电信行业开始引入竞争，电信行业的价格竞争呈现多样化，除了直接降资费，还有各种话费套餐，组建各种形式的网中网等方式。实施政府定价和政府指导价的业务包括本地、国内、国际长途电话通话费用、电路出租费用、互联互通资费等，其他业务都由市场竞争决定。但是，在电信行业竞争、电信行业技术进步、电信资费多样化的背景下，各种价格战频现，推动了电信价格下降。如中国联通推出"江城卡"业务，只需交150元的SIM卡成本费，市内通话每分钟仅需0.2元，突破了国家规定的资费浮动范围。中国移动迅速推动模拟手机包月制，每月收费100元，市内电话随便打。中国移动推出月租费18元的亲情卡，中国联通立即推出月租费仅2元的联通亲情卡。电信行业的价格竞争曾一度被称为电信价格恶性竞争。政府开始实施放松电信价格管制的行动，取消了多项电信服务收费、降低国际长途电话费用、降低国内长途电话费用等。2005年9月初，信息产业部放松多项电信业务的定价权，允许运营商在最高限价之内自由定价，这使电信行业的价格竞争进入常态化。

2011年，电信综合价格水平继续下降。实现了单项收费、陆续取消了长途漫游费、月租费、过户费、改号费等，电信价格水平进一步降低，再加上推出了各种优惠套餐，电话费用在个人消费中所占的比例越来越少。通过推动实行移动本地资费市场调节价，不断加强电信资费信息管理制度建设，引导和鼓励电信企业进一步降低资费水平，近几年电信资费持续下降，2011年1—11月，电信综合价格水平下降

5.1%，其中，移动话音业务资费同比下降 7.4%，国际及台港澳漫游资费标准平均降幅超过了 50%。目前，电信运营商推出了各种各样的套餐，语音和流量进行各种各样的组合，满足了不同客户的需求。本地电话和国内长途电话价格相同，收费的标准为 0.15 元/分钟左右，各省份电信公司会有差异，但差异不大。如中国移动 2017 年推出"飞享 8"4G 套餐，戏称为"乞丐版套餐，专为穷人定制"，每月租费 8 元，赠送 30 分钟本地主叫的国内通话时间，全国范围内接听免费，每月超出 30 分钟后，通话语音为 0.19 元/分钟。

工业和信息化部、国资委发布《关于深入推进网络提速降费加快培育经济发展新动能 2018 专项行动的实施意见》，提出 7 月 1 日起取消移动流量"漫游"费，鼓励基础电信企业推出大流量套餐等流量降费举措，移动流量平均单价年内降低 30% 以上。进一步降低家庭宽带资费、国际及港澳台漫游费。推动企业优化和精简资费套餐，支持各地扩大公共场所无线网络覆盖范围，为用户提供免费上网服务。

我国电话资费水平的总体趋势是下降的，电信行业的竞争激发了企业的活力，再加上电信行业的技术进步，电信成本得到了有效控制。另外，随着宽带普及水平的提高，多种通信方式的出现，电话费用支出占个人消费支出的比例越来越少。随着高速互联网接入服务发展和移动数据流量消费快速上升，话音业务（包括固定话音和移动话音）继续呈现大幅萎缩态势。2017 年，完成话音业务收入 2212 亿元，比上年下降 33.5%，在电信业务收入中的占比降至 17.5%。

（二）宽带资费水平情况

国际电信联盟 2011 年公布的数据显示，过去两年，全球宽带连接价格平均下降约 50%，但仍然高于许多低收入家庭可以承受的水平。其中，发展中国家宽带价格平均下降 52%，发达国家的宽带价格只下降了 35%。即使发展中国家宽带价格较低，但对于部分普通用户而言，宽带价格还是太高了。与收入相比，宽带价格最低的国家包括美国、奥地利、摩纳哥等，基本宽带价格只相当于人均收入的约 1%。在少数发展中国家，基本宽带价格超过月均收入逾 10 倍。

我国宽带市场中，"网费高，网速慢"是普遍被人们抱怨的情况，移动宽带是目前三大运营商中宽带资费最低的，但即使是移动宽带，其面向普通民众的宽带服务价格也仍旧过高。以使用时长一年、速率100M 为统一标准，中国电信宽带在北京市内的价格为 1510 元，中国联通为 1780 元，方正是 1480 元，宽带通、长城宽带均为 1280 元，歌华宽带 110M 的价格是 1280 元。中国移动宽带 110M 的价格也是1280 元，还额外送互联网电视机顶盒及两年收视服务费。除了资费，北京移动还推出"话费抵网费，宽带享优惠"活动：如果手机月消费达 128 元，就可享受 20M 宽带免费；月消费达 158 元，可享受 50M宽带免费；月消费达 188 元，可享受 100M 宽带免费。这一价格水平相比，较居民收入偏高，如 2016 年我国农村居民低收入户的人均可支配收入水平为 3000 元，农村中等收入户的可支配收入水平为每年7000 多元，每年上千元的宽带或电话费用支出，超出了农村居民的可承受水平，对于低收入人群来说，高质量的宽带服务变得可望而不可即。4G 用户平均支出为 1020 元/年，如果按照目前 4G 资费推广，4G成本占农村人均可支配收入的比重偏高，超出农村用户承受范围。

2015 年，我国宽带"提速降费"成果显著，提速方面到 2015 年光纤渗透率提升到 56.7%，根据 Akamai 2015 年的统计数据，我国平均移动连接速率[1]达到 4.7 米/秒，居全球第 42 位。在降费方面，2015 年，我国固定宽带资费水平同比下降 50.6%，移动流量资费平均下降 39.3%。我国网络资费水平的全球排名与我国人均 GDP 的全球排名相当，宽带网络发展与经济发展处于同一水平。[2]

三　电信行业的服务质量

无线接入是指利用无线电波的方式来传输数据，无线接入方式不需要通过线缆的连接，主要可分为大范围的高速移动接入如 4G 和小范围的低速移动接入如 WLAN。无线接入方式不受空间的限制，使用

---

① 用户渗透率指的是在被调查的对象（总样本）中，一个品牌（或者品类，或者子品牌）的产品，使用（拥有）者的比例。以移动电话用户为例：某地区手机通信用户除以当地人口数，也就是说，当地使用手机通信的人的比例。

② 刁兴玲：《中国工程院院士邬贺铨：农村电信普遍服务还需持续落实》，通信世界网，2016 年 5 月 12 日。

者可以在信号范围内随时随地接入网络，建网速度快、成本更低、可靠性高等。2017 年，完善 4G 网络覆盖深度，不断消除覆盖盲点，移动网络服务质量和覆盖范围继续提升。全国移动通信基站总数达 619 万个，其中，4G 基站总数达 328 万个，4G 移动电话用户扩张带来用户结构不断优化。2017 年，全国电话用户总数达 16.1 亿户，其中，移动电话用户总数达 14.2 亿户，移动电话用户普及率达 102.5 部/百人，全国已有 16 个省份的移动电话普及率超过 100 部/百人。

光纤接入网的优点是传输效率高、抗干扰能力强、损耗小以及数据保密性好，并且设备体积小，省电以及可靠稳定，逐渐成为接入方式中的主流，也是通信质量的保障。2017 年，全国光缆线路总长度达 3747 万千米，"光进铜退"趋势更加明显。互联网宽带接入端口数量达 7.79 亿个，其中，光纤接入端口达 6.57 亿个，占互联网接入端口的比重提升至 84.4%。东部、中部、西部光纤接入用户分别达 14585 万户、7708 万户和 7100 万户，西部地区增速比东部和中部分别快 13.6 个和 9.2 个百分点。东部、中部、西部光纤接入用户在固定宽带接入用户中的占比分别达到 83.2%、85.2% 和 85.9%。三家基础电信企业的固定互联网宽带接入用户总数达 3.49 亿户，50Mbps 及以上接入速率的固定互联网宽带接入用户总数达 2.44 亿户，占总用户数的 70%；100Mbps 及以上接入速率的固定互联网宽带接入用户总数达 1.35 亿户，占总用户数的 38.9%。互联网应用中，网络视频、音乐和网络游戏等对网速要求较高的项目的渗透率分别达到了 66.7%、73.7% 和 56.4%，由此可见，我国大众对于高速互联网有着非常大的刚性需求，但与之相对应的我国家庭宽带平均网速仅为 3.7Mbps，排在世界第 75 位。

电话基站和光缆线路等基础设施的增长为通信服务质量的提升奠定了基础。我国移动电话基站个数 2016 年达到 559.38 万个，是 2002 年 7.4 万个的 76 倍；电信光缆线路长度 2016 年达到 3042 万千米，是 1997 年 55.69 万千米的 55 倍，其中，长途光缆线路长度 2016 年为 99.41 万千米，是 1993 年 3.87 万千米的 26 倍（见表 7-3）。从增长速度看，移动电话基站个数的增长速度有起伏，这与支持电信发展的政策有关系,如移动电话的基站个数2004年增长特别快,此时推出"村通工程"政策,2008年投入4万亿元实施积极的财政政策,2014年则是"宽带中国"战略的推动,电信普遍服务基础设施建设的增长速度受到国家财政政策的影响较大。光缆线路长度早期增长速度较快,经历了缓慢减速后,近几年稳定在20%左右的水平。长途光缆线路长度的增长速度则是经历了较为明显的降速之后,稳定在较低的增长速度。

表7-3　　　　　　　　　　　我国电信服务能力情况

指标	移动电话基站		光缆线路		长途光缆线路	
	个数(万个)	增长率(%)	长度(万千米)	增长率(%)	长度(万千米)	增长率(%)
1993 年	—	—	—	—	3.87	—
1994 年	—	—	—	—	7.33	89
1995 年	—	—	—	—	10.69	46
1996 年	—	—	—	—	13.02	22
1997 年	—	—	55.69	—	15.08	16
1998 年	—	—	76.66	38	19.41	29
1999 年	—	—	95.22	24	23.97	23
2000 年	—	—	121.24	27	28.66	20
2001 年	—	—	181.89	50	39.91	39
2002 年	7.4	—	225.26	24	48.77	22
2003 年	8.88	20	273.48	21	59.43	22
2004 年	23.76	168	351.92	29	69.53	17
2005 年	28.11	18	407.28	16	72.3	4
2006 年	35.74	27	427.96	5	72.24	0
2007 年	45.91	28	577.73	35	79.22	10
2008 年	59.73	30	677.85	17	79.8	1
2009 年	111.86	87	829.46	22	83.1	4
2010 年	139.83	25	996.25	20	81.81	-2
2011 年	175.23	25	1211.93	22	84.23	3
2012 年	206.6	18	1479.33	22	86.82	3
2013 年	240.96	17	1745.37	18	89	3

续表

指标	移动电话基站		光缆线路		长途光缆线路	
	个数（万个）	增长率（%）	长度（万千米）	增长率（%）	长度（万千米）	增长率（%）
2014 年	350.77	46	2061.25	18	92.84	4
2015 年	465.59	33	2486.33	21	96.53	4
2016 年	559.38	20	3042.08	22	99.41	3

资料来源：中经网统计数据库，经笔者整理。

第三节　电信普遍服务存在的问题

一　电信普遍服务发展不平衡

（一）电信城乡发展不平衡

城市电信业务发展快，普及程度高，农村地区电信业务发展缓慢，普及程度偏低。表 7-4 是我国近几年宽带接入用户数在城市和农村之间的分布情况，宽带接入用户数从 2010 年的 12629.1 万户增长到 2016 年的 29720.65 万户，数量增长了 1 倍多，其中，城市宽带

表 7-4　　　　　　　　　我国城市和农村宽带接入比例

指标	宽带接入用户数（万户）	城市宽带接入		农村宽带接入		居民家庭宽带接入		单位宽带接入	
		用户数（万户）	比例（%）	用户数（万户）	比例（%）	用户数（万户）	比例（%）	用户数（万户）	比例（%）
2010 年	12629.1	9964	80	2476	20				
2011 年	15000.1	11691	78	3309	22				
2012 年	17518.3	13442	77	4076	23				
2013 年	18890.9	14154	75	4737	25				
2014 年	20048.34	15175	76	4874	24	16334	81	3714.75	19
2015 年	25946.57	19547	75	6398	25	21716	84	4230.17	14
2016 年	29720.65	22267	75	7454	25	24927	84	4793.9	16

资料来源：中经网统计数据库。

接入用户数从 2010 年的 9964 万户增长到 2016 年的 22267 万户，数量增长了 12303 万户；农村宽带接入用户数从 2010 年的 2476 万户增长到 2016 年的 7454 万户，数量增长了 4978 万户；城市宽带用户数量增长显著多于农村宽带用户增长数量。2010 年，城市宽带接入用户数是农村宽带接入用户数的 4 倍；2016 年，城市宽带接入用户数是农村宽带接入用户数的 3 倍，城市宽带接入数量仍远远多于农村用户。城市宽带接入用户数占总宽带接入用户数的比例高于 75%，农村宽带接入用户数占总宽带接入用户数的比例只有 25% 左右，宽带接入的城乡差距还比较大。

（二）电信区域间发展不平衡

电话普及率省级之间存在较大差距。表 7-5 是我国 2017 年各省份电信普及情况。2017 年，移动电话平均为 105 部/百人，移动电话普及率最高的北京市 187 部/百人，大部分的省份超过 100 部/百人，但仍有 13 个省份没有达到 100 部/百人的目标，移动电话普及率最低的江西省平均为 76 部/百人，移动电话普及率最高的北京是普及率最低的江西的两倍多。虽然电话普及水平已经大大提高，但省份之间的差距还是十分明显的。

表 7-5　　　　　　　　我国各省份电信普及情况

地区	移动电话		互联网宽带接入			户数（户）	人口（人）
	用户数（万户）	占总人口比例（%）	用户数（万户）	占总户数比例（%）	占总人口比例（%）		
全国	139457.4	105	33728.1	81	25	417722698	1332810869
北京	3661.9	187	525.4	71	27	7355291	19612368
天津	1568.8	121	325.2	82	25	3963604	12938693
河北	7479.3	104	1857.2	89	26	20813492	71854210
辽宁	4656.5	106	1079.7	70	25	15334912	43746323
上海	3256.2	141	678.7	76	29	8893483	23019196
江苏	8677.5	110	3028.8	118	39	25635291	78660941

续表

地区	移动电话		互联网宽带接入			户数（户）	人口（人）
	用户数（万户）	占总人口比例（%）	用户数（万户）	占总户数比例（%）	占总人口比例（%）		
浙江	7474.5	137	2387.4	119	44	20060115	54426891
福建	4239.4	115	1316.5	110	36	11971873	36894217
山东	9854.2	103	2571.5	84	27	30794664	95792719
广东	14575	140	3121.4	97	30	32222752	104320459
海南	975.5	112	212.7	87	25	2451819	8671485
山西	3552.2	99	848.5	80	24	10654162	35712101
吉林	2834.3	103	489.9	53	18	9162183	27452815
黑龙江	3599.4	94	633.9	48	17	13192935	38313991
安徽	4782.7	80	1268.7	66	21	19322432	59500468
江西	3379.7	76	930.6	79	21	11847841	44567797
河南	8416.7	90	2043.4	77	22	26404973	94029939
湖北	4935	86	1225.2	71	21	17253385	57237727
湖南	5606.6	85	1264.9	66	19	19029894	65700762
内蒙古	2804	113	466.8	55	19	8470472	24706291
广西	4272.4	93	906.3	67	20	13467663	46023761
重庆	3195.4	111	843.4	82	29	10272559	28846170
四川	7558.8	94	2115.3	80	26	26383458	80417528
贵州	3420.6	98	537.2	50	15	10745630	34748556
云南	4186.8	91	778.9	61	17	12695396	45966766
西藏	287	96	56	81	19	689521	3002165
陕西	4156.1	111	881.5	80	24	11084516	37327379
甘肃	2476.6	97	532	75	21	7113833	25575263
青海	593.3	105	111.7	70	20	1586635	5626723
宁夏	781.2	124	145.2	75	23	1945064	6301350
新疆	2199.8	101	544.3	79	25	6902850	21815815

资料来源：电信数据来自工信部官网，总人口和户数来自国家统计局官网。

互联网宽带接入普及水平省份之间差距更加明显，互联网宽带接入用户数最多的广东省为3121.4万户，紧随其后的江苏、山东、浙江经济发达省份的互联网接入用户数分别为 3028.8 万户、2571.5 万户、2387.4 万户，人口大省的四川、河南互联网接入用户数也达到了 2000 多万户，最低的西藏互联网用户接入只有 56 万户。从互联网接入用户数占总户数的比例看，浙江、江苏、福建 3 个省份的普及水平最高，户户能上网；互联网接入用户数占总户数最低的是黑龙江省，只有近一半的家庭才能接入互联网。从互联网接入户数占总人口的比例看，普及水平最高的仍是浙江、江苏、福建等经济发达省份，这些省份 40% 左右的人口已经接入互联网；普及水平最低的仍是贵州、黑龙江、云南等省份，这些省份接入互联网的人口占总人口的15%。互联网宽带接入用户数占总户数的比例拉高了宽带普及率，互联网宽带接入用户数占总人口的比例拉低了宽带普及率，因为互联网的接入方式有差异，有些是 WiFi 用户，多人可以共享，还有一些是4G 用户。但两组数据均显示出我国地区之间电信普遍服务发展水平不均衡的真实情况。

如表 7-5 所示，电信普遍服务的重点业务是宽带普遍服务，宽带普遍服务的重点在中西部省份的农村地区。这些地区地理环境复杂、交通条件不便、人员居住不集中，网络建设成本、运营维护成本远高于经营收入，在某些农村和边远地区，甚至用一百年的时间也难以收回投资成本。追求利润最大化的电信企业自然选择业务量大、利润率高的业务和地区作为其经营领域，抢占城市和经济发达地区的农村，都不愿意去经营利润少甚至亏损的业务，更不愿意到贫穷落后的农村和边远地区发展业务。过去十多年，运营商在农村地区平均每年支出不足 100 亿元，占总电信行业资本支出比低于 3%，电信运营商在城镇地区投入资金是农村地区投资的 32 倍。以中国移动为例，农村基站数量 6.2 万个，占总基站数的 3%。如果没有普遍服务管制，普遍服务的城乡差异、地区差异将越来越大。

二　电信普遍服务投资回报难保障

高投入与低收益之间的矛盾是电信行业普遍服务的最大问题。电信成本主要包括网络建设成本和运营维护成本，我国农村地区，特别是中西部农村地区，网络建设成本和运营成本非常高，这些地方地理环境复杂、交通条件不便、人员居住不集中，对电信基建带来的困难很大，而且运营维护成本通常还远高于建设成本。

电信行业具有显著的规模经济性和网络经济性，特定规模的通信网络系统的操作成本不会因使用者的增加而大幅度增加，短期可变成本较小，甚至在一定范围内接近于零。"宽带中国"战略对宽带服务的速率制定了目标，这意味着在发展宽带普遍服务的过程中，将要逐渐用光纤接入来取代 ASDL 接入来完成提速的目标，而以光纤入户技术为主要发展方向的成本很高，每户单光缆成本就达到 1240 元，再加上局端设备和终端设备等一系列光纤入户所必需的设备，每户分摊下来成本上万元。在城市人口密集地区，户与户之间的距离可以忽略不计，规模经济和范围经济显著。而在农村地区，户与户之间不具有规模效应，农村地区提供普遍服务的建设成本非常高，而且很难通过用户分摊的方式摊薄成本。

电信行业的运行维护成本也非常高。边远地区建一个无线基站的成本近百万元，加上长期的运营和维护，成本更高。边远地区地理条件恶劣，高山、海岛距离遥远，建设条件差，运营维护更难。恶劣的地理条件使农村电信网面临自然灾害的风险也非常大，一旦发生地震、火灾等灾害，对电信基础设施的破坏几乎是毁灭性的。

2004—2015 年，基础电信运营商共投入 900 多亿元，累计为 7.7 万个自然村提供电话服务，但仍然有 5 万多个行政村未通宽带，15 万个行政村网络有待升级。为了实现到 2020 年 5 万个未通宽带行政村通宽带、3000 多万农村家庭宽带升级，实现 98% 的行政村宽带覆盖的目标，预计总投入超过 1400 亿元。

高成本地区的用户数量少，能够带来的收入少，不足以补偿电信企业的建设成本和运营维护成本，如果没有合适的补偿机制，企业不会主动地去高成本地区提供服务。如一个宽带运营商独家经营一个 1000 户左右规模的小区，前期投入只需要 5 万—8 万元，3 个月即可收回投资成本，一年毛利就接近 50 万元。而到边远的农村地区投资电信业务，投入成本是上百万元，可能一百年也收不回成本。宽带运营商在城市和农村收费与其成本倒挂，如陕西城市地区联通 20M 宽带每年收取用户 1280 元，而在县区 20M 宽带每年只需交 400 元，并且赠送 IPTV 业务和电视机顶盒。①

三　尚未建立有效的电信普遍服务机制

（一）交叉补贴机制失效

1994 年前，我国电信行业处于起步阶段，中国电信垄断经营通信行业，电信建设资金以国家财政资金投入为主。国家虽然没有专门投入普遍服务资金，但在电信行业的税收和政策上给予一定的优惠和倾斜，如减免关税、加速折旧、允许中国电信征收电话初装费和附加费等，这些优惠和政策提供了大量资金用于电信行业的发展。另外，政府允许中国电信对不同业务收取不同的价格，通过电信行业长途电话补贴市内电话、国际电话补贴国内电话的方式回收成本，即采用交叉补贴的方式实现普遍服务。近年来，上述税收优惠和政策都相继取消。

自 1994 年引入中国联通开始，经过多次的电信重组，当前有中国电信、中国移动和中国联通三家全业务竞争的公司。交叉补贴是垄断时期发挥作用的普遍服务机制，电信行业的竞争打破了交叉补贴机制的实现基础。竞争的结果导致价格最终趋向于按照包括正常利润在内的平均成本定价。我国国际资费和长途资费多次下调，其中，长途资费已经与市内通话资费相同，这使在位企业用长途业务弥补普遍服务成本的做法受到冲击，在位企业没有能力在任何经营领域或业务制定高价，交叉补贴失效。

（二）"分片包干"随电信重组而失效

2004 年实施"分片包干"时，信息产业部将普遍服务义务在 6 家电信运营商之间进行分配。6 家运营商分别是中国电信、中国网通、中国移动、中国联通、中国铁通和中国卫通。中国电信拥有原"中国电信"的商誉和无形资产，并拥有原中国电信南方 21 个省份网络资产，所辖区域既包括经济发达的上海、广东、江苏、浙江和福建等，

---

① 《农村终于开始布局 4G 了，电信联通靠低频段红利对抗移动》，《21 世纪经济报道》2016 年 6 月 17 日。

也包括经济发展落后的江西、青海、西藏和新疆等。

中国网通所辖 10 个省市包括北京、天津、河北、山西、内蒙古、辽宁、吉林、黑龙江、河南和山东。中国移动由原中国电信的移动资产剥离组建。中国联通由电子部、电力部、铁道部和中信集团四家各参股一亿元人民币，成立中国联通，在市话和移动业务方面开展竞争。中国铁通以铁道部原有的铁道通信网络系统为基础网络，向社会公众提供固定电话业务。中国卫通主要从事通信、广播及其他领域的卫星空间段业务及卫星通信业务。运营商"分片包干"的制度刚刚使处于困境中的电信普遍服务显现出复兴的曙光。

2008 年 5 月 23 日，运营商重组方案正式公布，中国联通的 CD-MA 网与 GSM 网被拆分，CDMA 网并入中国电信，组建为新电信，GSM 网与中国网通融合成立新联通，中国铁通则并入中国移动成为其全资子公司，中国卫通的基础电信业务并入中国电信。这次市场结构重组打破了"分片包干"的任务配置，分拆合并的过程中，普遍服务被搁浅。"分片包干"是一种不稳定的普遍服务方式。

（三）电信普遍服务补偿机制运转不灵

2013 年出台的《"宽带中国"战略及实施方案》把电信普遍服务补偿机制作为支持农村和中西部地区宽带发展的长效机制。2015 年，国务院常务会议明确了"改革创新电信普遍服务补偿机制"，提出对边远和农村地区宽带投资的多元化资金来源和市场化运作机制。2015 年年底，财政部、工业和信息化部组织开展了电信普遍服务试点工作。电信普遍服务补偿机制重点支持农村及边远地区宽带网络建设和运行维护，国家对这些地区的宽带网络建设和运营给予一定的财政补贴，工业和信息化部和财政部计划出台分区域的财政补贴原则，以地市为单位自愿提出申请，经过竞争遴选后纳入"标的"区域，然后在各"标的"区域通过竞争性招标等市场化机制来选择承担该地区具体宽带建设和运行维护任务的企业。选择的标准是需要国家补贴资金少而且任务完成得好的企业才能中标。普遍服务基金的补助规模以两部委认定的分区域电信普遍服务投入成本为基数，东部、中部、西部及 5 个自治区分别按其基数的 15%、20%、35% 核定。

电信普遍服务补偿机制仍是传统的财政补贴制度，由政府现有渠道的财政补助资金作为普遍服务试点的资金来源。电信普遍服务补偿机制的运行借鉴了发达国家电信普遍服务基金的运行，采用招投标的方式选择运营商，但中央补贴资金占电信普遍服务试点项目总预算的不足 1/3，各地电信运营商在普遍服务试点项目的竞标积极性不高，参与竞标的企业数量偏少，或投标报价超出政府采购预算，导致招投标工作失败，有些地方最后只得采用单一来源采购结合行政指派的方式确定实施企业。招投标效果不高而且耗时较长，影响了电信普遍服务项目的进度。

第四节　电信普遍服务管制的对策建议

完善电信普遍服务管制制度，首先需要出台电信普遍服务的法律法规体系，通过立法明确电信普遍服务义务、界定电信普遍服务主体及其职责。

一　完善电信普遍服务的法律法规体系

随着社会信息化进程的不断加快，信息已经成为生活中不可缺少的部分，社会大众对通话质量、信息服务的需求呈扩张趋势。为了让公众充分享受通信服务，很多国家都通过立法明确电信普遍服务义务。

我国电信行业立法滞后，《中华人民共和国电信法》至今仍没有出台。我国电信行业目前遵守的是 2000 年施行的《中华人民共和国电信条例》。2014 年，国务院对条例中的电信资费的定价策略做了一些调整，但没有对普遍服务的内容进行修订。2016 年修订的《中华人民共和国电信条例》（国务院令第 291 号）只有第四十三条对普遍服务有相应规定：电信业务经营者必须按照国家有关规定履行相应的电信普遍服务义务。国务院信息产业主管部门可以采取指定的或者招标的方式确定电信业务经营者具体承担电信普遍服务的义务。电信普遍服务成本补偿管理办法，由国务院信息产业主管部门会同国务院财政部门、价格主管部门制定，报国务院批准后公布施行。

《中华人民共和国电信法》的立法工作仍在进行中，应结合电信行业发展，将电信普遍服务内容写入行业最高法。为了促进电信普遍服务的规范发展，我国应借鉴国外电信普遍服务的立法经验，在《中华人民共和国电信法》中明确提出电信普遍服务，并对普遍服务的基本内容进行界定，如电信普遍服务的责任主体、实施主体、成本补偿机制、电信普遍服务基金的设立等基本内容。为了更好地促进电信普遍服务的开展，应出台配合《中华人民共和国电信法》的普遍服务法规政策体系。我国电信行业出台了一些电信普遍服务的法规、政策，如国务院提出的"宽带中国"战略、国务院办公厅印发了《关于加快高速宽带网络建设推进网络提速降费的指导意见》（国办发〔2015〕41号），提出持续支持农村及边远地区宽带网络建设和运行维护，推进电信普遍服务工作。"十三五"规划建议明确提出要完善电信普遍服务机制。财政部、工业和信息化部为贯彻落实"宽带中国"战略，出台了《关于开展电信普遍服务试点工作的通知》（财建〔2015〕1032号），制定了《电信普遍服务补助资金管理试点办法》（财建〔2017〕299号），印发了《2017年度电信普遍服务试点申报指南》（工信厅联通信函〔2017〕198号）等。我国电信普遍服务的法规政策阶段性特征明显，政府提出"村村通工程"，相关部门制定"村村通工程"的指导意见或管理办法，政府提出普遍服务试点工程，相关部门开始制定试点工程的意见或办法。政府的政策和制度缺乏连贯性，建议政府制定《电信普遍服务管理办法》，细化电信普遍服务的相关内容，如电信普遍服务的主体及其职责、电信普遍服务基金的管理及分配等内容，作为开展电信普遍服务的指南。

在行业立法中，明确提出电信普遍服务有利于加强各主体对普遍服务义务的认知，并重视电信普遍服务工作。政府部门把电信普遍服务作为一项基本工作职责，加强普遍服务的监管；电信企业把普遍服务作为应尽的义务，自觉履行普遍服务义务，加快推进电信普遍服务，实现普遍服务目标；公众作为受益主体，接受普遍服务，并获得满足感与幸福感。

二　尽快设立电信普遍服务基金

电信行业市场竞争结构的形成，为推行普遍服务基金机制奠定了基础。2001年11月17日，国务院在下发的《关于印发电信体制改革方案的通知》中强调了电信体制改革后普遍服务问题的重要性，并提出，要尽快建立以电信普遍服务基金为核心的电信普遍服务机制。各电信运营企业均应承担普遍服务，促进电信普遍服务机制的转变，保障市场经济条件下的电信普遍服务。随着电信普遍服务进入攻坚阶段，依靠传统的行政命令强制运营商承担普遍服务也变得不合时宜。国务院提出建立电信普遍服务成本补偿机制，因此，我国应借鉴美国等国家的经验，设立电信普遍服务基金，把电信普遍服务基金作为普遍服务筹资的主要方式，通过实施普遍服务基金机制，向所有的电信运营商分摊普遍服务的义务和责任，并对承担普遍服务企业的亏损进行合理补贴。这不仅解决了普遍服务与市场机制的矛盾，同时也体现了平等竞争的原则。

设立电信普遍服务基金，赋予电信普遍服务独立的地位，向企业传递了明确的信号，即企业承担普遍服务义务，不必担心成本补偿问题；设立普遍服务基金，能够提升政府普遍服务监管的权威性，尽管政府能够强制企业承担普遍服务义务，但效果不够理想。若政府的普遍服务管制与普遍服务基金配合使用，则能更高效地实现政府的普遍服务目标；设立电信普遍服务基金，能够实现普遍服务资金来源的多元化，把来自各级政府、各政府部门、各电信企业、各社会主体的资金整合起来，发挥资金的规模效应；同时，也有利于出台针对低收入群体的补贴政策和具体制度。

普遍服务基金的设立与运行，为电信行业建立了一个平等竞争的平台。当然，建立普遍服务基金机制是一项艰巨的任务，面临着如何明确普遍服务基金的征收对象、如何界定普遍服务基金的征收范围和征收比率、如何对普遍服务的提供者进行成本补偿等一系列问题。

三　构建电信普遍服务基金制度

设立电信普遍服务基金制度，是一项具有前瞻性的制度安排。普遍服务基金补偿更趋系统性和长期性，能够稳定持续地支持普遍服务事业，设立电信普遍服务基金符合电信普遍服务的发展方向，我国电信普遍服务基金制度的设计，需要结合我国电信行业的发展现状，进行科学抉择，并做出相应的制度安排。

（一）明确电信普遍服务基金来源

普遍服务基金来源可以是政府、企业、公众，但电信行业早期向公众收取的各种附加费均已取消，向长途电话用户收取的交叉补贴资金，竞争市场环境下也难以继续收取，因此，设立普遍服务基金后再向公众筹资不合适。我国电信运营商均是大型国有企业，根据企业收入的一定比例收取普遍服务基金，与企业税后利润上交国家财政，结果相似。另外，我国企业承担的各种税费已然很重，向企业收取普遍服务基金，也不符合企业减负的政策导向。因此，根据电信运营企业收入的一定比例收取电信普遍服务基金不具有可行性。综上分析，电信普遍服务基金来源主要是政府的财政资金，各级政府在制定年度政府预算时，根据电信普遍服务的需求制定普遍服务资金预算，预算经过立法机关审批后，要及时足额地将普遍服务资金预算拨付电信普遍服务基金管理机构，用于支持电信普遍服务事业。社会捐赠也可以作为电信普遍服务基金来源的一种方式。

（二）确定电信普遍服务基金的补贴对象

电信普遍服务基金的补贴对象之一是承担普遍服务义务的企业，包括承担电信普遍服务建设的企业和承担电信普遍服务运营的企业。电信普遍服务建设是实现电信普遍服务可接入目标的电信基础设施建设，5 万个未通宽带的行政村 98% 以上都集中在我国的中西部地区，15 万个需要升级改造的行政村超过 80% 集中在中西部地区。这些地区的经济基础薄弱，地理环境复杂，人口居住分散，宽带建设成本非常高，收益却比较低，所以，企业对建设这些地区农村的宽带，以及对它们进行宽带升级改造明显动力不足。因此，到这些农村提供普遍服务的企业是电信普遍服务基金补贴的对象。值得一提的是，普遍服务基金补贴的额度应为企业提供普遍服务成本与收益之间的差额。电信普遍服务在国家的"村村通工程"和"电信普遍服务试点"政策的强力推动下，实现了电信普遍服务的接入目标，但电信接入后因运营维护资金缺乏而导致的通信中断需要重视，因此，应把部分运营困难地区的电信运营商划入电信普遍服务基金补贴范围。

以企业为补贴对象的制度，即使包含降低成本的激励机制和提高利率等措施，仍无法回避低成本地区的低收入群体补贴高成本地区高收入群体的现实，也不能遏制补贴金额的逐渐攀升。电信普遍服务的可接入目标完成之后，应设计直接针对个人为对象的补贴制度。因此，电信普遍服务基金的补贴对象之二是低收入群体。电信普遍服务是一项长期事业，我国已经实现了电话的普遍服务目标，"十三五"规划的目标是：到 2020 年解决农村宽带普及问题。电信基础设施改扩建完成后，应把电信服务中的弱势群体纳入电信普遍服务基金的补贴范围。帮助提高弱势群体的支付能力，使其能够使用电信服务。

对于低收入者而言，使用电话、手机的每月成本可能过高，更有甚者家里装不起固定电话。政府针对这个情况应该落实到户，为贫困家庭提供装机费，减轻他们的负担。同时，根据各地的收入情况补贴低收入者，可以根据成本计量模型提供补贴，以免他们因无力支付电话费而中断电信服务。

（三）重视电信普遍服务基金的管理

我国电信行业的主管部门是工业和信息化部，建议在工业和信息化部设立电信普遍服务管理机构，负责电信普遍服务基金的管理，包括编制电信普遍服务基金的预算、组织电信普遍服务项目的招投标、与电信企业签订合同并进行普遍服务管制等。电信普遍服务管理机构根据当地普遍服务需求编制普遍服务预算，纳入部门预算报本级人大进行审批，电信普遍服务管理机构对普遍服务预算的科学性负责。电信普遍服务管理机构组织本地区的普遍服务项目招投标，力求保障招投标过程的规范性，实现招投标结果的公平性。电信普遍服务管理机构对电信普遍服务工作实施情况进行监管，确保普遍服务资金的规范使用，普遍服务项目的顺利进展，实现普遍服务的可获得、可担负得起和质量无歧视等目标。

财政部门负责对普遍服务基金进行绩效评价。绩效评价的内容包括普遍服务资金预算的科学性、普遍服务基金招投标的规范性、普遍服务基金使用的经济、效率、效果、公平等。绩效评价引入多主体共同参与，绩效评价的结果向社会公众公开，接受社会监督。具体步骤是：依据中标合同确定普遍服务的目标，设计绩效评估的指标体系，收集数据，对普遍服务工作进行绩效衡量，并做好后续绩效追踪工作。绩效管理是一项连续循环的工作，其优点是给予普遍服务运营商较强的激励作用，促使企业有效利用资金，提高经营效率。另外，政府和公众也可根据绩效评估的结果对企业运行进行监督。电信普遍服务基金补贴发放与绩效挂钩，普遍服务资金的发放以电信运营商的绩效评价结果为依据，这能够激励电信运营商在建设和运营普遍服务项目过程中保持较高的效率，实现招投标时的承诺。

（四）提高普遍服务基金的运作效率

电信普遍服务基金的市场化运作是提高普遍服务资金使用绩效的关键，为提高普遍服务基金的运作效率，在普遍服务基金的使用阶段，可通过拍卖的形式，让多家企业竞争垄断行业普遍服务项目，由企业提出报价，政府选择要求普遍服务基金补贴较少，效率较高的企业提供电信普遍服务。造成特许投标阶段可能发生的竞争不充分问题的主要原因有：一是信息不充分，投标者难以掌握足够的信息以理性制定投资决策。二是存在投标者串通合谋的可能性，特别是当投标者数量较少时，这种可能性就更大。三是某家垄断企业在竞争特许经营权中拥有战略性优势，其他企业不愿与之竞争。新建项目的招投标要保证参与竞标企业之间的充分竞争，鼓励基础电信企业、广电企业和民间资本公平参与电信普遍服务建设；维护运营项目的招投标要做好在位运营商和竞标成功运营商之间的资产转让事宜，实现资产的公平高效转让。

成本补贴主要有两种运作方法：一种是成本计量模型的方法；另一种是拍卖、招标的方法。成本计量模型（接入亏损补偿就是用成本计量模型的方法来计算接入费率的）是指电信普遍服务管理机构建立成本计量模型，以模型计算各地电信运营商的成本，并确定补偿标准，在电信运营商的服务成本超过标准时，可以得到相应的补偿。拍卖、招标是指电信普遍服务管理机构在农村、边远地区等高成本地区提供新的普遍接入，在维持现有网络或对现有网络优化升级的普遍服务项目中，通过拍卖、招标方式，选择在提供指定业务项目上要求补贴金额最低并且保证项目质量的投标者。对电信企业而言，当某一地区提供电信普遍服务的企业只有一两家时，政府可以从中择优选取，并通过建立成本计量模型，对运营商进行成本补贴。当该地可以提供电信普遍服务的运营商数量较多可以形成有效竞争时，采取拍卖、招标的方式，这不仅体现了公平原则，还能增强我国电信运营商的普遍服务意识。

普遍服务基金引入竞争机制的关键是企业间能形成有效竞争，但是，在宽带普遍服务供给的地区，并非充分竞争的市场。如果公开招投标企业参与积极性不高，那么招投标的优势便无法体现出来，为了规避这个问题，建议政府在组织全国范围的招投标，引入竞争企业，实现有效竞争。另外，政府要加强对电信普遍服务的政策宣传，增强企业的责任感，提高企业参与的积极性和普遍服务意识。

第八章　电力行业普遍服务与管制政策

电力普遍服务研究包括电力普遍服务的内涵与外延、电力普遍服务的主体、电力普遍服务存在的问题、电力普遍服务的实施、电力普遍服务的成本测算、电力普遍服务的社会福利等主题。这些研究为我国电力行业的普遍服务发展提供了理论基础和政策导向。

第一节　电力普遍服务的基本要素界定

市场化改革背景下，科学界定电力普遍服务的内涵以及行为主体是电力普遍服务实施机制的首要问题。科学的电力普遍服务内涵能够为电力普遍服务提供目标导向，明确的电力普遍服务主体定位能够为普遍服务分工协调提供框架，促进电力普遍服务的协调发展，实现电力普遍服务。

一　电力普遍服务的内涵

电力普遍服务最早见于《国务院关于印发电力体制改革方案的通知》（国发〔2002〕5号文件），将"监管电力普遍服务政策的实施"纳入了国家电力监管范畴。国家电监会的"三定"方案也明确规定：国家电监会及其内设机构需要研究提出调整电力普遍服务政策的建议，并根据国家有关政策实施电力普遍服务计划并监督实施。

陈建华（2015）将电力普遍服务定义为在授权的市场范围（供给区域），电力供给商（供给主体）在其生产能力限度之内（供给能力），必须向那些希望得到服务并愿意支付的所有消费者（供给对象），提供具有相同服务种类、资费、质量等（供给标准）的基本电力服务。

电力普遍服务包括以下两方面的内容：一是消费群体的普遍服务，即电力普遍服务供给商在提供产品或服务时，不能因用户所处区域和阶层而实行区别、歧视性对待。无电户主要分散在边远山区或者孤立小岛，电力普遍服务供给商应对这些无电户提供电力普遍服务，不能以自然环境恶劣、用电量低、供电成本高、无利可图等理由推卸电力普遍服务义务。二是时间空间的普遍服务，即电力普遍服务供给商必须最大限度地保证充足、持续的服务来满足供给区域内的电力普遍服务需求，不会任意中断任何地区的电力服务。

电力普遍服务是指由国家制定政策，由电力经营企业负责执行，确保所有用户都能以合理的价格获得可靠的、持续的基本电力服务。其主要内容包括：（1）对任何人在任何时间、任何地点都必须提供电力服务；（2）对所有用户没有价格和质量的歧视；（3）应制定电力用户可承受的服务价格。电力普遍服务是政府为推进社会公平而实施的一项公共政策，目的是使全体公民都能以普遍可以接受的价格获得基本的电能服务。

二　电力普遍服务的责任主体

电力普遍服务的责任主体，即由谁负责电力普遍服务，包括制定电力普遍服务政策，实施电力普遍服务管制，确保实现电力普遍服务目标等。廖进球、吴昌南（2009）认为，在垂直一体模式下，电力普遍服务的主体是政府；而在输配售一体模式下，电力普遍服务的主体是电网企业。蔡建刚（2012）认为，电力普遍服务的行为主体由责任主体、监管主体和实施主体构成，各类主体需要通力合作，履行各自的职责，才能确保电力普遍服务的有效供应。潘利军（2013）指出，政府是电力普遍服务的责任主体，电网企业是电力普遍服务的实施主体。电力普遍服务的主体有义务有责任维护、保障电力普遍服务的客体，享有获得安全稳定、充足持续电力供应的权利。唐敏（2012）认为，在政企分开的情况下，政府并不能直接成为普遍服务的提供者，而供电企业才是最佳的电力普遍服务提供者。

电力普遍服务具有显著的社会公益性，存在市场失灵的现象，市场解决不了的事情，政府要承担责任。因此，政府是电力普遍服务的责任主体。政府是责任主体意味着在实现电力普遍服务这一目标过程中，政府需要提供政策、资金、制度等实现电力普遍服务。电力普遍服务具有显著的正外部性，满足农村边远地区的公众需求是政府的职责。因此，政府应对电力普遍服务的供给提供政策和资金支持。

随着政企分开和市场竞争机制的形成，政府与电力企业成为电力市场中相互独立的主体，政府是管制者，企业是被管制者。2003 年 3 月 20 日，经国务院批准的国家电监会正式挂牌成立，成为我国垄断行业领域中设立的第一家政府监管机构。国家电监会根据国务院授权，行使行政执法职能，依照法律、法规统一履行全国电力监管职责。国家电监会提出电力普遍服务理念，制定了电力普遍服务的政策措施，加强电力普遍服务管制。2013 年，国务院重新组建国家能源局，将国家能源局和国家电监会的职责整合，不再保留电力监管委员会，第一个专门的垄断行业管制机构成立 10 年后归于沉寂。目前，我国电力行业的管制机构是国家能源局，国家能源局是大部制改革机构，对我国能源包括电力实行综合管制。因此，电力普遍服务的管制机构是国家能源局及地方能源机构。

三 电力普遍服务的实施主体

电力普遍服务的实施主体是电力企业。传统的纵向一体化模式下实施主体是国家电力公司，电力市场化改革后的纵向分离模式下，实施主体是以国家电网为主的复合主体。《中华人民共和国电力法》第二十六条规定：供电营业区内的供电营业机构，对本区内的用户有按照国家规定供电的义务，不得违反国家规定，对其营业区内申请用电的单位和个人拒绝供电。

（一）电网企业改革与市场结构

2002 年，电力行业经过市场结构战略性重组，电网环节设立了国家电网和南方电网两个经营企业。输电企业完全是国有企业垄断经营。国家电网和南方电网负责全国范围内的输电业务。南方电网的经营范围为云南、贵州、广东、广西和海南 5 省份。国家电网则负责其他省份，国家电网管理 5 家区域电网公司，24 个省份电力公司；下设华北、东北、华东、华中和西北5家区域电网公司，负责经营管理电网，规划区域电网发展和电力调度等工作。每家区域电网公司之下还有多家省属电网公司，负责各自省份范围内的电网垄断经营。此外，西藏电网由国家电网代管。电网的投资建设主体仍然是当地电网公司，民间资本的参与度低。虽然存在两家电网企业，但双方的供电区域没有交叉，都在自己的经营范围内形成了独家垄断的地位。

（二）发电企业的市场结构

中国发电行业如今拥有五大投资主体、五大国有发电集团、国字号的中央发电企业、地方国有发电企业、外商直接投资项目以及民间投资电站。在发电企业当中，中央和地方控制的国有及国有控股发电企业拥有绝对的数量优势。2008年，全国4300多家6000千瓦以上的发电企业中，国有及国有控股企业约占90%。其中，华能、国电、大唐、华电、中电投五大中央直属发电集团的发电量均在3000万千瓦以上。截至2013年年底，五大发电集团的装机总量约占全国装机总量的46.72%。此外，还有7家中央发电企业和15家规模较大的地方国有发电企业拥有大约20%的装机容量。我国的发电企业数量众多。到2011年，全国累计有20299家发电企业拥有发电许可证，还有8365家1000千瓦以下的小水电被豁免证；但产业集中度高，七成左右的装机量集中在27家大型的中央或地方发电集团，而国有公司的发电能力更是占全国发电总量的92%。此外，民间资本也主要集中在可再生能源领域，如风电等。

（三）供电企业的市场结构

供电企业数量众多，规模不一。目前全国大约有3000家供电企业。其中，地市级供电企业500家左右，县级供电企业2000家以上。供电企业经营形态多样化，既有国有、私营、股份制等不同的所有制企业，也有直管、代管、独立经营等管理模式。此外，还有"自发自供""转供电"等特殊业务类型。同时，在供电竞争上，电网公司控制下的供电企业借助国家电网自身的垄断地位占据一定的竞争优势。

第二节　电力普遍服务现状

一　电力普及程度

电力普及的重点在农村。近些年，为实现农村和边远地区的用电，中央政府推出了两项政策，一项是农村电网改造，另一项是户户通电工程。经过近 20 年的建设，到 2015 年年末，我国实现了电力供应的普及。

（一）农村农网改造工程

1998 年，为解决农村居民电价畸高的问题，在国务院统一部署下，国家电力公司启动了农村电网改造工程，计划用 3 年左右时间基本完成全国农村电网建设与改造任务。农村电网改造是新中国成立后第一次由国家投入巨资对农村电网进行全面建设和改造，通过改造农网，改革农电管理体制，实现城乡用电同网同价，从而达到大幅度降低农村电价、降低农民负担的目标。1998—2002 年，全国共安排农村电网改造投资 2885 亿元。

2003 年后，又相继实施县城电网改造、中西部农网完善和无电地区电力建设等工程。特别是 2008 年以来，农村电网改造和无电地区电力建设成为国家扩大内需的重要投资领域，共分三批投入资金562.4 亿元，其中中央预算内投资 132 亿元。到 2010 年，全国累计安排农村电网建设与改造及无电地区电力建设投资 4622 亿元。①

自 1998 年实施农村电网改造以来，我国农村电网结构明显改善，累计解决了约 3500 万无电人口的基本用电问题。供电可靠性显著提高，农村电压合格率由 1998 年的 78% 提高到 95% 以上，供电可靠性由 87% 提高到 99%。实施农村电网改造的地区均已实现了城乡生活用电同价目标。

2011 年，国务院启动新一轮农村电网改造升级，目标是全国农村

---

① 齐慧：《农村电网改造升级再提速》，《经济日报》2010 年 7 月 14 日。

电网普遍得到改造，农村居民生活用电得到较好保障，基本建成安全可靠、节能环保、技术先进、管理规范的新型农村电网。截至 2015 年年底，全社会用电量达到 5.69 万亿千瓦时，人均装机约 1.11 千瓦，人均用电量约 4142 千瓦时，均超世界平均水平。华北、华中、华东、东北、西北、南方六个区域各级电网的网架不断完善，配电网供电能力、供电质量和装备水平显著提升，智能化建设取得突破，农村用电条件得到明显改善，全面解决了无电人口用电问题。

（二）"户户通电"工程

2006 年 3 月，国家电网全面启动供电区域内农村"户户通电"工程，从 2006 年 4 月 16 日至 7 月 10 日，国家电网先后与经营区域内尚未实现"户户通电"的 20 个省份政府签署了"户户通电"工程纪要。电力行业的普遍服务义务由国家电网承担，普遍服务的资金来源，一半由国家电网承担，另一半由国家和各级政府共同负责筹措。

启动农村"户户通电"工程时，北京、天津、河北、山东、上海、福建 6 省市已经过城乡农村电网改造，实现了农村地区的户户通电；2007 年，经过地方政府和国家电网的共同努力，山西、黑龙江、吉林、辽宁、湖北、湖南、江西、浙江、江苏、安徽、陕西、宁夏 12 个省份相继实现了农村地区的户户通电；2008 年年底，实现重庆、河南、四川、甘肃、内蒙古 5 省份的户户通电任务；2010 年 9 月 20 日，西藏电力公司"户户通电"工程全面竣工，当年为 5.3 万户、22.6 万人通了电，累计解决了 17.2 万户、76.3 万人的通电问题，完成投资 29.2 亿元。伴随着西藏户户通电的实现，国家电网经营区域内全面实现了农村户户通电。五年时间里，国家电网累计完成"户户通电"工程投资 158.6 亿元，为 134.1 万无电户、508.9 万无电人口解决了用电问题。[①]

（三）"十三五"农村电网改造工程

国务院办公厅转发了《国家发改委〈关于"十三五"期间实施新一轮农村电网改造升级工程意见〉的通知》，提出了实施新一轮农

---

① 王莉：《户户通电：点亮乡村希望》，http://www.sgcc.com.cn，2010 年 8 月 9 日。

村电网改造升级工程的指导思想、主要目标、重点任务和保障措施。该通知是实施新一轮农村电网改造升级工程的指导性文件。提出了实施新一轮农村电网改造升级工程的主要目标。到 2020 年，全国农村地区基本实现稳定可靠的供电服务全覆盖，供电能力和服务水平明显提升，农村电网供电可靠率达到 99.8%，综合电压合格率达到 97.9%，户均配变容量不低于 2 千伏安，建成结构合理、技术先进、安全可靠、智能高效的现代农村电网，东部地区基本实现城乡供电服务均等化，中西部地区城乡供电服务差距大幅缩小，贫困及边远少数民族地区农村电网基本满足生产生活需要。

新一轮农村电网改造升级工程的主要任务，一是加快新型小城镇、中心村电网和农业生产供电设施改造升级。到 2017 年年底，完成中心村电网改造升级，实现平原地区机井用电全覆盖。二是稳步推进农村电网投资多元化。在做好电力普遍服务的前提下，结合售电侧改革拓宽融资渠道，探索通过政府和社会资本合作（PPP）等模式，运用商业机制引入社会资本参与农村电网建设改造。三是开展西藏、新疆以及四川、云南、甘肃、青海 4 省份藏区农村电网建设攻坚。到 2020 年，实现孤网县城联网或建成可再生能源局域电网，农牧区基本实现用电全覆盖。四是加快西部及贫困地区农村电网改造升级。到 2020 年贫困地区供电服务水平接近本省份农村平均水平。五是推进东中部地区城乡供电服务均等化进程。

我国电力普遍服务的普及目标基本已经实现。为了提高供电稳定性，国家继续加强农村电网改造，要求各省份将农村电网改造升级作为扩大投资、改善民生的重要领域，纳入本地区经济社会发展总体部署。农村电力普遍服务从追求普及阶段进入追求质量阶段。

二 我国电价的水平

随着电力行业的市场化改革和结构重组，电力行业的市场结构已经分离为发电市场、输配电市场和售电市场，电价也细分为上网电价、输配电价、销售电价等。

居民销售电价实行政府定价，销售电价的制定权归属各级政府价格主管部门，因此，居民电价在各地的定价方式和定价水平有一些差异。自 2012 年 7 月 1 日起，全国除西藏和新疆以外的 29 个省份陆续实施了居民阶梯电价。居民阶梯电价是指将单一形式的居民电价，改为按照用户消费的电量分段定价，用电价格随用电量增加逐级递增的一种定价机制。表 8-1 是 2016 年我国各省份居民阶梯电价情况。

表 8-1　　　　　2016 年我国各省份居民阶梯电价情况　单位：元/千瓦时

地区	第一档电价	第二档电价	第三档电价
北京	0.49	0.58	0.79
天津	0.49	0.54	0.79
河北	0.52	0.57	0.82
山西	0.48	0.53	0.78
内蒙古西部	0.42	0.47	0.72
黑龙江	0.51	0.56	0.81
吉林	0.53	0.58	0.83
辽宁	0.50	0.55	0.80
上海	0.62	0.67	0.92
山东	0.52	0.60	0.85
江苏	0.53	0.58	0.83
安徽	0.57	0.62	0.86
浙江	0.58	0.59	0.84
江西	0.60	0.65	0.90
福建	0.50	0.55	0.80
河南	0.56	0.61	0.86
湖北	0.56	0.61	0.86
湖南	0.59	0.64	0.89
海南	0.61	0.66	0.91
广西	0.53	0.58	0.83
广东	0.59	0.64	0.89
重庆	0.52	0.57	0.82
四川	0.52	0.62	0.82
贵州	0.46	0.51	0.76

地区	第一档电价	第二档电价	第三档电价
云南	0.45	0.50	0.80
陕西	0.50	0.55	0.80
甘肃	0.51	0.56	0.81
宁夏	0.45	0.50	0.79
青海	0.38	0.43	0.68
西藏	0.50	—	—
新疆	0.39	—	—

资料来源：各省份价格主管部门官方网站公布的电价相关表格。其中，云南省每年12月至次年4月的枯水期执行阶梯电价，每年5—11月丰水期执行统一电价0.45元/千瓦时。

居民阶梯电价第一档平均水平为0.51元/千瓦时，居民阶梯电价第一档最高的为上海市0.62元/千瓦时，最低的为青海省0.38元/千瓦时，居民阶梯电价第一档电价最高的省份与最低的身份差距是0.24元/千瓦时，差距比较大。居民阶梯电价第二档基本是在第一档电价的基础上增加0.05—0.08元/千瓦时，大部分增加0.05元/千瓦时，在第一档电价基础上提高不足10%。居民阶梯电价第三档基本是在第二档电价的基础上增加0.3元/千瓦时。

居民还同时实施峰谷电价政策，即在高峰时段执行较高的电价，低谷时段执行较低的电价，抑制高峰时段的消费，促进低谷时段的消费，起到抑峰填谷的作用。高峰时段电价基本与第一档电价持平，低谷时段电价是高峰时段电价的1/2。

三　供电可靠性

电作为一种商品，具有同质性。无论是火电、水电、风电、核电，一旦进入电网，对终端用户而言是同质的电。因此，从普遍服务视角看，电力普遍服务的质量歧视不会成为问题。但是，为了将电力稳定供给终端用户，仍要加强安全管制。表8-2是2015年直辖市及省会城市用户供电可靠性指标。从数据结果看，我国供电可靠率城市和农村均超过99%，我国供电可靠性已经达到很高的水平。

表 8 - 2　　　　2015 年直辖市及省会城市用户供电可靠性指标

企业名称	供电可靠率（%）			用户平均停电时间（小时/户）		
	城市	农村	全口径	城市	农村	全口径
北京市电力公司	99.9802	99.9036	99.9463	1.74	8.45	4.71
石家庄供电公司	99.9674	99.9545	99.9568	2.86	3.99	3.78
太原供电分公司	99.9484	99.8560	99.8977	4.52	12.62	8.97
天津市电力公司	99.9744	99.9233	99.9494	2.24	6.72	4.44
济南供电公司	99.9646	99.9282	99.9410	3.10	6.29	5.17
沈阳供电公司	99.9599	99.8423	99.9193	3.51	13.81	7.07
长春供电公司	99.9552	99.7958	99.8447	3.93	17.88	13.60
哈尔滨供电公司	99.9755	99.9220	99.9499	2.14	7	4.39
南京供电公司	99.9912	99.9815	99.9856	0.77	1.62	1.26
杭州供电公司	99.9827	99.9139	99.9360	1.52	7.54	5.61
合肥供电公司	99.9746	99.8725	99.9302	2.22	11.17	6.11
上海市电力公司	99.9829	99.9525	99.9649	1.50	4.16	3.08
福州供电公司	99.9510	99.8881	99.9083	4.30	9.80	8.03
郑州供电公司	99.9878	99.9837	99.9856	1.07	1.43	1.26
武汉供电公司	99.9757	99.9074	99.9472	2.13	8.11	4.62
长沙供电公司	99.9627	99.8660	99.9174	3.26	11.74	7.24
南昌供电公司	99.9680	99.9438	99.9529	2.80	4.92	4.13
成都供电公司	99.9604	99.9102	99.9275	3.47	8	6.35
重庆市电力公司	99.9624	99.8244	99.8644	3.29	15.38	11.88
西安供电公司	99.9496	99.8697	99.9182	4.41	11.42	7.17
兰州供电公司	99.9561	99.8934	99.9205	3.85	9.34	6.96
西宁供电公司	99.9394	99.7948	99.8630	5.31	17.97	12.00
银川供电公司	99.9796	99.8848	99.9271	1.79	10.09	6.38
乌鲁木齐供电公司	99.9635	99.9236	99.9407	3.20	6.69	5.19
拉萨供电公司	99.5844	—	—	36.41	—	—
广州供电局有限公司	99.9825	99.9723	99.9766	1.53	2.43	2.05
南宁供电局	99.9746	99.8967	99.9196	2.23	9.05	7.04

续表

企业名称	供电可靠率（%）			用户平均停电时间（小时/户）		
	城市	农村	全口径	城市	农村	全口径
昆明供电局	99.9863	99.9253	99.9420	1.20	6.54	5.08
贵阳供电局	99.9726	99.9033	99.9299	2.40	8.47	6.14
海口供电局	99.9695	99.9073	99.9396	2.68	8.12	5.29
呼和浩特供电公司	99.8995	99.8442	99.8738	8.80	13.65	11.06

资料来源：国家电网公司发展策划部：《2015年电力行业统计资料汇编》，中国电力企业联合会，2016年7月。

供电可靠率和用户平均停电时间的统计数据如表8-3所示，供电可靠率最高的城市达到了99.99%，供电可靠率最低的城市为99.58%，差异相当小。农村供电可靠率最高与最低的差异更小，供电可靠率的标准差相比城市也更小，表明供电可靠率的水平基本在平均值附近。

表8-3 2015年直辖市及省会城市用户供电可靠性指标的统计特征

变量	样本费	均值	标准差	最小值	最大值
城市供电可靠率	31	99.95	0.07	99.58	99.99
农村供电可靠率	30	99.90	0.05	99.79	99.98
平均供电可靠率	30	99.93	0.03	99.85	99.99
城市停电时间	31	4.01	6.21	0.77	36.41
农村停电时间	30	8.81	4.28	1.43	17.97
平均停电时间	30	6.20	3.00	1.26	13.6

城市用户平均停电时间，除西藏长达36.41小时之外，其他地区平均停电时间均小于10小时，大部分地区平均停电时间小于5小时，城市用户平均停电时间为4.01小时，城市用户停电时间分布较为分散，各地区用户平均停电时间与平均值的离散程度达到了6.21小时。

农村用户平均停电时间平均为 8.81 小时，但农村用户的停电时间离散程度为 4.28 小时，最高与最低的差距也比城市缩小。2008 年，中国台湾台电公司每户每年停电时间为 0.35 小时，每户每年停电次数平均为 0.354 次。为稳定供电并加强顾客服务，台电公司不断改善供电可靠度，2017 年，每户每年停电时间降为 0.28 小时，每户每年停电次数为 0.212 次。

国家能源局发布的《供电监管报告》，通报了 2015 年 7 月至 2016 年 3 月开展的全国供电监管工作情况。从全国 3007 家供电企业中选取 6 家省级、121 家市级、128 家县级供电企业，共计 255 家供电企业开展了现场检查。检查中共发现各类问题 679 例，其中，关于供电可靠性的问题主要有：部分地区配电网网架较为薄弱、发展不均衡、供电能力不足等县域和农村地区此类问题尤其突出；部分供电企业"两率"数据真实性、准确性存在问题，未按规定公开供电"两率"、停限电信息、收费标准等信息。国家能源局发布《供电监管报告》，通报了 2016 年 7 月至 2017 年 3 月开展的全国供电监管工作情况。采用"双随机"抽查方式，从全国 3007 家供电企业中选取了 23 家省级、108 家市级、149 家县级供电企业，共计 280 家供电企业开展了现场检查。存在的主要问题是：部分供电企业"两率"管理不规范，统计数据不真实；个别地区"两率"指标偏低，供电质量有待提升；部分地区电网供电能力不足，网架结构比较薄弱，投资改造升级相对滞后。

"十三五"电力规划的目标是：基本建成城乡统筹、安全可靠、经济高效、技术先进、环境友好、与小康社会相适应的现代配电网。中心城市供电可靠率达到 99.99%，综合电压合格率达到 99.97%。城镇地区供电能力及供电安全水平显著提升，供电可靠率达到 99.9%，综合电压合格率达到 98.79%。农村地区全面解决电网薄弱问题，供电可靠率达到 99.98%，综合电压合格率达到 97%。我国电力可靠性指标非常接近 100%，电力消费稳定性和安全性得到保障。

第三节　电力普遍服务存在的问题

一　居民电价水平偏低

（一）居民电价相比工商业电价偏低

我国各省份的电价结构呈现多样化，阶梯电价、峰谷电价、分压电价等适用于不同的分类用户。为了保持分类用户的可比性，也为了比较分类用户的直观性，尽量选择同一电压等级的电价进行比较。从全国 31 个省份的价格主管部门官网收集的分类用户电价数据中，居民电价选择了电压等级不满 1 千伏"一户一表"用户的阶梯电价值，工商业电价选择不满 1 千伏的值，农业生产电价选择不满 1 千伏的值，大工业电价选择 1—10 千伏的值。图 8 –1 是居民第一档电价、一般工商业电价的曲线，虽然各个省电价水平有高低，但从图 8 –1 中可以直观地看出，居民第一档电价全部低于一般工商业电价。

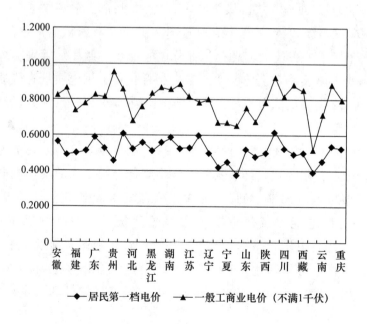

图 8 –1　居民第一档电价、一般工商业电价的曲线

表 8-4 是 2016 年 31 个省份的分类用户的电价统计特征。从平均值来看，居民第一档电价平均值为 0.51 元/千瓦时，低于工商业电价 0.79 元/千瓦时，也低于大工业电价 0.58 元/千瓦时；居民第二档电价平均值为 0.57 元/千瓦时，也低于工商业电价和大工业电价。居民第一档电价比工商业电价低 35%，居民第二档电价比工商业电价低 28%，居民第一档电价和第二档电价的覆盖范围达到全部居民的 95% 左右。

表 8-4　　　　　　　2016 年 31 个省份分类用户的电价统计特征

变量	数量	平均值	标准差	最小值	最大值
居民第一档电价	31	0.51	0.06	0.38	0.62
居民第二档电价	29	0.57	0.06	0.43	0.67
居民第三档电价	29	0.82	0.06	0.68	0.92
大工业电价	30	0.58	0.10	0.38	0.85
工商业电价	31	0.79	0.09	0.52	0.95
农业电价	31	0.53	0.12	0.20	0.77

居民第三档电价的平均值为 0.82 元/千瓦时，高出工商业电价 0.03 元/千瓦时，电价价差不高。表 8-5 是 1995—2015 年我国居民生活用户电力消费情况。居民生活电力人均消费量逐年增长，居民生活用户消费电量占消费总量的比例为 10%—13%，近几年来，居民消费占总消费电量的比例稳定在 13% 的水平。居民消费量占总的消费量比例不高，执行第三档电价的电量占居民消费电量的 5%，即第三档电价的覆盖范围不到电力消费总量的 1%。综合前面的分析，总体上看，我国现阶段的居民电价低于工商业电价。

（二）居民电价相比较其成本偏低

电力行业"厂网分开"改革后，发电环节实现了一定程度的市场竞争，标杆上网电价得以确立并逐步公开。2015 年，输配电成本监审启动后，各地价格主管部门根据输配电成本制定了分类输配电价格。销售电价由发电、输电、政府性基金等为基础。通过这些公开数据，估算分类用户的理论电价，并与政府价格主管部门制定的销售电价进行比较。

表 8-5　　　　1995—2015 年我国居民生活用户电力消费情况

年份	电力消费总量（亿千瓦时）	居民用户消费量（亿千瓦时）	居民用户消费比例（%）	人均电力消费量（千瓦时）
1995	10023.4	1005.58	10	83.46
1996	10764.3	—	0	87.72
1997	11284.4	1253.2	11	98.62
1998	11598.43	1324.5	11	104.23
1999	12305.21	1480.78	12	108.62
2000	13472.38	1451.95	11	114.99
2001	14633.46	1839.23	13	126.53
2002	16331.45	2001.42	12	138.35
2003	19031.6	2238.04	12	159.74
2004	21971.38	2464.49	11	183.98
2005	24940.32	2884.81	12	221.28
2006	28587.97	3351.6	12	255.65
2007	32711.8	4062.7	12	308.28
2008	34541.35	4396.1	13	331.87
2009	37032.14	4872.16	13	365.98
2010	41934.49	5124.63	12	383.09
2011	47000.88	5620.06	12	418.12
2012	49762.64	6218.96	12	460.42
2013	54203.41	6989.16	13	515
2014	56383.69	7176.1	13	526
2015	58019.97	7565.21	13	551.71

资料来源：中经网统计数据库，经笔者整理计算。

2017 年，浙江省水力发电标杆上网电价为 0.264 元/千瓦时，占

18.61%；火力发电标杆上网电价为 0.4153 元/千瓦时，占 70.92%；核电标杆上网电价为 0.43 元/千瓦时，占 3.87%；风电标杆上网电价为 0.7 元/千瓦时，占 4.76%；太阳能发电标杆上网电价为 1.182 元/千瓦时，占 1.84%。[①] 通过加权平均后得出平均上网电价为 0.368 元/千瓦时。

2017 年，浙江省大工业和其他电力用户不同电压等级的电价如表 8 - 6 所示。输配电价的制定体现了电压等级越高，输配成本越低，输配电价越低的原则；主要区分了大工业电力用户与其他电力用户电力的价格水平。

表 8 - 6　　　浙江省大工业和其他电力用户不同电压等级的电价

单位：元/千瓦时

电压	不满 1 千伏	1—10 千伏	20 千伏	35 千伏	110 千伏	220 千伏
其他电力用户	0.3779	0.3399	0.3199	0.3099	—	—
大工业电力用户	0.2526	0.2146	0.1946	0.1846	0.1626	0.1576

注：包含输配电损耗及增值税。

资料来源：《浙江省物价局关于降低一般工商业电价有关事项的通知》，http：//www. zjpi. gov. cn/WebSite/XinXiCk？xxid = d774efc1 - 7655 - 4ef1 - b255 - 7df11a4badca。

浙江省政府性基金及附加均含国家重大水利工程建设基金 1.436 分钱；除农业生产用电以外，均含城市公用事业附加费 0.5 分钱、大中型水库移民后期扶持资金 0.83 分钱和地方水库移民后期扶持资金 0.05 分钱，均含农网还贷资金 2 分钱，均含可再生能源电价附加。其中，居民生活用电 0.1 分钱、其余各类用电 1.9 分钱。根据上述政府性基金及附加规定，居民用户的政府性基金及附加金额为 0.04916 元/千瓦时（见表 8 - 7）。

---

① 水电、火电、核电、风电、光电比例来自中国电力企业联合会《2017 年全国电力工业统计快报数据一览表》。火电、风电、太阳能标杆上网电价来自浙江省物价局浙价资〔2010〕72 号、浙价资〔2012〕196 号和浙价资〔2016〕2 号。核电标杆上网电价来自国家发改委发改价格〔2011〕1101 号和发改价格〔2013〕1130 号。

表 8 - 7　　　　　　　浙江省居民用户理论电价估算值　　单位：元/千瓦时

电压等级	上网电价	输配电价	政府性基金及附加	理论电价
小于 1 千伏	0.368	0.3779	0.04916	0.795
1—10 千伏	0.368	0.3399	0.04916	0.757
平均	0.368	0.3589	0.04916	0.776

　　浙江省居民用户理论电价估算值如表 8 - 7 所示，小于 1 千伏的理论电价为 0.795 元/千瓦时，1—10 千伏的理论电价为 0.757 元/千瓦时。浙江省居民用户销售电价及补偿程度如表 8 - 8 所示，居民电价结构中，最高的第三阶梯电价也小于理论电价，即居民用户的所有电价均低于同电压等级测算的理论电价，居民电价相比，较其理论电价偏低。

　　根据国际能源署的价格补贴程度公式：$S = (M - P) / M$。其中，M 为理论电价，P 为终端销售电价，测算居民电价的补贴程度，第三级居民阶梯电价补贴程度为负值，表明第三阶梯电价提供了 5.41% 的交叉补贴，其他居民用户电价的补贴程度均为正值，补贴程度为 30% 左右，最高达 32.89%，表明居民终端销售电价比其理论电价偏低 1/3。

表 8 - 8　　　　　　　浙江省居民用户销售电价及补偿程度

电压等级		销售电价	理论电价	价差	补偿程度
不满 1 千伏"一户一表"居民用户	第一阶梯：年用电 2760 千瓦时	0.538	0.795	0.257	32.33
	第二阶梯：年用电 2761—4800 千瓦时	0.588	0.795	0.207	26.04
	第三阶梯：年用电 4801 千瓦时以上	0.838	0.795	- 0.043	- 5.41
不满 1 千伏合表用户		0.558	0.795	0.237	29.81
1—10 千伏及以上合表用户		0.538	0.757	0.219	28.93
农村 1—10 千伏		0.508	0.757	0.249	32.89

（三）居民电价比其他国家偏低

图 8－2 是部分国家居民电价按照从低到高顺序排列的柱状图，以 2016 年平均汇率 4.6423 转换为人民币。中国的居民电价是 21 个家里最低的。居民电价平均为 0.55 元/千瓦时，低于 1 元/千瓦时的国家只有 5 个。大部分国家的居民电价高于 1 元/千瓦时，我国居民电价相当于其他国家民居电价的 1/2 水平。

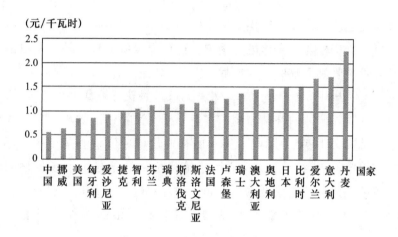

图 8－2　中国与部分国家居民销售电价比较

综上分析，我国居民电价相比较电价成本偏低，比工商业用电偏低，比其他国家也偏低。

二　居民电价补贴结果的非公平

（一）居民低电价的补贴对象不具有针对性

电力普遍服务对象应该是高成本地区用户和低收入群体用户。公众是一个庞大的群体，按照地区和收入，将居民电力用户分为四个群体。横轴表示电力普遍服务的成本，纵轴表示居民用户的收入水平。第 Ⅰ 类低收入低成本用户表示生活在低成本地区的低收入用户，即提供电力服务成本是低的，但是，居民用户支付能力也低。第 Ⅱ 类高收入低成本用户表示生活在低成本地区的高收入用户，即提供电力服务的成本低，居民用户支付能力高，显然，这部分群体不是普遍服务的对象。第Ⅲ类低收入高成本用户表示生活在高成本地区的低收入用户，即边远地区、农村地区和海岛等地区的低收入用户，这部分群体是需要得到补贴的对象。第Ⅳ类高收入高成本地区用户意味着生活在高成本地区的高收入用户，即提供电力服务成本很高，但居民用户的支付能力也很高。综上分析，四类用户中只有第Ⅲ类低收入高成本电力用户需要补贴。

我国的居民电价并没有对居民电力用户的收入进行区分，长期采用统一低电价对全体居民用户提供电力服务。实施阶梯电价后，第一阶梯低电价仍覆盖了全体电力用户，这种全民低电价的补贴是目前电力行业价格管制面临的一大挑战。

（二）居民低电价补贴的结果是高收入户获得补贴更多

以低收入群体的补贴为例，实证分析交叉补贴的效果。首先采用价差法估算 2010 年中国电力用户的补贴规模。价差法是目前广泛使用的估算能源补贴的方法，适用于销售价格低于自由市场价格的情况。价差法的框架由戈登（Cordon，1957）建立，其基本思想是：对消费者的补贴降低了能源产品的终端价格，根据国际原子能机构（IEA，1999）的模型，价差法基本公式为：

$$S = (M - P) \times C \tag{8.1}$$

式中，S 为电力产品补贴数额，M 为基准价格，对电力而言，基准价格为其长期边际成本，P 为终端销售价格，C 为消费量。

基准价格 M 的选取，根据林伯强（2007）和《中国能源统计年鉴》，2010 年居民电力长期边际成本为 1.03 元/千瓦时；电力终端消费价格 P 的选取，根据 2010 年《中国电力监管报告》，2010 年全国平均居民电价为 0.50 元/千瓦时；居民电力消费量，根据中电联《中国电力行业年度发展报告（2011）》，城乡居民生活用电合计 5093.96 亿千瓦时，其中，城镇居民生活用电 2959.87 亿千瓦时，乡村居民生活用电 2134.09 亿千瓦时，依据价差法计算得到 2010 年居民用电补贴规模为 2699.8 亿元。其中，对城镇居民用电的补贴为 1568.73 亿元，占总居民电力补贴的 58.1%；对农村居民用电的补贴为 1131.07 亿元，占 41.9%。由此可见，补贴大部分给了收入较高的城镇居民，而最需要补贴的农村居民因为消费量少，只拿到小部分补贴。

（三）居民低电价补贴形成了"富人搭穷人便车"现象

普遍服务中低收入群体所需补贴量的估计。假设取消电力行业的交叉补贴，对低收入群体需采用其他方式予以补贴，以保障其基本生活需要。以贫困人口的标准界定低收入群体的规模，这部分人群接受普遍服务补贴合理性和公平性无任何非议，而且在补贴发放时可结合社会保障事业进行。2010 年，按照年人均纯收入 1274 元的扶贫标准，全国贫困人口已减至 2688 万人。按照林伯强（2009）对低收入组电力消费的估计，低收入贫困人群基本生活需要的月用电量大致为人均 11.1 千瓦时，所需的电力消费为 35.8 亿千瓦时。取消交叉补贴后，用电价格为 1.03 元/千瓦时，所需要的补贴额为 36.88 亿元，远远小于取消补贴前的 2699.8 亿元，只占现有补贴的 1.37%。由此可见，交叉补贴机制下，补贴的非目标性导致高收入者长期低价消费电力，获得大部分的补贴，"富人搭穷人便车"的不公平现象十分严重，加重了政府负担。

交叉补贴是垄断经营体制下企业为履行普遍服务义务而采取的一种补贴机制，电力行业市场化改革后，交叉补贴面临失效的威胁；另外，电力行业目前的交叉补贴不仅没有效率，而且有失公平。

第四节　电力普遍服务管制的对策建议

电力普遍服务的核心问题是电价的可承受性目标，核心是电价的交叉补贴机制，交叉补贴定价扭曲了成本与价格的关系，交叉补贴定价与市场竞争不相容，交叉补贴定价结果不公平。交叉补贴定价面临非常多的挑战，但交叉补贴定价迟迟未从垄断行业定价体系中退出，是因为交叉补贴定价是垄断行业普遍服务的基本手段和机制。但是，随着我国电力市场化改革的推进，电力市场竞争结构形成，电力市场竞争机制逐渐完善，电力交叉补贴定价的基础将逐渐消失。随着我国经济的快速发展，公众收入水平的逐步提高，居民低电价补贴的必要性和范围逐步缩小，电力交叉补贴的内在逻辑在改变。因此，逐步缩小电力交叉补贴，是解决居民低电价与工业高电价的矛盾的可行之策。同时出台电力普遍服务基金制度，对真正需要补助的低收入群体进行针对性补贴，是实现电力普遍服务的长效机制。

一 缩小电力用户间的交叉补贴

（一）电力交叉补贴机制面临的挑战

中国电力行业长期以来实行国有企业垄断经营体制，用户间的交叉补贴是实现电力普遍服务的主要形式，表现为政府对电力服务实行价格差别政策。改革开放后，中国电力行业的一系列改革打破了国有电力企业独家垄断的格局，形成了多家电力企业竞争的格局。

1985 年，中国电力行业开始实施"集资办电"政策，鼓励民间资本投资发电厂，同时，中外合资、合作和外商独资的发电项目迅速发展，形成了发电环节的多元化投资。2002 年的电力体制改革，将国家电力公司的发电资产重组为 5 家发电集团公司，将国家电力公司的电网资产重组为国家电网和南方电网两家电网公司。电力行业经过市场结构重组和民营化改革，截至 2010 年年底，中国累计颁发发电企业许可证 18345 家，发电环节呈现多元化竞争格局。从事省级及以上输电业务的企业共计 39 家；供电企业数量众多，全国地（市）、县两级供电企业共计 3171 家，企业经营形式多样，包括中央国有、地方国有、民营、股份制等多种类型，同时还存在"自发自供"以及"转供电"等特殊业务类型。

多元竞争市场结构的形成，使传统的交叉补贴机制面临失效的威胁，这一方面源于市场竞争，市场竞争主体不愿意继续履行普遍服务义务；另一方面新进企业的"撇脂"战略侵蚀了普遍服务的"税基"，使原承担普遍服务义务的企业无法继续履行普遍服务义务。

（二）缩小电价交叉补贴的政策导向

用户间的交叉补贴在一定程度上扩大了用电范围和居民的支付能力，保证了居民用户的基本生活用电。但电力行业市场化改革后，交叉补贴的种种弊端也逐渐显露，交叉补贴形成的价格扭曲阻碍了电力行业的市场化改革，而且，交叉补贴最后的受益者大部分是不需要补贴的高收入群体，这显然和普遍服务义务的目标背道而驰。

近几年，电力行业频频提出改革电价交叉补贴的政策。《中共中央、国务院关于进一步深化电力体制改革的若干意见》，将妥善处理电价交叉补贴与单独核定输配电价、公益性以外的发售电价格由市场形成并列，成为电价改革的三大内容之一。《国家能源局关于推进输配电价改革的实施意见》明确了电力交叉补贴改革的方向：逐步减少工商业交叉补贴，妥善处理居民、农业用户交叉补贴。具体步骤是：输配电价改革后，根据电网各电压等级的资产、费用、电量、线损率等情况核定分电压等级输配电价；测算居民、农业享受的交叉补贴以及工商业用户承担的交叉补贴；各地全部完成交叉补贴测算和核定工作后，提出妥善处理交叉补贴的政策措施。

《国家发改委关于全面推进输配电价改革试点有关事项的通知》提出，要加快建立独立输配电价体系，重点就电网投资、电量增长与输配电价关系，分电压等级、分用户类别归集核算输配电成本，妥善处理政策性交叉补贴，保障电力普遍服务。《国家发改委关于全面深化价格机制改革的意见》提出，下一步将研究逐步缩小电力交叉补贴，完善居民电价政策。

（三）电价交叉补贴迟迟未退出的原因

交叉补贴是基于垄断的传统普遍服务机制，电力行业市场化改革后，应建立与市场竞争相适应的普遍服务基金机制，然而，用户间的交叉补贴仍然是实现电力普遍服务的主要机制。交叉补贴既受到竞争的冲击，也面临补贴效率不高的诟病，为何迟迟不能退出？通过对交叉补贴机制及其运行环境分析后，得出其原因：一是电力体制改革实质上并没有打破电力行业的垄断；二是电力成本与价格形成机制缺乏科学性。

1. 电力行业市场尚未形成有效竞争

电力系统的运行包括发电、输电、配电和售电四个垂直相关的阶段，发电厂将能源转换成电能，通过电网将电能输送和分配到电力用户，从而完成电能从生产到使用的整个过程，电力供求平衡有赖于电力生产和输配电业务的高度协调。根据产业经济学权威乔·贝恩等建立的 S—C—P 产业分析框架，市场结构决定市场行为，而市场行为又决定市场运行的绩效。从市场结构分析电力市场 20 多年的市场化改革，结果发现，电力行业的发电环节形成了一定程度的竞争，而输配供环节基本上没有竞争，仍然实行区域性垄断经营。企业具备垄断地位是实施交叉补贴的基础，虽然电力行业进行了市场结构重组和民营化改革，但中国电力市场的垄断势力并没有削弱。

2002 年启动的电力体制改革，基本上实现了"厂网分开"，电力输配甚至销售环节均没有取得实质性的进展。电网环节分为国家电网和南方电网两大企业，国家电网为跨区域超大型输电企业，南方电网为跨省的区域性输电企业，在所属地理范围内形成了独家垄断，相互之间没有形成有效竞争。

电力供应企业是指在一个特定的区域内从事配电和售电业务的企业。2010 年，我国有地级区划 333 个，地级市供电企业有 431 家，是前者的 1.3 倍，即一个行政区内平均有 1.3 家供电企业进行竞争，这反映出供电企业之间的竞争范围还比较有限；我国县级行政区共有 2858 个，同层次的供电企业有 2740 个，县级供电竞争更为有限。

2. 独立电价形成机制尚未建立

科学合理的上网电价、输配电价和销售电价是打破电力行业垄断的关键。价格机制反映了电力产品市场价格的变动与电力市场上供求关系变动的有机联系，通过这种市场价格信息来调节电力生产和流通。因此，形成符合市场竞争的电力价格形成机制，是打破垄断、建立竞争性电力市场的重要组成部分。

上网电价形成机制是原国家电力公司系统直属并已从电网分离的发电企业，执行政府价格主管部门按补偿成本原则核定的上网电价；独立发电企业的上网电价，由政府价格主管部门根据发电项目经济寿命周期，按照合理补偿成本、合理确定收益和依法计入税金的原则核定。通过政府招标确定上网电价的，按招标确定的电价执行。我国电力行业国有资本占发电资产的 90%，由此可见，绝大部分的"上网电价"并非是由市场竞争确定的。

输配电价长期采用销售电价和上网电价的购销差价确定，上网电价由市场竞争形成，销售电价由政府价格主管部门制定，由购电成本、输配电损耗、输配电价及政府性基金四部分构成。输配电价既是销售电价的构成部分，又通过销售电价倒推而定，输配电价形成机制不够合理。2015 年，国家发改委、国家能源局发布《输配电定价成本监审办法（试行）》，各省份陆续开展了输配电成本监审，为输配电价格制定提供科学依据。输配电成本监审工作初期主要是对高压专线输电进行成本监审，从目前已经出台的省级电网输配电价表来看，用电分类包括一般工商业及其他用电和大工业用电。电力交叉补贴的主要提供方一般工商业，电力交叉补贴的享受方居民用户和农业用户，全部归为一类用户，适用同一输配电价，缺乏科学性。

中国电力行业纵向价格体系的定价机制尚未建立，各个环节不能形成独立的价格，导致终端销售电价的成本模糊不清。既然算不清楚，那么用户间的交叉补贴也一直延续下来。

二　减少电力用户交叉补贴的可行性方案

（一）提高居民用户销售电价

提高居民电价水平是减少电价交叉补贴的可选方案之一，理由是居民电价相比较其成本偏低，相比较工商业用户偏低，比国外居民用户电价偏低，这为提高居民电价提供了可行性。但居民用户数量多，特别是低收入群体对电价调整最为敏感，调整电价需要考虑对低收入群体的影响最小。因此，本书提出如下建议：

提高居民阶梯第二档电价和第三档电价水平，第一档电价保持不变。各地第一档电量覆盖居民总用电量的 80%，即 80% 的居民用电户的用电量在第一档电价水平，第一档电量维持不变，保护了绝大多数居民户的利益，其用电支出不会增加，也减少了这部分群体反对提价的风险。

第二档电量覆盖 95% 以下的人群，根据《国家发改委关于居民生活用电试行阶梯电价的指导意见的通知》要求：第一档电价原则上维持较低价格水平，第二档电价提价 10% 左右，第三档电价控制在第二档电价的 1.5 倍左右。目前各地阶梯电价的第二档电价均按照 10% 提价，建议第二档电价相比较第一档电价提高 20% 左右。本书以浙江省的数据进行测算，如果第二档电价提高20%，第三档电价按照第二档电价的1.5倍提升，将可以减少居民用户5%左右的交叉补贴数量。阶梯电价的目的是促进节约用电，因此，提高第二档电价和第三档电价水平，通过高价遏制过量消费电力，同时也可以减少居民用户的交叉补贴数量。

（二）降低工商业用户电价

《国家发改委关于降低一般工商业电价有关事项的通知》决定分两批实施降价措施，落实一般工商业电价平均下降10%的目标要求，通过清费政策、输配电价格改革、规范收费、临时性降低输配电价等措施实现降低一般工商业电价的目的。降低工商业电价是近年来各级政府电价政策的基本方向，逐步调低工商业电价，逼近其成本水平。

降低工商业电价，将会使交叉补贴红利消失，居民和农业用电户低电价的补贴来源减少，企业的财务平衡更难实现。为了减少电价交叉补贴，同时继续向居民用户和农业用户收取较低的电价，必须建立新的普遍服务机制代替交叉补贴机制。因此，建立电力普遍服务基金，为电力低收入群体提供稳定可靠的补贴，是实现电力普遍服务的长效机制。

三　建立电力普遍服务基金制度

林伯强等（2009）通过实证研究表明：电力行业的交叉补贴机制是不公平和无效的，如果完全取消对居民的用电补贴，越是低收入人群，受电价上涨的负影响越大。李虹等（2011）从直接影响与间接影响两方面系统地研究了取消电力补贴对中国城乡不同收入阶层居民生活的影响。从直接影响来看，取消电力补贴对农村低收入阶层影响更大，价格变动的联动效应会进一步影响相关产品和服务价格，低收入阶层居民受到这种间接影响更为显著。取消交叉补贴对低收入群体的生活影响最大，为了实现电力普遍服务目标，需要尽快建立电力普遍服务基金制度。

（一）明确普遍服务基金的补贴对象和内容

电力普遍服务具有动态性。电力普遍服务的水平反映了一个国家社会经济发展的水平，补贴对象和内容需要随着经济的发展变化而发生相应的调整。因此，电力普遍服务基金的补贴对象和内容也需要进行重新界定。但在特定时期，普遍服务又具有相对稳定性，是一个国家一定时期内的战略目标。作为发展中国家的中国电力行业，考虑到国家财政收入有限和电力基础设施较差的背景，普遍服务的对象，即普遍服务基金补贴对象的范围不宜确定太大。目前，首先要解决的是高成本地区用户的电力普遍服务问题；在普遍服务基金运作成熟后，再考虑将低收入用户纳入电力普遍服务基金的补贴对象。

高成本地区的电力用户，基本上分布在农村和边远落后地区，不能享用到电力服务。电力普遍服务的目标是通过各种措施，实现高成本地区电力用户的可接入，使未能用上电的用户能够享受电力服务，促进地区经济发展，满足群众基本生活需要。在高成本地区提供电力普遍服务的途径主要是：对能够依靠电网延伸解决供电的地区，优先采取电网延伸解决；对不适宜通过电网延伸解决的地区，积极利用当地资源，通过沼气、秸秆气化、小水电、太阳能、风力发电等清洁能源技术，实现小范围的供电，待时机成熟，再连入大电网等。

低收入的电力用户，大部分在农村和边远落后地区，小部分在城市，通常是享受最低生活保障的人口。电力普遍服务的主要内容是实现用户能够以可支付得起的价格购买电力产品，实现的方式是用普遍服务基金对低收入电力用户提供直接的补贴，即电力普遍服务基金的补贴对象是低收入用户。补贴的基础是低收入用户的消费，首先，筛选出低收入电力用户，农村贫困人口和城市最低生活保障人口是普遍服务基金补贴的对象；其次，确定基本的生活所需的最低电量，最低电量可根据经济发展水平和生活条件进行调整；最后，电力普遍服务基金的发放由社会保障机构结合最低生活保障金一起发放。当然，对低收入用户的补贴要等普遍服务基金运作成熟后再开展，留出时间完善该项工作开展的基础条件，包括加大最低生活保障的覆盖面，实现公民基本信息的互联互通，完成最低生活保障家庭的用电等公益事项的统计。

由上述分析，电力普遍服务基金的补贴对象主要是在高成本地区提供普遍服务的电力运营商和低收入电力用户两类。电力普遍服务基金的补贴工作可分两个阶段展开，首先对在高成本地区提供普遍服务的电力运营商的成本进行补偿，维护电力运营商的发展潜力，实现电力普遍服务的可接入性目标；等时机成熟时，再考虑对低收入用户进行直接补助，实现电力普遍服务的可支付得起目标。

（二）明确普遍服务基金的来源

普遍服务既是一项公共政策，也是一项公益事业，政府除提供普遍服务政策外，还需提供资金支持。在普遍服务基金出台之前，主要是通过财政补贴的方式直接给予企业，普遍服务基金机制建立后，可通过财政转移支付的方式将资金转入普遍服务基金账户。国务院在《关于推进社会主义新农村建设的若干意见》中提出，顺应经济社会发展阶段性变化和建设社会主义新农村的要求，坚持"多予少取放活"的方针，重点在"多予"上下功夫，调整国民收入分配格局，不断增加对农业和农村的投入，把国家对基础设施建设投入的重点转向农村。财政转移支付的比例可根据社会经济的发展和国家财政的支付能力确定，给电力普遍服务基金提供稳定可靠的来源。

电力经营企业缴纳普遍服务基金。随着电力行业发电、输电、配电和售电环节的分割，特别是发电环节竞争格局的形成，各个企业都成为市场竞争的主体。而且，我国加入世界贸易组织后，电力经营企业的不断增加，企业之间的竞争也将加强。因此，为了营造一个公开、公平、公正的竞争环境，所有电力经营企业都应履行电力普遍服务义务，根据其利润收入按一定的比例交纳电力普遍服务基金。缴纳比例的确定要考虑不同电力经营企业之间盈利能力的差别，以及电力企业的可持续发展能力，让企业能够承受得起，考虑到目前中国企业的税负水平已经比较高了，因此，比例确定在1%—2%为宜。

电力服务是一项公益事业，也是群众的生活必需品，因此，可通过宣传、发动富裕人群、国外群体捐献资金用于发展中国的电力普遍服务。采用募捐的方式筹集资金有一定的不确定性，但随着经济发展和文明的进步，将会有越来越多的人关注贫困人口的电力普遍服务问题，为电力普遍服务基金提供支持。

（三）提高普遍服务基金的运作效率

为提高普遍服务基金的运作效率，需引入竞争机制。在普遍服务基金的分配阶段引入特许投标竞争的方法，通过拍卖的形式，让多家企业竞争电力普遍服务项目的特许经营权，由企业提出报价，政府选择要求普遍服务基金补贴较少，效率较高的企业提供电力普遍服务。政府依据《市政公用事业特许经营管理办法》编制《电力行业特许经营管理办法》，明确普遍服务运营商的责任、权利和义务；普遍服务的质量标准；普遍服务拍卖的程序等。由电力行业主管部门负责招投标的组织实施工作，在其官方网站和其他媒体上公布普遍服务招标信息，发放招标资料、接收投标标书、评定投标标书、签发中标证书等。拍卖结束后，中标者应与电力行业主管部门签订特许经营合同，凭特许经营权中标证书获得普遍服务基金。电力普遍服务的特许经营期一般应以 1—3 年为宜；允许所有符合条件的电力运营商参与拍卖，防止企业之间合谋，保证激烈有效的竞争；特许经营合同应明确规定中标企业的服务范围、时间、质量等。

结合当前政府部门开展的绩效管理，在普遍服务基金的使用过程中引入绩效管理的方法，对普遍服务基金的使用效果进行评估，监督企业使用基金的绩效，提高普遍服务基金的运作效率。具体步骤是：依据中标合同确定普遍服务的目标，设计绩效评估的指标体系，收集数据，对普遍服务工作进行绩效衡量，并做好后续绩效追踪工作。绩效管理是一个连续循环的工作，其优点是给予普遍服务运营商较强的激励作用，促使企业有效利用资金，提高经营效率。另外，政府和公众也可根据绩效评估的结果对企业运行进行监督。

这些竞争机制的引入，对企业产生较强的激励作用，促使企业改善组织管理，优化资源配置，进行技术创新，提高企业自身效率的同时，也提高了普遍服务基金的运作效率。

（四）重视普遍服务基金的科学管理

做好电力普遍服务基金的管理工作是电力普遍服务基金有效运作的基本保证。首先，必须明确电力普遍服务基金管理机构的法律地位，赋予其相应的权利和义务。电力普遍服务的工作由电力行业主管部门负责。其次,制定普遍服务基金的管理办法等有关法规,对普遍服务的基金来源、使用范围、招投标的程序做出明确规定。最后,电力行业主管部门要做好对普遍服务基金的日常管理工作,制订普遍服务基金的使用计划,组织普遍服务基金的竞标,保证普遍服务基金的发放公平合理,监督普遍服务基金的运作效率,提高普遍服务基金的使用效率。

第九章　供水行业普遍服务与管制政策

我国虽然水资源总量多，但其中能作为饮用水的水资源有限。我国的水质分类中能够作为饮用水源的为Ⅰ类、Ⅱ类、Ⅲ类。2016年，全国地表水1940个考核断面中，Ⅰ类、Ⅱ类、Ⅲ类水质断面总和占67.8%，在6124个地下水水质监测点中，水质为优良级、良好级、较好级的比例之和为39.9%。检测评价的867个集中式饮用水水源地，全年水质合格率在80%及以上的水源地有694个，占评价总数的80%。①

到2015年年底，全国累计建成集中供水工程37万多处，分散供水工程130多万处，农村集中式供水人口比例达到82%，自来水普及率达到76%，但大量采用分散式供水的农村居民饮用水并不安全，已经实现自来水普及的地区也存在供水保证率、水质合格率偏低的情况。在农村饮用水源被污染、农村供水基础设施薄弱和污水处理率偏低的背景下，农村居民的饮水安全和健康受到严重威胁。未接入自来水管网的农村居民将不得不饮用可能被污染的水源，已接入自来水管网的部分农村居民，也因为水价偏高，承受不起而"弃用"自来水。农村供水行业的供需矛盾非常突出，农村居民有自来水普遍服务的需求，但是，企业缺乏动力向农村居民提供相应的服务，供需失衡的根本原因是缺乏成本补偿机制和普遍服务管制制度。

① 2016年中国环境公报。

第一节 供水行业普遍服务管制需求

一 供水行业的市场化改革需要普遍服务管制

自来水行业的市场化改革从 20 世纪 80 年代末开始，经历了 80 年代的政府招商引资阶段、90 年代的外资合作经营阶段和特许经营阶段以及如今的产权改革阶段。2002 年 1 月，国家计委发布《"十五"期间加快发展服务业若干政策措施的意见》，放宽公用事业行业的市场准入。2002 年 3 月，国家计委公布新的《外商投资产业名录》，原禁止外商投资的供排水等城市管网首次被列为对外开放领域。2002 年 12 月，建设部出台《关于加快市政公用行业市场化进程的意见》，鼓励社会资金、外国资本采取独资、合资、合作等多种形式，参与市政公用设施的建设，形成多元化的投资结构。

经过 40 年的市场化改革，自来水行业形成了多元竞争主体的市场结构。有些地区进行了纵向分割，将供水行业细分为排水集团、自来水公司等；有些地区则是纵向集中，形成规模更为庞大的水务集团。有些地区通过引进外资和民营资本，实现了自来水生产阶段的市场竞争；有些地区通过自来水行业的特许经营，实现了国有资产的市场化运作，通过资产转让和股权出让，实现了国有资产的退出和自来水输送阶段的竞争。如今的自来水市场是多元化投资、多元化主体经营的垄断竞争市场。

这种全行业的多元市场竞争对自来水行业的公益性目标形成冲击。首先，市场竞争主体的负外部性对人居环境和水生态环境造成破坏，对依靠天然水源生存生产的群体造成威胁；其次，市场竞争主体自身的利润最大化目标改变了供水行业的行为，企业不再以公众利益为目标，公众饮用水的稳定可靠等问题凸显；最后，自来水产权的多元化改革，政府退出自来水行业的投资、运营和供应，改变了供水行业的制度环境。这些改变，需要政府加强供水普遍服务管制，确保进入供水行业的企业能够持续稳定供应符合质量标准的自来水，满足公众的生产生活需求。

二 弱势群体需要供水普遍服务

供水行业的弱势群体是指长期不能饮用安全、卫生、清洁自来水的人群，主要包括广大农村居民和水源遭到严重污染地区的居民。城市地区基本上普及了自来水的供应，能够保证自来水饮用的安全。而在广大农村，饮用水源常常是未经处理的地表水或地下水。"十二五"期间，我国解决了2.98亿农村居民和11.4万所农村学校的饮水安全问题，全国农村集中供水人口占82%，农村自来水普及率达76%。取得的成绩是显著的，但仍有约25%的农村居民饮用的是未经处理的地表水或地下水。表9-1是第三次农业普查中农村居民的饮水构成情况。我国有10.7%的农村居民饮用不受保护的井水和泉水、江河湖泊水、雨水等，分地区来看，东部地区农村居民用户不安全的饮用水占4.1%，中部地区农村居民用户不安全的饮用水占13.4%，西部地区农村居民用户不安全的饮用水占16%，东北地区农村居民用户不安全的饮用水占5.4%。

表9-1　　　　　　　　按饮用水来源划分的农村居民饮水构成

类型	全国	东部	中部	西部	东北
经过净化处理的自来水	47.7	62.3	43.9	38.2	36.1
受保护的井水和泉水	41.6	33.5	42.8	45.8	58.5
不受保护的井水和泉水	8.7	3.5	11.9	11.8	5.3
江河湖泊水	0.6	0.1	0.4	1.3	0.0
收集雨水	0.7	0.0	0.4	1.7	0.0
桶装水	0.3	0.2	0.4	0.4	0.0
其他水源	0.4	0.3	0.4	0.8	0.1

注：东部地区包括北京市、天津市、河北省、上海市、江苏省、浙江省、福建省、山东省、广东省和海南省。中部地区包括山西省、安徽省、江西省、河南省、湖北省和湖南省。西部地区包括内蒙古自治区、广西壮族自治区、重庆市、四川省、贵州省、云南省、西藏自治区、陕西省、甘肃省、青海省、宁夏回族自治区、新疆维吾尔自治区。东北地区包括辽宁省、吉林省和黑龙江省。

资料来源：国家统计局：《第三次全国农业普查主要数据公报（第四号）》，http://www.stats.gov.cn/tjsj/tjgb/nypcgb/qgnypcgb/201712/t20171215_1563634.html，2017年12月16日。

2015 年，全国 967 个地表水国控断面（点位）的水质监测显示，Ⅰ—Ⅲ类、Ⅳ—Ⅴ类和劣 Ⅴ 类水质断面分别占 64.5%、26.7% 和 8.8%。5118 个地下水水质监测点中，水质为优秀级的监测点占 9.1%，良好级的监测点占 25.0%，较好级的监测点占 4.6%，较差级的监测点占 42.5%，极差级的监测点占 18.8%。由此可见，饮用水源已经普遍被污染，直接饮用严重威胁着农村居民的生命健康安全。

世界卫生组织调查显示，全世界 80% 的疾病是由饮用被污染的水造成的；全世界 50% 的儿童的死亡是由饮用被污染的水造成的；全世界 12 亿人因饮用被污染的水而患上多种疾病；全世界每年有 2500 万儿童，死于饮用被污染的水引发的疾病；全世界因水污染引发的霍乱、痢疾和疟疾等传染病的人数超过 500 万。而在中国农村出现的许多"癌症村"现象，经调查，大部分是因为饮用水源被污染。清洁的供水，对公共健康起到至关重要甚至决定性的作用，联合国教科文组织提出，获得普遍可及净水是人类的基本权力。水资源的污染和饮用水的安全威胁是当前中国社会发展中面临的重大问题，而弱势群体的饮用水安全需求也是正当的要求，政府应制定出适应市场竞争的自来水普遍服务管制政策，满足弱势群体的基本需求，实现全社会的和谐发展。

三　供水行业需要长效的普遍服务机制

供水普遍服务是指由政府制定政策，确保所有存在现实或潜在需要的居民都能以合理的价格获得无质量歧视的自来水服务。供水行业的普遍服务是通过企业内部的交叉补贴和政府财政补贴实现的。交叉补贴是政府允许自然垄断产业内部垄断性业务与竞争性业务，盈利业务与亏损业务相互弥补，实现盈亏平衡的机制。交叉补贴发挥作用的前提条件有二：一是企业需取得垄断地位，否则就会因其他企业的"撇脂"行为，导致原有企业交叉补贴的不可维持；二是这种交叉补贴要合法，即政府法律法规制度允许企业进行交叉补贴。供水行业改革前，国有自来水公司对纵向垂直一体化垄断经营，政府按照"居民用水低价，其他用户高水价"的原则，制定了供水行业的价格，使供水企业回收成本，并扩大供水范围和水量。交叉补贴是垄断时期实现普遍服务的主要方式，供水行业的市场化改革打破了交叉补贴机制的实现基础，大量供水企业涌入市场，选择高盈利的地区开展业务，使原有企业的交叉补贴难以维系，供水行业的交叉补贴机制逐渐失效。

供水行业市场化改革前，是由国家投资、建设、运营的垄断性国有企业。为了保证所有城市居民都能享用自来水服务，采取低价供应的模式，企业的亏损被视为政策性亏损，由国家财政补贴。政府补贴显示出很强的计划经济特征，不符合自来水行业引入竞争，提高效率，实现政企分开、公平竞争的改革目标，也不利于自来水企业的发展。另外，自来水行业属于基础设施产业，随着社会经济的快速发展，客观上需要自来水行业加速发展，政府财政远远不能满足自来水行业建设的需要。因此，政府财政补贴这一解决普遍服务的途径也逐渐失去合法地位。

自来水行业的传统普遍服务机制逐渐失效或适用范围变小，而自来水普遍服务的任务越来越重。因此，迫切需要设计新的具有持续发展潜力、适应市场竞争的普遍服务机制。

第二节　供水行业普遍服务现状

普遍服务的基本含义包括可获得性、非歧视性和可承受性。供水普遍服务的目标，一是可获得，即有自来水的供应；二是可承受，即价格用户负担得起；三是无歧视，质量符合国家安全标准。根据普遍服务内涵，我国供水行业的普遍服务现状主要有三个方面。

一　自来水普及率情况

自 1879 年中国的旅顺建成第一座供水设施开始到 1949 年，全国只有 60 个城市有供水设施，日供水能力 186 万立方米。1978 年，全国有 467 个城市建有供水设施，日供水能力 6382 万立方米。改革开放后，供水事业有了较快的发展。2015 年，全国供水企业有 1621 家，供水厂个数达到 2807 座，平均每个省份有 91 座供水厂，日供水能力

29678.26 万立方米。2015 年，供水总量 560.5 亿立方米，其中，生产运营用水 162.4 亿立方米，公共服务用水 77.1 亿立方米，居民家庭用水 208.9 亿立方米，用水人口 4.51 亿，人均生活用水量 174.5 升，用水普及率 98.07%。[1]

表 9 - 2 是全国城市、县镇、建制镇、乡、村庄的供水普及率基本情况。表 9 - 2 所示，城市供水普及率平均为 98.07%，其中，北京、天津、上海三个地区实现了全覆盖，其他 20 多个城市没有实现供水的全覆盖。县镇用水普及水平相比城市有所降低，乡供水普及水平进一步下降到 70.37%，村庄的供水普及率平均为 63.42%，其中，部分村庄的供水普及率不到 50%。总体来看，我国的供水普及率不高，特别是民营经济快速发展的乡镇一级，供水普及率偏低，普及率为 70%—80%，有近 25% 的公众无法获得洁净的水源。村庄供水普及率最低，但中西部某些村庄水源污染较少，特别是一些没有现代工业发展的山区、林区，公众饮用水源相对来讲较为安全，农村居民取用山泉水作为生活所需。这些地区供水普及率虽然不高，但饮水安全风险较小。

表 9 - 2　　　　　　2015 年城市县镇、建制镇、乡、村庄的
供水普及率基本情况　　　　　　单位:%

地区	城市供水普及率	县镇用水普及率	建制镇供水普及率	乡供水普及率	村庄供水普及率
全国	98.07	93.69	83.79	70.37	63.42
北京	100.00	—	81.93	79.45	90.75
天津	100.00	96.67	93.48	95.13	93.44
河北	99.56	91.57	81.28	68.06	83.85
山西	98.85	93.55	87.42	81.92	79.99
内蒙古	98.47	—	65.51	55.06	56.96
辽宁	98.84	92.12	74.17	47.84	54.68
吉林	93.64	83.69	73.72	50.55	44.98

---

[1]　中国市长协会、国际欧亚科学院中国科学中心:《中国城市发展报告 (2016)》，中国城市出版社 2017 年版，第 93 页。

续表

地区	城市供水普及率	县镇用水普及率	建制镇供水普及率	乡供水普及率	村庄供水普及率
黑龙江	97.20	93.99	83.90	76.44	59.89
上海	100.00	100.00	94.21	99.96	94.63
江苏	99.83	96.33	96.90	96.09	94.57
浙江	99.95	94.25	81.35	78.82	80.46
安徽	98.79	91.79	72.01	63.43	49.37
福建	99.55	94.66	89.85	88.48	81.82
江西	97.55	94.78	69.05	64.91	38.45
山东	99.95	96.27	93.28	86.59	93.08
河南	93.10	84.77	75.93	68.52	54.90
湖北	98.83	97.64	87.29	82.76	52.08
湖南	97.30	—	74.72	57.12	40.64
广东	98.46	94.06	88.10	81.19	69.19
广西	97.50	94.37	88.35	84.58	54.42
海南	98.64	87.60	81.37	95.63	83.22
重庆	96.87	98.71	90.41	80.05	48.64
四川	93.05	90.85	81.56	64.18	37.97
贵州	95.43	95.18	78.86	79.45	59.97
云南	97.33	89.48	88.58	83.91	68.55
西藏	88.06	—	—	—	—
陕西	97.12	94.29	75.22	66.31	70.56
甘肃	97.28	—	73.60	52.07	63.45
青海	99.06	—	73.74	42.02	82.95
宁夏	96.40	98.00	75.37	76.84	72.17
新疆	98.81	97.67	85.82	79.71	77.69

注：统计资料为 2015 年年末数，统计对象包括 1570 个县、自治县、旗、自治旗，其中，有 5 个省份供水企业资料缺失。

资料来源：住房和城乡建设部：《中国城乡建设统计年鉴（2016）》，中国统计出版社 2016 年版。中国城镇供水排水协会：《县镇供水统计年鉴（2016）》，2016 年 10 月。

二 供水成本与价格情况

长期以来，城市供水产业一直以国有资本投资为主，国家和地方政府几乎是城市供水产业唯一的投资者，城市供水企业多以政府部门下属的事业单位形式存在，资金由政府划拨，人员为事业编，价格由政府定，亏损由政府补。城市供水被视为一项福利事业，长期实行低价甚至免费政策。近年来，水价改革力度加大，上调速度加快，水价改革的原则明确为：水的供应与服务应以完全成本回收为目标，水价必须保证供水企业的财务持续性，投入的资本应能有合理的回报。

为了实现水价稳定并收回成本，我国供水主要采用了两种定价方式：一是实行分类水价，将用水户分为居民用水、非居民用水、特种行业用水等，其中，居民用水定价较低，非居民用水价格较高，特种行业用水价格最高，通过不同类用户间的交叉补贴方式回收部分供水成本。二是实行阶梯水价，即对自来水实行超定额累进加价的定价机制。阶梯水价一般分三级，第一级水价较低，第二级水价增高，第三级水价更高。阶梯式水费＝第一级水价×第一级水量基数＋第二级水价×第二级水量基数＋第三级水价×第三级水量基数。阶梯水价的特点是用水量越多，水价越贵。通过阶梯水价模式，可以在不影响普通用水户价格及费用的情况下，提高超"必需水量"用水户①的价格及收费，帮助供水企业收回部分成本。

表9－3是2015年我国县镇供水成本与供水价格情况，是我国各县、自治县、旗、自治旗1570个供水厂的汇总数据。表9－4显示，2015年，我国县镇供水成本最高的吉林省3.99元/立方米，供水成本最低的是福建省1.39元/立方米，全国县镇供水平均成本为2.5元/立方米。县镇供水成本的标准差为0.68元/立方米，供水成本的离散程度相比较平均成本水平而言较大。居民售水价格最高的达到5.93元/立方米，最低的仅为1.32元/立方米，居民售水价格存在低于供水成本

①　长期以来，人们只注意到水的必需品特性，忽视了它的商品属性，低水价使消费者不控制用水量，造成水的浪费和滥用，政府的价格补贴进一步鼓励了水的浪费行为，出现大批超"必需水量"用户。

的情况，居民售水平均价格为 2.23 元/立方米，比供水平均成本低 10.8%。福建省的工业售水价格最低为 1.66 元/立方米，工业售水的平均价格为 3.16 元/立方米，比供水平均成本高 26.4%。总体来看，居民售水价格偏低，甚至有些地区低于供水成本，工业售水价格相比较居民售水价格偏高，工业售水价格的离散程度相比较居民售水价格也更高。

表 9 - 3 　　　　2015 年我国县镇供水成本与价格情况　单位：元/立方米

地区	售水单位成本	居民售水价格	工业售水价格
天津	3.19	2.24	5.00
河北	2.91	2.05	4.05
山西	2.95	2.07	3.67
辽宁	3.05	1.97	3.79
吉林	3.99	2.73	4.43
黑龙江	3.70	2.85	4.91
上海	2.61	1.92	2.89
江苏	1.94	2.34	2.79
浙江	2.15	2.06	3.49
安徽	1.90	1.52	1.98
福建	1.39	1.45	1.66
山东	2.23	1.80	2.21
河南	2.11	1.55	2.21
湖北	2.00	5.93	2.27
广西	1.76	1.75	2.10
海南	2.03	1.47	2.69
重庆	2.54	2.73	3.53
四川	2.41	2.01	2.40
贵州	2.46	2.17	3.25

续表

地区	售水单位成本	居民售水价格	工业售水价格
云南	2.43	2.93	3.87
陕西	3.76	2.65	4.61
宁夏	2.15	1.80	3.23
新疆	1.92	1.32	1.74

注：统计资料为 2015 年年末数，统计对象包括 1570 个县、自治县、旗、自治旗，其中有 5 个省、市、自治区供水企业资料缺失。

资料来源：中国城镇供水排水协会：《县镇供水统计年鉴》，2016 年 10 月。住房和城乡建设部：《中国城乡建设统计年鉴（2016）》，中国统计出版社 2016 年版。

表 9 - 4   **2015 年县镇供水成本与供水价格统计特征**

变量	样本数	均值	标准差	最小值	最大值
售水单位成本	23	2.50	0.68	1.39	3.99
居民售水价格	23	2.23	0.93	1.32	5.93
工业售水价格	23	3.16	1.02	1.66	5

三　自来水的质量状况

表 9 - 5 是 2015 年 1570 个县、自治县、旗、自治旗水厂 7 项指标检测的汇总结果。数据显示，只有天津市的水厂 7 项检测指标全部合格，其他地区的水厂平均值均未达到 100%，存在不同程度的超标情况。

表 9 - 5   **2015 年 1570 个县、自治县、旗、自治旗水厂**
7 项指标检测的汇总结果

地区	浑浊度合格率	色度合格率	臭和味合格率	余氯合格率	菌落总数合格率	总大肠菌群合格率	化学需氧量合格率
天津	100.00	100.00	100.00	100.00	100.00	100.00	100.00
河北	99.94	99.99	99.99	99.94	99.91	99.97	100.00
山西	100.00	100.00	100.00	99.80	100.00	100.00	100.00
辽宁	99.36	99.68	99.77	99.05	99.52	99.82	99.81

地区	浑浊度合格率	色度合格率	臭和味合格率	余氯合格率	菌落总数合格率	总大肠菌群合格率	化学需氧量合格率
吉林	99.59	99.61	99.94	99.58	99.76	99.67	82.92
黑龙江	97.62	97.91	99.78	98.66	98.10	98.89	99.85
上海	99.72	99.75	99.87	99.74	99.69	99.75	93.75
江苏	99.71	99.48	99.96	99.72	99.92	99.96	99.58
浙江	99.48	100.00	99.99	99.81	99.95	99.97	99.94
安徽	93.62	96.03	96.15	89.87	96.05	96.06	81.02
福建	95.05	100.00	99.94	98.71	99.80	99.80	99.96
江西	99.67	99.77	99.87	99.53	99.78	99.92	99.77
山东	99.64	99.64	99.64	99.57	99.71	99.57	99.43
河南	99.33	99.90	99.95	99.34	99.86	99.78	99.67
湖北	98.75	99.69	99.71	99.25	99.53	99.56	99.54
广东	97.65	98.10	98.13	95.65	97.85	97.75	92.56
广西	98.72	99.49	99.93	99.46	99.50	99.86	
海南	99.69	99.90	99.90	99.53	99.90	99.77	99.64
四川	99.58	99.76	99.93	98.68	99.61	99.26	99.45
贵州	99.53	99.67	99.94	99.87	99.79	99.77	99.90
云南	92.80	98.67	100.00	87.66	97.33	95.55	98.23
陕西	99.36	99.72	99.76	96.09	99.54	99.55	95.12
宁夏	98.33	99.33	98.89	97.80	99.61	99.33	100.00
新疆	99.56	99.78	99.56	99.56	99.44	97.44	99.78

资料来源：中国城镇供水排水协会：《县镇供水统计年鉴（2016）》，2016年10月。

表9-6是2015年县镇自来水检测指标的统计特征。色度、臭和味、菌落总数、总大肠菌群4项指标的平均合格率均超过99%，4项指标的最低值均超过96%；浑浊度和余氯两项指标的平均合格率超过98%，两项指标的最低值为92.80%、87.66%，标准差分别为1.99、3.12，各地区之间这两项指标离散程度较大，有些地区的合格率需要提高；化学需氧量的合格率最低，安徽省的县镇合格率只有81.02%，化学需氧量的标准差为5.21，说明各城市县镇的合格率分布较为离

散，即有些城市该项指标偏低。

总体来讲，我国城市自来水经过多年的建设，水质得到了极大改善，但离健康安全的饮用水还有一定的差距，这里只是监测了 7 项指标，城市自来水的合格率都不能达到 100%，如果按照 2007 年实施《生活饮用水卫生标准》（GB 5749—2006）106 项指标标准进行检测，那么城市自来水的合格率将更低。如陈栋、操基玉、杨洋等（2018）以六安市辖区城市生活饮用水的水质卫生为例，按照《生活饮用水标准检验方法》进行水样的采集和检测，依据《生活饮用水卫生标准》对水质结果进行评价。结果显示，2014—2016 年共监测水样 499 份，合格水样 419 份，水质总合格率为 83.97%，各年水质合格率依次为 85.09%、84.52% 和 82.35%。

表 9 – 6　　　　　2015 年县镇自来水检测指标的统计特征

变量	样本数	均值	标准差	最小值	最大值
浑浊度合格率	24	98.61	1.99	92.80	100
色度合格率	24	99.41	0.91	96.03	100
臭和味合格率	24	99.61	0.85	96.15	100
余氯合格率	24	98.19	3.12	87.66	100
菌落总数合格率	24	99.34	0.99	96.05	100
总大肠菌合格率	24	99.19	1.23	95.55	100
化学需氧量合格率	24	97.49	5.21	81.02	100

农村已经实现自来水供给的地区，饮用水质量普遍不高。何鹏妍、王斌、张峰（2018）以宁海县农村生活饮用水卫生状况为研究对象，按照《生活饮用水标准检验方法》标准进行检测分析，结果显示，宁海县出厂水合格率为 25.00%，水源水合格率为 24.29%，管网末梢水合格率为 25.71%。蒲丹（2018）对新疆维吾尔自治区农村饮用水的监测结果进行评价，监测水样 4409 份，31 项常规项均合格的水样 2626 份，水质总合格率为 59.56%。张景山、葛明、熊丽林等（2016）在 2010—2015 年期间，采集南京市农村地区饮用水样本

1425 份进行卫生监测和评价，结果显示，南京市农村饮用水总合格率为 63.4%，各年份的合格率依次为 17.2%、56.1%、68.2%、74.2%、87.5%、93.4%。王岩、刘炳煜（2016）组织专业技术人员连续五年对全县农村居民饮用水随机采样及现场调查，结果显示，2011—2015 年共检测水样 231 份，合格 38 份，合格率为 16.45%。胡迪、杨婧、黄顺利等（2017）对重庆渝北区 2013—2015 年农村饮水工程采集水样 272 份，其中，合格水样为 52 份，合格率为 19.12%。2013 年、2014 年、2015 年的水样合格率分别为 7.78%、25.00%、26.09%。近三年农村饮用水水质监测文献研究的结果表明，农村居民饮用水合格率偏低，农村饮用水水质亟须提高。

第三节　供水普遍服务存在的问题及原因

一　普遍服务成本高，企业缺乏提供普遍服务的动力

供水行业的普遍服务主要表现为当前各地区推进的供水城乡一体化政策。以某市供水城乡一体化为例，为了实现城乡居民"同网、同价、同服务"，关停乡镇 21 座小水厂，扩建市区水厂，建设片区一级管网、乡镇二三级管网、一户一表改造、回购民营水厂等共投入 16 亿元左右，水务集团在整个城乡一体工程建设中投资约占 65%，市、区和乡镇财政投入约占 35%。城乡一体化后的供水单位成本由 2.92 元/立方米增加到 3.71 元/立方米，平均单位成本增长 27%。调研中，水务集团的财务数据显示，乡镇的供水单位成本偏高，甚至有些乡镇供水单位成本高的达到 8 元/立方米。《全国农村饮水安全工程"十二五"规划》中提到，在农村集中供水工程中，有 90% 是单村供水工程，平均日供水能力仅为 50 立方米，运行成本为 1.45 元/吨（仅考虑电费、人员工资和日常维修费），全成本平均为 2.3 元/吨。而全国农村饮水安全工程平均水价为 1.63 元/吨，因此，绝大多数农村饮水安全工程日常运行都很困难，还有一些地方农村饮水安全工程因电价偏高、税费多等因素运行成本更高。

随着我国市场经济体制建设，供水行业的市场化改革也在快速推进。2015 年，我国规模以上供水企业有 1621 家，其中，国有控股企业 964 家，私营企业 170 家，外商投资企业 176 家，供水企业数量快速增长。民营资本和外资资本的涌入，打破了供水行业区域间垄断经营的局面，国有企业与其他类型企业一并成为市场竞争主体。市场竞争环境下，企业经营的最终目标是利润最大化，并且最大限度地使风险最小化。自来水行业垄断竞争市场结构的形成，在自来水的生产、供应和污水处理等业务领域引入了多个竞争主体，这些新进入企业都会选择在城市人口密集地区提供自来水服务，在没有激励机制的情况下，无论是新进入企业还是原有自来水企业，为追求自身利润最大化，都不愿意去人口密度低、营利性差的高成本地区提供自来水普遍服务。

原本承担普遍服务义务的国有企业没有动力去高成本地区提供服务。在独家垄断时期，其服务的范围大部分是城市，而且可以采取交叉补贴定价，收回成本并获得一定的利益。在市场竞争环境下，其服务的范围逐渐向农村地区延伸，国有企业提供普遍服务的压力剧增。如今供水城乡一体化的进展较快的城市，一是政府高度重视并要求水务集团尽快推进；二是政府为扩建城市水厂、管网建设等提供了政策支持；三是政府为供水城乡一体化提供了部分专项资金。供水城乡一体化进度高度依赖政府的上述政策，水务集团提供农村供水服务的积极性非常有限。

新进入供水企业首选经营条件好的市区等人口密集的地区提供服务，农村供水的单位成本远远高于城市供水单位成本，有时候是城市供水成本的数倍。新进入企业没有动力向高成本地区提供供水普遍服务。与城市相比，为相同数量人口提供自来水服务，农村自来水基础设施的投入资金更大，建设成本更高。又由于农村地区人口较少、农村居民收入较低，在该地区投入的资金需较长时间才能产生收益，新进入企业无法也不敢承担普遍服务的风险。

二 居民用水有效需求低，企业成本收益倒挂

农村地区已经实现自来水普遍服务的地方，存在有效需求不足问题，即农村居民因为收入低、供水价格高等原因，继续取用地表水，滴漏用水等导致自来水实际供应数量偏少，企业通过供水服务收回成本困难。水利部《2015 年中国水资源公报》的数据显示，2015 年，城镇人均生活用水量为 217 升/天，农村居民人均生活用水量为 82 升/天，农村居民人均每日用水量只是城市居民用水量的 1/3。居民有效需求低导致企业收益不足，成本无法通过供水收费得到补偿。

农民长期直接取用地下水的习惯使其形成一种"用水免费"的观念，自来水供应到户后，即便收取非常低的水费①，有些农村居民仍然坚持原有的直接使用地下水的习惯。调研中发现，有些自来水普及的农村，农村居民家中有两套管网，一套是原先取用地表水的管网，另一套是自来水供水管网。农民只从自来水管网中取用做饭喝水的水量，其他生活用水均取用原先的供水管网，这种用水习惯使农村供水量远远小于供水厂设计生产能力。表 9-7 是某市乡镇水厂的生产经营情况。乡镇水厂普遍规模较小，日设计水量基本满足农村居民的生活需求，但是，由于农村居民用水习惯和用水观念的影响，造成乡镇水厂生产能力过剩。从数据来看，乡镇水厂的日均供水量仅占日设计量的 47%，实际用水量不及设计量的一半，甚至和水厂的供水量只有设计量的 10%。

表 9-7　　　　　　　　2016 年某市乡镇水厂的生产经营情况

水厂	日设计量	日均供水量	供水量占设计量比重（%）	职工人数
湖水厂	1	0.59	59.00	7
天水厂	2	0.92	46.00	14
五水厂	0.5	0.24	48.00	3
福水厂	2	1.06	53.00	14
游水厂	0.5	0.24	48.00	3
和水厂	0.2	0.02	10.00	3

---

① 《浙江省农村饮水安全巩固提升工程"十三五"规划》统计显示，浙江省成本水价为每立方米 5 元，但执行水价为每立方米 0.50—2.31 元，浙江省水费按运行成本收缴率仅 30%。

农村供水建设的成本高，运维的成本更高。农村各个地区面临的问题有不同，但共同的问题是：一是供水管线长，供水区域广而用户分散，为了实现自来水的普及，管网基础设施必须铺设到户；二是农村管网运维成本高，客观上管道长，面临更多管道被破坏、被恶劣天气冻裂的风险，主观上农民没有保护意识，导致管网、水表损害多，冰冻时破损率更大。管网破损后也不容易被及时发现，企业控制漏损率难度大。三是人工成本高，水厂正常运营需要配备 10 人左右，实践中，乡镇水厂人员数量并未按城市水厂标准配备人员，一半的水厂只配备了 3 个人。可即便人员超限低配，与城市规模化、自动化水厂运营相比，仍存在人员效率低下，提高了农村供水的人工成本。四是农村自来水放水带来的成本增长，自来水生产过程中添加了化学药剂，如果生产出来的自来水没有及时用掉，供水集团就需要全部放掉。调研中，水务集团反映有些乡镇制水的一半左右要定期放掉，这也是造成农村供水成本高企的一个原因。供水成本高与用水需求低之间的矛盾，使农村供水的成本收益倒挂程度更加严重，再加上农村水费收缴率低、收缴困难，企业更没有动力去农村提供供水服务。

农村自来水成本收益倒挂问题体现了供求双方的利益矛盾。一方面，自来水企业和政府在供水行业投入了大量的资金，依目前的水价难以回收成本，甚至难以维持日常运营，制约了农村供水普遍服务的开展。另一方面，农村供水行业在很大程度上是公益性事业，是促进农村地区经济发展和提高农村居民生活质量的基本需求品，因此，在制定水价时往往本着"亲贫"的原则，制定的水价仅仅能维持基本的运维所需，甚至更低，致使到农村地区提供供水普遍服务的企业很难收回成本。

三 供水普遍服务资金需求大，缺乏资金投入长效机制

(一) 农村供水普遍服务资金需求大

供水普遍服务的重点在农村地区，无论是通过水污染治理，让农村赖以生存的水系恢复清洁，还是通过建造自来水厂，实现农村饮用水的安全，都需要花费巨额资金。我国农村普遍服务所需资金投入大，21% 没有普及自来水的农村地区，自然条件主要是高寒、高海

拔、边远山丘区、牧区、大石山区、喀斯特地貌区等，山高坡陡，建设条件差，施工难度大，工程投资高，提供供水普遍服务存在更大的资金需求。已经实现集中供水的地区，仍需提高供水质量，也需要大量的资金投入。

政府在提高自来水普及率方面提供了大量的资金，如农村饮水安全工程、农村饮水安全巩固提升工程等。我国从 2005 年开始实施农村饮水安全工程建设，投资由中央、地方和受益群众共同负担。"十一五"期间，实际完成总投资 1053 亿元，其中，中央投资 590 亿元，地方政府投资和群众自筹 439 亿元，社会融资 24 亿元。"十二五"期间，建设静态总投资 1750 亿元，农民自筹资金不超过工程总投资的10%。① 通过两个五年计划的建设，基本解决了农村的饮水安全问题，但已建成的农村饮水安全工程，存在各种各样的问题，特别是运行维护费用缺位而无法正常运行。

（二）城市供水管网改造资金需求大

城市早期资金投入有限，通常以有限经费埋设较多管线以提高供水普及率，管材选用质量不佳，如今，自来水管网设备逐渐老化，再加上道路长期受重车动态行驶辗压与各项工程不断挖修，管线被破坏严重，管网更新改造压力增大。表 9 - 8 是中国台湾汰换供水管线预算及汰换率情况。

表 9 - 8　　　　　中国台湾汰换供水管线预算及汰换率情况

年份	汰换管长（千米）	决算数（亿元台币）	平均汰管费用（万元台币/千米）	管线长度（千米）	汰换率（％）
2009	868	15.67	180.65	56257	1.54
2010	1006	14.14	140.43	57210	1.76
2011	796	10.54	132.39	57753	1.38
2012	839	12.45	148.26	58123	1.44
2013	257	2.40	93.26	58944	0.44

---

① 《全国农村饮水安全工程"十二五"规划》。

年份	汰换管长 （千米）	决算数 （亿元台币）	平均汰管费用 （万元台币/千米）	管线长度 （千米）	汰换率 （%）
2014	782	11.83	151.30	59288	1.32
2015	965	12.23	126.74	59972	1.61
2016	817	12.28	150.43	60539	1.35

资料来源：中国台湾水公司官网，决算数按汇率4.6元台币换算为人民币计量。

中国台湾水公司2016年年底超过法定最低使用年限管线长度约27281千米，约占全公司管线长度60539千米的45%。最低使用年限系"行政院"财物标准分类规定，其为考核财产使用效能的根据，报废与否仍应视实际使用情形及财产的性能而定。虽然最低使用年限不等于报废年限，但超过使用年限的管网改造需求随时都可能出现。

根据国际水协会2007年出版的自来水事业绩效指标报告，自来水事业每年的管线汰换率平均值为0.91%。2013年，日本统计1398家自来水事业的管线汰换率，其中，75%的管线汰换率低于0.93%，中国台湾2004—2016年管网平均汰换率为1.11%。中国台湾水公司以每年管线汰换率1%为原则，预计10年总计将汰换管线6000千米，按照2015年汰换1千米管线的成本150.43万元台币/千米估算，所需资金规模为90.258亿元台币。

中国台湾水公司的资产设备维护管理存在投资不足问题，中国台湾水公司1994年的机械及设备资产为615亿元台币，2013年机械及设备资产为1649亿元台币，机械及设备资产增加1034亿元台币，然而水费收入仅从146.5亿元台币增加到251亿元台币，水费营收仅增加104.5亿元台币，因水价经22年未合理调整，致中国台湾水公司无足够资金资源进行设备维护管理。

（三）供水行业缺乏资金长效投入机制

我国农村供水以政府投入为主，主要以专项资金的方式投入。这种阶段性的投入方式存在一些问题。首先是专项资金使用的效率问题。为了争取到财政资金，一些地方存在重复建设、建后弃用等现象，有限的资金没有用到更有效率的地方。如部分地方在农村供水工程建设中，采用一村一厂或一户一井"小而全"的供水格局。小规模供水工程的先天不足，使不少农村供水工程陷入"建设—荒废—重建"的循环，财政资金难以支撑频繁的低水平重复建设和建后管护重担。一旦政府投入断供，不少地区的农村饮水安全问题又将回到靠天喝水的老路上去。其次是专项资金的专用性不利于根据实际情况进行调整。政府的专项资金主要用于供水工程建设和供水工程提升巩固，但一些地方更缺的是供水工程的运维费用。最后是政府的各种专项资金由不同的政府部门分配和使用，如水利部的农村饮水工程，环保部的农村环境连片整治项目专项资金。这些资金投入具有阶段性，无法满足农村供水普遍服务的长期发展需求，也无法统筹使用。农村供水普遍服务的发展缺乏资金投入的长效机制。

以财政补贴为主的普遍服务机制是一种低效率的方式，不能给企业提供任何激励。政府视供水行业为公用事业，具有公益性特点，因此，将自来水经营企业的所有亏损都视为政策性亏损，用国家财政进行补贴。企业虽然进行了改制，成立自来水公司，但没有改变原先的经营模式：执行国家政策—产生亏损—得到国家财政补贴。企业的生产性亏损和政策性亏损都能在事后得到补贴，使企业形成了国家财政补贴的习惯，而不是通过提高自身的经营效率求生存发展，供水企业的低效率给国家财政形成了重大的负担。

四　供水普遍服务水平偏低，缺乏普遍服务管制政策

农村供水普遍服务水平偏低。经过近十年的农村饮水安全工程建设，到 2016 年年底，农村自来水普及率达到 79%，相比城市 98% 的普及率来看，农村自来水的普及率水平偏低。农村自来水收费价格水平不足以弥补其成本，但相对于农村居民收入低和农村长期饮水免费的传统，农村自来水的收费价格水平实际上偏高。农村供水普遍服务的对象是经济发展水平落后的广大农村，农村居住地相对较分散，管网、配套工程投资大，地方资金筹措压力大，只能实施单村工程，虽然实现了群众饮水安全目标，但制水工艺流程简单，消毒净水设施缺乏，水量水质难以保障，停供水现象时有发生，农村自来水普遍服务

的质量状况堪忧。

政府有责任实现自来水普遍服务，自来水企业有义务实施自来水普遍服务政策。但现行的法律法规没有明确规定自来水普遍服务的责任主体和实施主体，也没有具体规定其应承担的责任。农村的供水普遍服务水平低，最基本的原因是缺少供水普遍服务政策。文沛楠（2012）认为，在城乡二元结构下，单纯依靠市场化力量不足以解决目前农村所面临的农业结构性供给不足、农民收入增长缓慢、生存成本增加等问题，必须实行政策推动，发挥财政职能，加大财政对农村公共事业的政策支持力度。对农村供水行业的长期忽视使财政补贴没有发挥主导作用，农村供水难以采用用户间的交叉补贴收回成本，农村供水普遍服务主体责任定位、资金来源不足、运行效率不高等问题，迫切需要建立适合农村特点的创新机制和政策。石侃（2011）研究了供水普遍服务的补偿机制问题，认为联合使用价格补偿机制和收入补偿机制的方式最为有效。同时提出，运用供水普遍服务基金来推进供水普遍服务补偿机制的运行。

第四节　城市供水用户间交叉补贴的实证研究

一　前言

垄断行业采用交叉补贴定价是比较普遍的做法，在规范的政府监管体系建立之前，交叉补贴定价可以发挥类似税收一样调节收入分配的作用，并且其成本低于直接的税收制度。通过对居民用户制定低价，对非居民用户制定高价，能够有效地减少中低收入群体的供水支出，同时满足供水企业的财务平衡。

交叉补贴定价的目标之一是确保低收入群体支付得起供水价格，因此对低收入群体制定低价。在市场营销中，交叉补贴定价是企业盈利的一种手段，在垄断行业，交叉补贴定价的目标之二是回收成本。

我国传统水价分为五类，即居民生活用水、工业用水、行政事业性用水、经营服务业用水和特种用水。2009 年，国家发改委、住房和城乡建设部下发《关于做好城市供水价格管理工作有关问题的通知》规定城市用水价格类别分为居民用水、非居民用水和特种用水三类。2013年，国家发改委、住房和城乡建设部下发《关于加快建立完善城镇居民用水阶梯价格制度的指导意见》，要求2015年年底前，设市城市要全面实行居民阶梯水价制度；具备实施条件的建制镇，也要积极推进居民阶梯水价制度。两个通知文件下发后，各地开始简化水价分类，实现经营服务业用水与工业用水同网同价的目标。并按照生活用水保本微利、生产和经营用水合理计价的原则制定分类水价，实现公平负担。

二　数据

测算交叉补贴需要居民分类用户的用水数量、供水成本、供水价格等数据。居民分类用户的用水数据来自2016年《中国城市建设统计年鉴》，住房和城乡建设部在其官网上公开了2002—2016年《中国城市建设统计年鉴》的数据。供水成本来自价格主管部门的供水和污水成本监审结果，由于数据尚未在官方渠道正式公开，因此，本章将城市名称隐去。供水价格数据来自价格主管部门在其官网公布的当地城市供水价格。大部分城市供水已经采用了阶梯水价，由于居民阶梯用水量的数据无法获得，为了测算简便，本章选用第一阶梯水价作为居民用户的供水价格。

表9-9是2015年11个城市供水企业成本与水价数据，城市用水户分为四类，居民用水价格最低，11个城市居民水价均低于供水成本。

表9-9　　　　　　2015年城市供水企业成本与水价数据　单位：元/立方米

地区	供水成本	居民用水	生产用水	行政用水	特种用水
A市	3.19	1.85	3.55	3.25	4.3
B市	3.44	2.5	4.7	4.2	5.6
C市	3.38	2.5	5	4.6	6.9
D市	2.57	2.4	4.15	4.15	5.1
E市	3	1.9	2.65	2.65	3.35
F市	3.82	3.2	6.12	6.12	13.8

续表

地区	供水成本	居民用水	生产用水	行政用水	特种用水
G市	2.8	1.8	2.4	2.4	3.4
H市	3.69	2.5	4.7	4.1	7.5
I市	3.2	2.4	3.68	3.53	6.23
J市	4.36	2.4	4.8	4.1	7.1
K市	3.98	3.5	3.6	3.5	7.4

表 9 – 10 是 2015 年城市供水企业成本与水价数据统计特征，共获得 11 个城市的供水成本与价格数据，11 个城市供水成本最高为 4.36 元/立方米，最低为 2.57 元/立方米，平均值为 3.40 元/立方米；11 个城市居民用水价格最高为 3.5 元/立方米，最低为 1.8 元/立方米，平均值为 2.45 元/立方米；城市居民用水价格和供水成本的标准差近似，且数值较低，说明各城市的供水成本和居民用水价格离散程度较小，围绕均值上下浮动幅度不大。城市居民用水价格的最大值、最小值、平均值均低于供水成本，说明城市居民用水户接收了交叉补贴。

表 9 – 10　　2015 年城市供水企业成本与水价数据统计特征

单位：元/立方米、个

变量	样本数	均值	标准差	最小值	最大值
供水成本	11	3.40	0.53	2.57	4.36
居民用水价格	11	2.45	0.52	1.8	3.5
生产用水价格	11	4.12	1.08	2.4	6.12
行政用水价格	11	3.87	1.01	2.4	6.12
特种用水价格	11	6.43	2.88	3.35	13.8

11 个城市生产用水价格和行政用水价格最大值、最小值一样，平均值有轻微差异，标准差相似，两类用水户的定价趋同性显著。我国各城市已经在简化分类水价，基本做法是将生产用水与行政用水合并

为一类用水户。这两类用水户的最大值、平均值与供水成本的最大值、平均值相比均升高，最小值低于供水成本最小值，说明少数城市这两类水价低于供水成本，但大部分城市这两类水价高于供水成本。总体来说，这两类用户提供了交叉补贴。

特种用水价格是最高的，11个城市特种用水价格最高为13.8元/立方米，最低为3.35元/立方米，平均值为6.43元/立方米；标准差为2.88，说明城市特种用水价格较为离散，城市之间定价差异较大。城市特种用水价格的最大值、最小值、平均值均大于城市供水成本，因此，城市特种用水户提供了交叉补贴。

分类用户供水价格与成本的高低反映了交叉补贴的方向，分类用户供水价格与成本的差额决定着交叉补贴的程度，而交叉补贴程度的多少还受到分类用户用水数量的影响。2015年城市分类用水户的用水数量见表9－11。用水量是影响交叉补贴结果的一个重要变量，用水量占总用水量比例较大的用户对交叉补贴的结果起关键作用。

表9－11　　　　2015年城市分类用水户的用水数量　　单位：万立方米

地区	售水总量	居民用水量	生产用水量	行政用水量	特种用水量
A 市	56477.6	26161.7	14902.4	13544.1	1869.38
B 市	7949.95	3924.79	2131.68	1350.78	538.7
C 市	9636.66	3126.4	3221.71	2172.42	3126.4
D 市	7041.08	3988.88	1536.55	1489.17	26.48
E 市	3655	1840	1428	387	0
F 市	46504.69	18398	23336.3	4739.72	30.77
G 市	7208	2337	3596	1171	104
H 市	36437.31	6434	26533.4	2754.88	715
I 市	13486	7010	5598	789	89
J 市	24393.65	12599.1	10793.3	82	19.25
K 市	4400	1936	1528	516	420

分类用水户用水量占总用水量比例的统计特征见表9－12，11个城市居民用水量占总用水量的比例平均为42.94%，占比最高的城市

为 56.65%，占比最低的城市为 17.66%；生产用水量占总用水量的比例平均为 40.08%，占比最高的城市为 72.82%，占比最低的城市为 21.82%；两类用水户比较的话，生产经营用水户的用水比例离散程度更大，城市之间差异更大。行政用水量占总用水量的比例平均为 13.38%，占比最高的城市为 23.98%，占比最低的城市为 0.34%；特种用水量占总用水量的比例平均为 5.15%，占比最高的城市为 32.44%，一半城市占比不到 1%。

表 9-12　　　　分类用水户用水量占总用水量比例的统计特征　　单位:%、个

变量	样本数	均值	标准差	最小值	最大值
居民用水量	11	42.94	11.51	17.66	56.65
生产用水量	11	40.08	14.35	21.82	72.82
行政用水量	11	13.38	7.48	0.34	23.98
特种用水量	11	5.15	9.57	0	32.44

三　方法

本书使用价差法计算供水用户间的交叉补贴金额，价差法是测算交叉补贴金额最直观实用的方法，在能源研究领域广泛使用。国际能源机构（IEA，1999）利用价差法对补贴数额测算公式为：

$$S_i = (M_i - P_i) \times C_i \qquad (9.1)$$

式中，S_i 为能源产品补贴额，M_i 为基准价格，P_i 为终端消费价格，C_i 为消费量。本章借鉴国际能源署价差法公式的基本框架，对其中的变量数据进行重新定义：

$$S_i = (P_i - C_i) \times Q_i \qquad (9.2)$$

式中，S_i 为供水交叉补贴金额，P_i 为终端销售价格，C_i 为用户供水成本，Q_i 为购买消费数量。将分类用户的价格、成本、消费量数据代入补贴公式，测算城市供水分类用户的交叉补贴金额情况如表 9-13 所示。交叉补贴测算的结果显示，城市居民用户交叉补贴金额均为负值，为接受补贴者；特种用户交叉补贴金额均为正值，为提供补贴

者。生产用水户和行政用水户的交叉补贴金额有正有负，大部分为正值。从最终结果看，一半城市（包括 B 市、C 市、D 市、F 市和 H 市 5 个城市）通过分类用户的交叉补贴定价能够收回成本并有盈利，另一半城市（包括 A 市、E 市、G 市、I 市、J 市和 K 市 6 个城市）通过分类用户的交叉补贴定价未能收回成本。

表 9 - 13　　　　　　　城市供水分类用户的交叉补贴金额　　　单位：万元

地区	居民用水	生产用水	行政用水	特种用水	合计
A 市	− 35027. 87	5381. 27	827. 56	2077. 07	− 26741. 97
B 市	− 3682. 74	2689. 48	1028. 85	1164. 49	1200. 08
C 市	− 2742. 57	5228. 1	2656. 37	3931. 87	9073. 77
D 市	− 674. 89	2428. 99	2354. 09	67. 02	4175. 21
E 市	− 2024. 34	− 500. 07	− 135. 52	0	− 2659. 93
F 市	− 11421. 93	53654. 25	10897. 45	307. 06	53436. 83
G 市	− 2332. 9	− 1432. 09	− 466. 35	62. 58	− 4168. 76
H 市	− 7624. 44	26930. 78	1143. 21	2727. 71	23177. 26
I 市	− 5639. 44	2661. 93	256. 83	269. 27	− 2451. 41
J 市	− 24744. 05	4706. 37	− 21. 64	52. 67	− 20006. 65
K 市	− 936. 34	− 586. 21	− 249. 56	1434. 87	− 337. 24

城市供水分类用户的交叉补贴金额的统计特征见表 9 - 14。表 9 - 14 显示，居民用水平均接收到的补贴金额为 8804. 68 万元，接收补贴最多的城市金额为 35027. 87 万元，接收补贴最少的城市金额为 674. 89 万元。生产用水平均提供的补贴金额为 9196. 62 万元，行政用水平均提供的补贴金额为 1662. 85 万元，特种用水平均提供的补贴金额为 1099. 51 万元。由数据可以看出，生产用水户和行政用水户是提供交叉补贴的主体，特种用水户虽然定价较高，但对交叉补贴的贡献金额却是最低的。

表 9-14　　　　城市供水分类用户的交叉补贴金额的统计特征

单位：万元、个

变量	样本数	均值	标准差	最小值	最大值
居民用水	11	-8804.68	11130.25	-674.89	-35027.87
生产用水	11	9196.62	16658.31	-1432.09	53654.25
行政用水	11	1662.85	3230.35	-466.35	10897.45
特种用水	11	1099.51	1323.21	0	3931.87

四　结果分析

（一）盈利城市比较分析

通过交叉补贴定价收回成本并有盈利的 5 个城市，分析是由以下三个方面共同作用的结果：一是这 5 个城市居民用水户用水比例偏低，或者居民用水价差偏低，或者两者都低，两者共同作用下，使居民用户需要的总补贴量偏低。二是生产用水户和行政用水户提供了足量的补贴，这两类用户的价差较大，在用水数量同样较大的情况下，提供的补贴额基本能够补偿居民用水户。三是特种用水户的用水比例较大，5 个城市的特种用水户用水比例排名靠前，特种用水价差最高，也为交叉补贴提供了较大数量的补贴额（见表 9-15）。

表 9-15　　　　城市居民分类用户用水比例和用水价差情况

地区	居民用水比例（%）	居民用水价差	生产用水比例（%）	生产用水价差	行政用水比例（%）	行政用水价差	特种用水比例（%）	特种用水价差
A 市	46.32	-1.34	26.39	0.36	23.98	0.06	3.31	1.11
B 市	49.37	-0.94	26.81	1.26	16.99	0.76	6.78	2.16
C 市	32.44	-0.88	33.43	1.62	22.54	1.22	32.44	3.52
D 市	56.65	-0.17	21.82	1.58	21.15	1.58	0.38	2.53
E 市	50.34	-1.1	39.07	-0.35	10.59	-0.35	0	0.35
F 市	39.56	-0.62	50.18	2.30	10.19	2.3	0.07	9.98
G 市	32.42	-1	49.89	-0.4	16.25	-0.4	1.44	0.60
H 市	17.66	-1.19	72.82	1.01	7.56	0.41	1.96	3.81

地区	居民用水比例(%)	居民用水价差	生产用水比例(%)	生产用水价差	行政用水比例(%)	行政用水价差	特种用水比例(%)	特种用水价差
I 市	51.98	-0.8	41.51	0.48	5.85	0.33	0.66	3.03
J 市	51.65	-1.96	44.25	0.44	0.34	-0.26	0.08	2.74
K 市	44	-0.48	34.73	-0.38	11.73	-0.48	9.55	3.42

(二) 亏损城市比较分析

通过交叉补贴定价未能收回成本的 6 个城市, 分析发现, 主要原因是生产用水户和行政用水户的定价偏低, 生产用水价差排最后 6 名, 行政用水价差也基本是最后 6 名。这两类用户用水量占销售量的比例超过 50%, 从消费量来看, 是提供交叉补贴的主要力量, 但由于这 6 个城市对生产用水户和行政用水户制定了较低的价格, 价差不到其他城市价格的 1/3, 较低的定价使最终提供的交叉补贴数量大大减少。

通过交叉补贴定价未能收回成本的 6 个城市, 其中 3 个城市的居民用水、生产用水、行政用水定价均低于供水成本, 这三类消费用户消费的水量占总销售水量的 90% 以上, 90% 以上的用水需要得到补贴, 结果必然是亏损。

(三) 典型城市的比较分析

A 市与 F 市的比较, A 市的售水总量为 56478 万立方米, F 市的售水总量为 46505 万立方米, 两个城市的售水规模排在第一、第二名。两个城市分类用水户中, 居民用水户是接受交叉补贴方, 其他用户是提供交叉补贴方。A 市的供水成本为 3.19 元/立方米, F 市的供水成本为 3.82 元/立方米 (见表 9-16), 定价基础 A 市优与 F 市, 但 A 市通过交叉补贴定价年亏损额为 26741.97 万元, 亏损额最多, F 市通过交叉补贴定价年盈利 53436.83 万元, 盈利金额最多。

F 市的居民用户定价低于供水成本 0.62 元/立方米, 而其他用水户定价高于供水成本分别为 2.3 元/立方米、2.3 元/立方米、9.98 元/立方米。供水定价高是 F 市盈利的根本原因。A 市居民用户定价

低于供水成本 1.34 元/立方米，而其他用水户定价高于供水成本分别
为 0.36 元/立方米、0.06 元/立方米、1.11 元/立方米。A 市居民用
水户用水量大于 F 市，居民用水量占总用水量的比例也大于 F 市，意
味着 A 市需要更多的交叉补贴，但 A 市提供交叉补贴的行政用水户价
差相比较 F 市更小，进一步压缩了提供交叉补贴的金额。最终导致 A
市亏损、F 市盈利的结果。A 市的交叉补贴定价一方面最大限度地保
护弱势群体利益，另一方面也保护了其他用水户利益，价差不是太
高。这是交叉补贴定价追求的最优目标，但是，A 市产生的大量亏损
给地方财政造成了较大压力。

表 9-16　　　　　　　典型城市价格、用量、补贴比较

	价格	成本	价差	数量	比例（%）	用水补贴
A 市居民户	1.85	3.19	-1.34	26161.7	46.32	-35027.87
B 市居民户	2.5	3.44	-0.94	3924.79	49.37	-3682.74
F 市居民户	3.2	3.82	-0.62	18398	39.56	-11421.93
A 市生产户	3.55	3.19	0.36	14902.4	26.39	5381.27
B 市生产户	4.7	3.44	1.26	2131.68	26.81	2689.48
F 市生产户	6.12	3.82	2.3	23336.3	50.18	53654.25
A 市行政户	3.25	3.19	0.06	13544.1	23.98	827.56
B 市行政户	4.2	3.44	0.76	1350.78	16.99	1028.85
F 市行政户	6.12	3.82	2.3	4739.72	10.19	10897.45
A 市特种户	4.3	3.19	1.11	1869.38	3.31	2077.07
B 市特种户	5.6	3.44	2.16	538.7	6.78	1164.49
F 市特种户	13.8	3.82	9.98	30.77	0.07	307.06

　　B 市是通过交叉补贴定价收回成本但盈利最低的城市，B 市的售
水总量是 7950 万立方米，规模较小，B 市的供水成本、供水价格、
价差，甚至用水户的用水比例都处于 A、F 两个城市的中间水平，接
近整个城市的平均水平。B 市交叉补贴结果带来的启示是：A 市可以
适当调高分类用水户的价格水平，缩小亏损额度，F 市应调低分类用
水户的价格水平，缩小盈利额度。

从影响交叉补贴结果的变量来看，分类用户的消费结构是较难调整的变量，但分类用户的价格是可以调整的变量，城市供水的成本也有节约的空间。因此，城市供水行业的交叉补贴定价可以进行优化，在满足低收入群体可支付目标的情况下，减少居民用水户的交叉补贴额。

第五节　供水普遍服务管制的对策建议

一　设立供水普遍服务基金

供水普遍服务的责任主体是政府，政府有责任使所有有需求的公众获得有质量保障的、可承担得起的清洁饮用水。农村供水普遍服务的受益主体是农民，农民的特点是需求数量少、支付能力差。供水普遍服务的实施主体是企业，企业面临的主要问题是供水成本高、收益低，成本无法得到补偿。农村供水成本高和农民支付能力差是客观现实，短期内难以改变。为了实现供水普遍服务，可选的路径是增加供水普遍服务资金投入，因此，成立供水普遍服务基金，为农村供水普遍服务发展提供稳定可靠的资金来源，是解决当前农村供水普遍服务问题的基本对策。

成立自来水行业的普遍服务基金，可以解决自来水行业的普遍服务资金缺乏问题。通过招投标方法分配普遍服务基金，将会激励供水企业到农村地区提供供水服务，促进供水行业普遍服务的发展。对企业进行普遍服务成本补偿，既解决供水普遍服务成本收益之间的矛盾，也给企业提供了政策和资金支持，增强供水企业提供普遍服务的动力。

供水普遍服务基金的来源主要是政府财政预算，正如米尔顿·缪勒（1999）所说，普遍服务的实质是实现财富的再分配，实际上是将富人的钱分给穷人，财政转移支付是实现这种公平最直接的途径。各级政府普遍服务管制机构应根据供水普遍服务的需求，编制年度供水普遍服务预算，将供水普遍服务资金需求列入部门年度预算。政府预算是经立法机关审批的政府年度收支计划，具有法律性，一旦批复，必须按照预算执行。因此，通过预算的方式，能够确保供水普遍服务的资金来源稳定，也能够给承担普遍服务的企业提供足够的资金。此外，供水服务是一项公益事业，也是群众的生活必需品，因此，可通过宣传、发动富裕人群、国外群体捐献资金用于供水普遍服务。采用募捐的方式筹集资金有一定的不确定性，但是，随着经济发展和文明的进步，将会有越来越多的人关注农村和弱势群体的供水普遍服务问题，为供水普遍服务基金提供资金支持。

二 优化城市供水价格管制

成本是政府价格监管的基础，政府制定供水价格，应在供水成本基础上考虑其他因素综合确定。随着供水行业的市场化改革，供水价格管制的范围将逐步缩减到网络垄断环节，因此，优化城市供水价格管制，需要确定政府财政补贴的对象，科学核定供水行业管网定价成本，出台有针对性的补贴政策。

（一）城市供水的补贴对象应确定为供水管网环节

城市供水基础设施的建设已经规模化，供水管网和供水厂的基础设施均能够满足城市的基本需求，再加上城市消费群体规模大，消费需求多样化，城市供水企业具有盈利能力。我国城市供水行业虽然市场集中度不高，但供水行业的盈利能力近些年来一直较高，特别是20世纪90年代末外资大规模进入阶段。2016年，我国A股市场有52家水务企业，超过100亿元的企业仅有2家，50亿—100亿元营业收入规模的企业仅有8家，30亿—50亿元营业收入规模的企业仅有11家。相比营业收入规模，水务企业的净利润率是比较高的，52家A股上市企业的净利润率超过20%的企业有17家，15%—20%的企业有7家，10%—15%的企业有7家，远高于国家规定的6%—8%的回报率即合理收益水平。

国有供水企业却普遍存在亏损，其中一个重要原因是供水管网，国有供水企业的供水管网建设早，漏损率高，改造需求大，运营维护成本高等，成为国有供水企业亏损的原因之一。我国供水行业的补贴政策是先核定供水行业的完全成本，然后制定分类用户价格，最后对居民用户的低水价进行补贴。这种补贴方式的结果是，有些城市通过交叉补贴定价，不仅能收回成本，而且还能有一定的盈利；有些城市则存在大额亏损。存在亏损的城市供水厂供水对象主要是居民，而且是供水管网的经营者。政府财政补贴的对象应确定为城市的供水管网，只有供水企业拥有供水管网，才能申请政府的财政补贴，并依据成本与收益的实际情况确定补贴金额。

（二）科学核定供水管网定价成本

普遍服务成本补偿办法通常有两种：一是通过建立成本模型等方法，核定普遍服务的成本，然后按照成本补偿加合理盈利的原则，给予企业补贴。二是采用公开招标的形式，由要求补贴最低的企业提供普遍服务并获得补贴。核定定价成本并给予补偿的方式，在我国供水行业已经实施了近十多年。

供水是我国垄断行业最早开始成本监审的行业。2006 年，《政府制定价格成本监审办法》发布后，我国成本监审工作起步。2010 年，《水利工程供水定价成本监审办法》《城市供水定价成本监审办法》《关于做好城市供水价格调整成本公开试点工作的指导意见》同时颁布，各地方价格主管部门开始对城市供水进行定期成本监审和定调价监审。《中共中央、国务院关于推进价格机制改革的若干意见》提出，按照"准许成本加合理收益"原则，合理制定垄断行业管网输配价格。新的价格管制模式突出了准许成本的地位，规定没有进行成本监审，价格主管部门不得制定价格。另外，也明确成本监审的对象是垄断行业的管网输配成本。

供水管网是具有自然垄断性质的环节，是价格主管部门成本监审的对象，也是需要财政补贴的对象。但以往的成本监审和补贴对象均是供水行业的完全成本。我国供水行业市场结构复杂，如纵向一体化运营的水务集团、分片独立运营的供水企业等。城市供水成本监审时没有对供水各环节成本进行严格区分，核定定价成本是供水行业的完全成本。根据新时期的价格管制要求，以及提高政府财政补贴针对性的需求，价格主管部门在进行成本监审时，应重点对供水管网环节的成本进行监审，核定供水管网的定价成本。管网环节成本核定清楚，能够制定供水管网输配环节的价格，既可以促进供水行业的市场化改革，促进水厂之间价格的有效竞争；也可以有针对性地对管网输送环节进行补贴，减少政府的财政补贴压力。

（三）优化城市供水价格管制结构

交叉补贴定价是供水行业较早采用的一种定价方法，供水交叉补贴定价的实证分析表明，通过交叉补贴定价，部分城市不仅收回了成本，而且获得了很高的盈利。垄断行业采用交叉补贴定价的目标不是为了获得最多的盈利，而是通过分类用水户之间的交叉补贴定价收回成本，并有合理的盈利，这应该是交叉补贴定价追求的目标。为了达成这一目标，需要建立模型，测算能够实现供水企业财务平衡的分类用户交叉补贴定价水平，作为城市交叉补贴价格管制的基准。盈利过多的城市，价格主管部门应优化供水价格结构，分类用户价格水平应降至基准水平，以便更好地保护居民和非居民用水户的利益。微量亏损的城市，价格主管部门可以根据基准水平优化交叉补贴定价结构，使供水企业获得财务平衡。亏损严重的城市，价格主管部门应尽量向基准交叉补贴定价结构靠近，减少亏损的程度。提高分类用水户价格水平是一个难题，可以结合城镇居民阶梯水价实现。

国家发改委、住房和城乡建设部联合出台指导意见，要求2015年全国所有设市城市原则上全面实行居民阶梯水价制度。我国城镇居民用水阶梯价格制度已经逐步建立，从实施阶梯水价的城市的政策看，居民阶梯水量基本上都划分为三级，第一阶梯水量按照覆盖城市区域内80%—90%居民用户的户均用水量确定，第二阶梯水量按照覆盖本区域内95%居民用户的户均用水量确定，第三阶梯水量即超出第二阶梯的水量，同时为城市弱势群体设置了3—6立方米的免费水量。居民阶梯水价基本也分三级，一、二、三级阶梯水量水价级差为1∶1.2—1.5∶2—3。阶梯水价实施后，节约用水的总体效果初显成效，但从个体来看，部分用水户的用水行为没有变化，原因是基本水量核定过多，三级水量水价级差过小。

为了达到促进居民节约用水，提高居民用水户的总体价格水平，建议价格主管部门可以提高第二和第三级阶梯水价的价格，第二级和第三级水量的消费是基本生活用水需求之外的个性化需求，制定较高的价格能够发挥价格杠杆作用，促使其改变用水习惯，达到节约用水目标。另外，也可实现提高居民用水户价格水平的目的。

三 加强供水行业质量管制

（一）国外经验借鉴

欧盟出台《饮用水水质指令》，明确要求所有欧盟国家对水处理过程使用的材料和化学品建立审批制度，保证水处理过程的安全，欧盟各国据此制定本国水质标准。欧洲的饮用水标准是统一的，不管是自来水还是瓶装水，因此，欧洲的自来水可以直接饮用。法国保障用水安全的重要措施之一是设立采水点保护区，在采水点附近区域内，一切可能直接或间接影响水质的设施、工程、活动或项目都被禁止或管制。德国的饮用水是作为食品来进行控制和监测的，德国《饮用水条例》对饮用水的标准做了明确而严格的规定，比对矿泉水还要全面，德国的自来水公司每周做 1.5 万次试验。

日本《水道法》规定，水质基准以两个基本观念为准则：一是喝一辈子也不会对人体健康带来坏处；二是除了提供人民饮用及洗涤，味道及颜色上不带来任何影响。成为人民使用的自来水，需经过多重程序及检验。在日本，污染饮用水是刑事犯罪，可判处 6 个月以上 7 年以下徒刑。因此，日本水龙头一开就喝，生饮自来水也不会对健康形成威胁。新加坡通过严格立法、严格执法，保证供水水源的安全，对处理废水污染的原则是"谁污染，谁付费"，公共事业局对超标情况制定了详细的税收细则。公用事业局在供水管道内安装传感器，通过供水网络远程监测实时监管自来水水质。

（二）加强我国供水质量管制的建议

2007 年 7 月 1 日，由国家标准委和卫生部联合发布的《生活饮用水卫生标准》强制性国家标准和 13 项生活饮用水卫生检验国家标准正式实施。我国饮用水标准与国际接轨，参考了欧盟、美国、俄罗斯和日本等国饮用水标准，规定了 106 项水质指标，可以说涵盖了饮用水中各种可能影响健康的因素。只要水厂严格按照标准执行，达到 106 项水质标准，那么出厂水就能直接饮用。我国自来水水质的真实情况一直有一个悖论：饮用水界专家、学者都认为，中国城市水质存在"安全隐患"，但水厂自检自测的水质基本上都合格。造成这一矛盾的根本原因是我国自来水水质缺乏有效监管。

我国应建立以建设部门为供水质量监管主体，委托经质量技术监督部门资质认定的水质检测机构进行水质监测，对城市供水单位水质进行管制的管制机制。《城市供水水质管理规定》（建设部令第156号）规定，建设主管部门负责全国城市供水水质监督管理工作，建立了国家和地方城市供水水质监测网，网络主体由经过国家和地方质量技术监督部门资质认定的城市供水水质监测站组成，却没有赋予城市供水水质监测站监测水质的职责，而是将城市供水水质监测职责赋予城市供水企业。① 这种监管机制安排难以对供水企业的水质进行有效监管，调研中也发现，绝大部分的供水企业并没有委托具有资质的水质监测机构进行水质监测，而是由供水企业内部机构进行水质监测。这与规范的管制体系相去甚远。因此，建议建设主管部门将城市供水水质监测的职责赋予城市供水水质监测站，并协助国家和地方质量技术监督部门出台资质认定的标准，培育相对专业、独立的第三方水质监测机构。然后由第三方水质监测机构对供水企业水质进行监测，报送数据到国家和地方供水水质监测网。

---

① 城市供水单位应当履行以下义务：建立健全水质检测机构和检测制度，提高水质检测能力；按照国家规定的检测项目、检测频率和有关标准、方法，定期检测原水、出厂水、管网水的水质；定期向所在地直辖市、市、县人民政府城市供水主管部门如实报告供水水质检测数据；按照所在地直辖市、市、县人民政府城市供水主管部门的要求公布有关水质信息。

第十章　污水处理行业普遍服务与管制政策

随着社会经济的发展，资源性缺水、水质性缺水和结构性缺水三者并存导致的水资源供求矛盾，成为我国经济发展过程中面临的一大难题。近年来，随着水资源短缺和水环境污染等问题在我国日渐突出，污水处理成为国家生态环境治理政策中的重中之重。村镇污水治理、水环境综合治理、工业废水治理、膜法水处理、黑臭水体治理等领域相继出台政策，全国各地水污染治理项目相继开工建设。污水处理行业包括污水收集、污水处理、污泥处理等环节，已成为社会进步和经济发展的重要基础性行业，随着污水处理行业的快速发展，我国污水处理能力迅速扩张、污水处理率稳步提高。

第一节　污水处理普遍服务管制背景

一　水源性缺水

中国地域辽阔，水资源地区分布不均，降水量从东南沿海向西北内陆递减，依次为多雨、湿润、半湿润、半干旱、干旱等地带。长江流域和长江以南耕地只占全国的36%，而水资源量却占全国的80%；黄河、淮河、海河三大流域，水资源量只占全国的8%，而耕地却占全国的40%，水资源相差悬殊。

我国是一个水资源丰富与短缺并存的国家，水资源丰富是指我国水资源总量丰富，我国淡水资源总量约为30000亿立方米，居世界前列，但我国人均水资源占有量大致在2200立方米的水平，仅为世界平均水平的1/4，是联合国认定的水资源紧缺国家之一。2016年，中国水资源总量为 32466.4 亿立方米，总人口为 13.8271 亿，人均水资源占有量为 2348 立方米，按照国际公认的标准，人均水资源低于 3000 立方米为轻度缺水，人均水资源低于 2000 立方米为中度缺水，人均水资源低于 1000 立方米为严重缺水，人均水资源低于 500 立方米为极度缺水。我国人均水资源占有量为 2348 立方米，属于轻度缺水国家。若分区域计算人均水资源，缺水情况更严重，我国长江流域以南地区人均水资源量为 3500 多立方米，属于人多、地少，经济发达，水资源相对丰富的地区；长江流域以北地区的水资源量仅占全国的 15%，人均水资源量不到 1000 立方米，属于人多、地多，经济相对发达，水资源严重短缺的地区；中国内陆地区水资源量只占全国的 5%，属于极度缺水地区。我国是全球人均水资源最贫乏的国家之一。

2016 年，全国用水总量为 6040.2 亿立方米，其中，生活用水为 821.6 亿立方米，占用水总量的 13.6%；工业用水为 1308 亿立方米，占用水总量的 21.6%；农业用水为 3768 亿立方米，占用水总量的 62.4%；人工生态环境补水为 142.6 亿立方米，占用水总量的 2.4%。人均综合用水量为 438 立方米，城镇人均生活用水量为 220 升/天。农村居民人均生活用水量为 86 升/天。

二 水质性缺水

水质性缺水是超量排放污水造成淡水资源受污染而缺水的现象，即本来有可利用的水资源，但由于排放的污水超过水资源的自净能力，造成水质恶化而不能使用的水。2016 年，中国水资源公报对我国河流水质、湖泊水质、水库水质、省界断面水质、集中式饮水水源地水质、浅层地下水水质等水质质量评价的结果显示，我国 23.5 万千米的河流水质Ⅰ—Ⅲ类、Ⅳ—Ⅴ类、劣Ⅴ类水河长分别占 76.9%、13.3%、9.8%；对 118 个湖泊共 3.1 万平方千米水面进行的水质评价结果显示，全年总体水质为Ⅰ—Ⅲ类的湖泊有 28 个，Ⅳ—Ⅴ类湖泊 69 个，劣Ⅴ类湖泊 21 个，分别占评价湖泊的 23.7%、58.5%、17.8%；对 943 座水库（其中，324 座大型水库，516 座中型水库，103 座小型水库）的水质评价显示，全年总体水质为Ⅰ—Ⅲ类的水库有 825 座，Ⅳ—Ⅴ类水库 88 座，劣Ⅴ类水库 30 座，分别占评价水库总数的 87.5%、9.3%、3.2%；对 544 个重要省界断面的监测评价结果显示，Ⅰ—Ⅲ类、Ⅳ—Ⅴ类、劣Ⅴ类水质断面分别占 67.1%、15.8%、17.1%；31 个省份共监测评价 867 个集中式饮用水水源地，全年水质合格率在 80% 及以上的水源地有 694 个，占评价总数的 80%。对 2104 个浅层地下水水质测站监测数据显示，水质优良、良好、较好、较差、极差的测站分别占 2.9%、21.1%、0%、56.2%、19.8%。

我国供水中 80% 以上来自地表水源。2016 年，地表水源供水量为 4912.4 亿立方米，占供水总量的 81.3%。根据《地表水环境质量标准》的五类标准①，我国能够作为饮用水源的江河湖海中，情况最好的是水库，有约 87.5% 的水库能够作为饮用水源，情况最糟糕的是湖泊，只有 23.7% 数量的湖泊可以作为饮用水源，作为饮用水源的湖泊也经常爆发严重的水污染事件，如江苏太湖蓝藻污染造成无锡全城自来水停供。

我国供水总量中有将近 20% 来自地下水。2016 年，全国地下水源供水量为 1057 亿立方米，占供水总量的 17.5%。北方地区一半以上的生活用水来自地下水，如北京是以地下水为主要水源的大都市，南水北调后，地下水仍将占全市供水量的 50% 左右。我国地下水的水质评价结果较差，地下水水质监测井主要分布于松辽平原、黄淮海平原、山西及西北地区盆地和平原、江汉平原重点区域，基本涵盖了地下水开发利用程度较大、污染较严重的地区。2016—2013 年，我国地下水水质极差的比例依次为 19.8%、18.8%、16.1%、15.7%，地下水被污染的程度逐年增加，需高度重视地下水污染的治理。

工业废水、生活污水和其他废弃物进入江河湖海等水体，会导致

---

① Ⅰ类主要适用于源头水、国家自然保护区；Ⅱ类主要适用于集中式生活饮用水地表水源地一级保护区、珍稀水生生物栖息地、鱼虾类产场、仔稚幼鱼的索饵场等；Ⅲ类主要适用于集中式生活饮用水地表水源地二级保护区、鱼虾类越冬场、洄游通道、水产养殖区等渔业水域及游泳区；Ⅳ类主要适用于一般工业用水区及人体非直接接触的娱乐用水区；Ⅴ类主要适用于农业用水区及一般景观要求水域。

水体的物理、化学、生物等特征的改变，影响到水的利用价值，危害人体健康或破坏生态环境。水质性缺水是我国沿海经济发达地区共同面临的难题，如浙江"缺水"，有海岛地区资源性缺水制约，也有一些山区工程性缺水因素，但主要是污染造成的水质性缺水。① 因为水质严重污染，即便加强自来水工艺处理，出水仍然有令人难以接受的异味。

水资源是整个生态系统的基础，水资源人均占有量偏低的背景下，应该有效利用有限的水资源；经济发展和人口增长对水资源的污染，应该及时处理并达标排放；水资源的修护需要污水处理行业的快速发展。因此，污水处理普遍服务成为污水处理行业的基本目标。同时，应将污水处理普遍服务作为一个长期的目标。提高污水处理能力，实现排放污水全部被处理；制定公众负担得起的污水处理费征收标准；加强对污水处理的政府监管，实现污水处理达标排放。

第二节　污水处理普遍服务现状

普遍服务的内涵包括可接入、可承受、质量无歧视等内容，是垄断行业市场化改革后凸显的重大现实问题。污水处理行业也是传统的自然垄断行业，污水处理行业的公益性、外部性特征更为显著，为了推动污水处理行业的快速稳健发展，应将污水处理普遍服务纳入政府管制，借鉴电信、电力等垄断行业的普遍服务理论研究，设计污水处理普遍服务的体制机制，出台污水处理普遍服务的管制政策。污水处理普遍服务是指由政府制定政策，确保污水全部接入污水处理设施，制定公众能承受的污水处理收费标准，实现污水全部处理并达标排放。

一　污水处理率

污水处理率是污水处理量占污水排放总量的比重，污水处理率越

---

① 夏宝龙：《以五水共治的实际成效取信于民》，《人民日报》2014 年 1 月 22 日。

高，污水处理的普及程度越高。近十多年来，我国各级政府非常重视
污水处理，大力加强城镇污水处理设施建设力度，全国污水处理水平
明显提高。截至 2015 年，全国城镇污水处理能力已达到 2.17 亿立方
米/天，城市污水处理率达到 91.90%，县城污水处理率达到 85.8%，
建制镇污水处理率为 50.95%，乡污水处理率为 11.46%（见表 10 - 1）。

表 10 - 1 我国各地区城市、建制镇、乡污水处理率（2015 年） 单位:%

地区	城市污水处理率	县城污水处理率	建制镇污水处理率	乡污水处理率
全国	91.90	85.8	50.95	11.46
北京	88.41	—	58.00	85.45
天津	91.54	—	56.19	—
河北	95.34	94.43	28.14	1.45
山西	89.20	89.41	13.10	—
内蒙古	93.14	93.02	46.11	—
辽宁	93.08	91.53	40.71	11.74
吉林	90.38	81.47	24.54	4.55
黑龙江	84.41	88.62	14.87	—
上海	92.85	—	89.78	56.92
江苏	93.92	80.59	67.14	27.26
浙江	91.95	87.78	64.52	44.05
安徽	96.68	90.96	36.53	21.25
福建	89.47	86.74	42.37	25.26
江西	87.74	82.72	32.00	12.75
山东	95.77	95.29	64.90	7.83
河南	93.57	88.48	32.08	13.09
湖北	93.41	83.24	30.49	8.78
湖南	92.74	90.82	30.32	17.30
广东	93.65	82.82	73.47	99.80
广西	90.02	82.58	16.33	3.71
海南	74.24	80.34	11.71	—
重庆	94.78	94.74	51.82	11.23
四川	88.52	67.40	14.97	10.53

续表

地区	城市污水处理率	县城污水处理率	建制镇污水处理率	乡污水处理率
贵州	95.17	80.60	23.78	5.98
云南	91.03	79.94	9.69	2.83
西藏	19.07	12.63	—	—
陕西	91.55	87.62	9.96	7.86
甘肃	89.62	85.36	20.67	3.99
青海	59.98	60.06	0.01	
宁夏	93.05	73.44	60.06	38.48
新疆	83.39	70.58	34.89	5.32

资料来源：住房和城乡建设部：《中国城乡建设统计年鉴（2016）》，中国统计出版社2016年版。

城市污水处理率最高的是安徽省的96.68%，21个省份的城市污水处理率大于90%，8个省份的城市污水处理率处于80%—90%，城市污水处理率较低的城市主要有西藏、青海、海南，其中西藏城市污水处理率最低为19.07%。建制镇是非县城政府所在地的镇，是地方经济、文化发达的集中区域，建制镇的各项规划纳入城市总体规划，规划方向和规格与县城规划看齐。建制镇污水处理率最高的是上海、广东、江苏、山东、浙江等经济发达的省份，这些省份的乡镇经济发展速度较快，水污染的情况更严重，治理水污染的意识较强，地方民营经济发达。因此，污水处理率水平相对较高，而其他省份的建制镇污水处理率水平相对较低。乡一级的污水处理率省份之间更为分散，最高的广东省乡污水处理率达到99.8%，排在第2位的是北京的85.45%，第3位是上海的56.92%，有16个省份乡污水处理率在15%以下，7个省份没有乡污水处理率数据。我国乡镇的污水处理率还处于较低的普及水平。

二　污水处理基础设施数量

长期以来，我国污水处理行业以国有事业单位为主，主要依靠财政补贴，运营能力较弱；20世纪90年代后，外资、民营等非国有资本涌入污水处理行业，污水处理行业得到了快速发展；2014年后，在国家 PPP 政策的强力推动下，污水处理行业发展进入一个新阶段。

（一）污水处理厂数量

污水处理厂数量不断增加，从 2010 年的 2793 家增长到 2015 年的 4185 家。设市城市污水处理厂数量从 1660 座增长到 2367 座，县城污水处理厂数量从 1128 座增长到 1801 座，乡镇污水处理厂从 330 座增加到 790 座。

（二）污水处理厂规模

2015 年，全国 5 万吨/日以下小型污水处理厂 3304 家，占 79%；5 万—10 万吨/日污水处理厂 685 家，占 16%；10 万吨/日以上大型污水处理厂 196 家，占 5%。东部大型污水处理厂 123 个，占全国大型污水处理厂数量的 60%。中西部合计大型污水处理厂 73 个，不足 40%。"十二五"期间，小型污水处理厂的年均增速超过 10%，大中型增速保持在 4% 左右。

污水处理厂的市场集中度相对供水行业较高，北控水务市政污水已运营总规模位居首位，为 1001 万立方米/天，市场占有率达到 5.5%，碧水源和首创股份已运营总规模超过 700 万立方米/天，市场占有率分别为 4.4% 和 4.3%，行业前五名（CR_5）污水处理企业已运营规模占 19% 的市场份额，排名前十的企业（CR_{10}）占 27.2% 的市场份额。

（三）污水处理厂的运营模式

2015 年，PPP 模式的污水处理厂 1740 个，占污水处理厂总数的 42%；托管模式的污水处理厂 422 个，占污水处理厂总数的 10%；政府自运营的污水处理厂 171 个，占污水处理厂总数的 4%；其他形式运营的污水处理厂 1851 个，占污水处理厂总数的 44%。

PPP 模式是 2014 年我国政府大力开展的一种运营模式，从污水处理行业的现状看，东部地区采用 PPP 模式的污水处理厂比例最高，占东部地区污水处理厂的 48.56%；中部地区采用 PPP 模式的污水处理厂占 44.38%；西部地区采用 PPP 模式的污水处理厂数量相对偏少，占西部地区污水处理厂的 29.56%。

政府自运营是污水处理行业的传统运营模式，随着污水处理行业的民营化改革，政府自运营的比例逐渐降低。东部地区污水处理厂政府自运营的占 3.47%，中部地区污水处理厂政府自运营的占 3.01%，西部地区污水处理厂政府自运营的占 5.78%。政府自运营的污水处理厂占比处于一个较低的水平，而且地区间没有太大的差异。

（四）排水管道建设情况

污水处理需要把分散的污水收集集中到污水处理厂，因此，排水管道的建设是污水处理行业的重要基础设施。1981 年，排水固定资产建设投入 2 亿元；1992 年，排水固定资产投资是 20.9 亿元；2007 年，排水固定资产投资是 198 亿元；2016 年，排水固定资产投资是 733 亿元（见表 10 - 2）。总体来讲，排水固定资产的投资增长的速度非常快。从年增长率来看，增长速率差异较大，甚至有些年份出现负增长。[①] 污水处理投资增长速度受政策环境影响比较大。

表 10 - 2　　　　　城市排水管道投资及管道长度情况

年份	排水投资（亿元）	增长（%）	排水管道长度（千米）	增长（%）
1981	2.0	—	23183	—
1982	2.8	40.0	24638	6
1983	3.3	17.9	26448	7
1984	4.3	30.3	28775	9
1985	5.6	30.2	31556	10
1986	6.0	7.1	42549	35
1987	8.8	46.7	47107	11
1988	10.0	13.6	50678	8
1989	9.7	-3.0	54510	8
1990	9.6	-1.0	57787	6
1991	16.1	67.7	61601	7
1992	20.9	29.8	67672	10
1993	37.0	77.0	75207	11

---

① 2001 年污水处理及其再生利用投资单独列示，因此，2001 年排水固定资产投资增长率出现较大的变动。

年份	排水投资（亿元）	增长（%）	排水管道长度（千米）	增长（%）
1994	38.3	3.5	83647	11
1995	48.0	25.3	110293	32
1996	66.8	39.2	112812	2
1997	90.1	34.9	119739	6
1998	154.5	71.5	125943	5
1999	142.0	− 8.1	134486	7
2000	149.3	5.1	141758	5
2001	108	− 27.6	158128	12
2002	131	21.1	173042	9
2003	176	34.8	198645	15
2004	178	0.8	218881	10
2005	177	− 0.7	241056	10
2006	180	1.8	261379	8
2007	198	10.0	291933	12
2008	231	16.9	315220	8
2009	311	34.6	343892	9
2010	380	22.2	369553	7
2011	467	22.8	414074	12
2012	425	− 9.0	439080	6
2013	425	0.0	464878	6
2014	496	16.6	511179	10
2015	470	− 5.2	539567	6
2016	733	55.8	576617	7

资料来源：住房和城乡建设部：《中国城市建设统计年鉴（2017）》，中国统计出版社2017年版。

　　排水投资的增加促进了排水管道长度的扩张。1981年，城市排水管道长度为23183千米；2016年，城市排水管道长度为576617千米，是1981年管道长度的25倍，排水管道长度的增加，意味着污水收集率的增加。排水管道长度的年度增长率大部分在个位数，少部分年份增长率保持两位数，个别年份增长率达到 30% 以上。排水管道的建设耗资大、耗时长、投资回报期长，难以在短期内快速增加排水管道长度。

三　污水处理成本与收费

我国污水处理早期是作为一项公益事业，政府投资建设排水管道和污水处理厂，污水处理不收费。改革开放后，随着经济的发展，污水处理需求增长，开始出现各种性质的污水处理厂，污水处理收费逐渐在一些城市试行。20 世纪 90 年代中期，污水处理行业大规模发展之后，城市普遍开征污水处理费。1999 年，国家计委、建设部、国家环保总局下发《关于加大污水处理费的征收力度，建立城市污水排放和集中处理良性运行机制的通知》，全国各城市开始征收污水处理费。根据通知要求，污水处理费按照补偿排污管网和污水处理设施的运行维护成本，并合理盈利的原则核定，但在征收前期，污水处理费水平普遍偏低。

2004 年，《国务院办公厅关于推进水价改革促进节约用水保护水资源的通知》提出，已开征污水处理费的城市，在调整供水价格时，要优先将污水处理收费标准调整到保本微利的水平。国家发改委价格司提供的情况显示，2007 年，中国污水处理率和污水处理费严重偏低，36 个大中城市的污水处理率只有 55%，征收的污水处理费平均每吨 0.67 元，仅相当于处理成本的 67%。其他 600 多座城市大多数没有建污水处理厂，许多城市没有征收污水处理费。为促进环境保护，中国政府规定在 2007 年年底前在所有城镇收缴污水处理费，逐步提高收费标准。

2015 年，《国家发改委、财政部、住房和城乡建设部关于制定和调整污水处理收费标准等有关问题的通知》，对污水处理收费标准提出了新的要求，规定 2016 年年底前，设市城市污水处理收费标准原则上每吨应调整至居民不低于 0.95 元，非居民不低于 1.4 元；县城、重点建制镇原则上每吨应调整至居民不低于 0.85 元，非居民不低于 1.2 元。这一文件出台后，各城镇都按照国家规定的征收标准调整污水处理收费。

表 10 - 3 是 2016 年某省份各地市污水处理费的征收标准，将近一半城市的居民生活污水处理收费高于或等于国家制定的最低收费标准，另外一半城市的居民生活污水处理收费标准仍低于 0.95 元/立方米，甚至有些城市的收费标准低于 0.5 元/立方米。非居民污水处理收费绝大部分高于国家制定的最低收费标准，只有个别城市低于国家制定的最低收费标准。

表 10 - 3　　2016 年某省份各地市污水处理费的征收标准

单位：元/立方米

项目名称	市 A	市 B	市 C	市 D	市 E	市 F	市 G	市 H	市 I	市 J	市 K
居民生活	1.00	1.00	0.50	0.90	0.95	0.95	0.60	0.50	0.60	0.45	0.95
非经营性行业	1.75	1.80	1.60	2.00	1.65	1.80	1.80	1.20	1.00	1.90	1.55
经营性行业	—	1.80	1.60	—	—	2.40	1.80	—	1.40	1.90	—
特种行业	1.75	1.80	—	2.40	1.65	2.40	1.80	1.20	1.20	1.90	1.55

四　污水处理排放达标率

（一）污水处理厂处理能力

污水处理达标率与污水处理厂的处理能力直接相关，污水处理厂等级越高，污水处理达标排放的概率越高。污水按处理程度划分为一、二、三级处理，一般根据水质状况和处理后水的去向来确定污水处理程度。一级处理主要去除污水中呈悬浮状态的固体污染物质，一级处理厂主要用物理方法去除污染物，经过一级处理的污水达不到排放标准。二级处理主要去除污水中呈胶体和溶解状态的有机污染物质（五日生化需氧量、化学需氧量），是目前全世界处理市政污水的主要形式，二级处理厂在一级处理的基础上主要用生物处理方法去除溶解性污染物，经过二级处理的污水一般可以达到排放标准。三级处理进一步处理难降解的有机物、氮和磷等能够导致水体富营养化的可溶性无机物等。三级处理厂是在二期处理的基础上继续用化学或物理方法进一步提高出水水质。三级处理也叫深度处理，出水水质较好，甚至能达到饮用水质标准，但处理费用高。

　　表 10 - 4 是 2016 年我国城市和县城二、三级污水处理厂与总污水处理厂的数量及比例关系。全国城市的污水处理厂 1944 座，其中，能够达标排放污水的二、三级污水处理厂 1666 座，占 86%，意味着全国平均 14% 的污水处理厂排放的污水是不达标排放。北京、天津、上海、山东、福建、湖南六省市的城市二、三级污水处理厂占 100%，污水处理厂的处理能力具备了达标排放的基础。剩余省份的城市仍有相当数量的一级污水处理厂，甚至有的地方一半是一级污水处理厂。大量一级污水处理厂的存在，意味着大量的污水只是进行了预处理，却没有进行二级处理就被排放到环境中，对改善水体环境意义不大。县城污水处理厂的处理能力相比城市更低，全国县城二、三级处理厂的数量占总污水处理厂的 75%，还有 25% 的县城污水处理厂是不达标排放的一级污水处理厂。

表 10 - 4　　2016 年城市和县城二、三级污水处理厂与总污水
处理厂的数量及比例关系

地区	城市			县城		
	总座数	二、三级处理	比例（%）	总座数	二、三级处理	比例（%）
全国	1944	1666	86	1599	1196	75
北京	51	51	100	—	—	—
天津	49	49	100	2	2	100
河北	76	57	75	109	66	61
山西	38	22	58	84	45	54
内蒙古	41	35	85	68	47	69
辽宁	93	75	81	23	17	74
吉林	41	21	51	18	10	56
黑龙江	63	39	62	45	27	60
上海	49	49	100	—	—	—
江苏	196	162	83	34	28	82
浙江	83	74	89	37	29	78
安徽	67	59	88	63	58	92
福建	50	50	100	46	46	100

续表

地区	城市			县城		
	总座数	二、三级处理	比例（％）	总座数	二、三级处理	比例（％）
江西	39	37	95	69	68	99
山东	161	161	100	72	72	100
河南	72	55	76	86	65	76
湖北	77	67	87	41	29	71
湖南	61	61	100	76	76	100
广东	254	238	94	39	29	74
广西	41	34	83	67	47	70
海南	25	19	76	13	11	85
重庆	46	43	93	20	17	85
四川	82	63	77	85	55	65
贵州	31	27	87	72	56	78
云南	34	29	85	103	85	83
西藏	3	2	67	—	—	—
陕西	37	23	62	79	44	56
甘肃	22	17	77	66	44	67
青海	11	10	91	21	6	29
宁夏	13	9	69	12	10	83
新疆	39	28	72	54	44	81

（二）污水处理厂的运行负荷率

污水处理率与污水处理厂的负荷率有较强的相关关系，运行负荷率＝每日实际进水量/每日设计处理量。一般新建一年内的污水处理厂运行负荷率不低于60％，三年以内的污水处理厂运行负荷率不低于75％。污水处理负荷率越高，设备利用率越高，接近设计处理量是最优结果，国家规定运行负荷率不能超过设计处理量的120％。污水处理厂处理能力的设计规划与城市发展需求相契合，因此，污水处理厂负荷率偏低，则可能存在部分污水没有经过处理直接排放到环境中的现象。

污水处理负荷率是住房和城乡建设部监管的内容，污水处理平均负荷率逐年上升。2004 年，全国城市污水处理厂运行负荷率平均为 65%。2005 年，全国 364 个建有污水处理厂的城市中，有 38 个城市的污水处理厂运行负荷率低于 30%，包括 17 个已建污水处理厂未投入运行的城市。2010 年，全国污水处理厂平均运行负荷率达到 78.95%，基本扭转了大量污水处理设施建成后不运行或低负荷运行的局面。2014 年，全国城镇污水处理厂累计处理污水 480.6 亿立方米，运行负荷率达到 84.1%。目前大部分城市的污水处理负荷率达到了 90% 以上，但小部分城市因为种种原因导致污水处理厂负荷率偏低。

乡镇级生活污水处理厂负荷率偏低较为普遍和突出，与日处理能力几万吨乃至十几万吨的县市级生活污水处理厂相比，乡镇生活污水处理厂设计处理能力大多规模较小。对 30 多个乡镇的污水管网覆盖、污水接纳和污水处理厂运行状况和进出水情况进行的专题调研显示，由于乡镇生活污水接管率不高，乡镇生活污水处理厂运行负荷偏低，其中，20% 的污水处理厂长期处在 50% 以下，个别污水处理厂运行负荷仅为 10% 左右。①

（三）污水处理厂的排放标准

《城镇污水处理厂污染物排放标准》将基本控制项目的常规污染物标准值分为一级标准、二级标准和三级标准，一级标准分为 A 标准和 B 标准。当污水处理厂出水引入稀释能力较小的河湖作为城镇景观用水和一般回用水等用途时，执行一级标准的 A 标准；城镇污水处理厂出水排入地表水 Ⅲ 类功能水域、海水二类功能水域和湖、库等封闭或半封闭水域时，执行一级标准的 B 标准；城镇污水处理厂出水排入地表水 Ⅳ 类、Ⅴ 类功能水域或海水 Ⅲ、Ⅳ 类功能海域，执行二级标准；非重点控制流域和非水源保护区的建制镇的污水处理厂，根据当地经济条件和水污染控制要求，采用一级强化处理工艺时，执行三级标准。

《城镇污水处理厂污染物排放标准》刚发布时，我国污水处理能

---

① 《谨防乡镇污水处理厂吃不饱消化不好》，《中国环境报》2016 年 11 月 7 日。

力约为 3700 万立方米/日，2007 年太湖蓝藻事件爆发，紧急出台了《太湖地区城镇污水处理厂及重点工业行业主要水污染物排放限值》，将太湖流域的污水处理厂出水排放标准由一级 B 提升为一级 A。随后，提标改造工作在一些对水环境质量要求严格的地方开始实施。2015 年，国务院发布《水污染防治行动计划》的通知，规定现有城镇污水处理设施 2020 年年底前达到相应排放标准或再生利用要求。敏感区域（重点湖泊、重点水库、近岸海域汇水区域）城镇污水处理设施应于 2017 年年底前全面达到一级 A 排放标准。建成区水体水质达不到地表水Ⅳ类标准的城市，新建城镇污水处理设施要执行一级 A 排放标准。

目前我国少部分污水处理厂执行一级 A 排放标准，大部分污水处理厂执行一级 B、二级，甚至三级排放标准。住房和城乡建设部城镇污水处理厂实时管理系统的数据显示，截至 2015 年 8 月，全国城镇污水处理厂共 3900 座，日处理能力为 1.55 亿立方米。其中，一级 A 项目约 860 个，日处理能力为 2925 万立方米。珠三角地区污水处理厂共 308 座，日处理能力为 1835 万立方米。其中，一级 A 项目约 46 个，日处理能力为 415 万立方米。根据《城镇污水处理厂污染物排放标准》，其达标排放化学需氧量的许可范围在 50—120 毫克/升。根据国家《地表水环境质量标准》，化学需氧量浓度高于 40 毫克的水是劣Ⅴ类水。从化学需氧量这个指标来看，即使污水处理厂按最高的一级 A 排放标准，排放的水仍属于地表水劣五类。

第三节　污水处理普遍服务存在的问题

自 1984 年第一座大型城市污水处理厂在天津建成以来，中国在 30 多年间建成了上千座污水处理厂，成为世界上最大的污水处理市场。但是，城镇污水管网铺设不足、农村污水处理率偏低、污水处理不达标、污泥缺乏处理、污水处理成本高、监管不到位等是污水处理行业存在的棘手问题。

一 污水处理普遍服务资金投入不足

目前，农村污水处理设施建设资金主要依靠国家财政投入，资金投入不足导致排污设施和管网建设缓慢，已建成的农村污水处理设施停运现象非常普遍。

（一）污水处理资金缺口大

2015 年，环保部发布新修订的《城镇污水处理厂污染物排放标准》（征求意见稿）规定，自 2016 年 7 月 1 日起，新建城镇污水处理厂执行一级 A 标准。2018 年 1 月 1 日起，敏感区域内的现有城镇污水处理厂执行一级 A 标准。这涉及大量的污水处理厂提标改造。业内普遍引用的一个"账单"是：一个污水处理厂从一级 B 排放标准升到一级 A 排放标准的追加投资，等于该处理厂原始投资成本的 50%—70%。以一座平均处理能力为 4 万立方米/日的污水处理厂为例，一级 B 污水处理厂基础建设投资为 6000 万—8000 万元，升至一级 A 的追加资本为 3000 万—5600 万元。① 若按照提标改造污水处理厂 3000 座估算，提标改造的资金需求是 900 亿—1680 亿元。随着公众环保意识的提高及国家支持力度的增强，农村污水治理将成为继城市污水治理之后的又一重点。住房和城乡建设部对农村污水处理采取的策略是重点推进、梯次推进的办法，全国大致有 1.6 亿户的农村污水没有得到处理，按每户投资额 1 万元考虑，农村污水处理普遍服务的资金需求达到 1.6 万亿元。

"十三五"期间，城镇污水处理及再生利用设施建设共投资约 5644 亿元，其中，新建配套污水管网投资 2134 亿元，老旧污水管网改造投资 494 亿元，雨污合流管网改造投资 501 亿元，新增污水处理设施投资 1506 亿元，提标改造污水处理设施投资 432 亿元，新增或改造污泥无害化处理处置设施投资 294 亿元，新增再生水生产设施投资 158 亿元，初期雨水污染治理设施投资 81 亿元，监管能力建设资金投入 44 亿元。

"十三五"期间，污水处理设施提标改造投资 432 亿元，与现有

---

① 岳家琛：《提标争论背后的千亿账本》，《南方周末》2016 年 4 月 30 日。

污水处理厂提标改造资金需求的千亿元相比，资金缺口将近一半。我国农村污水处理万亿元的资金需求，比"十三五"时期污水处理资金总投资还多。污水处理行业的需求和快速发展，需要大量资金的支持和投入，污水处理普遍服务资金缺口很大。

（二）污水处理运维资金紧张

污水处理行业外部性显著。污水处理行业近几十年得到了国家的政策支持和资金投入，排水管道公里数持续增加，污水处理厂数量年年增长，可是在取得成绩的同时，污水处理成"晒太阳"工程，污水偷排、直排等新闻屡见报道。污水处理厂建设完工后却非正常运营，很大一部分原因是污水处理成本太高，收取的污水处理费不足以弥补运营支出，污水处理厂迫于运维资金的压力，不得不选择停工。

污水处理费是按照补偿排污管网和污水处理设施的运行维护成本，并合理盈利的原则核定。但是，我国污水处理收费长期偏低，难以有效地弥补污水处理运维费用。我国沿海某省的成本监审结果显示，城市污水处理的成本为1—2元/吨，监审对象基本上是主城区的污水处理厂，以处理城市居民生活污水为主。而居民的污水处理费收费水平基本在1元/吨的水平。污水处理厂运营需要大量的财政补贴，一旦财政补贴出现缺口，污水处理厂将无法正常运营。在对经济相对发达农村地区的抽查中，生活污水处理设施正常运行率不足30%，很多建成的农村生活污水处理设施因缺乏运行费用而成为"晒太阳"工程。中国城镇供排水协会编制的《中国城镇排水统计年鉴（2011）》显示，全国至少有221家已建成投产的污水处理厂负荷率低于50%，有的甚至处于空置状态。①

2014年12月31日，财政部、国家发改委、住房和城乡建设部印发《污水处理费征收使用管理办法》，规定污水处理费属于政府非税收入，纳入地方政府性基金预算管理，缴入国库的污水处理费与地方财政补贴资金统筹使用。污水处理费的征收标准由县级以上地方价

---

① 汪韬：《虚胖的污水处理率：五年3766亿，砸出82.31%成绩单》，《南方周末》2012年6月25日。

格、财政和排水主管部门提出意见，报同级人民政府批准后执行。政府通过政府购买服务方式，向提供城镇排水与污水处理服务的单位支付服务费。服务费由城镇排水主管部门根据城镇排水与污水处理服务单位履行政府购买服务合同的情况，以及城镇污水处理设施出水水质和水量的监督检查结果按期核定。

将污水处理费变为政府性基金，上缴地方政府统筹使用，没有改变污水处理费的来源渠道，公众收费不足弥补成本和地方政府财政能力有限的问题没有得到改变。污水处理资金增加了地方政府的支付压力，增加了污水处理 PPP 模式顺利运行的财政风险。

（三）污水处理资金投入效率低

污水处理资金需求大，中央财政预算安排了一定数量的资金用于地方污水处理项目的建设，但是，财政资金使用的效率不高，污水处理专项资金长期结存在财政部门或主管部门，延缓了污水处理项目的进程。审计署 2016 年度第 10 号审计公告显示，中央财政下达 18 个省份水污染防治相关资金中，有 143.59 亿元结存在地方各级财政部门，未及时拨付到项目单位，其中，4.22 亿元滞留超过 2 年；12 个省份的地方主管部门和项目单位闲置资金为 29.28 亿元，其中，9.4 亿元闲置 3 年以上。另外，还存在资金违规使用和资金浪费，6 个省份的 9 个项目单位通过编造虚假申报资料、报大建小等方式违规套取资金 6531.57 万元；5 个省份由于前期准备不充分、决策不当等造成水污染防治相关资金损失浪费 2.69 亿元。资金使用的浪费，加剧了污水处理行业的资金投入不足问题。

国家对于管网一直有补贴政策。"十一五"期间，中央财政就设立了专项资金用于污水管网建设。但管网是地下的事情容易被忽视。2011 年 9 月，国家审计署公布的《9 个省市 2010 年度城镇污水垃圾处理专项资金审计结果》显示，有些地方闲置中央财政专项资金，有的地方甚至将专项资金用于出借、股权投资和其他基础设施建设等支出。最初中央资金只补助到设于主干路的污水一级干管，其他资金要求地方配套，地方政府说没钱；后来中央补助到二级管道，但是，三级管道和户线的配套资金，地方政府仍然有困难。因此，污水处理厂虽然建成了，但处理水量不足而成为"晒太阳"工程。

二　污水处理普遍服务水平低

（一）污水收集系统不完善

污水收集是污水处理的前置条件，只有建立全覆盖的管网，才能将散落在各个角落的污水收集后集中处理，但是，我国污水处理行业的污水收集系统还不完善，存在配套管网建设滞后、老旧管网渗漏严重等问题。

污水管网建设是污水处理行业的短板，污水处理厂有国家财政资金支持，工程建设有利润，因此，在国家政策支持下，"十一五"期末，全国新建成 230 座城市污水处理厂，但污水管网的建设目标却未完成。"十二五"时期，全国城镇污水处理及再生利用设施建设规划投资的近 4300 亿元中，一半以上用于完善和新建管网，规划的污水管网中，约 1/3 为补充已建污水处理设施的管网。"十三五"时期，城镇污水处理及再生利用设施建设共投资约 5644 亿元，其中，新建配套污水管网投资 2134 亿元，老旧污水管网改造投资 494 亿元，雨污合流管网改造投资 501 亿元，管网建设与改造投资占总投资的 55%，污水收集管网建设成为重点投资领域。

表 10-5 是我国县及建制镇的供水管道和排水管道比较情况。供水管道将水输送给用户，排水管道把用户用过的水输送出去，供水管道的长度与污水处理管道的长度虽有差异，但一定的地域范围内，应该大致平衡。但是，从各地区排水管道长度占供水管道长度的比例看，地区之间存在较大的差异，排水管道超过供水管道的有山东、河南、陕西 3 个省份的县，大部分省份的县的排水管道长度小于供水管道长度，有些省份的县排水管道长度只有供水管道长度的一半，甚至更少。建制镇供水管制长度与排水管制长度的差异更大，排水管道长度均不及供水管道长度的一半，大部分地方的排水管道长度只有供水管道长度的 1/3，暗渠长度只有供水管道长度的 1/6。我国排水管网建设滞后和不均衡问题非常突出，越到基层，滞后性和不均衡问题越突出。

表 10 – 5 我国县及建制镇的供水管道和排水管道比较

地区	县城供水管道长度（千米）	县城排水管道长度（千米）	排水管道占供水管道比例（%）	建制镇供水管道长度（千米）	建制镇排水管道长度（千米）	建制镇排水暗渠长度（千米）	排水管道占供水管道比例（%）	暗渠占供水管道比例（%）
全国	211354.93	171865	81.32	484985.3	166304.6	83154.07	34.29	17.15
北京	—	—	—	4333.28	1506.23	346.22	34.76	7.99
天津	—	—	—	5556.17	1238.53	406.87	22.29	7.32
河北	14219.78	11739	82.55	12751.98	2920.54	1361.93	22.90	10.68
山西	8250.73	6694	81.13	7246.42	1804.32	1090.36	24.90	15.05
内蒙古	10012.99	7511	75.02	10855.08	1929.57	567.79	17.78	5.23
辽宁	4218.72	1945	46.10	11846.79	3026.65	1595.35	25.55	13.47
吉林	2629.70	1585	60.26	7109.78	1429.18	464.33	20.10	6.53
黑龙江	5660.26	3209	56.69	8297.60	1451.10	693.42	17.49	8.36
上海	—	—	—	11434.05	4987.52	793.77	43.62	6.94
江苏	11280.08	8100	71.81	59804.53	23046.28	8578.03	38.54	14.34
浙江	14261.78	9076	63.64	32304.23	14631.34	4282.11	45.29	13.26
安徽	15217.49	14220	93.45	23868.82	9096.94	5915.99	38.11	24.79
福建	5835.72	5190	88.94	15690.23	6213.98	2610.15	39.60	16.64
江西	10963.23	10531	96.06	10688.34	4585.41	2923.61	42.90	27.35
山东	11373.55	14451	127.06	54675.12	21160.77	13168.69	38.70	24.09
河南	11134.93	13639	122.49	18887.51	7495.33	3937.21	39.68	20.85
湖北	5061.63	4263	84.23	24828.91	10089.84	4326.57	40.64	17.43
湖南	13810.18	10704	77.51	22090.95	7003.90	3353.45	31.70	15.18
广东	8403.83	3357	39.94	43075.92	13756.60	8879.39	31.94	20.61
广西	7335.36	6600	89.98	12292.48	4494.95	2580.38	36.57	20.99
海南	1287.55	678	52.70	3781.58	961.77	505.69	25.43	13.37
重庆	2105.28	1968	93.50	6745.52	3286.82	1828.91	48.73	27.11
四川	12967.48	9297	71.69	23229.06	7322.19	4357.37	31.52	18.76
贵州	5860.23	3701	63.15	12945.16	2781.71	2736.77	21.49	21.14
云南	8995.49	7615	84.66	15575.09	2515.57	2012.00	16.15	12.92
西藏	985.35	636	64.53	—	—	—		

地区	县城供水管道长度（千米）	县城排水管道长度（千米）	排水管道占供水管道比例（%）	建制镇供水管道长度(千米)	建制镇排水管道长度(千米)	建制镇排水暗渠长度(千米)	排水管道占供水管道比例（%）	暗渠占供水管道比例（%）
陕西	5026.25	5138	102.23	9437.11	3978.60	2886.93	42.16	30.59
甘肃	4222.52	3198	75.73	6311.73	1480.70	483.71	23.46	7.66
青海	1862.53	1238	66.49	921.04	300.30	67.97	32.60	7.38
宁夏	1466.27	1376	93.84	3020.67	968.37	257.83	32.06	8.54
新疆	6906.02	4204	60.88	5380.15	839.59	141.27	15.61	2.63

资料来源：住房和城乡建设部：《中国城乡建设统计年鉴（2016）》，中国统计出版社2016年版。

"有厂少网型"的污水处理厂由于缺乏配套污水收集管网，收集不到污水，有的污水处理厂只能处理雨水，甚至抽取河水来替代污水。污水处理率提高了，但没有解决实际的污染问题。污水收集系统不完善，直接结果是污水直排进入水体。审计署2016年度第10号审计公告显示，审计抽查长江经济带沿江区域的23个市县，发现城市生活污水有12%（年均4亿吨）未经处理直排长江；审计的18个省份中，有3个省份的53家企业偷排偷放、超标排放甚至直接向河道排放污水。2016年，中央环保督察组通报，上海市中心城区雨污混接导致每天约20万吨污水直排；中心城区雨污合流泵站平均每日放江量达97万吨。

（二）农村污水处理率偏低

农村也叫乡村，是以从事农业生产为主的劳动者聚居的地方。《统计上划分城乡的规定》以我国的行政区划为基础，以民政部门确认的居民委员会和村民委员会辖区为划分对象，以实际建设（指已建成或在建的公共设施、居住设施和其他设施）为划分依据，将我国的地域划分为城镇和乡村。城镇包括城区和镇区，城区是指在市辖区和不设区的市，区、市政府驻地的实际建设连接到的居民委员会和其他区域。镇区是指在城区以外的县人民政府驻地和其他镇，政府驻地的实际建设连接到的居民委员会和其他区域。乡村是指划定的城镇以外的区域。

乡是中国行政区划基层单位，乡一般由若干个行政村组成，经济相对薄弱，并以农业人口为主，多称乡村，更接近于农村。表10-6是2015年全国各地乡排水和污水处理的基本情况，对生活污水进行处理的乡比例全国平均为7.1%，即100个乡只有7个乡对污水进行了处理，这是一个相当低的水平。各省份之间存在较大差异，上海农村污水实现了全处理，民营经济发展较快的浙江农村污水处理水平也达到91.1%，而经济发展较快的广东、江苏、山东等省份农村一半多的乡并未进行污水处理。中西部的农村污水处理水平更低。

表10-6　　　　2015年全国各地排水和污水处理的基本情况

地区	对生活污水进行处理的乡个数（个）	对生活污水进行处理的乡比例（%）	污水处理厂个数（个）	污水处理装置个数（个）	排水管道长度（千米）	排水暗渠长度（千米）
全国	815	7.1	361	1701	17383	11858
北京	6	40.0	6	11	27	32
天津	—	—	—	—	38	3
河北	20	2.3	—	23	1040	594
山西	4	0.6	—	—	623	444
内蒙古	4	1.6	—	—	155	105
辽宁	6	2.7	6	16	274	158
吉林	1	0.6	—	—	127	85
黑龙江	—	—	—	—	281	158
上海	2	100.0	1	1	15	6
江苏	29	45.3	28	42	672	311
浙江	236	91.1	7	674	766	389
安徽	26	8.4	7	95	1052	765
福建	95	34.3	96	144	752	407
江西	10	1.8	7	29	1576	1111
山东	15	20.0	7	18	396	349

续表

地区	对生活污水进行处理的乡个数（个）	对生活污水进行处理的乡比例（%）	污水处理厂个数（个）	污水处理装置个数（个）	排水管道长度（千米）	排水暗渠长度（千米）
河南	30	3.9	8	43	2719	1595
湖北	13	7.8	10	15	645	494
湖南	20	2.3	11	49	1314	803
广东	3	23.1	1	1	51	40
广西	6	1.7	3	15	575	305
海南	—	—	—	—	13	7
重庆	51	25.3	47	69	275	262
四川	165	6.9	91	254	1374	1232
贵州	25	5.2	5	105	577	645
云南	7	1.2	2	27	871	942
陕西	1	4.2	—	—	23	27
甘肃	6	0.9	3	23	494	395
青海	—	—	—	—	45	69
宁夏	14	15.1	10	31	223	50
新疆	20	3.7	5	16	390	76

资料来源：住房和城乡建设部：《中国城乡建设统计年鉴（2016）》，中国统计出版社2016 年版。

农村主要是生活污水和农业污水，较为分散，因此，农村污水处理常用的方式是小型污水处理装置。2015 年，污水处理装置全国共1701 个，污水处理装置个数相对于广大农村近 7 亿人口数量来说，严重偏少。无论是农村的污水处理厂个数还是污水处理装置个数，都反映出当前农村污水处理基础设施偏少、污水处理率偏低的现实。

农村污水处理率偏低的主要原因是资金投入不足。幸红（2010）认为，公共财政长期忽视对农村的投入，农村环境保护管理缺位，环境监管能力不足，农民环境维权意识薄弱是造成当前农村水污染的主要原因。郑开元、李雪松（2012）认为，当前农村水环境治理中存在治理主体缺失、治理资金投入不足、环保意识薄弱、二元化的环境治理政策等一系列问题。李璐（2012）认为，农村水资源的核心问题是农村水源管理、农村水污染处理和农村水资源投入问题。曹蕾、陆继来、涂勇等（2015）认为，农村生活污水治理滞后的主要原因是生活污水收集系统和净化设施建设、运营的资金得不到保障。

（三）污水处理排放不达标

我国污水处理国定的排放标准并不高，可即便是较低的污水排放标准，污水处理厂不达标排放的情况仍非常多。水污染防治行动计划明确，上海市所有城镇污水处理设施应于 2016 年全面达到一级 A 排放标准。中央环保督察组 2016 年督察时，上海市 50 座城镇污水处理厂中，执行一级 A 排放标准的污水处理厂有 10 个，仅占总处理能力的 4%；有 21 座污水处理厂仍在执行二级排放标准，占总处理能力的 68%。2016 年，甘肃省环保厅公布了 1 月污染源自动监控数据涉嫌超标的名单，在被通报的 14 家超标排污企业中，污水处理厂竟有 5 家。污水处理厂成为排污大户的新闻频繁见诸报端。根据环保组织公众环境研究中心（IPE）统计，2008—2013 年，各地污水处理厂的违规监管记录达到 4961 条，不少在国内外上市的大型水务企业也成为违规专业户。其中，出水水质超标占总数的 30%—40%，其他常见的还包括处理设施运行不正常、在线监控运行不正常、建设项目未完成环保验收等。[①]

2016 年 1 月 4 日，中央环保督察组正式亮相，中央环保督察组由环保部牵头成立，中纪委、中组部的相关领导参加，代表党中央、国务院对各省（自治区、直辖市）党委和政府及其有关部门开展的环境保护督察。这次环保督察中，污水处理是各省普遍督查出现问题的领域，从另一个视角反映出我国污水处理排放不达标的严重程度。

宁夏"十二五"国家重点流域水污染防治规划要求建设的项目完成率仅为 49%。全区 31 个工业园区中，12 个未配套建设污水集中处理设施，6 个未建成，3 个建成未运行。固原市污水收集管网不配套，

---

① 顾蓓蓓、刘嘉龙、阮清鸳：《污水处理厂：水务巨头成超标专业户》，《南方周末》2014 年 8 月 8 日。

每天约 6400 吨生活污水未经处理直排清水河。彭阳县污水处理厂长期超标，部分工业废水和生活污水未经处理直排茹河。西吉县污水处理厂不能稳定达标，对葫芦河水质造成影响。

四川省达州市政府 2014—2016 年连续三年将第二污水处理厂建设列为年度重点任务，但截至督察时仍未建成，每天约 3 万吨生活污水未经处理直排河流；四川省"十二五"规划确定的 81 个城镇污水处理及配套设施项目仅完成 17 个，计划新增的 12496 千米污水管网，实际完成 54%；需实施的 37 个市、县污泥处理处置项目，26 个未按规划要求完成；已建成的 212 个城市和县城生活污水处理厂，有 88 个运行不正常。沱江流域内应提标改造的 71 个污水处理厂有 67 个未按期完成；1928 家规模化养殖场有 662 家无治污设施。上游绵竹市磷化工企业 11 个不规范堆场堆存磷石膏约 2000 万立方米，长期未进行整治，大量磷石膏淋溶水直排沱江支流石亭江，导致石亭江总磷浓度长期超标。位于中游的简阳市约 17 万城镇居民生活污水直排，5 个工业聚集区有 4 个未建集中式污水处理设施，已建成的也不能正常运行。位于下游的威远县第二污水处理厂应于 2016 年年底前建成投运，但至督察时仍未开工建设，城区每天约 1.8 万吨生活污水直排威远河。眉山市主城区及岷东新区、彭山城区每天约 6 万吨生活污水直排岷江；12 个市级以上的工业园区有 6 个未建集中污水处理设施；1455 个规模化养殖场仅 161 个开展治理。

汾河是山西的"母亲河"，但沿岸城市污水收集处理设施未按时间要求建成投运，造成太原、晋中、吕梁、临汾 4 市每天 20 余万吨生活污水直排汾河。同煤集团 11 个污水治理项目应于 2016 年年底前完成，但截至督察时仍有 8 个没有完工，每天约 7.5 万吨污水直排十里河等桑干河支流。大同御东污水处理厂等长期超标排放污水。

污水排放不达标的原因，一是污水处理的建设缺乏资金，中央政府投入资金，地方政府却没有相应的配套资金，导致污水处理管网建设、污水处理厂的建设项目进度慢，进而造成污水未经处理直接排放的结果。二是污水处理厂进水超标，尤其是处理工业污水的时候，进水超出污水处理厂的处理能力，造成污水处理厂排放超标。三是污水处理厂未按照规范进行污水处理，如违法停运、偷工减料等行为而导致排放不达标。

三 污水处理普遍服务管制的突出问题

污水处理包括污水收集输送、污水处理、污泥处理等环节，污水处理的监管职能分属发改、财政、水利、环保、建设等多个部门，表面上看，发改管价格，财政管投资，建设管管网，环保管排水，但在污水处理行业的改革和国家政策的变迁过程中，这些管制职能在不同部门间存在变化，导致管制不协调问题的出现，目前，我国污水处理行业的政府管制，尤其是普遍服务管制存在以下三个突出问题。

（一）污水处理 PPP 项目进入管制之争

进入管制是公用事业经济性管制的基本内容之一，进入管制在某种程度上决定着一个行业发展的速度和普及程度。

2014 年，我国开始大规模发展 PPP 模式。2016 年，财政部发布《关于在公共服务领域深入推进政府和社会资本合作工作的通知》，提出进一步加大 PPP 模式推广应用力度，在垃圾处理、污水处理等公共服务领域，项目一般有现金流，市场化程度较高，PPP 模式运用较为广泛，操作相对成熟，各地新建项目要"强制"应用 PPP 模式。在 PPP 模式的浪潮和财政部"强制"推广下，PPP 模式成为污水处理行业的主流发展模式。

国家发改委与财政部在 PPP 项目的分工方面没有厘清各方的职责。污水处理行业作为 PPP 模式的一个重要组成部分，难以逃脱进入管制之争带来的困惑。

财政部门主管全国财政资金的收支，各部门编制部门预算，财政部门汇总编制本级预算。财政部门有一定的权限控制资金的投向。我国重大项目由国家发改委进行进入管制和资金分配。污水处理行业传统模式是地区垄断经营，污水处理行业的建设发展由主管部门决定，如水利部门、建设部门等。实行 PPP 模式后，财政部和国家发改委两个部门都来争夺 PPP 项目的管理权限，设置了一系列项目的管理运营阶段，增加了污水处理项目的工作量，一方面要应对财政部门的两个论证、可行性评价，另一方面还要进入国家发改委的项目库，进行可行性研究评价等程序。PPP 项目的进入管制是必要的，但两个部门重复地进入管制则是不妥的。

（二）污水处理成本价格管制机构的不确定

1. 价格管制机构的改革

1993 年，中央政府撤销了国家物价局，将其职能并入国家发改委，在国家发改委内设价格司，负责价格制定与成本监审等职能。中央政府层面已经实现了经济性监管权的合理集中，国家物价局与国家发改委合并前，国家发改委负责项目审批等进入管制，国家物价局负责价格监管。随着国家物价局的撤销及其价格监管职能并入国家发改委，经济性监管的核心手段整合到国家发改委，国家发改委成为垄断行业经济性监管的综合性机构，集价格监管和进入监管于一体。地方政府中，省、市两级物价局与发改委的机构整合进展缓慢，至今仍有很多地方物价局与发改委并行设置；县级物价局并入发展改革委的改革进展顺利，基本合并到位。

2. 成本监审机构的设置

2006 年，国家发改委颁布《政府制定价格成本监审办法》，规定垄断行业成本监审机构依据"统一领导、分级管理"的原则设置，成本监审工作由各级人民政府价格主管部门的成本调查机构组织实施，各级成本调查机构负责本级价格主管部门定价权限范围内的成本监审具体事务，也可接受上级价格主管部门委托或下级价格主管部门请求对相关经营者成本实施成本监审。这为各级价格主管部门成立成本调查机构，配备成本监审专业人员提供了法律依据。此后，各级价格主管部门纷纷设立独立的成本调查监审机构，或者指定专门机构负责成本调查监审工作。

2017 年，国家发改委修订颁布《政府制定价格成本监审办法》，规定各级定价机关负责组织实施本级定价权限范围内的成本监审，履行主体责任，对成本监审结论负责。定价机关是指国务院价格主管部门及有关部门，省、自治区、直辖市人民政府价格主管部门及有关部门，和经省、自治区、直辖市人民政府授权的市、县人民政府，即成本监管的主体包括价格主管部门、有定价权限的有关部门和授权市县人民政府。

随着新《政府制定价格成本监审办法》于 2018 年 1 月 1 日正式生效，成本监管的主体由原先的价格主管部门过渡到价格主管部门、有关部门（具有定价权限）和授权市县人民政府（基本是价格主管部门）。有关部门是一个笼统概念，在成本监审主体中，主要是指有定价权限的政府行政部门，如教育部门、交通部门、住房和城乡建设部门等。

3. 污水处理成本价格监管机构的职责交叉

2014 年，《污水处理费征收使用管理办法》提出了两个费及核定主体，污水处理费由县级以上地方价格、财政和排水主管部门共同核定，污水处理服务费由城镇排水主管部门按期核定。2016 年，《国家发改委关于加强政府定价成本监审工作的意见》界定成本监审职责时提出了"谁定价，谁监审"原则。根据两个文件的规定，污水处理费的定价主体是价格、财政、排水主管部门，价格主管部门是牵头部门，应该开展污水处理成本监审；污水处理服务费的核定主体是城镇排水主管部门，城镇排水主管部门也要开展污水处理成本监审。价格主管部门和城镇排水主管部门同时成为污水处理成本监审的主体，两个政府部门到底谁负责污水处理成本监审，缺乏明确的界定。

垄断行业"准许成本加合理收益"是新时期垄断行业价格管制的模式，成本监审是制定价格的前置程序。2010 年，各地陆续在价格主管部门的组织下，开展了污水处理成本监审。2014 年，《污水处理费征收使用管理办法》出台后，价格主管部门的污水处理成本监审工作陷入停滞。价格主管部门不再继续进行污水处理成本监审的理由：一是成本监审的依据不足。根据"谁定价，谁监审"原则，污水处理厂的污水处理服务费是由城镇排水主管部门核定，成本监审不再是价格主管部门的职责。二是即使价格主管部门核定了污水处理费，但污水处理厂盈利的多少取决于城镇排水主管部门核定的污水处理服务费，污水处理费只是一个中间价格，对污水处理厂没有限制，导致价格主管部门进行成本监审时，污水处理厂不配合，成本监审遇到阻力较大。

价格主管部门的成本监管机构经过十多年的建设，仍存在机构设置不合理、成本监管职责配置模糊、成本监管人员力量薄弱、成本监审意识不到位等问题。城镇排水主管部门是成本监审的新生力量，城镇排水主管部门的成本监审机构是从无到有的过程，机构建设任重而道远。污水处理行业的改革和政策变迁使成本价格监管主体职能存在交叉重合，迫切需要上位法明确各方的职能和责任。

（三）污水排放管制缺乏协调机制

1. 工业企业污水排放监管缺乏协调机制

分段管制的政府部门间缺乏高效的协调机制，导致污水处理的正常运行受到威胁。根据城镇污水排放标准规定，工业企业污水经过预处理后，排放到城市排水管网，进入污水处理厂进一步处理。根据我国机构设置和职能配置，城镇排水主管部门负责监管排入城市排水管网的污水，环保部门负责污水处理厂和工业企业的污水排放监管。工业企业污水浓度高，污染物种类多，在进入城镇排水管网之前，应进行预处理，但一些工业企业并未对其排放的工业污水进行预处理，违法偷排工业废水，高浓度的工业污水涌入污水处理厂，进水超出污水处理厂的处理能力，造成污水排放不达标，导致污水处理厂污水处理设施陷入瘫痪。

废水预处理装置由工业企业自行建设和运行管理。预处理装置排放口由环保部门监管，工业废水排入管网许可由排水主管部门负责，污水处理厂排放口又由环保部门监管。若污水处理厂进水超标，是环保部门对排污企业监管不到位，预处理未能达标；还是排水主管部门监管不严格，允许企业超标污水排入管网？若环保部门监管到位，及时发现并禁止工业企业违法超标排放污水，则不会出现污水处理厂进水超标问题。若环保部门未能及时发现工业企业违法排放污水，排水主管部门及时发现了工业企业违法排放超标污水，则需要上报具有执法权的环保部门，从而难以快速处置污水排放的违法违规行为，导致严重后果。

2. 监管部门之间数据共享机制缺失

环保部负责指导全国重点污染源自动监控工作。排污单位在污染源现场安装用于监控、监测污染物排放的仪器、流量（速）计、污染治理设施运行记录仪和数据采集传输仪等仪器、仪表，自动监控设备的建设、运行和维护经费由排污单位自筹，环保部门可能给予一些补助。环保部门下属监控中心的建设、运行、维护经费由环保部门编报预算申请经费，监控中心通过通信传输线路与自动监控设备连接，核定自动监控数据，并向同级环保部门和上级环境监察机构联网报送。根据《污染源自动监控管理办法》的规定，自动监控系统经环保部门检查合格并正常运行的，其数据作为环保部门进行排污申报核定、排污许可证发放、总量控制、环境统计、排污费征收和现场环境执法等环境监督管理的依据，并按照有关规定向社会公开。

我国环保部门已经建立了覆盖排污企业和污水处理厂的污染源自动监控系统，但这套系统收集的实时数据却没有共享给城镇排水主管部门以及其他相关部门。信息收集渠道不畅制约着城镇污水处理工作的监管效果，调研中发现，沿海某发达城市，环保部门并没有与同级的排水主管部门共享污水排放数据，排水部门如果想获得污水企业排放的数据，需要通过行政程序向环保部门调取，耗费较长的时间。排水主管部门希望能够尽快建立政府部门间的信息共享机制，及时掌握排入城镇排水管网的进水情况。

部门间信息共享壁垒不仅仅出现在环保部门和排水价格主管部门之间，城镇污水处理企业的水质、水量、成本、价格、政策等相关信息由不同的政府部门掌握，部门间信息共享机制缺失，各信息主管部门信息披露不充分，降低了部门间联合监管污水处理企业的效率。

第四节　污水处理普遍服务管制的政策建议

污水处理行业是公用事业，政府的行业政策导向在很大程度上影响着污水处理行业的发展。国家可从三个层面来推动污水处理行业的普遍服务：成立污水处理普遍服务基金，加大投资力度，改善污水处理行业管网和污水处理设施不足或落后的状况；适应污水处理行业市场化改革，加强污水处理的成本监审和价格管制，出台有针对性的财政补贴政策，促进污水行业的健康发展；加强污水处理普遍服务管制，实现污水全收集、全处理、全达标排放。

一　设立污水处理普遍服务基金

污水处理普遍服务是一个长期的事业，污水处理普遍服务相比较电信、电力、供水普遍服务困难更多，污水处理的最终产品没有购买者，直接排放到环境。因此，不能通过出售产品收回成本，更不可能通过交叉补贴定价获得利润。我国虽建立了随供水收取污水处理费的定价模式，但污水处理费长期偏低，不足以弥补污水处理的成本。污水处理不论是在城市还是农村，都面临着收不抵支的现实。

（一）污水处理普遍服务基金的基础

《污水处理费征收使用管理办法》规定，污水处理费属于政府非税收入，纳入地方政府性基金预算管理，专项用于城镇污水处理设施建设、运行和污泥处理处置。征收的污水处理费不能保障城镇排水与污水处理设施正常运营的，地方财政应当给予补贴。

污水处理费性质转变为政府性基金，专项用于污水处理，缺口部分由地方政府财政资金补贴，污水处理服务费可以看作污水处理普遍服务基金的雏形。污水处理行业成立普遍服务基金，基金来源最现实的也是政府的财政补贴和向公众收取的污水处理费。因此，污水处理服务费的确定为成立污水处理普遍服务基金奠定了基础。

污水处理费的征收标准，按照覆盖污水处理设施正常运营和污水处理处置成本并合理盈利的原则制定，但污水处理收费长期偏低，2015年，政府对污水处理收费标准提出了更为明确的要求，设市城市污水处理收费标准原则上每吨应调整至居民不低于0.95元，非居民不低于1.4元；县城、重点建制镇原则上每吨应调整至居民不低于0.85元，非居民不低于1.2元。政府对污水处理费收费标准的具体化，目的是为污水处理行业发展筹集资金。从一定程度上能够提高污水处理费标准，筹集更多的资金用于污水处理。

污水处理费不足以支持污水处理运营的缺口，由地方政府财政资金补贴，但要注意的是，地方财政困难情况下，如何确保财政补贴的配套率。财政补贴的资金数量表面上看取决于污水处理费与污水处理成本之间的差异，事实上，财政补贴的资金数量很大程度上取决于地方政府的财力。如果地方政府难以补全污水处理成本与污水处理费的缺口，在 PPP 模式下，可能会产生地方政府违约风险。因此，财政补贴的标准及资金来源需要进一步明确。

（二）污水处理普遍服务基金的管理

我国已经在财政设置了污水处理普遍服务费政府性基金。建议在排水主管部门设立普遍服务基金账户，用于接收来自财政的污水处理服务费，接收来自社会捐赠的用于改善水环境的资金。这样，实现了财政资金的国库账户统一管理，又给普遍服务发展提供了资金来源，同时，主管单位接收到水环境捐助也能够直接纳入污水处理的账户，直接用于污水处理事业。

（三）污水处理普遍服务基金的使用

污水处理行业的市场化改革打破了原先地区垄断经营的市场结构，各地区的污水处理企业呈现出多种多样的组合方式。有的地区一家企业管理经营排水管网，多家污水处理厂负责污水处理与污泥处置；有的地区有两家或两家以上污水处理企业，两家企业分别拥有排水管网、污水处理厂，分别在不同区域进行污水处理；有的地区有两家或两家以上污水处理企业，一家企业拥有排水管网和污水处理厂，其他企业负责部分区域的污水处理。有的地区经过行政区划调整，拥有多家污水处理企业，污水管网企业与污水处理企业的组合更加复杂。

1. 重点补贴污水收集管网

污水收集管网的建设投资大，沉淀成本高，回收成本高，传统体制下，污水处理管网环节由各地建设部门投资建设运营管理。近些年来，污水处理行业的市场化改革导致实践中资产归属发生了变化，有的地区管网归属当地建设部门，有的地区管网归属供水集团。某地区成本监审的结果显示，污水输送环节成本占总成本比例最高的为 46.62%，污水输送环节成本占总成本比例为 30%—40% 的城市有两个，污水输送环节成本占总成本 20%—30% 的城市有两个，污水输送环节成本占总成本 10%—20% 的城市有 4 个。污水收集输送环节单位均日成本为0.34元/立方米，污水处理输送环节的成本占总成本的平均水平大概是1/3。市场化改革后，污水管网仍应该由城镇排水主管部门统一规划，确保一个地区建设一张污水收集管网。污水处理普遍服务基金应重点补贴污水收集管网的建设和运营，即污水处理企业如果有污水输送环节的业务，就进行补贴；反之则相反。

2. 足额补贴污水处理生产成本

污水处理生产成本是污水处理的重要成本项，也是污水处理普遍服务基金补贴的重要对象。根据《污水处理费征收使用管理办法》的规定，城镇排水主管部门依据合同以及污水处理设施出水水质和水量的监督检查结果核定服务费，服务费按照合同约定的污水处理量、污泥处理处置量、排水管网维护、再生水量等服务质量和数量予以确定。各地在对污水处理企业进行补贴时，应严格按照污水处理企业的业务进行补贴。

污水处理市场化改革后，污水处理厂数量越来越多，政府应按照污水处理生产环节的成本进行补偿。某地区核定污水处理生产单位成本如图10-1所示，污水处理生产单位成本最高的城市达到了1.68元/立方米，但大部分城市的污水处理生产单位成本小于1元/立方米，小于国家确定最低污水处理费征收标准0.9元/立方米的城市占调研地区的一半以上。而政府在补贴时通常依据污水处理行业全成本进行补贴，这增加了政府补贴的数量，却抑制了企业节约成本的积极性。因此，建议政府加强污水处理行业分环节的成本监审，建立污水处理行业分环节的财政补贴机制。

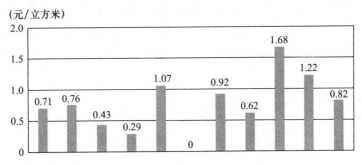

图10-1　某地区核定污水处理生产单位成本

3. 加强污泥处置的财政补贴

大量污水处理厂的建成运行，大批工业企业废水纳管排入城镇污水处理厂，带来了污泥量的激增，特别是大量含有重金属等有害物质的污泥。大量未经过无害化的污泥随意堆放、偷排等现象频现，形成了二次污染，污泥处理处置成了一个新问题。

污泥处理处置的政府补贴各城市出台了不同的政策，有的城市到目前为止还没有出台污泥处理处置政策，有的城市出台了污泥处理处置补贴政策，按照0.1—0.2元/立方米的标准进行补贴。污泥处理处置的补贴对象有的补贴给污水处理厂，有的补贴给污泥处理处置的企业，如热电厂。

建议政府应建立对污泥处理处置的财政补贴政策，确保污泥得到无害化处理处置。污泥处理处置的对象应是污泥处理处置的企业，能够提高污泥处理处置补贴的针对性和效果。如果污泥处理处置补贴给没有污泥处理处置设施的污水处理厂，污水处理厂没有处理能力，而是转给第三方处理或者各种违法方式处置，政府的补贴有没有用于污泥处理处置很难进行监管。如果污泥处理处置补贴直接补贴给进行污泥处理处置的企业，依据污泥处理处置企业处理的污泥数量和质量进行补贴，则能够激励污泥处理处置企业处理更多数量的污泥，实现污泥的无害化处理。

二 加强污水处理成本监管

（一）垄断行业成本监管的发展

我国的成本工作经历了成本调查、成本监审和成本监管三个发展阶段。1998年，《中华人民共和国价格法》规定，政府价格主管部门和其他有关部门制定政府指导价、政府定价，应当开展价格、成本调查。这是成本相关法律法规中首次提到成本，要求政府定价应当进行成本调查。

2003年，国家发展计划委员会颁发《重要商品和服务成本监审暂行办法》，提出了成本监审的概念。所谓成本监审，是指价格主管部门对经营者的成本进行调查、审核和核算价格成本的活动。成本监审与成本调查相比内涵丰富了许多，在成本调查的基础上增加了审核和核算价格成本的要求，即要求政府价格主管部门根据企业提供的成本资料审核、核算企业的成本水平。

2006 年，国家发改委修订发布的《政府制定价格成本监审办法》指出，定价成本监审是指政府价格主管部门制定价格过程中调查、测算、审核经营者成本基础上核定定价成本的行为。这次修订进一步丰富了成本监审的内涵，政府价格主管部门要核定企业的定价成本，即企业的成本多少能够通过价格得以补偿，是以政府价格主管部门核定的定价成本为准。成本监审成为制定价格的前置程序，成本监审的结果是价格制定的重要组成部分，加强了对成本监审结果应用。通过成本监审与价格监管的联系来控制影响企业的成本，这实质上形成了政府价格主管部门对企业成本的控制。因此，成本进入成本监管阶段。

成本经历了初级阶段的成本调查，目前进入实质性阶段的成本监审，最终要达到成本监管的高级阶段。即通过成本监审和成本信息公开等手段的使用，促使企业优化生产组合，降低成本，提高效率。

（二）污水处理成本监管的需求

"准许成本＋合理收益"的定价模式要求加强成本监管。《中共中央、国务院关于推进价格机制改革的若干意见》提出，按照"准许成本加合理收益"原则，合理制定垄断行业管网输配价格，垄断行业的价格要反映市场需求和成本变化。"准许成本加合理收益"的定价原则凸显了政府对定价成本的重视，对成本监管工作提出了新要求。成本监管机构核定后的合理合法相关成本才能计入价格，未经定调价监审和定期监审的，政府价格主管部门不得制定价格。污水处理行业的定价是由政府定价机关制定的，因此，污水处理行业需要加强成本监管。

（三）加强污水处理成本监审的建议

成本调查机构在选择成本监审企业时，应选择本地区有代表性的污水处理企业进行成本监审，可以是一个典型性企业，或者多个企业构成的集合。各地选择成本监审企业时，应首选集排水、污水处理、污泥处置等业务为一体的企业作为成本监审对象，如果没有污水处理一体化企业，应将排水管网、污水处理、污泥处理等不同环节的典型企业纳入成本监审范围，使成本监审结果代表当地污水处理企业的成本水平。

污水处理行业的收集输送环节，需要固定的排水管网建设，一般是一个地区一张排水管网，大部分地区是一家企业垄断经营，少数地区是由两家企业运营，多家企业共同运营排水管网的情况很少见。因此，建议成本监审办法规定，所有的收集输送污水企业成为成本监审的对象。如果污水收集输送管网由政府主管部门运营，也是成本监审的对象，要通过延伸监审的方式来获取收集输送环节的成本。

随着污水处理规模的增长和 PPP 模式的推广，污水处理厂和污泥处置企业数量将会越来越多。选择污水处理厂和污泥处置企业的原则是：选取一定数量的有代表性的经营者实施成本监审，可以选择国有企业、政府与社会资本合作者、民营企业、外资企业、中外合作企业等不同性质的污水处理和污泥处置企业。

随着对污泥处置的重视，各地污泥处置总量也在逐年增加。污泥处置没有经济效益，污泥处置通常是财政补贴项目，为了给政府补贴污泥支出提供科学依据。建议提高污泥处置支出的层级，与污水收集输送、污水处理生产成本并行，加强对污泥处置环节成本的单独监审。这样，污水处理行业的排水、污水处理、污泥处置环节的成本均进行了成本监审，为政府定价和政府补贴政策提供科学依据。

三 完善污水处理普遍服务管制

（一）构建高效的 PPP 政府管制体系

污水处理采用 PPP 模式，把本属于政府负责建设污水处理设施、进行污水处理的责任通过合作方式，由社会资本方代表政府进行投资、建设、运营。政府直接提供的职责转移给社会资本方，但政府污水处理的责任并不能随之转移。污水处理行业的特殊性和污水处理 PPP 模式推进下，污水处理行业可能会出现很多问题。政府应建立规范的监管体系，加强对污水处理 PPP 的监管，确保实现污水处理普遍服务的目标。

如果政府在准入环节监管高效，筛选出合格的社会资本方，就能够防范大部分 PPP 项目层级的风险。如果政府在准入环节监管高效，批准适合采用 PPP 模式的项目，做实可行性研究评价和物有所值评价，就能够避免很多政府盲目决策产生的政府风险。如果政府做好价格监管、绩效监管等，就能够避免很多 PPP 市场风险。因此，构建高效的 PPP 监管体系，不仅是政府的职责所在，也是防范 PPP 项目风险的重要制度。

监管是市场经济体制建设过程中不断加强的一个政府职能。PPP 模式是公共产品和服务领域的一项制度创新，由社会资本方提供公共产品和服务，发挥市场配置资源的优势和效率，政府由服务的"提供者"变为"监管者"。政府要做好三个方面的监管：一是 PPP 项目开始前的进入监管；二是 PPP 项目运营期的价格监管；三是项目运营后的绩效监管。在监管政策方面，应当在部门层面上予以统筹，着力解决 PPP 相关政策性文件制定权之争，统一政策口径，形成推动 PPP 发展的合力。同时，与 PPP 监管有关的政策文件应当由相关主管部委牵头合作完成，重在引导行业主管部门对污水处理 PPP 项目进行具体监管。

（二）加强污水处理成本价格监管的立法

污水处理行业目前还没有国家层面的成本监审办法，污水处理行业的污水处理费和污水处理服务费的矛盾、污水处理行业的传统运营模式与 PPP 模式的不同成本构成等，影响着污水处理行业成本监审工作的连续性。为了加强污水处理的成本监审，为政府制定污水处理费和污水处理服务费提供科学依据，建议尽快出台《污水处理成本监审办法》，与最新的污水费征收管理办法相衔接。

明确污水处理费和污水处理服务费成本监审的主体，建议仍规定价格主管部门是污水处理成本监审的主体，主要原因是价格主管部门进行成本监审工作已有十多年的历史，成本监审机构和成本监审队伍都已建立起来，如果让排水主管部门进行成本监审，再建立一套机构和人员，不符合精简政府建设的要求。

明确价格主管部门的成本监审结论作为排水主管部门核定污水处理服务费的重要依据，这是科学核定污水处理服务费的要求，也是价格主管机构继续进行成本监审工作的重要法律依据。明确污水处理成本监审的流程，将污水处理成本监审流程与排水主管部门服务费核定联系起来。明确部门职责，安排好部门间的分工协作，污水处理量数据的核定需要在企业上报数据的基础上，参考排水主管部门或者环保部门的数据进行核定。因此，需要高位法明确要求建立各部门的信息共享机制，实现污水处理成本监审各类数据的共享。

参考文献

［1］［美］D. B. 杜鲁门：《政治过程——政治利益与公共舆论》，天津人民出版社 2005 年版。

［2］［日］Hank Intven：《电信规制手册》，北京邮电大学出版社 2001 年版。

［3］［法］J. J. 拉丰、张昕竹：《发展中国家的普遍服务政策》，《经济学》（季刊）2004 年第 2 期。

［4］［法］J. J. 拉丰、［中］张昕竹：《发展中国家普遍服务义务的经济分析》，《当代财经》2004 年第 1 期。

［5］白彦锋、郭焦锋、乔路：《天然气领域交叉补贴与城市燃气定价方法研究》，《财政科学》2016 年第 2 期。

［6］白彦锋、齐小影：《我国征收邮政普遍服务基金问题的研究》，《经济与管理评论》2014 年第 1 期。

［7］毕小刚、杨进怀、王志丹、张建龙：《北京市农村水务投入政策与运行管理机制》，《中国水利》2008 年第 1 期。

［8］边作栋：《邮政普遍服务基金制度设计研究》，《经济研究参考》2017 年第 10 期。

［9］蔡建刚：《我国电力普遍服务研究进展及关键问题》，《华北电力大学学报》（社会科学版）2014 年第 2 期。

［10］蔡建刚：《电力普遍服务的科学内涵与行为主体分析》，《怀化学院学报》2012 年第 3 期。

［11］昌忠泽、王俊：《构建有中国特色的社会普遍服务体系》，《天津社会科学》2007 年第 5 期。

［12］陈建华：《新电力体制改革下普遍服务的内涵与外延探讨》，

《商业经济》2015 年第 11 期。

[13] 陈默、张林秀：《中国农村生活用水投资影响因素分析》，《农村经济》2008 年第 8 期。

[14] 陈艳莹、原毅军：《交叉补贴与网络中介的价格竞争》，《财经研究》2003 年第 10 期。

[15] 陈志刚：《新型电信业务管制：以社会性管制兼顾公平与效率》，《中国电信业》2013 年第 6 期。

[16] 陈宗胜、高连水、周云波：《基本建成中国特色市场经济体制》，《天津社会科学》2009 年第 2 期。

[17] 程艳从、李春杰、崔爱巧：《电力普遍服务社会福利漏损研究》，《科技和产业》2012 年第 3 期。

[18] 程艳从、李春杰、李海滨：《电力普遍服务公平与效率协调机制设计》，《水电能源科学》2012 年第 7 期。

[19] 崔露洋、杨男：《我国电信服务业发展现况及存在问题分析》，《时代金融》2015 年第 17 期。

[20] 邓韬：《电信普遍服务基金机制研究》，博士学位论文，北京邮电大学，2012 年。

[21] 董秋华：《浙江省农村饮用水工程管理模式探讨》，《中国水利》2007 年第 13 期。

[22] 高伟娜：《中国自来水产业的普遍服务与管制政策》，《东北财经大学学报》2008 年第 4 期。

[23] 高伟娜：《垄断性产业的普遍服务机制研究》，博士学位论文，东北财经大学，2011 年。

[24] 高伟娜：《普遍服务基金的建立与运行》，《学术交流》2012 年第 5 期。

[25] 郭宗杰、孙仙冬：《垄断行业普遍服务的价格补偿机制研究——以邮政和电信业为例》，《价格理论与实践》2014 年第 10 期。

[26] 韩超：《电信普遍服务补偿模式的比较研究》，博士学位论文，江西财经大学，2015 年。

[27] 郝刚：《电信运营商竞争中的政府管制研究》，博士学位论文，

内蒙古大学，2014 年。

[28] 胡迪、杨婧、黄顺利、龚志华：《2013—2015 年重庆市渝北区农村生活饮用水水质卫生学指标监测分析》，《中国农村卫生事业管理》2017 年第 1 期。

[29] 胡汉辉、刘怀德：《产业开放背景下的普遍服务问题之我见》，《东南大学学报》2002 年第 5 期。

[30] 胡凯：《有效竞争导向的普遍服务基金规制研究——以电信业为例》，《行政事业资产与财务》2015 年第 10 期。

[31] 中国电力企业联合会农电分会：《中国电力社会普遍服务调研报告综述》，http://www.sp.com.cn/rdzl/dljj/200709180070.htm。

[32] 黄金辉、程治中：《对发展我国基础设施投资基金问题的探索》，《经济体制改革》2004 年第 5 期。

[33] 姜爱林：《电信普遍服务若干问题研究》，《天府新论》2006 年第 4 期。

[34] 金明华：《推进中国电信普遍服务的政策建议》，《管理现代化》2007 年第 2 期。

[35] 阚凯力：《对于美国电信普遍服务政策的回顾与反思》，《邮电企业管理》1999 年第 7 期。

[36] 孔珂、徐征和、田守岗：《农村饮水安全工程阶梯水价优化设计》，《中国农村水利水电》2011 年第 2 期。

[37] 匡斌：《公共经济视角下的电信普遍服务研究》，博士学位论文，北京邮电大学，2007 年。

[38] 兰翔英：《欧洲邮政普遍服务改革对中国邮政的启示》，《经济论坛》2016 年第 5 期。

[39] 李超：《农村电力普遍服务模式探讨》，《科技与企业》2013 年第 22 期。

[40] 李东升、李若曦：《利益主体、利益集团与和谐社会建设》，《求索》2007 年第 1 期。

[41] 李冬妍、沈雁寒、时雪燕：《社会普遍服务理念之于我国公共服务均等化的政策价值与建议》，《郑州大学学报》（哲学社会

科学版）2011 年第 5 期。

[42] 李国政：《中央财政补贴与西藏产业演进路径研究》，《经济问题探索》2009 年第 11 期。

[43] 李鹤、刘懿、王蕾：《国外供水系统公私合营模式及对我国农村供水的启示》，《中南民族大学学报》（人文社会科学版）2009 年第 4 期。

[44] 李虹、董亮、谢明华：《取消燃气和电力补贴对我国居民生活的影响》，《经济研究》2011 年第 2 期。

[45] 李晖：《澳大利亚宽带及普遍服务发展》，《通信管理与技术》2012 年第 4 期。

[46] 李晶、王建平、孙宇飞：《新农村水务 PPP 模式在我国农村饮水工程建管中的应用研究》，《水利发展研究》2012 年第 3 期。

[47] 李梦琼：《电信普遍服务中面临的困境及对策》，《法制博览》2017 年第 21 期。

[48] 李岩、唐守廉：《宽带补偿机制的研究述评》，《北京邮电大学学报》（社会科学版）2013 年第 1 期。

[49] 李杨：《财政补贴经济分析》，上海三联书店 1990 年版。

[50] 梁辰：《电信普遍服务补偿的经济法规制研究》，博士学位论文，西南大学，2016 年。

[51] 梁剑：《我国铁路行业交叉补贴机制浅析》，《黑龙江科技信息》2007 年第 12 期。

[52] 廖进球、吴昌南：《我国电力产业运营模式变迁下电力普遍服务的主体及补贴机制》，《财贸经济》2009 年第 10 期。

[53] 林伯强、蒋竺均、林静：《有目标的电价补贴有助于能源公平和效率》，《金融研究》2009 年第 11 期。

[54] 刘戒骄：《建立与 WTO 规则兼容的产业补贴机制》，《中国经贸导刊》2004 年第 7 期。

[55] 刘启诚：《让市场在电信普遍服务中发挥更大作用》，《通信世界》2015 年第 28 期。

[56] 刘思强、姚军、叶泽：《我国销售电价交叉补贴方式及改革措

施——基于上海市电力户控数据的实证分析》,《价格理论与实践》2015 年第 8 期。

[57] 刘思强、叶泽、于从文、刘轶、张立岩:《我国分压分类电价交叉补贴程度及处理方式研究——基于天津市输配电价水平测算的实证分析》,《价格理论与实践》2016 年第 5 期。

[58] 刘思强、叶泽、吴永飞、刘轶、张立岩:《减少交叉补贴的阶梯定价方式优化研究——基于天津市输配电价水平的实证分析》,《价格理论与实践》2017 年第 6 期。

[59] 刘新梅:《电信普遍服务及其管制研究的最新进展》,《科技管理研究》2007 年第 3 期。

[60] 柳强、唐守廉:《基于博弈模型的电信普遍服务基金分配机制》,《北京邮电大学学报》2007 年第 3 期。

[61] 柳强:《基于博弈模型的电信普遍服务基金分配机制》,《北京邮电大学学报》2007 年第 3 期。

[62] 柳学信:《市场化背景下我国城市公用事业财政补贴机制重构》,《财经问题研究》2014 年第 2 期。

[63] 卢代富:《企业社会责任的经济学与法学分析》,法律出版社2002 年版。

[64] 卢冬林、陈昌宁:《交叉补贴适用性分析》,《通信企业管理》2014 年第 12 期。

[65] 陆培敏、朱卫平:《邮政普遍服务的社会学视点》,《邮政研究》2015 年第 3 期。

[66] 罗国亮、刘志亮:《中国农村电力普遍服务浅析》,《农电管理》2007 年第 12 期。

[67] 骆梅英:《通过合同的治理——论公用事业特许契约中的普遍服务条款》,《浙江学刊》2010 年第 2 期。

[68] 吕炜、王伟同:《发展失衡、公共服务与政府责任》,《中国社会科学》2008 年第 8 期。

[69] 吕炜、王伟同:《政府服务性支出缘何不足?》,《经济社会体制比较》2010 年第 1 期。

［70］吕志勇、陈宏民：《定价约束、社会福利与电信普遍服务机制设计》，《上海交通大学学报》2005 年第 3 期。

［71］马芸、赵会茹：《基于国际经验的中国电力普遍服务实施机制的研究》，《工业技术经济》2005 年第 7 期。

［72］莫亚琳：《普遍服务理论发展与政府职能转变》，《当代经济》2012 年第 5 期。

［73］欧阳武：《美国的电信管制及其发展》，中国友谊出版公司 2000 年版。

［74］潘利军：《电力普遍服务的主体及机制研究》，《科技资讯》2013 年第 36 期。

［75］彭树宏：《普遍服务、市场竞争与消费者福利》，《经济数学》2011 年第 4 期。

［76］齐放、魏玢、张粒子、刘伟、李远卓：《我国销售电价交叉补贴问题研究》，《电力需求侧管理》2009 年第 6 期。

［77］齐新宇：《普遍服务与电力零售竞争改革》，《产业经济研究》2004 年第 2 期。

［78］钱庭硕、陈立东、高志敏：《拉美三国电信普遍服务概况》，《世界电信》2003 年第 3 期。

［79］乔晓楠：《碳峰值约束与碳配置策略：一个电力交叉补贴定价模型》，《城市与环境研究》2018 年第 1 期。

［80］［美］乔治·恩德勒：《面向行动的经济伦理学》，上海社会科学院出版社 2002 年版。

［81］秦颖：《论公共产品的本质——兼论公共产品理论的局限性》，《经济学家》2006 年第 3 期。

［82］［法］让·雅克·拉丰、让·泰勒尔：《电信竞争》，人民邮电出版社 2001 年版。

［83］［美］萨利·亨特：《电力竞争》，中国经济出版社 2004 年版。

［84］盛洪：《现代制度经济学》，北京大学出版社 2003 年版。

［85］施正文：《从财政学角度认识普遍服务基金》，《中国物流与采购》2013 年第 9 期。

［86］ 石侃：《供水普遍服务的补偿机制研究》，博士学位论文，北京工商大学，2011 年。

［87］ 石文华、杜武恭、谢雪梅：《电信普遍服务在中国的实施效果分析》，《吉林大学学报》2005 年第 6 期。

［88］ 世界银行：《中国：深化事业单位改革，改善公共服务提供》，中信出版社 2005 年版。

［89］ 陶长琪、常贵阳：《基于合作博弈的普遍服务基金给付、分配机制研究》，《江西理工大学学报》2008 年第 6 期。

［90］ 田国强：《经济机制理论》，《经济学》（季刊）2003 年第 2 期。

［91］ 王俊、昌忠泽：《社会普遍服务的建立——来自中国的经验分析》，《经济研究》2007 年第 12 期。

［92］ 王俊豪、高伟娜：《中国电力产业的普遍服务及其管制政策》，《经济与管理研究》2008 年第 1 期。

［93］ 王俊豪、周小梅：《中国自然垄断行业民营化改革与政府管制政策》，经济管理出版社 2004 年版。

［94］ 王俊豪：《英国政府管制体制改革研究》，上海三联书店 1998 年版。

［95］ 王俊豪：《政府管制经济学导论》，商务印书馆 2001 年版。

［96］ 王俊豪：《中国自然垄断产业政府管制体制改革》，《经济与管理研究》2001 年第 6 期。

［97］ 王俊豪：《我国电信普遍服务面临的问题与对策》，《经济管理》2002 年第 2 期。

［98］ 王俊豪等：《美国联邦通信委员会及其运行机制》，经济管理出版社 2003 年版。

［99］ 王俊豪：《美国的电信普遍服务政策及其启示》，《科技进步与对策》2004 年第 2 期。

［100］ 王俊豪：《中国垄断性产业结构重组、分类管制与协调政策》，商务印书馆 2005 年版。

［101］ 王俊豪：《审视我国的电力管制机构》，《经济管理》2005 年第 1 期。

[102] 王俊豪：《中国垄断性产业管制机构的设立与运行机制》，商务印书馆 2008 年版。

[103] 王俊豪：《中国垄断性产业普遍服务政策探讨——以电信、电力产业为例》，《财贸经济》2009 年第 10 期。

[104] 王书生：《电力普遍服务问题初探》，《中国电力教育》2006 年第 6 期。

[105] 王小宁、李远东：《广电企业参与电信普遍服务的对策研究》，《中国有线电视》2017 年第 4 期。

[106] 王学庆：《我国电信资费的政府管制及电信价格走势分析》，《经济研究参考》2003 年第 79 期。

[107] 王雪梅：《谈邮政普遍服务与相关立法的协调问题》，《商业时代》2007 年第 4 期。

[108] 王亚辉：《电信普遍服务补偿机制解读》，《电子世界》2016 年第 17 期。

[109] 王岩、刘炳煜：《甘肃省华池县农村饮用水水质监测分析》，《疾病预防控制通报》2016 年第 1 期。

[110] 王左权：《对妥善处理电价交叉补贴的几点思考》，《广西电业》2017 年第 3 期。

[111] 文沛楠：《多措并举支持农村公用事业投资增长》，《中国财政》2012 年第 13 期。

[112] 吴海宁：《论政府对电信运营商普遍服务经营法律义务的规制》，《移动信息》2015 年第 4 期。

[113] 吴洪、张小铁：《电信普遍服务研究》，人民邮电出版社 2004 年版。

[114] 吴洪、李晓春：《中国电信普遍服务基金的建立与运作》，《通信世界》2003 年第 13 期。

[115] 吴立峰：《邮政普遍服务成本测算研究》，《当代经济科学》2009 年第 4 期。

[116] 吴鹏：《电力法上的普遍服务法律义务探析》，《法治社会》2018 年第 1 期。

［117］吴业苗：《农村公共服务的角色界定》，《改革》2010 年第
      6 期。

［118］伍中信：《农业保险财政补贴问题研究评述》，《经济学动态》
      2009 年第 11 期。

［119］夏文、韩蕊：《电信普遍服务工作任重道远》，《通信世界》
      2016 年第 12 期。

［120］肖林：《自然垄断行业的进入管制悖论——普遍服务义务、可
      维持性和市场效率》，《东南大学学报》（哲学社会科学版）
      2010 年第 2 期。

［121］肖兴志、陈长石：《我国垄断行业规制效果评价体系探讨》，
      《财政研究》2008 年第 12 期。

［122］肖兴志等：《公用事业市场化与规制模式转型》，中国财政经
      济出版社 2008 年版。

［123］谢里、魏大超：《中国电力价格交叉补贴政策的社会福利效应
      评估》，《经济地理》2017 年第 8 期。

［124］谢里、张斐：《电价交叉补贴阻碍绿色发展效率吗——来自中
      国工业的经验证据》，《南方经济》2017 年第 12 期。

［125］幸红：《农村水污染成因及防治对策——以广东农村水污染为
      例》，《广西民族大学学报》（哲学社会科学版）2010 年第
      5 期。

［126］熊光清：《孟德斯鸠与列宁权力制衡理论之比较》，《理论导
      刊》2003 年第 6 期。

［127］徐美娜：《我国邮政普遍服务基金筹集方式研究》，《商业经
      济》2014 年第 11 期。

［128］许峰：《中国公用事业改革中的亲贫规制研究》，上海人民出
      版社 2006 年版。

［129］颜成贵、陈海雄：《基于不同情景模拟的农村饮水工程运行水
      价分析与对策研究》，《中国农村水利水电》2013 年第 2 期。

［130］杨帆：《中国利益集团分析》，《探索》2010 年第 2 期。

［131］杨林、韩彦平等：《公共财政框架下农村基础设施的有效供

给》，《宏观经济研究》2005 年第 10 期。

[132] 杨万华：《实施电力社会普遍服务的分析和建议》，《管理现代化》2007 年第 1 期。

[133] 杨玉珍：《包容性增长模式下的社会普遍服务体系构建》，《求实》2012 年第 3 期。

[134] 叶良益：《自然垄断管制中的动态问题——以电信业为例》，《市场经济与价格》2014 年第 12 期。

[135] 叶泽、吴永飞、李成仁、尤培培、杨少华、孙悦：《我国销售电价交叉补贴的关键问题及解决办法》，《价格理论与实践》2017 年第 4 期。

[136] 叶泽、吴永飞、李成仁、尤培培：《我国电力普遍服务电价制度设计与实施建议——兼析国外普遍服务电价政策的做法》，《价格理论与实践》2017 年第 9 期。

[137] 佚名：《重新评估和降低普遍服务基金征收》，《通讯世界》2013 年第 6 期。

[138] 俞乔：《政治控制、财政补贴与道德风险：国有银行不良资产的理论模型》，《经济研究》2009 年第 6 期。

[139] 喻世华、唐守廉：《中国电信普遍服务基金募集和使用的操作性问题探讨》，《电信科学》2006 年第 12 期。

[140] 袁祖望：《权力制衡理论与国家反腐败机制》，《暨南学报》（哲学社会科学版）2004 年第 5 期。

[141] 苑春荟、韩军涛：《我国邮政普遍服务基金征收问题探讨》，《生产力研究》2014 年第 3 期。

[142] 苑春荟、韩磊：《中国电信业结构性管制效果实证检验——从生产效率的视角出发》，《管理现代化》2012 年第 4 期。

[143] 岳宇、胡汉辉：《邮政普遍服务基金：国际经验与中国选择》，《中国流通经济》2016 年第 3 期。

[144] 张福伟、闫璐明：《国外电力普遍服务动态及其在中国的实施建议》，《中国电力教育》2007 年第 2 期。

[145] 张福伟：《电力普遍服务补偿机制研究》，《电力需求侧管理》

2007 年第 2 期。

[146] 张绛玉:《过去 2 年全球宽带连接价格下降平均约 50%》,《邮电设计技术》2011 年第 6 期。

[147] 张军、高远、傅勇等: 《中国为什么拥有了良好的基础设施?》,《经济研究》2007 年第 3 期。

[148] 张恺文:《电信行业反垄断价格管制的思考——以法经济学为视角》,《法制与经济》(中旬)2012 年第 4 期。

[149] 张丽:《美国宽带普遍服务实践及启示》,《中国电信业》2013 年第 6 期。

[150] 张鹏:《国务院:面向农村及偏远地区推行宽带电信普遍服务补偿机制》,《通信世界》2015 年第 28 期。

[151] 张千帆:《"公共利益"的构成》,《比较法研究》2005 年第 5 期。

[152] 张倩华:《农村生活饮用水水质检测结果分析》,《当代医学》2012 年第 12 期。

[153] 张晓春、于然:《设计竞争性电力市场需要注意的几个问题》,《生产力研究》2004 年第 9 期。

[154] 张昕竹、[法] 让·雅克·拉丰、[法] 安·易斯塔什:《网络产业、规制与竞争理论》,社会科学文献出版社 2000 年版。

[155] 张昕竹:《用电信普遍服务政策改善经济发展不平衡》,《通信世界》2001 年第 16 期。

[156] 张艳、程吉林、何莲、王忠烨、沈刚:《关于农村安全饮用水水价的思考》,《中国农村水利水电》2010 年第 2 期。

[157] 赵会茹、迟楠楠、崔博:《电力普遍服务社会效益量化研究》,《工业技术经济》2009 年第 5 期。

[158] 赵会茹、范耀文、李春杰、郭森:《公共价值视角下电力普遍服务社会价值测量》,《技术经济》2016 年第 10 期。

[159] 赵会茹:《电力普遍服务社会价值的综合评价》,《电网技术》2009 年第 13 期。

[160] 赵怡虹、李峰:《基本公共服务地区间均等化:基于政府主导

的多元政策协调》,《经济学家》2009 年第 5 期。

[161] 郑秉文:《市场缺陷分析》,辽宁人民出版社 1992 年版。

[162] 郑红凤:《印度普遍服务的政策和实施》,《通信世界》2003
年第 26 期。

[163] 郑开元、李雪松:《基于公共物品理论的农村水环境治理机制
研究》,《生态经济》2012 年第 3 期。

[164] 植草益:《微观规制经济学》,朱绍文等译,中国发展出版社
1992 年版。

[165] 中国经济增长与宏观稳定课题组:《增长失衡与政府责任》,
《经济研究》2006 年第 10 期。

[166] 周伟:《电信普遍服务的历史演进》,《求实》2006 年第 3 期。

[167] 朱成章:《电力的公共货物性质与普遍服务》,《大众用电》
2004 年第 5 期。

[168] 朱建武:《破除垄断视角下的普遍服务机制的创新》,《宏观经
济管理》2012 年第 1 期。

[169] 朱丽萍:《中国电信产业技术创新与激励规制研究》,博士学
位论文,山西财经大学,2014 年。

[170] 庄莹华:《我国销售电价交叉补贴研究》,《华东电力》2014
年第 9 期。

[171] Akihiro Nakamura, "Retaining Telecommunication Services When
Universal Service is Defined by Functionality: Japanese Consumers'
Willingness – to – Pay" [J] . *Telecommunications Policy*, 2013, 37
(8) .

[172] Alberto Nucciarelli, Bert M. Sadowski, Ernst – Olav Ruhle,
"Should Next Generation Access Networks Fall within the Scope of
Universal Service? A European Union Perspective" [J] . *Govern-
ment Information Quarterly*, 2014, 31 (1) .

[173] Alessandra Fratini, "The Universal Postal Service after the Lisbon
Treaty: A True Step Forward?" [J] . *Review of Network Econom-
ics*, 2012, 10 (3) .

[174] Amresh Hanchate, "Nonprofit Pricing of Services under Cost Uncertainty" [J]. *Journal of Cultural Economics*, 1996, 20 (2).

[175] Andre Boik, "The Economics of Universal Service: An Analysis of Entry Subsidies for High Speed Broadband" [J]. *Information Economics and Policy*, 2017, 40.

[176] Antonio Estache, Jean – Jacques Laffont, Xinzhu Zhang, "Universal Service Obligations in LDCs: The Effect of Uniform Pricing on Infrastructure Access" [J]. *Journal of Public Economics*, 2005, 90 (6).

[177] Atanu Dey, "Universal Service Obligation Imposed Cross – Subsidies: The Effecting Demand for Telecoms Access in India", *PH. D Dissertation*, UMI Number 3105199, 2003.

[178] Axel Gautier, Dimitri Paolini, "Universal Service Financing in Competitive Postal Markets: One Size Does Not Fit All" [J]. *Review of Network Economics*, 2012, 10 (3).

[179] Axel Gautier, Jean – Christophe Poudou, "Reforming the Postal Universal Service" [J]. *Review of Network Economics*, 2014, 13 (4).

[180] Axel Gautier, Xavier Wauthy, "Competitively Neutral Universal Service Obligations" [J]. *Information Economics and Policy*, 2012, 24 (3 – 4).

[181] Batura, Olga, "Universal Service in the EU Information Society Policy" [J]. *Info: The Journal of Policy, Regulation and Strategy for Telecommunications, Information and Media*, 2014, 16 (6).

[182] Boris Ramos, Khalid Saeed, Oleg Pavlov, "The Impact of Universal Service Obligations and International Cross – Subsidies on the Dispersion of Telephone Services in Developing Countries" [J]. *Socio – Economic Planning Sciences*, 2009, 44 (2).

[183] Bourguignon, HéLèNe, Ferrando, Jorge, "Skimming the Other's Cream: Competitive Effects of an Asymmetric Universal Service Obligation" [J]. *International Journal of Industrial Organization*,

Vol. 25, Issue 4, Pages 761 – 790, 2007.

[184] Carolyn Gideon, David Gabel, "Disconnecting: Understanding Decline in Universal Service" [J]. *Telecommunications Policy*, 2011, 35 (8).

[185] Chalita Srinuan, "Uncertainty of Public Pay Phone in Thailand: Implications for the Universal Service Obligation" [J]. *Telecommunications Policy*, 2014, 38 (8 – 9).

[186] Christian Jaag, Urs Trinkner, "The Interaction between Universal Service Costing and Financing in the Postal Sector: A Calibrated Approach" [J]. *Journal of Regulatory Economics*, 2011, 39 (1).

[187] Christian Jaag, "Entry Deterrence and the Calculation of the Net Cost of Universal Service Obligations" [J]. *Review of Network Economics*, 2011, 10 (1).

[188] Christian Jaag, "What is an Unfair Burden? Compensating the Net Cost of Universal Service Provision" [J]. *Review of Network Economics*, 2012, 10 (3).

[189] Christian Jaag, "Price Regulation and the Financing of Universal Services in Network Industries", *Review of Law & Economics*, 2013, 9 (1).

[190] Christopher Garbacz, Herbert G. Thompson, Jr., "Universal Service versus Universal Competition: A Review Article of Crandall and Waverman" [J]. *Journal of Regulatory Economics*, 2001, 19 (1): 93 – 96.

[191] Christopher Garbacz, Herbert G. Thompson, "Universal Telecommunication Service: A World Perspective" [J]. *Information Economics and Policy*, 2005, 17 (4).

[192] Cremer, H., Gasmi, F., Grimaud, A., Laffont, J. J., "Universal Service: An Economic Perspective" [J]. *Annals of Public and Cooperative Economics*, 2001.

[193] Daniel A. Ackerberg, David R. DeRemer, Michael H. Riordan,

Gregory L. Rosston, Bradley S. Wimmer, "Estimating the Impact of Low – Income Universal Service Programs" [J] . *International Journal of Industrial Organization*, Volume 37, Pages 84 – 98, November 2014.

[194] Darío M. Goussal, María Sandra Udrízar Lezcano, "Network De-compensation and Regional Imbalances in Rate Reform Processes: A Case Study in South America" [J] . *Telecommunications Policy*, 2000, 24 (8) .

[195] David L. Kaserman, John W. Mayo, Joseph E. Flynn, "Cross – Subsidization in Telecommunications: Beyond the Universal Service Fairy Tale" [J] . *Journal of Regulatory Economics*, 1990, 2 (3) .

[196] Dennis Weller, "Auctions for Universal Service Obligations" [J] . *Telecommunications Policy*, 1999, 23 (9) .

[197] Eli Skogerbo, Tanja Storsul, "Prospects for Expanded Universal Service in Europe: The Cases of Denmark, the Netherlands, and Norway" [J] . *The Information Society*, 2000, 16 (2) .

[198] Emmanuel Ogiemwonyi Arakpogun, Roseline Wanjiru, Jason Whalley, "Impediments to the Implementation of Universal Service Funds in Africa – A Cross – Country Comparative Analysis" [J] . *Telecommunications Policy*, 2017.

[199] Evan Kwerel, Paul La Fontaine, Marius Schwartz, "Economics at the FCC, 2011 – 2012: Spectrum Incentive Auctions, Universal Service and Intercarrier Compensation Reform, and Mergers" [J] . *Review of Industrial Organization*, 2012, 41 (4) .

[200] F. Gasmi, J. J. Laffont, W. W. Sharkey, "Competition, Universal Service and Telecommunications Policy in Developing Countries" [J] . *Information Economics and Policy*, 2000, 12 (3) .

[201] F. Mirabel, J. – C. Poudou, M. Roland, "Universal Service Obligations: The Role of Subsidization Schemes" [J] . *Information Economics and Policy*, 2008, 21 (1) .

[202] Francois Bar, Annemarie Munk Riis, "Tapping User – Driven Innovation: A New Rationale for Universal Service" [J]. *The Information Society*, 2000, 16 (2).

[203] François Boldron, Claire Borsenberger, Helmuth Cremer, Philippe De Donder, Denis Joram, Bernard Roy, "Environmental Cost and Universal Service Obligations in the Postal Sector" [J]. *Review of Network Economics*, 2012, 10 (3).

[204] François Mirabel, Jean – Christophe Poudou, "Mechanisms of Funding for Universal Service Obligations: The Electricity Case" [J]. *Energy Economics*, 2004, 26 (5).

[205] Fuat Oǧuz, "Universal Service in Turkey: Recent Developments and a Critical Assessment" [J]. *Telecommunications Policy*, 2013, 37 (1).

[206] Gary Madden, Scott Savage, Michael Simpson, "Regional Information Access: The Use of Telecentres to Meet Universal Service Obligations" [J]. *Telematics and Informatics*, 1997, 14 (3).

[207] Gary Madden, "Economic Welfare and Universal Service" [J]. *Telecommunications Policy*, 2009, 34 (1).

[208] George R. G. Clarke, Scott J. Wallsten, "Universal Service: Providing Infrastructure Services to Rural and Poor Urban Consumers" [J]. Social Science Research Network, *Working Paper*, 2002.

[209] Gerard Goggin, Christopher Newell, "An End to Disabling Policies? Toward Enlightened Universal Service" [J]. *The Information Society*, 2000, 16 (2).

[210] Gillett, Sharon Eisner, "Universal Service: Defining the Policy Goal in the Age of the Internet" [J]. *Information Society*; Vol. 16 Issue 2, Pages 147 – 149, 2000.

[211] Gregory L. Rosston, Bradley S. Wimmer, "The 'State' of Universal Service" [J]. *Information Economics and Policy*, 2000, 12 (3).

[212] Harmeet Sawhney, "Universal Service Expansion: Two Perspec-

tives" [J] . *The Information Society*, 19: 327 – 332, 2003.

[213] Hélène Bourguignon, Jorge Ferrando, "Skimming the Other's Cream: Competitive Effects of an Asymmetric Universal Service Obligation" [J] . *International Journal of Industrial Organization*, 2006, 25 (4).

[214] Helmuth Cremer, Philippe De Donder, Jean – Pierre Florens, "Competition, Pricing and Universal Service in the Postal Sector: An Introduction" [J] . *Review of Network Economics*, 2012, 10 (3).

[215] Henrik Lindhjem, Simen Pedersen, "Should Publicly Funded Postal Services be Reduced? A Cost – Benefit Analysis of the Universal Service Obligation in Norway" [J] . *Review of Network Economics*, 2012, 11 (2).

[216] Hervé Moulin, Yves Sprumont, "Responsibility and Cross – Subsidization in Cost Sharing" [J] . *Games and Economic Behavior*, 2005, 55 (1).

[217] Hitoshi Mitomo, Nobuyuki Tajiri, "Provision of Universal Service and Access over IP Networks in Japan" [J] . *Telecommunications Policy*, 2009, 34 (1).

[218] Hong Ze Li, Yan Cong Cheng, Chun Jie Li, "Incentive Mechanism Design of the Cost Compensation in Electricity Universal, Service" [J] . *Advanced Materials Research*, 2012, 1792 (524).

[219] Hong – Zhou Li, Maria Kopsakangas – Savolainen, Xing – Zhi Xiao, Sim – Yee Lau, "Have Regulatory Reforms Improved the Efficiency Levels of the Japanese Electricity Distribution Sector? A Cost Metafrontier – Based Analysis" [J] . *Energy Policy*, 2017, 108.

[220] James Alleman, Paul Rappoport, Aniruddha Banerjee, "Universal Service: A New Definition?" [J] . *Telecommunications Policy*, 2009, 34 (1).

[221] James Alleman, "Book Review: Who Pays for Universal Service: When Subsidies Become Transparent, by Robert W. Crandall and

Leonard Waverman, Brookings Institution Press, Washington, D. C. , 2000" [J] . *Information Economics and Policy*, 2000, 12.

[222] Jan Moen, Jan Hamrin, "Regulation and Competition without Privatization: Norway's Experience" [J] . *The Electricity Journal*, 1996, 9 (2) .

[223] Janice A. Hauge, Eric P. Chiang, Mark A. Jamison, "Whose Call Is It? Targeting Universal Service Programs to Low – Income Households' Telecommunications Preferences" [J] . *Telecommunications Policy*, 2008, 33 (3) .

[224] Jean – Christophe Poudou, Michel Roland, "Efficiency of Uniform Pricing in Universal Service Obligations" [J] . *International Journal of Industrial Organization*, 2014, 37.

[225] Jean – Christophe Poudou, Michel Roland, "Equity Justifications for Universal Service Obligations" [J] . *International Journal of Industrial Organization*, 2017, 52.

[226] Jean – Christophe Poudou, Michel Roland, Lionel Thomas, "Universal Service Obligations and Competition with Asymmetric Information" [J] . *The B. E. Journal of Theoretical Economics*, 2011, 9 (1) .

[227] Jean – Marie Cheffert, *Universal Service some Observations Relating to Future European Debates*, Camford Publishing Ltd. , 2000.

[228] Johannes M. Bauer, "Universal Service in the European Union" [J] . *Government Information Quarterly*, Volume 16, Number 4, Pages 329 – 343, 1999.

[229] John C. Panzar, "A Methodology for Measuring the Costs of Universal Service Obligations" [J] . *Information Economics and Policy*, 2000, 12.

[230] Jorge Reina Schement, Scott C. Forbes, "Identifying Temporary and Permanent Gaps in Universal Service" [J] . *The Information Society*, 2000, 16 (2) .

[231] Joseph, R. A. , *The Craze for Efficiency: Universal Service in Australian Telecommunications*, Camford Publishing Ltd, 2001.

[232] Jun Xia, "Universal Service Policy in China (I): Institutional Elements and Ecosystem" [J] . *Telecommunications Policy*, Volume 40, Issues 2 – 3, Pages 242 – 252 , March 2016.

[233] Krishna Jayakar, Chun Liu, "Universal Service in China and India: Legitimating the State?" [J] . *Telecommunications Policy*, 2014, 38 (2) .

[234] Loube, Robert, "Universal Service: How Much is Enough?" [J] . *Journal of Economic Issues*, Vol. 37, Issue 2, pp. 433, 10, 2003.

[235] Lynne Holt, Mary Galligan, "Mapping the Field: Retrospective of the Federal Universal Service Programs" [J] . *Telecommunications Policy*, 2013, 37 (9) .

[236] Manh Thai Do, Morten Falch, Idongesit Williams, "Universal Service in Vietnam: The Role of Government" [J] . *Digital Policy, Regulation and Governance*, 2018, 20 (2) .

[237] Maria Mirabela Florea, "Postal Services Liberalization – Condition for Eliminating a Reserved Field Necessary for Financing the Universal Service" [J] . *Annals of the University of Petrosani: Economics*, 2009, IX (3) .

[238] Martha Garcia – Murillo, Brenden Kuerbis, "The Effect of Institutional Constraints on the Success of Universal Service Policies: A Comparison between Latin America and the World" [J] . *Telecommunications Policy*, 2005, 29 (9) .

[239] Martha García – Murillo, Lee W. Mcknight, "Internet Telephony: Effects on the Universal Service Program in the United States" [J] . *Review of Network Economics*, 2011, 4 (3) .

[240] Mary K. Perkins, "Text Services and Universal Service Obligations" [J] . *Entomic* 3, 2001, 173 – 189.

[241] Matej Pechota, Mária Matúsková, Lucia Madleňáková, "The Trend of Cost of Universal Services Provided by National Postal Operator and Correlation Between Price of Letter Mail and Amount of Sent Letter Mails in Slovakia" [J]. *Procedia Engineering*, 2017, 192.

[242] Matthias Finger, Bernhard Bukovc, Muqbil Burhan, Christian Jaag, "Intellectual Property Rights and the Future of Universal Service Obligations in Communications" [J]. *Global E – Governance Series*, 2014, 6.

[243] Maude Hasbi, "Universal Service Obligations and Public Payphone Use: Is Regulation still Necessary in the Era of Mobile Telephony?" [J]. *Telecommunications Policy*, 2015, 39 (5).

[244] Michael Harker, Antje Kreutzmann – Gallasch, "Universal Service Obligations and the Liberalization of Network Industries: Taming the Chimera?" [J]. *European Competition Journal*, 2016, 12 (2 – 3).

[245] Michael W. P. Fortunato, Theodore R. Alter, Jeffrey C. Bridger, Kathleen A. Schramm, Lina A. Montopoli, "Weighing the Universal Service Obligation: Introducing Rural Well – Being as a Consideration in the Viability of the United States Postal Service" [J]. *Community Development*, 2013, 44 (2).

[246] Michelle Hallack, Miguel Vazquez, "European Union Regulation of Gas Transmission Services: Challenges in the Allocation of Network Resources through Entry/Exit Schemes" [J]. *Utilities Policy*, 2013, 25.

[247] Milne, C., *Stages of Universal Service Policy*, Elsevier Science Ltd., 1998.

[248] Milton Mueller, *Universal Service: Competition, Interconnection, and Monopoly in the Making of the American Telephone System*, The MIT Press, 1998.

[249] Mirabel, F., Poudou, J. C., "Mechanisms of Funding for Univer-

sal Service Obligations: The Electricity Case", Centre de Recherche en Economie et Droit de l' Energie, 2004.

[250] Mueller, "Universal Service Policies as Wealth Redistribution" [J] . *Government Information Quarterly*, Index Issue, Vol. 16 Issue 4, Pages 353, 6, 1999.

[251] Nen, L. , "Auction: An Alternative Approach to Allocate Universal Service Obligations" [J] . *Telecommunications Policy*, 2 (2), pp. 661 – 669, 1998.

[252] Olga Batura, "Can a Revision of the Universal Service Scope Result in Substantive Change? An Analysis of the EU' s Universal Service Review Mechanism" [J] . *Telecommunications Policy*, Volume 40, Issue 1, Pages 14 – 21 , February 2016.

[253] Olga Batura, "Can a Revision of the Universal Service Scope Result in Substantive Change? An Analysis of the EU? Universal Service Review Mechanism" [J] . *Telecommunications Policy*, 2016, 40 (1) .

[254] Paschal Preston, Roderick Flynn, "Rethinking Universal Service: Citizenship, Consumption Norms, and the Telephone" [J] . *The Information Society*, 2000, 16 (2) .

[255] Paul Milgrom, "Procuring Universal Service: Putting Auction Theory to Work", *the Royal Swedish Academy of Sciences*, 1996.

[256] Pedro P. Barros, M. Carmo Seabra, "Universal Service: Does Competition Help or Hurt?" [J] . *Information Economics and Policy*, 1999, 11 (1) .

[257] Philipp B. Schuster, "One for All and All for One: Privatization and Universal Service Provision in the Postal Sector" [J] . *Applied Economics*, 2013, 45 (26) .

[258] Philippe Choné, Laurent Flochel, Anne Perrot, "Universal Service Obligations and Competition" [J] . *Information Economics and Policy*, 2000, 12 (3) .

[259] Philippe Choné, Laurent Flochel, Anne Perrot, "Allocating and Funding Universal Service Obligations in a Competitive Market" [J]. *International Journal of Industrial Organization*, 2002, 20 (9).

[260] Pio Baake, Price Caps, "Rate of Return Constraints and Universal Service Obligations" [J]. *Journal of Regulatory Economics*, 21, pp. 3 289 – 304, 2002.

[261] Pradip Chattopadhyay, "Cross – Subsidy in Electricity Tariffs: Evidence from India" [J]. *Energy Policy*, 2004, 32 (5).

[262] Richard W. Lake, J. Andrew Macdonald, "Tariff Rate Determination Under Common Cost: The Cross – Subsidization Criterion in Practice" [J]. *IIE Transactions*, 1978, 10 (4).

[263] Rohit Prasad, "Universal Service Obligation in the Age of Broadband" [J]. *The Information Society*, 2013, 29 (4).

[264] Sanford V. Berg, Liangliang Jiang, Chen Lin, "Incentives for Cost Shifting and Misreporting: US Rural Universal Service Subsidies, 1991 – 2002" [J]. *Information Economics and Policy*, 2011, 23 (3).

[265] Sanford V. Berg, Liangliang Jiang, Chen Lin, "Universal Service Subsidies and Cost Overstatement: Evidence from the U. S. Telecommunications Sector" [J]. *Telecommunications Policy*, 2011, 35 (7).

[266] Sarah Cowley, Karen Whittaker, Mary Malone, Sara Donetto, Astrida Grigulis, Jill Maben, "Why Health Visiting? Examining the Potential Public Health Benefits from Health Visiting Practice within a Universal Service: A Narrative Review of the Literature" [J]. *International Journal of Nursing Studies*, Volume 52, Issue 1, Pages 465 – 480, January 2015.

[267] Seamus Simpson, "Universal Service Issues in Converging Communications Environments: The Case of the UK" [J]. *Telecommuni-*

cations Policy, 2003, 28 (3).

[268] Seon – Kyou Choi, Dong – Ju Kim, Hyeong – Chan Kim, "Network Spillovers as an Alternative Efficiency Argument for Universal Service Policy 1 This Paper was Invited for Presentation at the Global Networking, 97, Held in Calgary, Canada, a Conference Hosted by ITS and ICCC. We Thank the Commentators at the Conference" [J]. *Telematics and Informatics*, 1998, 15 (4).

[269] Shahzada Alamgir Khan, "Universal Service: Are Subsidies Beneficial?", *Kashif Azim Janjua School of Economics and Management*, 2007.

[270] Shanshan Zhang, Boqiang Lin, "Impact of Tiered Pricing System on China's Urban Residential Electricity Consumption: Survey Evidences from 14 Cities in Guangxi Province" [J]. *Journal of Cleaner Production*, 2018, 170.

[271] Silva, Jeffrey, "Rural Operators Lament Proposed Changes to Universal Service Fund", *RCR Wireless News*, Vol. 26, Issue 45, Pages 3 – 8, 2007.

[272] Skogerbo, Eli, Storsul, Tanja, "Prospects for Expanded Universal Service in Europe: The Cases of Denmark, the Netherlands, and Norway". *Information Society*, Vol. 16, Issue 2, Pages 135 – 146, 5 Charts, 2000.

[273] Sorana, V., "Auctions for Universal Service Subsidies" [J]. *Journal of Regulatory Economics*, 18 (1): 33 – 58, 2000.

[274] Stanford L. Levin, "Universal Service and Targeted Support in a Competitive Telecommunications Environment" [J]. *Telecommunications Policy*, 2009, 34 (1).

[275] Stephen McElhinney, "Telecommunications Liberalisation and the Quest for Universal Service in Australia" [J]. *Telecommunications Policy*, 2001, 25 (4).

[276] Steve G. Parsons, "Cross – Subsidization in Telecommunications"

[J] . *Journal of Regulatory Economics*, 1998, 13 (2) .

[277] Steven Globerman, Darryl Kadonaga, "International Differences in Telephone Rate Structures and the Organization of Business Subscribers" [J] . *Public Choice*, 1994, 80 (1 – 2) .

[278] Sumit K. Majumdar, "With a Little Help from My Friends? Cross – Subsidy and Installed – Base Quality in the U. S. Telecommunications Industry" [J] . *International Journal of Industrial Organization*, 2000, 18 (3) .

[279] Sumit K. Majumdar, "Do Cross – Subsidies Hinder Telecommunications Market Entry?" [J] . *Info*, 2011, 13 (2) .

[280] Timothy J. Brennan, Karen Palmer, "Comparing the Costs and Benefits of Diversification by Regulated Firms" [J] . *Journal of Regulatory Economics*, 1994, 6 (2) .

[281] Timothy J. Brennan, "Cross – Subsidization and Cost Misallocation by Regulated Monopolists" [J] . *Journal of Regulatory Economics*, 1990, 2 (1) .

[282] Tom Downes, Shane Greenstein, "Understanding Why Universal Service Obligations May be Unnecessary: The Private Development of Local Internet Access Markets" [J] . *Journal of Urban Economics*, 2006, 62 (1) .

[283] Tommaso M. Valletti, Steffen Hoernig, Pedro P. Barros, "Universal Service and Entry: The Role of Uniform Pricing and Coverage Constraints" [J] . *Journal of Regulatory Economics*, 21, pp. 2, 169 – 190, 2002.

[284] Victor Glass, Stela Stefanova, Joseph Prinzivalli, "Zero – Based Budgeting: Does It Make Sense for Universal Service Reform?" [J] . *Government Information Quarterly*, 2014, 31 (1) .

[285] Yu – li Liu, Pin – yen Wu, "Rethinking Taiwan' s Universal Service Policy in the Broadband Environment" [J] . *Chinese Journal of Communication*, 2013, 6 (2) .

［286］ Yuliya Dronova, Kira Anikina, Hovhannes Harutyunyan, "Cross – Subsidization in Power Engineering" ［J］. *Applied Mechanics and Materials*, 2015, 4118 (792).